Relikte der Strata

Matthias Meier

Relikte der Strata

Beobachtungen zur Funktion kollektiver Identitäten

Springer VS

Matthias Meier
München, Deutschland

ISBN 978-3-658-08893-4 ISBN 978-3-658-08894-1 (eBook)
DOI 10.1007/978-3-658-08894-1

Die Deutsche Nationalbibliothek verzeichnet diese Publikation in der Deutschen Nationalbibliografie; detaillierte bibliografische Daten sind im Internet über http://dnb.d-nb.de abrufbar.

Springer VS

Gedruckt auf säurefreiem und chlorfrei gebleichtem Papier

Springer Fachmedien Wiesbaden ist Teil der Fachverlagsgruppe Springer Science+Business Media (www.springer.com)

Vorwort

Die vorliegende Arbeit ist die überarbeitete Fassung meiner Dissertation, die im Wintersemester 2011/2012 an der sozialwissenschaftlichen Fakultät der Ludwig-Maximilians-Universität in München angenommen und verteidigt worden ist.

Ich bedanke mich bei Herrn Prof. Dr. Armin Nassehi für seine langjährige wohlwollende, geduldige und stets zielführende Unterstützung dieses Projektes sowie ihm und Frau Prof. Dr. Paula-Irene Villa für die hilfreichen Hinweise zur Überarbeitung des Manuskripts.

Diese Arbeit wäre nicht möglich gewesen ohne die entlastende Gewissheit, dass jede Geschichte (und nichts anderes stellt auch das hier Vorliegende dar) nicht die Welt als Welt abbildet, sondern schlicht ihre eigene Geschichte, also sich selbst, erzählt[1], da ein bestimmter Blick zwar nicht sieht, was er eben nicht sieht [s. FN[38]], aber dabei zumindest *sieht*, was er sieht. Diese Geschichte schränkt sich daher durch bestimmte theoretische Grundannahmen (großer Nüchternheit), die als Perspektiven die zu beschreibende Welt im eigentlichen Sinne erst als (in einem nicht immer ganz verbergbaren phänomenologischen Duktus) beschreibbar eröffnen (und die innerhalb des zu erzählenden Kontextes selbst entfaltet werden), selbst ein. Insofern wäre auch anderes möglich gewesen, sieht – ich perpetuiere – diese Arbeit nicht, was sie nicht sieht, und ist daher (aus anderen Perspektiven) gegenbeobachtbar.

Hervorhebungen im Manuskript entsprechen, falls nicht anders gekennzeichnet, dem Original. Klammern in der Form [ ] beziehen sich nicht auf den Inhalt, sondern auf die formale Ebene und verweisen auf editorische Notizen und Querverweise innerhalb der Arbeit selbst. Die verwendete männliche Form schließt selbstverständlich die weibliche Form in gleicher Weise mit ein.

---

[1] vgl. Nassehi, Armin: Der soziologische Diskurs der Moderne. Frankfurt/Main 2006. S. 24 resp. S. 461

„Wie soll man etwas näher charakterisieren, das psychisch, somatisch und sozial zugleich ist, bewusst, vorbewusst und unbewusst sein kann, das mal wie ein fließender Prozess, mal wie ein Selbstbild und mal wie ein gesunder Narzissmus anmutet, etwas, das uns ein Gefühl des Gleichbleibens vermittelt und doch selber Veränderungen unterworfen ist?“[2]

[2] Conzen, Peter: Erik H. Erikson. Leben und Werk. Stuttgart, Berlin, Köln 1996. S. 59

Inhalt

Einleitung

Vor nunmehr mehr als 20 Jahren erfolgte (in Deutschland besonders prominent durch den Fall der Mauer), retrograd betrachtet, ein radikaler Einschnitt in die bis dato bekannte bzw. als bekannt vorausgesetzte und damit Ordnung versichernde Welt, durch den viele bis dahin als Unhinterfragbarkeiten angenommene soziale Orientierungen und Ordnungsstrukturen ihre Tragkraft verloren. Der Zusammenbruch des Kommunismus, das Auseinanderfallen des Sowjet-Imperiums und die Ost-Öffnung führten – nicht nur dort – zur Zersplitterung räumlicher Ordnungsstrukturen bis dahin geltender Staatsmuster geschlossener Räume, zu individuellen Möglichkeiten als auch Notwendigkeiten räumlicher Mobilität zunehmend weltgesellschaftlichen Ausmaßes sowie neuen (gerade auch konflikthaften) Grenzziehungen. Dies führte auch zur De-Plausibilisierung bisheriger selbststabilisierender Formen von Identität und zur Fragilität (erst zu stabilisierender) neuer Identitätsformen, so dass es nicht Wunder nimmt, dass im Anschluss daran in den Sozialwissenschaften Fragen nach Orientierung und Identität und gerade auch kollektiver Identität an Bedeutung gewannen; ist „ein Nachfrageboom nach kollektiven Einordnungsmustern festzustellen, der quer zur Abstraktionserwartung der Modernisierungstheorien liegt."[3] Diesem Nachfrageboom soll im sich hier Präsentierenden nicht durch eine theoretische Konzeption kollektiver Identitäten entsprochen werden, nicht durch die Frage, was kollektive Identitäten sind (oder sein sollten), sondern durch die Frage, wie kollektive Identitäten welche Funktionen erfüllen und damit sozial als auch individuell Sicherheiten und Orientierungen ermöglichen. Dabei kommt dem Begriff der kollektiven Identität als Beschreibungsform von Gesellschaft selbstredend nicht erst durch diesen Einschnitt die ihm attribuierte Prominenz zu (die sich im Gegenteil dadurch erklären lässt, als der Begriff selbst durch diesen Einschnitt *problematisch* geworden ist), sondern stellt seit Beginn der Neuzeit *einen der dominanten Bestandteile* moderner Gesellschaftsbeschreibung dar. Diese Arbeit ist daher der Versuch der soziologischen Reflexion eines, nicht nur, aber insbesondere auch politisch konnotierten Gegenstandes, und damit gleichzeitig eine Form von

[3] Papcke, Sven: Gibt es eine postnationale Identität der Deutschen? In: Voigt, Rüdiger (Hrsg.): Der neue Nationalstaat. Baden-Baden 1998. S. 124

Fremdbeobachtung[4] der Selbstbeobachtung des politischen Systems durch die politische Wissenschaft (als Reflexionstheorie dieses Systems), die formuliert: „Der Nationalstaat schuf frühzeitig ein symbolisches Bezugssystem, in dem sich eine starke kollektive Identität entwickeln konnte. Der Nationalstaat verstand es somit, das Wir-Bedürfnis in unnachahmlicher Weise jenseits von direkten persönlichen Beziehungen in Form der sog. „vorgestellten Gemeinschaft" zu befriedigen."[5] Zürn bezieht sich hier auf eine Formulierung von Benedict Anderson[6], nach der sich kollektive Identitäten aus dem individuellen Bedürfnis nach Gemeinschaft als entsprechende Selbstvorstellung bei den Mitgliedern dieser Kollektive auch über direkte persönliche Beziehungen hinaus[7] *kommunikativ* gebildet werden. Kollektive Identitäten transitivieren, so legt es diese Definition zumindest nahe, das Individuum ins Soziale, transformieren Ich-Identität in Wir-Identität, stellen eine Semantik dar, mit der sich Psychisches und Soziales gleichsam gemeinsam (als individuelle Orientierung und damit soziale Limitierung) fassen lassen als das Soziale als Einheit des Psychischen und des Psychischen als Partikularform dieser Einheit[8]. „Was" diese kollektive Identität dann ist, wodurch sich diese soziale Einheit präliminiert, wie diese als (fundierte) Deskription zu exemplifizieren wäre, hat nun allerdings bereits ihrem (in der herrschenden Meinung des wissenschaftlichen Diskurses als diesen verhandelten) lexikalischen „Erfinder", Erik H. Erikson einige theoretische Komplikationen [vgl. FN[2]] eingebracht. Die Frage, wie sich diese Einheit denn bestimmen lassen würde, führt entweder zu Hypostasierungen angebbarer Formen, um deren Kontingenz zu verdecken oder zu Einsicht entsprechender Unmöglichkeit dieses Versuches und der Erkenntnis, dass Semantiken, die eine Einheitsfiktion generieren, exakt ihre theoretische Unschärfe invisibilisieren, was Giesen und Junge zum Schluss kommen lässt: Es „liegt jenseits der Möglichkeiten aller Beschreibung. Man glaubt es zu wissen, solange man nicht gefragt wird."[9] Auch Lutz

[4] der Hinterfragung entsprechender Grundlegungen und selbstorientierenden theoretischen Vorannahmen

[5] Zürn, Michael: Regieren jenseits des Nationalstaats. Globalisierung und Denationalisierung als Chance. Frankfurt/Main 1998. S. 361

[6] vgl. Anderson, Benedict: Die Erfindung der Nation. Zur Karriere eines folgenreichen Konzeptes. Frankfurt/Main 1996². S. 15

[7] eine grundlegende Problemfolie der Soziologie: Wie lässt sich Gemeinschaft (Sozialität) über diese Beziehungen hinaus als Aufeinanderbezogenheit denken?

[8] vgl. entsprechend – aus einer postmarxistischen Perspektive – die Einheit des Differenten als – letztlich unerzielbar – beobachtete Einheit von Differentem zur Erlangung gesellschaftlicher Hegemonie dieser Beobachtungsperspektive zu fassen versuchend: Laclau, Ernest: Emanzipation und Differenz. Wien 2007

[9] Giesen, Bernhard/Junge, Kay: Vom Patriotismus zum Nationalismus. Zur Evolution der „Deutschen Kulturnation". In: Giesen, Bernhard (Hrsg.): Nationale und kulturelle Identität. Studien zur Entwicklung des kollektiven Bewusstseins in der Neuzeit. Frankfurt/Main 1991. S. 296

Niethammer begegnete in seinem voluminösen Werk über eben diesen Gegenstand keine „halbwegs tragfähige Theorie kollektiver Identität.“[10] So scheint es einerseits doch verwunderlich, dass dieser Begriff trotz dieser Unmöglichkeit inhaltlicher Präjudizierung – auch im wissenschaftlichen Diskurs – einen so prominenten Platz einnimmt (wie es gleichzeitig problematisch scheinen mag, wenn eine theoretische Arbeit auf die Selbstnegation ihres zu betrachtenden Gegenstandes hinauszulaufen scheint), andererseits verschafft ein Verzicht auf diesen Begriff „vielleicht eine schärfere analytische Begrifflichkeit, verdeckt aber die große Rolle und die vielfältigen Konnotationen in den öffentlichen Debatten des Begriffs, die ein wichtiger Teil des gesellschaftlichen Selbstverständnisses waren und sind.“[11] Vielleicht wäre es daher Erkenntnisbringender, der Frage nachzuspüren, weshalb und inwiefern dieser Begriff in öffentlichen Debatten einen so vermeintlich plausiblen Platz gar als Teil gesellschaftlichen Selbstverständnisses einnimmt, aus welchen Perspektiven dieser Begriff sich als konnotativ anschlussfähig generiert sowie, was durch entsprechende Betrachtungen, der Beobachtung von Gesellschaft aus der Perspektive kollektiver Identität dann nicht in den Blick kommt; ja gerade dadurch invisibilisiert wird; eine Spurensuche, die diesen Blick sich relativ schnell dann im Problemhorizont von Politik wiederfinden lässt. Dies konzediert, lässt sich diese Arbeit in drei Abschnitte gliedern:

Kapitel I zeigt auf, dass kollektive Identitäten seit Beginn der Neuzeit *eine der* Problemformeln des Politischen darstellen. Es beschäftigt sich mit der Frage nach sozialer Ordnung (als *dem* Beobachtungsgegenstand von Soziologie) im Kontext unserer modernen Gesellschaftsstruktur und beschreibt durch Beobachtung insbesondere auch politikwissenschaftlicher Beobachtung die politisch konnotierten Rolle, die kollektiven Identitäten im Rahmen dieser Ordnungsbildung zukommt (oder zukommen soll). Relativ vorschnell wird hier vielfach auf die konstitutionelle Macht von Politik als Steuerungsinstanz der Gesellschaft verwiesen, die gesellschaftliches Leben konstitutiv (zu regeln hat und auch) regelt. Dabei geht die Arbeit als Exploration des Problemzusammenhangs auch den historischen Bedingungen und Veränderungen der Gesellschaftsstruktur und deren semantischer Verhandlung nach, so dass der Frage nach sozialer Ordnung (und deren Ordnung oder Unordnung), der diesbezüglichen Rolle von Politik und den daraus resultierenden Möglichkeiten als auch Konsequenzen einer kollektiven Konzeption von Gesellschaft etwas differenzierter nachzugehen ist. Dabei wer-

[10] Niethammer, Lutz: Kollektive Identität. Heimliche Quellen einer unheimlichen Konjunktur. Reinbek 2000. S. 55

[11] Kaelble, Hartmut/Kirsch, Martin/Schmidt-Gernig, Alexander: Zur Entwicklung transnationaler Öffentlichkeiten und Identitäten im 20. Jahrhundert. Eine Einleitung. In: Dies. (Hrsg.): Transnationale Öffentlichkeiten und Identitäten im 20. Jahrhundert. Frankfurt/New York 2002. S. 12

den die historischen strukturellen Veränderungen sowie heutige Struktur moderner Gesellschaft anhand einer bestimmten theoretischen Beobachtungsperspektive, die anhand ihres inhaltlichen Gegenstandes selbst exemplifiziert wird entfaltet, um Plausibilitäten als auch Un-Plausibilitäten kollektiver Selbstkonstitutivität von Gesellschaft durch politische Regelungen der Gestaltung sozialer Ordnung aufzuzeigen. Kollektive Identitäten stellen Folien der Regelung der Kontingenz menschlichen Zusammenlebens dar, als aus ihrer ihnen gemeinsamen Identität soziale Ordnungsformen entspringen sollen, was auf die besonders prominente (und ja auch scheinbar selbstverständliche und selbsterklärende) Form nationaler Kollektivität verweist, durch die das Volk sich je an politische Entscheidungen bindet, sich dadurch als Volk begreift und psychische „Subjekte" in die Gesellschaft integriert werden bzw. integrieren lassen. Wie dies empirisch geschieht (falls es denn geschieht), oder wie zumindest die Imagination dessen, dass dies geschieht, geschieht, muss nun nach Niklas Luhmann „ein Geheimnis"[12] bleiben, was für Armin Nassehi zu Recht die „dunkelste Stelle"[13] in dessen „Politik der Gesellschaft" darstellt. Daher stellt sich die Frage weniger, auf welchen Grundlagen diese Kollektivitäten existieren[14], als vielmehr, auf welche Weise dieses „Geheimnis" sich „sein Volk" selbst erzeugt und unter welchen gesellschaftsstrukturellen Bedingungen (sich) dieses „administrativ belästigte Publikum"[15] als „Volk" (selbst) beschreibt, wozu es nicht zielführend zu sein scheint, sich dabei in die Gefahr normativer Verstrickungen zu begeben: „Normative politische Theorien, d.h. Theorien, die eine Antwort auf die Frage nach der Rechtfertigung suchen, sind dabei ohne Nutzen."[16] Die Beschreibung von Gesellschaft als kollektive Konstitutivität ist ihrerseits nur im Rahmen des neuzeitlich westlichen Paradigmas der Selbstgestaltung von Gesellschaft als kollektive Machbarkeit (die seinerseits die Möglichkeit der Protestadressierung

---

[12] Luhmann, Niklas (Hrsg.: Kieserling, André): Die Politik der Gesellschaft. Frankfurt/Main 2002. S. 265

[13] Nassehi, Armin: Politik des Staates oder Politik der Gesellschaft. Kollektivität als Problemformel des Politischen. In: Hellmann, Kai-Uwe/Schmalz-Bruhns, Rainer (Hrsg.): Theorie der Politik. Niklas Luhmanns politische Soziologie. Frankfurt/Main 2002. S. 50

[14] wodurch auch der Notwendigkeit der Bestimmung der Gradualität von Integration entgangen werden kann: „Ist ein starkes Gefühl kollektiver Identität tatsächlich notwendig für eine politische oder soziale Gemeinschaft, oder reichen dazu auch starke gemeinsame Interessen? Brauchen wir also eine „heiße" – oder reicht auch eine „kalte" Integration?" (Kohli, Martin: Die Entstehung einer europäischen Identität: Konflikte und Potentiale. In: Kaelble, Hartmut/Kirsch, Martin/Schmidt-Gernig, Alexander (Hrsg.): Transnationale Öffentlichkeiten und Identitäten im 20. Jahrhundert. Frankfurt/New York 2002. S. 115)

[15] Luhmann, Niklas (Hrsg.: Kieserling, André): Die Politik der Gesellschaft. Frankfurt/Main 2002. S. 265

[16] Brodocz, André: Über die Rechtfertigung der Demokratie und die Ironie ihrer Unmöglichkeit. In: Bonacker, Thorsten/Brodocz, André/Noetzel, Thomas (Hrsg.): Die Ironie der Politik. Über die Konstruktion politischer Wirklichkeiten. Frankfurt/Main 2003. S. 56

der Gesellschaft an das politische System als Teil dieser Gesellschaft, das diese in ihrer Ganzheit repräsentiert sowie den Glauben an die Gestaltungsmacht entsprechend in der Gesellschaft emergierender soziale Bewegungen erst ermöglichte). Durch diese Form (gestaltbarer) politischer Gesellschaftsbeschreibungen stellt Gesellschaft einen konstitutionellen asymmetrischen Bezug zu Politik her. Dabei werden die Grundlagen dieses Paradigmas, die Möglichkeit gesamtverbindlichen Sinns sozialer Ordnung und damit gesamtgesellschaftlicher Rationalität insb. im Rahmen einer Konstrastierung zur theoretischen Position der kommunikativen Vernunft von Jürgen Habermas diskutiert. Darüber hinaus ist diese kollektive Konstitution von Gesellschaft ihrerseits nur möglich durch einen Raum der Beobachtung, innerhalb dessen in relationalen Beobachtungsverhältnissen durch kollektive Sichtbarkeit sich daraus ergebende Ansprüche artikulieren können. Sozialität als (umrissener) Sozialraum von Mitgliedschaft und damit: Gesellschaft als kollektive Konzeption – so viel sei vorweg gesagt, dürfte den „archimedischen" Punkt für die Konjunktur des Begriffes der kollektiven Identität nicht nur in seiner nationalen Ausprägung darstellen.

Kapitel II beschäftigt sich mit den Konstitutionsbedingungen kollektiver Identitäten; gilt es den zu beobachtenden Gegenstand aus unterschiedlichen Blickwinkeln zu betrachten. Das Kapitel beginnt beim Individuum als Beobachtungsgegenstand und wendet seinen Blick im Verlauf auf die Ebene der Gesellschaft, um schließlich bei einem sozial konnotierten Begriff kollektiver Formen zu landen. Dabei wird der Frage nachgegangen, wie unter den Bedingungen moderner Gesellschaft personale Identität generiert und die Idee kollektiver Identität imaginiert werden kann. Dabei geht es auch darum aufzuzeigen, dass kollektive Identitäten Formen der Einschränkung von Kontingenz sozialen Sinns darstellen, die Handlungssituationen strukturieren, indem sie Adressierungsformen limitieren. Kollektive Identitäten stellen als Begriff ein semantisches Relikt der Beschreibung von Gesellschaft in Form einer längst vergangenen Struktur (der nichts ferner gelegen hätte, als sich diesbezüglich selbst so zu beschreiben) innerhalb der modernen Gesellschaftsstruktur dar, um eben diese Struktur durch diese Beschreibungsform zu invisibilisieren und gesellschaftliche Kohäsion zumindest semantisch noch zu postulieren, deren semantischer Aufstieg zu einer Zeit begann, als er gesellschaftsstrukturell bereits unplausibel wurde, indem das „noch nicht" durch das „nicht mehr" erklärt wurde, deren Plausibilität *sozial* heute zunehmend marginaler wird. Die Gründe hierfür sind in der Diskrepanz zwischen der Gesellschaftsstruktur und deren Beschreibung zu suchen, die dargelegt werden, nicht ohne auch auf die Gründe für diese Gründe hinzuweisen. Dabei zeigen sich kollektive Identitäten auch heute noch als relevant in Interaktionssituationen sowie im Rahmen der politischen Perspektive der Anerkennungsforderung bestimmter Perspektiven in der Gesellschaft. Abschließend geht es auch darum aufzuzeigen, dass ein soziologisch angemessener Begriff kollektiver Identität (sollte es diesen denn geben) sich auf die operative Reproduktion identisch beobachtbarer Adressierungs- und Adressabilitätsformen zu beziehen hat.

Im abschließenden Kapitel geht es um die operative Unkoordinierbarkeit struktureller Desintegrativität als zunehmende Deutlichkeit der Auflösung dieser bisherig das moderne gesellschaftliche Geschehen dominierenden Form seit dem eingangs erwähnten Einschnitt und damit auch um die Entkopplung divergenter Formen bisheriger Ordnungen: räumlich, virtuell und sinnspezifisch individuell. Hierbei wird auch aufgezeigt, dass gerade auch der Erfolg dieser Konzeption einer kollektivitätsformatierten Gesellschaft (durch die Gewährung individueller Ansprüche von Seiten des politischen Systems) zu seiner eigenen Irrelevanz sowie zu einer strukturellen Selbstüberlastung eben dieses Systems beitrug. Am Ende stellt sich die Arbeit die Frage, unter welchen Bedingungen (die aktuell nicht zu übersehen sind) kollektive Identitätsformen die moderne Gesellschaftsstruktur gleichsam transzendierend als Phoenix wieder auf die Tagesordnung politischen Geschehens treten könn(t)en.

I. Die semantische Koinzidenz von Struktur und Semantik der Gesellschaft: Kollektivität als Problemformel des Politischen

„... näher kommt man dem Phänomen des Politischen, wenn man seinen Brennpunkt in der auf Selbsterhaltung und Selbstentfaltung gerichteten Lebenskraft des Menschen sieht. Die um Selbsterhaltung und Selbstentfaltung bemühten Impulse und Bewegungen der Menschen stoßen zwangsläufig auf die ebenfalls um Selbsterhaltung und Selbstentfaltung bemühten Impulse und Bewegungen ihrer Mitmenschen und verbinden sich mit diesen zu einem – sehr unterschiedlich akzentuierbaren – Bewegungsstil des Politischen. Ganz unabhängig nämlich von der jeweiligen Art dieses Bewegungsstils sind die in ihn mündenden Bewegungskräfte stets auf ein Miteinander in kleineren oder größeren Koordinationszusammenhängen gerichtet: Stets ist das Bewegungsziel die (hier nicht als konkrete historische Form verstandene) „Polis“ und das (Über-)Leben in der Polis.“[17]

[17] Mayer-Tasch, Peter Cornelius: Politische Theorie des Verfassungsstaates. München 1991. S. 13

1 Politik – die Einheitsperspektive der Gesellschaft?

„Wo Menschen es mit Menschen zu tun haben, da treffen wir auf Politik.“[18] Dieser – dem politikwissenschaftlichen common sense entsprechenden – Auffassung zufolge ist Politik ein – wenn nicht *der* – elementare Bereich menschlichen Zusammenlebens; mithin der Gesellschaft. Gesellschaft – an dieser Stelle mit Simmel klassisch (aber ohne funktionalen Aussagegehalt) – als Prozess menschlichen Zusammenlebens skizziert, denn „fortwährend knüpft sich und löst sich und knüpft sich von neuem die Vergesellschaftung unter den Menschen, ein ewiges Fließen und Pulsieren, das die Individuen verkettet“[19]; Verkettungen, die als *Bewegungsstil individueller Selbstentfaltung im Kontext anderer Selbstentfaltungen* [vgl. FN[17]] eben durch Politik strukturiert werden würden, würde auf die Frage nach Politik zur Antwort der Notwendigkeit *von* und Frage *der* Gestaltung evolutionären menschlichen Zusammenlebens führen. Damit würden Gesellschaftstheorie[20] (als Theorie der „societas civilis“) und Politik (da diese mit dem Begriff des Sozialen[21] gleichzusetzen wäre) zusammenfallen; eine Äquivalenz, die unmittelbar zu Aristoteles und dessen bis heute im Rahmen politischer Theoriediskussion immer noch leuchtenden Metapher der „koinônia politikê“[22] zu-

---

[18] mit diesen Worten beginnt eine Einführung in politische Fragestellungen und Problemfelder. S.: Watzal, Ludwig (Hrsg.): Grundwissen Politik. Bonn 1993². S. 7

[19] Simmel, Georg: Soziologie. Untersuchungen über die Formen der Vergesellschaftung. Leipzig 1908. S. 19

[20] als Theorie der Gesellschaft als Ganzes und damit explizit *soziologische* Theorie, wie das AGIL-Schema von Parsons; die Theorie kommunikativer Vernunft von Jürgen Habermas; die Eliassche Zivilisationstheorie; Hannah Arendts Massengesellschaft; Pierre Bourdieus soziale Felder oder die Theorie autopoietischer Systeme. Gerade aber auch durch diese (willkürliche) Aufzählung drängt sich die Frage auf: Welche Gesellschaft ist gemeint?

[21] so Thomas von Aquin (zitiert nach Hannah Arendt): „nomo est naturaliter politicus, id est, socialis.“ (In: Arendt, Hannah: Vita activa. München 1996⁸. S. 34, insb. Anm. 2). Er schließt dabei an die aristotelische Anthropologie an, wendet dessen Bezugspunkt allerdings für Arendt, als die in der Antike als Fragestellung relevante politische Gleichheit der Menschen als selbstverständlich vorausgesetzt und die Notwendigkeit herzustellender Gleichheit immer mehr eine Frage des Sozialen wird [vgl. Kap. 1.5]

[22] vgl. Aristoteles: Politik. Stuttgart 1989. 1. Buch. Kap. 1. 1252a 1-6. S. 75ff. Diese Auffassung zieht sich, ausgehend von Sokrates, durch die gesamte abendländische Philosophie und endet in dieser Ausschließlichkeit erst bei Machiavelli, der eine rein politische Reflexionstheorie entwirft, die adäquat auf die Veränderungen der politischen Sphäre zu Beginn der Neuzeit reagiert, indem sie einen rein auf das Staatliche und zugleich Machtmäßige reduzierten Begriff des Politischen bestimmt.

rückführt. Dies würde implizieren, dass die Regelung sozialer Ordnung in besonderem Maße *der* Politik als zentralem Lenkungs- bzw. Problemlösungssystem der Gesellschaft obliegt. Politik erschiene dann als eine – von anthropologischen Vorstellungen geprägte – epistemologische Kategorie sozialer Praxis, die durch Bedeutungsgehalte, Sinnkonstruktionen und legitime Regelungsmechanismen die Gesellschaft mit reziproken Mustern versorgt, um stabile soziale Verhältnisse zu ermöglichen. Dieser Sichtweise zufolge bindet Politik gesellschaftliche Erwartungen, entscheidet *in* der Gesellschaft *für* die Gesellschaft und stellt insofern das Zentrum, sozusagen die Spitze der Gesellschaft[23] dar, die diese in sich repräsentiere und erschiene dann als archimedischer Punkt der Gesellschaft, von dem aus die Gesellschaft als *Gesellschaft* aus einer Perspektive, eben der Perspektive einer *politischen* Gesellschaft bestimm- und beschreibbar wäre. So auch eine entsprechende Beschreibung von Michael Greven[24]; eine These, der Armin Nassehi scheinbar zustimmt, wenn er schreibt: „Fundamentalpolitisiert ist eine Gesellschaft dann, wenn prinzipiell alles entscheidbar geworden ist, wenn sich alles Entscheidbare als Interessenkonflikt darstellen lässt, wenn Politik für alles ihre Zuständigkeit erklären kann und wenn jeder Erwachsene als politisches Subjekt gelten kann.“[25] Und *wie* sich diese Entscheidungen dann strukturieren könnten, *wie* diese politische Gesellschaft dann zu beschaffen sein hätte; dafür könnten Reflexionstheorien der Politik Sinnlieferanten bilden, deren Ordnungsimplikationen allerdings ihrerseits immer schon (je nach Reflexionsgrad mehr oder weniger explizit – aber unvermeidlich -) determiniert durch kontingente aber gerade deshalb verabsolutierte Perspektiven sind, deren Sinnproduktion einer jeweiligen Einheitsperspektive[26] entspringt. *Gerade* politische Theorie als Reflexionstheorie lief und läuft Gefahr, die eigene Beschreibungsperspektive absolut zu setzen *und* sich an dieser eigenen Beschreibung als Idee von sich selbst zu orientieren, Politik als Teil der Gesellschaft im Verhältnis zu den anderen Teilen zu asymmetrisieren. Dies gilt in besonderem Maße für normativontologische Theorien, die soziale Ordnungsstrukturen je in Form zugrunde liegender Wertperspektiven begründen, aber ebenso für die Freund-Feind-

---

Bezeichnenderweise klassifiziert die politische Theorie diesen mit Machiavelli beginnenden Theoriestrang in ihrer Selbstreflexion als „realistischen Theoriebegriff“, dem dann der deutscher Idealismus (am prominentesten wohl: Hegel) eine normative Gegenkonzeption entgegenstellt [s. Kap. 1.4.2]

[23] vgl. Luhmann, Niklas: Tautologie und Paradoxie in den Selbstbeschreibungen der modernen Gesellschaft. In: Zeitschrift für Soziologie. Jahrgang 16, Heft 3. Juni. Stuttgart 1987. S. 161-174

[24] Greven, Michael Th.: Die politische Gesellschaft. Kontingenz und Dezision als Probleme des Regierens und der Demokratie. Opladen 1999. Insb. S. 55

[25] Nassehi Armin: Das Politische der politischen Gesellschaft. Soziologische Revue. Jahrgang 23. München, Oldenbourg 2000. S. 133

[26] als Letztbegründungsmuster, die Plausibilität verleihen und sich empirisch in den Programmen politischer Parteien wieder finden lassen können

Bestimmung von Carl Schmitt[27] oder dem regulativen Ideal, zu dem sich die Gesellschaft im Sinne einer teleologischen Weltordnung hin-, oder (neo)marxistisch in dialektischer Wechselwirkung entwickeln[28] soll; Theorien, die die Notwendigkeit *sozialer Ordnung*, die Frage der Gestaltbarkeit der Welt, die Kontingenz moderner Lebensbewältigungsform(en) jeweils an universale Sinnformen rückbinden.

1.1 Antinomien von (Selbst-)Beschreibungen der Gesellschaft

An dieser – bedingungsvollen – Abhängigkeit der Betrachtung von sich selbst „leidet" teilweise auch die Soziologie[29], denn worin besteht die „richtige" Ordnung und damit Orientierung; wie *ist* die Gesellschaft als Gesellschaft beschreibbar? Sowohl Politiktheorie (ihrem eigenen Anspruch nach) als auch Soziologie haben „Gesellschaft" zum Gegenstand, beschreiben diese und damit sich selbst, da jede Beschreibung der Gesellschaft innerhalb dieser stattfindet; eine Beschreibung *der* Gesellschaft und damit *Teil* dieser Gesellschaft ist. Damit ist diese Beschreibung unvermeidlich der Möglichkeit ausgesetzt, auch anders beschrieben werden zu können, denn jede Beschreibung der Gesellschaft aus der Gesellschaft heraus vollzieht diese mit; *ist* damit die Beschreibung der Gesellschaft, die daher als politische Gesellschaft oder als Massengesellschaft[30] oder als … beschrieben werden kann; die jeweilige Beschreibung trifft zu und trifft gleichzeitig nicht zu, denn die Gesellschaft kann immer sowohl als politisch als auch als Massengesellschaft als auch als … beschrieben werden. Entscheidend hierfür ist ausschließlich die gewählte Perspektive! Und einer bestimmten Perspektive kann gegenüber anderen kein Vorrang gegeben werden, denn aus welcher Perspektive heraus sollte und könnte dies geschehen? Welche Perspektive, gleichsam als Meta-Perspektive könnte in und durch sich die Gesellschaft als Ganzes repräsentieren? Die Auffassung von Gesellschaft als einer politischen Gesellschaft besitzt im Rahmen politikwissenschaftlicher Betrachtung Relevanz

[27] vgl. Schmitt, Carl: Der Begriff des Politischen. Berlin 1963. S. 26

[28] was bereits einem dezidiert modernen Verständnis entspringt, da durch die Semantik des Fortschritts in der Zeitdimension versucht werden soll, die Einheit der Gesellschaft herzustellen

[29] sofern sie sich als Reflexionstheorie der Gesellschaft in einer normativen und nicht rein deskriptiven Ausrichtung generiert

[30] z. B. durch Hannah Arendt, die zwar selbst keine dezidierte Theorie von Massengesellschaft erarbeitete, aber aus der Perspektive der Ermöglichungsbedingungen des Totalitarismus die moderne Gesellschaft als solche charakterisierte, so dass aus ihrem Werk durchaus eine entsprechende Theorie abgeleitet werden kann. (Vgl. Meier, Matthias J. M.: Phänomene der Massengesellschaft nach Hannah Arendt. Frankfurt/Main 2002) Interessant ist dieser Bezug, weil die arendtsche Massengesellschaft – unter völlig anderen Perspektiven – zu ähnlichen Erkenntnissen führt, wie hier im Kap. 2.1.1]

und Legitimität[31], aber nur als einen „optischen Fluchtpunkt"[32] entsprechender Selbstreflexion; eben (nur) als Beobachtungsschema[33]. Jede Beschreibung der Gesellschaft ist im Rahmen einer selektiven Unterscheidung (die damit alle anders möglichen Unterscheidungen ausschließt) eine (kontingenzlimitierende, aber gerade dadurch auf Kontingenz weisende) Beobachtung[34], „die keine privilegierte epistemologische Position will mehr gelten lassen, und die aus der Not dieser Selbstbeschränktheit die Tugend ihrer Beobachtungsform macht."[35] Eine jeweilige Unterscheidung ist der Beobachtung nicht vorgeordnet, sondern ist diese selbst, „was jede Beobachtung mit einer Paradoxie ausstattet: Sie basiert auf den Voraussetzungen, die sie selbst erzeugt und voraussetzt."[36] Soziologie beobachtet Gesellschaft; also gesellschaftliche Operationen, die selbst Unterscheidungen, also Beobachtungen als *Unterscheidung zwischen* ... sind und durch die (in denen) sich die soziale Welt in plurale Perspektiven, in Kontexturen (in eine je eigene Welt) entfaltet, die exakt der verwendeten Unterscheidung entstammen, die sich ihrerseits je der jeweiligen *Perspektive* verdankt. „Letztlich ist es der Beobachter, der den Raum hervorbringt."[37] Dieser Raum, die jeweilige Wirklichkeitskonstruktion eröffnet sich nicht nur erst durch eine Beobachtung, sondern basiert, da Beobachtung und Unterscheidung operativ identisch sind, auf der Ununterscheidbarkeit dieser Beobachtung, einem blinden Fleck; ist sich selbst intransparent, so „dass das Problem hier nicht darin besteht, dass wir nicht sehen, sondern darin, dass wir *nicht sehen*, dass wir nicht sehen."[38] Jede Beobachtung ist eine operative (blinde) Unterscheidung, die (nur) unter der Bedingung, dass die Unterscheidung der Beobachtung der Beobachtung nicht auf sich selbst anwendbar ist, durch eine iterative Unterscheidung beobachtbar ist – *ad*

---

[31] paradigmatisch dazu Hannah Arendt: „Die griechische Polis wird solange am Grunde unserer politischen Existenz, auf dem Meeresgrunde also, weiter da sein, als wir das Wort „Politik" im Munde führen." (Dies: Walter Benjamin. In: Ludz, Ursula (Hrsg.): Hannah Arendt: Menschen in finsteren Zeiten. München 1989². S. 241)

[32] Nassehi, Armin: Geschlossenheit und Offenheit. Studien zur Theorie der modernen Gesellschaft. Frankfurt/Main 2003. S. 113

[33] s. dazu: Luhmann, Niklas: Kontingenz als Eigenwert der modernen Gesellschaft. In: Ders.: Beobachtungen der Moderne. Opladen 1992. S. 94

[34] s. hierzu Gregory Batesons inzwischen „klassisches" Postulat: „Eine Information ist ein Unterschied, der einen Unterschied erzeugt." (Ders.: Ökologie des Geistes. Frankfurt/Main 1994. S. 582)

[35] Nassehi, Armin: Geschlossenheit und Offenheit. Studien zur Theorie der modernen Gesellschaft. Frankfurt/Main 2003. S. 14

[36] a.a.O.: S. 36

[37] Nassehi, Armin: „Zutritt verboten!" Über die politische Formierung privater Räume und die Politik des Unpolitischen. In: Lamnek, Siegfried/Tinnefeld, Marie-Theres (Hrsg.): Privatheit, Garten und politische Kultur. Von kommunikativen Zwischenräumen. Opladen 2003. S. 35

[38] Foerster, Heinz von: Prinzipien der Selbstorganisation im sozialen und betriebswirtschaftlichen Bereich. In: Ders: (Hrsg.: Schmidt, Siegfried J.) Wissen und Gewissen. Versuch einer Brücke. Frankfurt/Main 1993. S. 237

regressum. Erst durch rekursive Beobachtung einer Beobachtung durch einen Beobachter zweiter Ordnung (der der Beobachter selbst sein kann, der beobachtet, wie er beobachtet (und nicht, wie er nicht beobachtet)) werden Unterscheidungen sichtbar. *Soziologische* Beschreibungen als Beschreibungen der Operationen von Gesellschaft sind zwar immer bereits Beobachtungen von Beobachtungen, also Beobachtungen zweiter Ordnung, die insofern ebenfalls Beobachtungen erster Ordnung darstellen, als „sie nicht sehen, was sie nicht sehen" und als Soziologie „auf Strukturen und Funktionen anderer, also nicht soziologischer, nicht einmal wissenschaftlicher Beobachtungen und Beschreibungen ihres Gegenstandes stößt, kann sie an sich selbst erleben, dass sie sich nur jenen Unterscheidungen verdankt, die ihr als Soziologie der Wissenschaft der Gesellschaft zur Verfügung stehen."[39] Durch die sequentielle Aneinanderreihung von Beobachtungsoperationen flaggen sich Unterscheidungen (soziale Operationen) in zeitlicher Entfaltung zu Sequenzen selbst stabilisierender, selbstbezüglicher Anschlussmöglichkeiten aus. Da dabei die Perspektive, aus der sich dieser jeweilige Raum entfaltet, nicht verlassen oder im Sinne einer Allumfassendheit nicht überstiegen werden kann, kann „eine nachklassische, postontologische Theorieform nicht mehr das So-Sein der Dinge beschreiben ..., [sondern (nur) beobachten] wie überhaupt bestimmte Formen des So-Seins operationsfähig werden: oder anders formuliert: wie sich einer „Welt", die sich der selbsttragenden Form einer Zeichenparadoxie verdankt, Eindeutigkeiten und Bedeutungen abgewinnen lassen."[40] Kein Beobachter (besser: keine Beobachtung) kann in sich alle möglichen Unterscheidungen aktualisieren, sich selbst als Ganzes in den Blick nehmen und gleichsam eine allumfassende Beobachtungsposition einnehmen. „Schließlich inhäriert jeder Beobachtung und Beschreibung, die sich in einem System auf das System als Ganzes richtet, die Paradoxie, dass sie sich selbst mitbeobachten und mitbeschreiben müsste, wie sie beobachtet und beschreibt und mitbeobachtet und mitbeschreibt."[41] Soziologie als Beobachtung sozialer Ordnung, also gesellschaftlich operativ vorfindbarer Unterscheidungen hat also sinnhafte Eindeutigkeiten und Bedeutungen beobachtbaren Beobachtungen zu entnehmen und nicht der „Fülle der Erscheinungen und der Fülle der Erkenntnisse Formen vorzugeben, denen diese jeweils schon genügen müssen, um sein zu können, was sie sind"[42], id est: Eindeutigkeiten und Bedeutungen vorauszusetzen, sondern Ordnung zu beobachten. Die Ordnung, die sich dann „erkennen lässt, ist eine doppel-

[39] Nassehi, Armin: Geschlossenheit und Offenheit. Studien zur Theorie der modernen Gesellschaft. Frankfurt/Main 2003. S. 29

[40] a.a.O.: S. 56

[41] Fuchs, Peter: Die Erreichbarkeit der Gesellschaft. Zur Konstruktion und Imagination gesellschaftlicher Einheit. Frankfurt/Main 1992. S. 63

[42] Baecker, Dirk: Einleitung. In: Ders. (Hrsg.): Probleme der Form. Frankfurt/Main 1993. S. 9

te: einer generierende Ordnung, die die Erscheinungen und Erkenntnisse allererst hervorbringt, mit denen wir es zu tun haben; und eine Ordnung dieser Erscheinungen und Erkenntnisse selbst, und zwar insofern, als sie unterscheidbar sind, von dem, was nicht unterscheidbar ist.“[43] Soziologisch stellt sich von daher die Frage, *wie* der Prozess der Vergesellschaftung geschieht und inwiefern „wir da auf Politik treffen“ [vgl. FN[18]] sowie, ob sozialer Ordnung „Normen, die sich für eine sozialintegrative Einbindung, also für eine für alle Beteiligten verbindliche Regelung strategischer Interaktionen eignen“[44] als Formen oder Grundantinomien epistemologisch vorauszusetzen sind.

1.2 Normative Integration durch „Imagination von Einheit“?

Eine (scheinbar) plausible[45] Beobachtungsform von Gesellschaft scheint nun in der Frage nach „sozialer *Differenzierung und Integration* und nach den Voraussetzungen oder Ermöglichungsbedingungen *sozialer Ordnung*“[46] zu liegen; eine Form von Beobachtung, die gemeinhin in kollektiver Beschreibung von Gesellschaft als *integrierte* Zusammengehörigkeit im Rahmen segmentärer Differenzierung mündet. Dabei steht für die Annahme einer normativen Integration die Tradition des Strukturfunktionalismus Parsonsscher Prägung, dem zufolge Politik durch „goal attainment“[47] als kollektive Referenz zum gesellschaftlichen Wertkonsens beiträgt, der als „normative Ordnung, welche das Leben einer Population kollektiv organisiert“[48] von der Gesellschaft geteilt, von allen Mitgliedern im Rahmen deren Sozialisation in statu nascendi internalisiert wird. Dabei setzt diese Beobachtung der Gesellschaft Ordnung als normative Verfasstheit bereits voraus, was dazu führt, die Unterschiedlichkeiten und Variabilitäten der sozialen Welt auf eine (wie dann auch immer gedachte) Einheitsperspektive, unter der sich jegliche Perspektive subsumieren lassen würde, zurückzuführen und damit fast zwingend dazu, Eindeutigkeiten und Bedeutungen einer Beobachtung präsumtiv als Emergenz deduktiver Realisation universeller Sinnproduktion voranzustellen und zu „ontologisieren“ und diese gerade nicht operativ als Einheitsperspektive einer Beobachtung zu entnehmen. Auch wie von Norbert Elias

[43] a.a.O.: S. 9

[44] Habermas, Jürgen: Recht als Kategorie der gesellschaftlichen Vermittlung zwischen Faktizität und Geltung. In: Ders.: Faktizität und Geltung. Beiträge zur Diskurstheorie des Rechts und des demokratischen Rechtsstaats. Frankfurt/Main 1998. S. 44

[45] und semantisch gestützte

[46] Peters, Bernhard: Die Integration moderner Gesellschaften. Frankfurt/Main 1993. S. 20

[47] Parsons, Talcott: The System of modern Societies. New Jersey 1971. P. 123

[48] Parsons, Talcott: Gesellschaften. Evolutionäre und komparative Perspektiven. Frankfurt/Main 1975. S. 21

der Prozess der Vergesellschaftung als Verflechtungszusammenhänge und wechselseitige Abhängigkeitsbeziehungen, auch der „zunehmenden Differenzierung gesellschaftlicher Funktionen"[49] sowie der „Überwölbung" psychischer Strukturen durch gesellschaftliche; id est: soziale Strukturen in Form von „Funktionsketten" beschrieben wird; „wie die vielen einzelnen Menschen miteinander etwas bilden, das mehr, das etwas anderes ist als viele einzelne Menschen zusammen – wie sie eine „Gesellschaft" bilden und wie es kommt, dass sich diese Gesellschaft in bestimmter Weise verändern kann"[50], kann er sich nicht nur mit Simmel und dessen Verkettungszusammenhang [s. FN[19]] einig genannt werden, sondern denkt ebenfalls „Wir-Identität" als „Kollektivbewusstsein" vom Gedanken der Einheit[51] her, da eine jeweilige Figuration[52] zu gemeinsam internalisierten Denk- und Handlungsschemata führt. Daher legt er seinen Blickwinkel gerade nicht auf die fundamentale Komplexität, die irreduzible – sachliche und soziale – Perspektivendivergenz der Gesellschaft, sondern beschreibt „nur" die dynamische Dichotomie zwischen „Individuum" und „Gesellschaft" gemeinsam als „das von den Individuen gebildete Interdependenzgeflecht selbst"[53] und wird damit weder der Perspektivenvariabilität von Individuen sowie der Dynamik einer sich nicht mehr primär interaktiv strukturierenden Gesellschaft gerecht. Diese – allzu idealistischen und damit sowohl zu schlichten als auch voraussetzungsvollen – Konzeptionen der Konstitution einer integrierenden Normativität als Einheit wird von Jürgen Habermas schließlich reflexiver als kollektive Identität in Form gemeinsam zu entwerfender Willensbildungsprozesse[54] reformuliert, auch wenn auch für diesen die „Kontinuität und Wiedererkennbarkeit"[55], die „generations- und manchmal epochenübergreifende geschichtliche Existenz einer

[49] Elias, Norbert (Hrsg.: Schröter, Michael): Die Gesellschaft der Individuen. Frankfurt/Main 1987. S. 191

[50] a.a.O.: S. 22

[51] Elias versucht durch seine Konzeption einmal in Abgrenzung zu einem eher statischen Verständnis von Gesellschaft durch Parsons diese als einen dynamischen Prozess zu fassen sowie durch diese „Wir-Identität" die Gegenüberstellung von Individuum und Gesellschaft zu komplementarisieren; soziale Prozesse und psychische Ebene als Verflechtungszusammenhänge zu begreifen. Dies wird von ihm allerdings simplifiziert und damit hypostasiert

[52] vgl. Elias, Norbert: Über den Prozess der Zivilisation. Soziogenetische und psychogenetische Untersuchungen. Erster Band. Wandlungen des Verhaltens in den weltlichen Oberschichten des Abendlandes. Frankfurt/Main 1997. S. 70

[53] a.a.O.: S. 71

[54] Habermas beruft sich dabei auf drei Theorietraditionen, die analytische Ich-Psychologie (Erikson, Sullivan), die kognitivistische Entwicklungspsychologie (Piaget, Kohlberg) und die vom symbolischen Interaktionismus geprägte Handlungstheorie (Mead, Goffman). Vgl. Habermas, Jürgen: Moralentwicklung und Ich-Identität. In: Ders.: Zur Rekonstruktion des historischen Materialismus. Frankfurt/Main 1990[5]. S. 67ff

[55] Habermas, Jürgen: Einleitung. Historischer Materialismus und die Entwicklung normativer Strukturen. In: Ders.: Zur Rekonstruktion des historischen Materialismus. Frankfurt/Main 1990[5]. S. 25

Gesellschaft“[56] deren eigene Reproduktion sichert und festlegt. Die „kollektive Identität regelt die Zugehörigkeit der Individuen zur Gesellschaft (und den Ausschluss von ihr).“[57]

1.2.1 Die prozedurale Emergenz kommunikativer Vernunft

Habermas versteht Gesellschaft, die sich evolutiv sowohl als System als auch als Lebenswelt ausdifferenziert, als „*systemisch stabilisierte* Handlungszusammenhänge *sozial integrierter* Gruppen.“[58] Dabei wendet er den Handlungsbegriff kommunikationstheoretisch und betrachtet den Gebrauch von Sprache als „primäre Quelle der sozialen Integration“[59], durch die die Lebenswelt als das „intuitiv gegenwärtige, insofern vertraute und transparente, zugleich unübersehbare Netz der Präsuppositionen“[60] sinnerschlossen werden kann und individuelle Handlungsorientierungen intersubjektive Verständigung erfahren. Integration in die (Lebenswelt)-Gesellschaft ergibt sich durch die kommunikative Rationalität dieser Lebenswelt, in der sich *Öffentlichkeit* als „Netzwerk für die Kommunikation von Inhalten und Stellungnahmen, also von Meinungen“[61] konstituiert. In dieser Öffentlichkeit emergiert kommunikative Vernunft (die nicht mehr wie noch für Parsons der „selbstautorisierenden Kraft“[62] externer Ligaturen entnommen werden kann, die Gesellschaft vielmehr „ihre Normativität aus sich selber schöpfen“[63] muss). Dabei ist die „normative Erwartung vernünftiger Ergebnisse auf das Zusammenspiel zwischen der institutionell verfassten politischen Willensbildung mit den spontanen, nicht-vermachteten Kommunikationsströmen einer nicht auf Beschlussfassung programmierten, in diesem Sinne nicht-

[56] a.a.O.: S. 25

[57] a.a.O.: S. 25

[58] Habermas, Jürgen: Theorie des kommunikativen Handelns. Band 2. Zur Kritik der funktionalistischen Vernunft. Frankfurt/Main 1995. S. 228

[59] Habermas, Jürgen: Recht als Kategorie der gesellschaftlichen Vermittlung zwischen Faktizität und Geltung. In: Ders.: Faktizität und Geltung. Beiträge zur Diskurstheorie des Rechts und des demokratischen Rechtsstaats. Frankfurt/Main 1998. S. 34

[60] Habermas, Jürgen: Theorie des kommunikativen Handelns. Band 2. Zur Kritik der funktionalistischen Vernunft. Frankfurt/Main 1995. S. 199

[61] Habermas, Jürgen: Staatsbürgerschaft und nationale Identität. In: Ders.: Faktizität und Geltung. Beiträge zur Diskurstheorie des Rechts und des demokratischen Rechtsstaats. Frankfurt/Main 1998. S. 436

[62] Habermas, Jürgen: Recht als Kategorie der gesellschaftlichen Vermittlung zwischen Faktizität und Geltung. In: Ders.: Faktizität und Geltung. Beiträge zur Diskurstheorie des Rechts und des demokratischen Rechtsstaats. Frankfurt/Main 1998. S. 42

[63] Habermas, Jürgen: Der philosophische Diskurs der Moderne. Zwölf Vorlesungen. Frankfurt/Main 1985. S. 16

organisierten Öffentlichkeit"[64] gründbar, durch die die Handlungslogiken zweckrationaler Systeme der Gesellschaftssteuerung (wie dem der Politik) mit der kommunikativen Rationalität der Lebenswelt konvergieren[65], denn während „sozial integrierte Interaktionszusammenhänge des Handelnden zumindest intuitiv gegenwärtig bleiben und somit aus der *Teilnehmerperspektive sinnverstehend* erschlossen werden können, entziehen sich systemintegrierende Funktionszusammenhänge dem (Selbst-)Verständnis der Agierenden und lassen sich nur aus der *Beobachterperspektive erklären*."[66] Während sich die Lebenswelt aus der „Innenperspektive der Angehörigen"[67] durch intersubjektive Verständigung unmittelbar selbst konsensuell sinnhaft erschließt, ergibt sich diese Möglichkeit für Systemlogiken (aus einer Beobachtungsperspektive heraus) nur im Rahmen sozialintegrativer Normen, die „*gleichzeitig* durch faktischen Zwang und durch legitime Geltung Folgebereitschaft bewirken."[68] Grundlegende Bedeutung hierfür hat die Rechtsgebung als „Verfahren vernünftiger kollektiver Willensbildung, welche die konkreten Ziele der Beteiligten nicht präjudizieren können"[69], aus deren (prozeduralen) Bedingungen sich auch auf Systemebene kommunikative Rationalität entfalten kann, schält sich Vernunft in Form eines Konsenses heraus, da mit Hilfe der Zeitdimension Kontingenz etabliert wird, indem dissente Perspektiven zu einem späteren Zeitpunkt *Anerkennung* erfahren können. Die „kommunikative Bewältigung *dieser* Konflikte bildet in einer säkularisierten Gesellschaft, die mit ihrer Komplexität auf bewusste Weise umzugehen gelernt hat, einzige Quelle für eine Solidarität unter Fremden – unter Fremden, die auf Gewalt verzichten und die sich, bei der kooperativen Regelung ihres Zusammenlebens, auch das Recht zugestehen, für einander Fremde zu *bleiben*."[70] Die Identität einer Gesellschaft als ihre normative Verfasstheit, die in „dem Maße, wie der

---

[64] Habermas, Jürgen: Volkssouveränität als Verfahren. In: Ders.: Faktizität und Geltung. Beiträge zur Diskurstheorie des Rechts und des demokratischen Rechtsstaats. Frankfurt/Main 1998. S. 625

[65] vgl. Kreische, Joachim: Die Ironie der politischen Kommunikation bei Luhmann und Habermas. In: Bonacker, Thorsten/Brodocz, André/Noetzel, Thomas (Hrsg.): Die Ironie der Politik. Über die Konstruktion politischer Wirklichkeiten. Frankfurt/Main 2003. S. 107

[66] Nollmann, Gerd/Strasser, Hermann: Soziale Ungleichheit und gesellschaftliche Differenzierung. In: Schwinn, Thomas (Hrsg.): Differenzierung und soziale Ungleichheit. Die zwei Soziologien und ihre Verknüpfung. Frankfurt/Main 2004. S. 294

[67] Habermas, Jürgen: Theorie des kommunikativen Handelns. Band 2. Zur Kritik der funktionalistischen Vernunft. Frankfurt/Main 1995. S. 203

[68] Habermas, Jürgen: Recht als Kategorie der gesellschaftlichen Vermittlung zwischen Faktizität und Geltung. In: Ders.: Faktizität und Geltung. Beiträge zur Diskurstheorie des Rechts und des demokratischen Rechtsstaats. Frankfurt/Main 1998. S. 44

[69] Habermas, Jürgen: Volkssouveränität als Verfahren. In: Ders.: Faktizität und Geltung. Beiträge zur Diskurstheorie des Rechts und des demokratischen Rechtsstaats. Frankfurt/Main 1998. S. 629

[70] Habermas, Jürgen: Deliberative Politik – ein Verfahrensbegriff der Demokratie. In: Ders.: Faktizität und Geltung. Beiträge zur Diskurstheorie des Rechts und des demokratischen Rechtsstaats. Frankfurt/Main 1998. S. 374

Dogmatismus des *Gegebenen* und des *Bestehenden* erschüttert wird“[71], ist nicht objektiv gegeben, denn „ein vorgängiger, durch kulturelle Homogenität gesicherter Hintergrundkonsens wird als zeitweilige, katalysatorische Bestandsvoraussetzung der Demokratie in dem Maße überflüssig, wie die öffentliche, diskursiv strukturierte Meinungs- und Willensbildung eine vernünftige politische Verständigung auch unter Fremden möglich macht. Weil der demokratische Prozess schon dank seiner Verfahrenseigenschaften Legitimität verbürgt, kann er, wenn nötig, in die Lücken sozialer Integration einspringen und im Hinblick auf eine veränderte kulturelle Zusammensetzung der Bevölkerung eine gemeinsame politische Kultur hervorbringen“[72], so dass „Normensysteme auf die Willensbildung zusammenlebender Subjekte zurückgeführt werden können.“[73] Ein Kollektiv findet nach Habermas seine Identität nicht in ethnisch-kulturellen Gemeinsamkeiten[74] als kollektive Referenz, da die „Frage nach den Möglichkeiten einer kollektiven Identität überhaupt anders gestellt werden muss: solange wir nach Ersatz für eine religiöse Lehre suchen, die das normative Bewusstsein einer ganzen Bevölkerung integriert, unterstellen wir, dass auch moderne Gesellschaften ihre Einheit noch in Form von Weltbildern konstituieren, die eine gemeinsame Identität inhaltlich festschreibt. Davon können wir heute nicht mehr ausgehen. Eine kollektive Identität können wir heute allenfalls in den formalen Bedingungen verankert sehen, unter denen Identitätsprojektionen erzeugt und verändert werden. Ihre kollektive Identität steht den einzelnen nicht mehr als ein Traditionsinhalt gegenüber, an dem die eigene Identität wie an einem Objektiven gebildet werden kann; vielmehr beteiligen sich die Individuen selbst an dem Bildungs- und Willensbildungsprozess einer gemeinsam erst zu entwerfenden Identität.“[75] Für ihn ist die Frage relevant, „wie aus Konsensbildungsprozessen … soziale Ordnung soll hervorgehen können“[76], wie also *in* der Gesellschaft Konsens (als „für alle Beteiligten verbindliche“r Sinn [vgl. FN[44]]) *über* die Gesellschaft hergestellt werden kann, wie Dissens (Perspektivendivergenz) auf ein allgemeinverbindliches – legitimes – Ordnungsbild verpflichtet werden kann,

---

[71] Habermas, Jürgen: Einleitung. Historischer Materialismus und die Entwicklung normativer Strukturen. In: Ders.: Zur Rekonstruktion des historischen Materialismus. Frankfurt/Main 1990[5]. S. 16

[72] Habermas, Jürgen: Die postnationale Konstellation. Politische Essays. Frankfurt/Main 1998. S. 113

[73] Habermas, Jürgen: Einleitung. Historischer Materialismus und die Entwicklung normativer Strukturen. In: Ders.: Zur Rekonstruktion des historischen Materialismus. Frankfurt/Main 1990[5]. S. 16

[74] s. Habermas, Jürgen: Staatsbürgerschaft und nationale Identität. In: Ders.: Faktizität und Geltung. Beiträge zur Diskurstheorie des Rechts und des demokratischen Rechtsstaats. Frankfurt/Main 1998. S. 632ff

[75] Habermas, Jürgen: Können komplexe Gesellschaften eine vernünftige Identität ausbilden? In: Ders.: Zur Rekonstruktion des historischen Materialismus. Frankfurt/Main[5] 1990. S. 107

[76] Habermas, Jürgen: Recht als Kategorie der gesellschaftlichen Vermittlung zwischen Faktizität und Geltung. In: Ders.: Faktizität und Geltung. Beiträge zur Diskurstheorie des Rechts und des demokratischen Rechtsstaats. Frankfurt/Main 1998. S. 37

denn „wo Konsens nicht denkbar ist oder als unerwünscht gilt, kann man auch von Dissens nicht reden: Denn kontroverse Argumentation ist nur sinnvoll, wo die Möglichkeit gegenseitiger Überzeugung vorausgesetzt wird.“[77] So erschiene Gesellschaft dann durch eine Einheitsperspektive (tatsächlichen Konsens) „integriert“ und kämen der Politik ihre dadurch legitimierten Entscheidungsressourcen zu. Aus diesem vernünftigen Konsens ergibt sich Integration *in die* und *der* Gesellschaft, da dieser die daran Beteiligten aneinander bindet und damit die Möglichkeit und Annahme von Solidarität eröffnet. Dabei darf das Verfahren selbst als Verfahren nicht in Frage stellbar, also kontingent sein, muss kommunikative Rationalität „sich selbst von ihren eigenen Anforderungen“[78] ausnehmen und sich als Inkontingent stilisieren. Dabei setzt die Annahme eines kommunikativen Konsenses sowohl die Möglichkeit intersubjektiver Verständigung als auch die Möglichkeit gesamtgesellschaftlicher Realität voraus, ohne die intersubjektive Verständigung nicht herstellbar wäre. Auch Habermas gibt der „Fülle der Erkenntnisse Formen vor..., denen diese jeweils schon genügen müssen, um sein zu können, was sie sind“ [vgl. FN[42]].

1.2.2 Psychische Intransparenz oder Intersubjektivität

An diesen Form-Vorgaben setzt die Kritik von Niklas Luhmann an, der ebenfalls von der konstitutiven Bedeutung von Sprache ausgeht[79], Habermas aber darin widerspricht, dass durch einen „massiven Hintergrundkonsens“[80] in Form intersubjektiv herstellbarem Einvernehmens soziale – auch lebensweltliche – *Integration* in die Gesellschaft möglich wäre, da dieser soziale Integration bewirkende Konsens einer Imagination entspricht, wenn im Rahmen von Kommunikation aus der Summe von Anschlussmöglichkeiten, die die „Welt als letztes Unbeobachtbares (nicht: als Gesamtheit vermuteter Konsense)“[81] zur Verfügung stellt, ein einer kommunikativen Erwartung entsprechender Anschluss gewählt wird.

[77] Peters, Bernhard: Der Sinn von Öffentlichkeit. In: Ders.: Der Sinn von Öffentlichkeit (Hrsg.: Weßler, Hartmut). Frankfurt/Main 2007. S. 94

[78] Brodocz, André: Über die Rechtfertigung der Demokratie und die Ironie ihrer Unmöglichkeit. In: Bonacker, Thorsten/Brodocz, André/Noetzel, Thomas (Hrsg.): Die Ironie der Politik. Über die Konstruktion politischer Wirklichkeiten. Frankfurt/Main 2003. S. 55

[79] vgl. Luhmann, Niklas: Selbstreferentielle Systeme. In: Simon, Fritz B. (Hrsg.): Lebende Systeme. Wirklichkeitskonstruktionen in der systemischen Therapie. Frankfurt/Main 1997. S. 75. Siehe zur Funktion von Sprache gerade auch im Rahmen des hier zu Beobachtenden ausführlicher Kap. 2.2.3

[80] Habermas, Jürgen: Recht als Kategorie der gesellschaftlichen Vermittlung zwischen Faktizität und Geltung. In: Ders.: Faktizität und Geltung. Beiträge zur Diskurstheorie des Rechts und des demokratischen Rechtsstaats. Frankfurt/Main 1998. S. 38

[81] Luhmann, Niklas: Die Tücke des Subjekts und die Frage nach dem Menschen. In: Fuchs, Peter/Göbel, Andreas: Der Mensch – das Medium der Gesellschaft? Frankfurt/Main 1994. S. 53

Konsens ist so betrachtet schlicht das Ergebnis der kommunikativen Stilisierung bestimmter Perspektiven zu erwartbarer Unwidersprechbarkeit. Bewusstseine aktualisieren Sinn auf nicht-triviale[82] Weise (gemäß ihrer ihnen (situativ oder kontextuell) individuell zur Verfügung stehenden Möglichkeiten [s. Kap. 1.2.3]), so dass eine Sinnverarbeitung mit der Sinnverarbeitung eines anderen Bewusstseins nicht identisch sein und Sinn daher nicht irgend intersubjektiv geteilt[83] und durch sozialintegrative Normen (als Form-Vorgabe) strukturiert werden kann.[84] Ein Bewusstsein kann anderen Bewusstseinen Sinn als *Bedeutung* als „gleichsinnig unterstellen, kann aber auch eines Besseren belehrt werden. Insofern ist sozialdimensionierter Sinn[85] Ausgangspunkt für Attributionsprobleme, für Unterschiede der Zurechnung und für Zurechnung der Unterschiede des Sinnerlebens."[86] Psychische Systeme bleiben einander – auch im Rahmen kommunikativer Akte – fundamental intransparent: „Geteilte Geltung ist nicht auf geteilte Gründe angewiesen."[87]

1.2.3 Autopoietische Sinnproduktion

Jedes Bewusstsein stellt für die Theorie autopoietischer Systeme ein operativ geschlossenes psychisches System dar, „eine spezifische, zeitbasierte Operativität, die keine andere Einheit hat als die Form ihrer Operationen."[88] Ein psychi-

---

[82] nicht-trivial im Sinne Heinz von Foersters. S. Ders.: KybernEthik. Berlin 1993. S. 138ff

[83] vgl. Brodocz, André: Über die Rechtfertigung der Demokratie und die Ironie ihrer Unmöglichkeit. In: Bonacker, Thorsten/Brodocz, André/Noetzel, Thomas (Hrsg.): Die Ironie der Politik. Über die Konstruktion politischer Wirklichkeiten. Frankfurt/Main 2003. S. 62

[84] und gerade deshalb zielt der Vorwurf an die Systemtheorie, sie vernachlässige den Menschen, vorbei, als sie „eine radikal individualistische Theorie ist, weil sie ihre Individuen nicht nur durch konkret einzigartige Merkmalskombinationen, sondern außerdem noch durch jeweils eigene, selbstkonstruierte Umweltperspektiven, also durch jeweils anders konstruierte Welteinschnitte kennzeichnet." (Luhmann, Niklas: Die Tücke des Subjekts und die Frage nach dem Menschen. In: Fuchs, Peter/Göbel, Andreas: Der Mensch – das Medium der Gesellschaft? Frankfurt/Main 1994. S. 53)

[85] In der Sozialdimension werden „Ego und Alter für Zurechnungsprozesse personalisiert bzw. mit bestimmten sozialen Systemen identifiziert. Sie erhalten, ungeachtet ihres jeweiligen Fungierens als Ego und als Alter für ein alter Ego, Identitäten, Namen, Adressen." (Luhmann, Niklas: Soziale Systeme. Grundriss einer allgemeinen Theorie. Frankfurt/Main 1984. S. 125). Zur generellen Darlegung der verschiedenen Sinndimensionen s. a.a.O.: S. 111ff

[86] Luhmann, Niklas: Frühneuzeitliche Anthropologie: Theorietechnische Lösungen für ein Evolutionsproblem der Gesellschaft. In: Ders.: Gesellschaftsstruktur und Semantik. Studien zur Wissenssoziologie der modernen Gesellschaft. Band 1. Frankfurt/Main 1980. S. 174

[87] Brodocz, André: Über die Rechtfertigung der Demokratie und die Ironie ihrer Unmöglichkeit. In: Bonacker, Thorsten/Brodocz, André/Noetzel, Thomas (Hrsg.): Die Ironie der Politik. Über die Konstruktion politischer Wirklichkeiten. Frankfurt/Main 2003. S. 62

[88] Fuchs, Peter: Die Psyche. Studien zur Innenwelt der Außenwelt der Innenwelt. Weilerswist 2005. S. 105

sches System reproduziert seine Elemente aus seinen Elementen, indem (operativ: blind[89]) Gedanken Gedanken beobachten, die Gedanken beobachten. „Keine autopoietische Operation kann sich – gleichsam in sich selbst – im Moment ihres Passierens, der der einzige reale Moment wäre, als kontingent beobachten lassen. Dazu bedarf es eines zuweisenden Kommentars, einer Identifikation post festum, einer weiteren Operation, die diese Gegenwart herstellt als eine, die anders, die different hätte sein können, und dieser Kommentar, diese Zuweisung wäre an eine andere Gegenwart geknüpft, der ihre Gegenwart, ihre Identität ebenfalls nur auf die gleiche Weise übermittelt werden könnte.“[90] Eine Beobachtung (der Gedanke) weist einer Beobachtung (einem Gedanken) in der operativen Abfolge von Unterscheidungen, indem ein Gedanke *für* einen Gedanken *etwas* bedeutet, seinen Sinn zu. Die *Bedeutung* (der Sinn) ist einer Operation weder bereits (normativ „als Ausdruck der verallgemeinerungsfähigen Interessen der Gesamtbevölkerung“[91]) vorgegeben, noch ergibt er sich aus der (blinden) Operation, sondern erschließt sich nur durch Beobachtung[92]. Sinn entspricht „der Welt“ [s. FN[81]] als Gesamtheit aller potentiellen Beobachtungsmöglichkeiten, ist mithin kontingent: „Kontingent ist etwas, was weder notwendig ist, noch unmöglich ist; was also so, wie es ist (war, sein wird), sein kann, aber auch anders möglich ist.“[93] Die Bedeutung eines Gedankens *für* einen Gedanken wird selektiv je nur in der Differenz zu anderen Bedeutungen (als alle anders möglichen Unterscheidungen) aktualisiert, also durch Sinnnegation aller anderen Möglichkeiten *dieser Operation*. „Die Form des Mediums Sinn ist in knapper Formulierung: *selektive Verweisung*. Wenn das Medium Wahrnehmung von der Sinnform überzogen wird, bedeutet dies, wenn man so will, eine Art Zweitcodierung: Die Wahrneh-

---

[89] vgl. zu diesem „blinden Fleck“ aus einer neurobiologischen Perspektive: Roth, Gerhard: Das Gehirn und seine Wirklichkeit. Kognitive Neurobiologie und ihre philosophischen Konsequenzen. Frankfurt/Main 1997. S. 307

[90] Fuchs, Peter: Die Psyche. Studien zur Innenwelt der Außenwelt der Innenwelt. Weilerswist 2005. S. 40

[91] Habermas, Jürgen: Können komplexe Gesellschaften eine vernünftige Identität ausbilden? In: Ders.: Zur Rekonstruktion des historischen Materialismus. Frankfurt/Main 1990[5]. S. 108

[92] so auch Heinz von Foerster: „Was der Stimulus „bedeutet“, wird dem Lebewesen natürlich erst *nach* einer Überprüfung klar. Ein Angriff kann unter bestimmten Stimulusbedingungen „Schmerz“ bedeuten, unter anderen „Lust“. Es ist wichtig, hier darauf hinzuweisen, dass weder Schmerz noch Lust objektive Zustände der Außenwelt sind. Sie sind Zustände, die ausschließlich innerhalb des Lebewesens erzeugt werden, sie sind – um einen Begriff der Physik zu gebrauchen – „Eigenzustände“ des Organismus, die es diesem gestatten, jeden ankommende Signal auf sich selbst zu beziehen, d.h. sich mit Bezug auf die Außenwelt selbstreferentiell zu verhalten.“ (Ders.: Was ist Gedächtnis, dass es Rückschau *und* Vorschau ermöglicht? In: Ders: (Hrsg.: Schmidt, Siegfried J.) Wissen und Gewissen. Versuch einer Brücke. Frankfurt/Main 1993. S. 312)

[93] Luhmann, Niklas: Soziale Systeme. Grundriss einer allgemeinen Theorie. Frankfurt/Main 1994[4]. S. 152

mungen werden so eingerichtet, dass sie als bestimmte (notfalls bezeichenbare) Wahrnehmungen erscheinen, und diese Bestimmtheit (das je Identitäre) entsteht – in phänomenologischer Redeweise – durch die Appräsentation eines Horizontes, aus dem heraus das Bestimmte „sich versteht": als *dies* und nicht als *das*. Weniger phänomenologisch: Die Form von Sinn nutzt Wiedererkennbarkeiten der Wahrnehmung dadurch, dass sie Varietät und Redundanz kombiniert. Sie parasitiert, wenn man so sagen darf, an der einfachen Tatsache, dass es keine identischen Wiederholungen gibt. Sie ballt (konfirmiert) Identitäten so, dass ein Spielraum des *Anders-möglich* oder des *Ähnlich-wie* entsteht."[94] Durch die rekursive Aktualisierung dieser Differenz in jeder Operation zur Reduktion von Komplexität der Umwelt (indem eine Operation an eine andere anschließt, sich dadurch als ein Element des Systems generiert und zu dessen Komplexitätsaufbau beiträgt, woran sich die nächste Operation anschließt …) eröffnet sich die Wahrscheinlichkeit bestimmter weiterer selbstbezüglicher Anschlüsse, entstehen Strukturen („eine generierende Ordnung, die die Erscheinungen und Erkenntnisse allererst hervorbringt" [vgl. FN[43]]), die als Differenzen beobachtet werden können („eine Ordnung dieser Erscheinungen und Erkenntnisse selbst, und zwar insofern, als sie unterscheidbar sind, von dem, was nicht unterscheidbar ist" [ebd.]). Die Struktur als Einschränkung von Anschlüssen erzeugt die Differenz zur Umwelt, *ist* die reproduzierte Unterscheidung zwischen sich und der Umwelt, in der sich das System befindet.[95] Durch diese Unterscheidung eröffnet sich, abhängig *von* dieser Unterscheidung ein Raum der Beobachtung, in dem die Bezeichnung einer Seite durch das Unterschiedene dieser Unterscheidung (der System-Umwelt-Differenz) ihren Sinn gewinnt. „Die Unterscheidung selbst ist dann, sofern sie von dem durch sie Unterschiedenen unterschieden wird, die Form."[96] Dies ermöglicht, „die eine Seite vor dem Hintergrund der anderen Seite (welche implizit negiert wird) zu bezeichnen. Beide Seiten befinden sich jedoch *innerhalb des Systems*, denn nur im System gibt es Unterscheidungen: In der Umwelt findet man Äpfel und Frauen, aber keine Unterscheidung zwischen Äpfel und anderem, oder zwischen Frauen und Männern. Das beobachtende

---

94 Fuchs, Peter: Die Psyche. Studien zur Innenwelt der Außenwelt der Innenwelt. Weilerswist 2005. S. 125

95 da alle weiteren Unterscheidungen rekursive Wiederholungen darstellen, ist diese Unterscheidung als Formalismus darstellbar (S. dazu: Spencer-Brown, George: Laws of Form. Gesetze der Form. Lübeck 1999[2]). Dieser beginnt sein Kalkül mit der Aufforderung: „Triff eine Unterscheidung" (a.a.O.: S. 3). Die beiden Seiten einer Form werden durch Codes bezeichnet. „Die Entscheidung für die eine oder die andere Seite ist das im Code ausgeschlossene Dritte, das in das durch den Code gebildete System zugleich eingeschlossen ist." (Luhmann, Niklas: Frauen, Männer und George Spencer Brown. In: Zeitschrift für Soziologie. Jahrgang 17, Heft 1. Februar. Stuttgart 1988. S. 63)

96 Luhmann, Niklas: Zeichen als Form. In: Baecker, Dirk (Hrsg.): Probleme der Form. Frankfurt/Main 1993. S. 49

System operiert immer mit eigenen Unterscheidungen, auch wenn sie in die Umwelt projiziert werden.“[97] Dieser interdependente Raum als Form eröffnet auf der (bezeichneten) Innenseite Anschlussmöglichkeiten für weitere Beobachtungen, während die Außenseite (das durch die Bezeichnung potentiell mitgeführte, aber aktual nicht beobachtete) den Kontext dieser Anschlussfähigkeit aufzeigt[98]. Durch die Zweiwertigkeit ist sichergestellt, dass ein System an jeden Zustand weitere Operationen anschließen kann: „Es kann nur zwei Anschlussoperationen geben: die Bestätigung der Asymmetrie durch eine weitere Bezeichnung und die Aufhebung der Unterscheidung durch das Kreuzen der Asymmetrie.“[99] Die Einheit eines Systems, dessen gleichsame „Identität“ ergibt sich *für* einen Beobachter aus der fortlaufenden Reproduktion dieser Operationen, so dass „jede Operation der Beobachtung, sei sie bewusst, sei sie sozial, die „Identität“ dessen, was sie beobachtet, in der Form des Nachtrags, in der Form der Differenz von Identität und Differenz ermittelt, dass sie also nicht etwas aufgreifen kann, das *ist*, sondern nur anschließen kann an das, was sie selbst als gegeben konstruiert.“[100] Durch Reflexion[101] zur Ordnung von Rekursionen durch Errechnung von Eigenwerten[102], die präferieren, wovon unterschieden

[97] Esposito, Elena: Zwei-Seiten-Formen in der Sprache. In: Baecker, Dirk (Hrsg.): Probleme der Form. Frankfurt/Main 1993. S. 92/93

[98] vgl. Simon, Fritz B.: Meine Psychose, mein Fahrrad und ich. Zur Selbstorganisation der Verrücktheit. Heidelberg 2009[12]. S. 112

[99] Baecker, Dirk: Einleitung. In: Ders. (Hrsg.): Probleme der Form. Frankfurt/Main 1993. S. 12

[100] Fuchs, Peter: Die Psyche .Stud. zur Innenwelt d. Außenwelt d. Innenwelt. Weilerswist 2005.S.101

[101] „Reflexion ist eine Form der Selbststeuerung, durch welche Systeme ihre eigene Identität thematisieren und genau darauf einstellen, dass ihre Umwelt im Wesentlichen aus anderen Systemen besteht, mithin jedes System auch Umwelt für andere Systeme ist. Es hat damit die Wahl, sich selbst als mehr oder weniger geeignete, mehr oder weniger bedrohliche oder aber kooperative Umwelt anderer Systeme zu organisieren. Reflexion in diesem Sinne ist eine gesteigerte Form der Selbstreferenz, in welcher der Rückbezug des Systems sich intentional auf seine Identität und deren Wirkungen in seiner Umwelt richtet.“ (Willke, Helmut: Ironie des Staates. Grundlinien einer Staatstheorie polyzentrischer Gesellschaft. Frankfurt/Main 1996. S. 73)

[102] diese Eigenwerte entsprechen im Falle von Funktionssystemen den intern generalisierten Präferenzcodes oder im Falle psychischer Systeme Auffassungs- sowie Selbstbeschreibungspräferenzen. Für den Fall psychischer Systeme führt Roth aus: „Hierbei werden, ohne dass wir dabei die Details bewusst verfolgen können, anhand des Sprachgedächtnisses sehr viele mögliche Deutungen geprüft, ehe sich unser kognitives System für eine bestimmte Deutung entscheidet (manchmal mit einem deutlichen „Gefühl der Unsicherheit“). Dieses neue Nervennetz wird nun beim Vorliegen gleicher oder vergleichbarer Situationen überprüft, verändert und schließlich in einer Form verfestigt, die sich bei der Überprüfung bewährt hat. Entsprechend benötigen wir immer weniger Zeit, um ein bestimmtes Problem zu bewältigen, und wir tun Dinge mit immer weniger Aufwand (bzw. immer „eleganter“). Im selben Maße zieht sich das Bewusstsein zurück, bis schließlich von uns die anstehenden Aufgaben mehr oder weniger automatisch erledigt werden können.“ (Roth, Gerhard: Das Gehirn und seine Wirklichkeit. Kognitive Neurobiologie und ihre philosophischen Konsequenzen. Frankfurt/Main 1997. S. 233)

wird und wie die Unterscheidung mitbestimmt, in welche Umweltbezüge (Fremdreferenz) sich ein System selbstreferentiell setzt[103], kann ein Beobachter „in der Wiederholung Identitäten kondensieren und konfirmieren, sie also dadurch bestätigen und generalisieren, dass er sie von immer wieder anderem unterscheidet."[104] Dies geschieht durch die Form des re-entrys, der wiedereintretenden Unterscheidung von System und Umwelt in seine selbst gezogene Differenz. „Wiedereintritt heißt dann: Bezeichnung der Unterscheidung selbst, also Beobachtung der Form der Unterscheidung auf der Innenseite der Unterscheidung."[105] Identitätskonstruktionen psychischer Systeme sind dabei durch Möglichkeiten von Sozialisation als Beobachtung der Konditionierungen dieser Beobachtung abhängig von ihrer sozialen Umwelt und werden als Identitätsbehauptungen [s. Kap. 2.1.2] als Zurechnungsformen, um (Eigen- sowie Fremd)-Erwartungen zu strukturieren, sozial relevant, wenn sie die Form von Kommunikation annehmen.

1.2.4 Kommunikation als Generator sozialen Sinns

Kommunikation wird – im Rahmen einer systemtheoretischen Beobachtungsreferenz – nicht als Übertragungsprozess „von Mensch zu Mensch" (terminologisch treffender: von *Personen*[106] „als Adressen für weitere Kommunikation"[107]), sondern als emergente Operation sozialer Systeme[108] verstanden. Gesell-

---

[103] die durch den Begriff der „operationalen Geschlossenheit" als Selbsttransformation durch Änderung von Unterscheidungen, mit deren Hilfe eigenes Beobachten ermöglicht wird, ausgedrückt werden: „Der Mensch wendet gewisse Operationen auf sich selbst an (weniger schrecklich mathematisch ausgedrückt: Er denkt und fühlt) und auf das, was dabei herauskommt, wendet er dieselben Spielregeln des Denkens und Fühlens erneut an. Das Resultat des eigenen Denkens und Fühlens wie auch des eigenen Denkens und Fühlens über eigenes Denken und Fühlen bleibt im Bereich des eigenen Denkens und Fühlens." (Simon, Fritz B.: Meine Psychose, mein Fahrrad und ich. Zur Selbstorganisation der Verrücktheit. Heidelberg 2009[12]. S. 258)

[104] Luhmann, Niklas: Die Tücke des Subjekts und die Frage nach dem Menschen. In: Fuchs, Peter/Göbel, Andreas: Der Mensch – das Medium der Gesellschaft? Frankfurt/Main 1994. S. 53/54

[105] Baecker, Dirk: Einleitung. In: Ders. (Hrsg.): Probleme der Form. Frankfurt/Main 1993. S. 13

[106] vgl. dazu: Luhmann, Niklas: Was ist Kommunikation? In: Ders.: Soziologische Aufklärung 6. Opladen 1995. S. 113-124. Die Form „Person" stellt ein kommunikatives Schema perspektivenstrukturierter Adressierungen von Individuen aus sozialer Systemreferenz dar, das individuelle Verhaltensmöglichkeiten auf je soziale Erwartbarkeiten reduziert und dadurch Anschlussfähigkeit im sozialen Kontext erwartbarer macht

[107] Luhmann, Niklas: Selbstreferentielle Systeme. In: Simon, Fritz B. (Hrsg.): Lebende Systeme. Wirklichkeitskonstruktionen in der systemischen Therapie. Frankfurt/Main 1997. S. 72

[108] „In systemtheoretischer Perspektive erscheint die Gesellschaft als ein soziales System, das Kommunikationszusammenhänge ausdifferenziert und abgrenzt gegen eine Umwelt, die aus anderen Systemen und deren Interdependenzen besteht. Zur Gesellschaft gehört danach nur das Kommunika-

schaft als soziales System von Kommunikationen reproduziert sich autopoietisch, indem sich im rekursiven Netzwerk von Kommunikation als „Ereignisgegenwart"[109] (kontingent mögliche) Kommunikation an Kommunikation anschließt. Soziale Systeme entstehen, wenn psychische Systeme und damit deren Kontingenzen aufeinander treffen. Wie dargelegt zeichnen sich psychische Systeme durch Komplexität, durch Kontingenz im Verweisungshorizont sinnhafter Möglichkeiten aus; eine Komplexität, die sozial nicht einfach addierbar ist, da psychische Komplexität nicht parallelisierbar, sondern sich je individuell sinnhaft strukturiert und sich sozial exponentiell vervielfacht[110]. Eine theoretische Betrachtungsweise, die diese Formvielfalt der Sinnproduktion ernst nimmt, kann kein generelles Muster von Sinnlimitation (etwa eine kommunikative Vernunft), eine einheitliche Beobachtungsperspektive unterstellen, sondern muss sich – unvermeidbar und unaufhebbar – auf Kontingenz einlassen. Dem wurde (und wird) auch soziologisch nicht immer genügend Rechnung getragen, als auch Soziologie glaubt(e), „es sich nicht leisten zu können, die Frage nach der Kontinuität und Kohärenz der Person offen zu halten. Nur zwei Sorten von Menschen schienen ihnen verträglich mit der neuen Lage: stabile, vernunftbegabte, rationale Individuen, denen die Wahrung der kollektiven Belange anvertraut werden konnte, und Gesellschaftsmitglieder, deren Verhalten sozial vorbestimmt und damit gleichermaßen regelmäßig und vorhersehbar war. Im Mittelpunkt des intellektuellen Bemühens stand – oft unausgesprochen – die Frage nach einer Form politischer Stabilität, die aus der angenommenen Kohärenz der Orientierungen und

tionsgeschehen selbst. Nicht zu ihr gehören die personalen Systeme der Menschen und erst recht nicht die physisch-chemisch-organische Natur des Menschen und anderer Systeme. Dies alles zählt zur Umwelt der Gesellschaft, wobei selbstverständlich ist, dass eine Gesellschaft ohne Umwelt nicht möglich wäre." (Luhmann, Niklas: Gesellschaftsstrukturelle Bedingungen und Folgeprobleme des naturwissenschaftlich-technischen Fortschritts. In: Ders.: Soziologische Aufklärung 4. Beiträge zur funktionalen Differenzierung der Gesellschaft. Opladen 1987. S. 51)

[109] Nassehi, Armin: Die Differenz der Kommunikation und die Kommunikation der Differenz. Über die kommunikationstheoretischen Grundlagen von Luhmanns Gesellschaftstheorie. In: Giegel, Hans-Joachim/Schimank, Uwe (Hrsg.): Beobachter der Moderne. Beiträge zu Niklas Luhmanns „Die Gesellschaft der Gesellschaft". Frankfurt/Main 2003. S. 30

[110] In einer Formulierung Luhmanns: „Während das Bewusstsein offenbar primär mit der Frage beschäftigt ist, wie es sich zu sichtbaren und hörbaren und anfassbaren *anderen* Menschen einstellen soll, stellt sich vorgängig und vielleicht grundlegender die Frage, wie es mit dem *Kommunikationsablauf* im sozialen System zurechtkommt, besonders in Interaktionssituationen, die auch Wahrnehmungsmöglichkeiten eröffnen, die ihrerseits oft viel schnellere Information vermitteln als Kommunikation. Es gibt einen *Kapazitätsüberschuss von Bewusstsein über das, was jeweils kommunikativ läuft* – als Platz für Vorsorge, Befürchtungen, Planungen und Erfahrung des Gelingens bzw. Misslingen. Aber es gibt ebenso auch einen *Kapazitätsüberschuss der Kommunikation über das Bewusstsein*; denn die Kommunikation synthetisiert Information, Mitteilung und Verstehen in einer Weise, die das Einzelbewusstsein nie ganz nachvollziehen kann." (Ders.: Selbstreferentielle Systeme. In: Simon, Fritz B.(Hrsg.): Lebende Systeme. Wirklichkeitskonstruktionen in der systemischen Therapie. Frankfurt/Main 1997. S. 72/73)

Handlungen der Menschen gewonnen werden könnte."[111] Auch im Rahmen soziologischer Betrachtungen wurden Eindeutigkeiten und Bedeutungen oftmals nicht empirischen Beobachtungen und deren Kontexten entnommen, sondern eingepasst in bereits vorausgesetzte Sinnproduktionen (Formen) [vgl. FN[42]]. Gerade durch die *soziale* Dimension von Sinn, wenn „Dissensmöglichkeiten und Konsensnotwendigkeiten erfordern, das Erleben und Handeln anderer fortlaufend in eigene Erlebens- und Handlungsbereitschaften einzukalkulieren und mitzuberechnen, dass der anders Erlebende, anders Handelnde genauso verfährt"[112] kann Sinn als universell strukturierend (und limitierend) nicht mehr aufgefasst werden. Das Bewusstsein eines kommunizierenden psychischen Systems kann nicht registrieren, welchen Sinn eine Information bei einem diese Äußerung verstehenden psychischen Systems generiert, es kann im Anschluss daran zwar eruieren, wie wiederum kommunikativ angeschlossen wird, aber nicht, welchem Mitteilungssinn diese Kommunikation entspringt. Kommunikation kann nur als Gedanke wahrgenommen werden (der an Gedanken anschließt) und ein Gedanke nur kommunikativ mitgeteilt werden (die als Ereignis nur an Kommunikationen anschließt und nur diese damit irritieren und anregen kann). „Die Intransparenz eines Bewusstseins für ein anderes (die Undurchsichtigkeit der Schädelkalotten, die vollkommene Geschlossenheit psychischer Systeme) ist das katalytische Problem, an dem Kommunikation ihre Form gewinnt: als Rekonstitution der Unterscheidung von Kommunikation und Bewusstsein in Kommunikation mit Hilfe der Selektionstriade Information, Mitteilung, Verstehen."[113] Erst durch kommunikatives Verstehen der Unterscheidung von Mitteilung und Information wird eine Äußerung zu Kommunikation. Jede Information als Operatioh muss in einer Folgeoperation einem System als Mitteilung zugerechnet werden und jede Mitteilung muss durch die Selektion des (wieder als Differenz zwischen Mitteilung und Information kommunizierten) Verstehens als Information behandelt werden, indem an den Aspekt der Information oder den der Mitteilung angeknüpft wird. Dabei koppeln sich Erwartungen auf psychischer Ebene mit dem sozialen Kommunikationssystem, indem „das jeweilige System Erwartungsstrukturen aufbaut, die es für bestimmte Irritationen sensibler macht. Dies führt zu operativen Anschlüssen und damit operativer Praxis der verschiedenen Systeme, die den Anschein erweckt, als hätten gegenseitige Eingriffe stattgefunden. Alles, was von einem sozialen System als nichtsoziale Irritation behandelt wird, beruht

[111] Wagner, Peter: Die Problematik der „Identität" und die Soziologie der Moderne. In: Straub, Jürgen/Renn, Joachim (Hrsg.): Transitorische Identität. Der Prozesscharakter moderner personaler Selbstverhältnisse. Frankfurt/Main 2002. S. 306

[112] Fuchs, Peter: Die Erreichbarkeit der Gesellschaft. Zur Konstruktion und Imagination gesellschaftlicher Einheit. Frankfurt/Main 1992. S. 180

[113] Fuchs, Peter: Moderne Kommunikation. Zur Theorie des operativen Displacements. Frankfurt/Main 1993. S. 135

darum auf seiner strukturellen Kopplung mit dem Bewusstsein wenigstens eines Menschen."[114] Strukturelle Kopplung[115] bedeutet dabei nicht Kopplung zwischen Systemen, durch die eine neue, gemeinsame operative Basis eröffnet werden würde, sondern die Gleichzeitigkeit unterschiedlicher Ereignisse als Kopplung von Systemen, die jeweils operativ geschlossen sind und bleiben, die sich gleichwohl nur zusammen als gegenseitige Verfügungsstellung jeweiliger Eigenkomplexität reproduzieren. „Ein operativ geschlossenes, Sprache verwendendes System kann sich auf der Ebene seiner Operationen nicht mit der Umwelt in Verbindung setzen. Insofern gibt es keine Referenz. Aber diese Unmöglichkeit wird intern dadurch kompensiert, dass das System in der Beobachtung seiner Operationen zwischen Selbstreferenz und Fremdreferenz unterscheiden kann, ja unterscheiden muss."[116] Strukturelle Kopplung zwischen psychischen und sozialen Systemen nennt die Systemtheorie Interpenetration[117]: „Interpenetration bezieht sich also nicht auf einen Austausch, sondern darauf, dass psychische und soziale Systeme sich im Medium Sinn aktuell „gemeinsam" durch Sinnmuster binden oder irritieren lassen."[118] Der Sinn einer Kommunikation entspringt also nicht dem Sinn der Gedanken der kommunizierenden psychischen Systeme, sondern „wird festgelegt (legt sich fest!) in der Kommunikation durch eine Folgeoperation, durch ein Verstehen, das – und wieder: nur kommunikativ – als Handlung seinerseits zugerechnet und anschlussfähig wird."[119] Kommunikation kann als Handeln auf Personen oder soziale Systeme zugerechnet werden, die dadurch Namen oder Adressen und durch Erwartungsbündelungen Identitäten erhalten. Nimmt man diese theoretischen (und empirischen) Konsequenzen ernst, wird in einem sozialen System das Verhalten von Alter für Ego und umgekehrt von Ego für Alter überkomplex (und wieder:) kontingent[120]. Alter kann den kommunikativen Erwartungen Egos entsprechen, kann diesen aber auch widersprechen; eine Möglichkeit, die ebenso für Ego gilt. Und da beide mit diesem

[114] Brodocz, André: Das politische System und seine strukturellen Kopplungen. In: Hellmann, Kai-Uwe/Fischer, Karsten/Bluhm, Harald (Hrsg.): Das System der Politik. Niklas Luhmanns politische Theorie. Wiesbaden 2003. S. 84

[115] durch die sich zeigt, „welcher Verlauf für das operative Geschehens eines Systems möglich ist: nämlich in der Form der Erfüllung und Enttäuschung von Erwartungen." (a.a.O.: S. 83)

[116] Luhmann, Niklas: Zeichen als Form. In: Baecker, Dirk (Hrsg.): Probleme der Form. Frankfurt/Main 1993. S. 51

[117] s. zu diesem Begriff: Luhmann, Niklas: Soziale Systeme. Grundriss einer allgemeinen Theorie. Frankfurt/Main 1994[4]. S. 286ff

[118] Fuchs, Peter: Die Psyche. Studien zur Innenwelt der Außenwelt der Innenwelt. Weilerswist 2005. S. 96

[119] Fuchs, Peter: Die Erreichbarkeit der Gesellschaft. Zur Konstruktion und Imagination gesellschaftlicher Einheit. Frankfurt/Main 1992. S. 84

[120] s. dazu ausführlich: Luhmann, Niklas: Soziale Systeme. Grundriss einer allgemeinen Theorie. Frankfurt/Main 1994[4]. S. 148-190

Erwartungswiderspruch rechnen können (und müssen), entsteht eine zirkuläre Unbestimmtheit. Dies wird seit Talcott Parsons als „doppelte Kontingenz“ bezeichnet und ist sozial nicht aufrecht- und aushaltbar; prinzipielle Unvorhersagbarkeit; herrschendes Chaos; völlige Offenheit kommunikativer Anschlüsse durch Kontingenz von Sinnverweisungsmöglichkeiten schränken sich empirisch ein durch Ordnungsbildung. Parsons selbst sah diese Ordnungsbildung – innerhalb seiner Theorie stringent – durch Wertkonsens und langfristige Strukturen lösbar, während Habermas, wie dargelegt, dazu auf die emphatisch verstandene Möglichkeit der Verständigung von Individuen vertraut. Für Luhmann – und gerade dadurch zeichnet sich die Theorie autopoietischer Systeme in Ihrer Ernsthaftigkeit gegenüber dem Variationsreichtum menschlicher Individualität aus – ergeben sich die strukturellen Möglichkeiten dieser Komplexitätsreduktion nur operativ, indem sich Systeme im Rahmen der Zeitdimension durch Strukturbildung, also der Limitation von Ereignismöglichkeiten, die durch Rückgriff auf bekannte und vertraute Muster geleistet wird[121], die durch positive Anschlüsse Wahrscheinlichkeiten für bestimmte weitere Kommunikationsereignisse durch rekursive Schließung sukzessive eröffnen, schließen. „Kommunikation konstituiert einen fortlaufenden Interpretationsprozess, in dem Ereignisse vorhergehende Verhaltensereignisse verstehen, indem sie diese selektiv kausal aus einem Horizont anderer Möglichkeiten in ihrer Bedeutung zurechnen. Gerade in der Selektivität, mit der eine zugerechnete Ursache ein Verhalten interpretiert, wird die Sinnhaftigkeit menschlichen Verhaltens erkennbar.“[122] Beobachtung als Verkettung von Bezeichnungen, an die durch jede weitere Bezeichnung eine Auswahl weiterer Unterscheidungen herangetragen wird, ist selektiv und dadurch sinnförmig, denn „wenn Zeichen mit Zeichen verknüpft werden sollen, zum Beispiel für Zwecke der Kommunikation oder des Denkens, müssen Erwartungen gerichtet, müssen Anschlussmöglichkeiten eingeschränkt werden. Das nächste Zeichen muss nicht schon feststehen, aber es darf auch nicht zu sehr überraschen. Jedes Zeichen muss daher nicht nur als es selber funktionieren, sondern auch redundante Informationen geben, nämlich schon mitinformieren über das, was dann kommen kann. Das folgende Zeichen präzisiert und bestätigt dann mit eingeschränktem Informationswert das, was erwartet war.“[123] Die Operation der

---

[121] so auch Heinz von Foerster: „Die Information einer Beschreibung hängt von der Fähigkeit eines Beobachters ab, aus dieser Beschreibung Schlussfolgerungen abzuleiten.“ (Ders.: Bemerkungen zu einer Epistemologie des Lebendigen. In: Ders: (Hrsg.: Schmidt, Siegfried J.) Wissen und Gewissen. Versuch einer Brücke. Frankfurt/Main 1993. S. 122)

[122] Nollmann, Gerd: Luhmann, Bourdieu und die Soziologie des Sinnverstehens. Zur Theorie und Empirie sozial geregelten Verstehens. In: Nassehi, Armin/Nollmann, Gerd (Hrsg.): Bourdieu und Luhmann. Ein Theorienvergleich. Frankfurt/Main 2004. S. 120

[123] Luhmann, Niklas: Zeichen als Form. In: Baecker, Dirk (Hrsg.): Probleme der Form. Frankfurt/Main 1993. S. 56

Kommunikation „besteht also darin, dass *erstens* an vorherige Ereignisse angeschlossen wird, dass *zweitens* der Anschluss eine Selektion darstellt, also genügend Unbestimmtheitspotential erfordert, dass *drittens* dadurch ein rekursiver und operativ geschlossener Zusammenhang entsteht, dass *viertens* dieser Ereigniszusammenhang radikal gegenwartsbasiert ist und Differenzen *praktisch* erzeugt und dass *fünftens* damit auch die Identität des Systems praktisch erzeugt werden muss.“[124] Weil sich Kommunikation einen anderen Sinnhorizont erzeugt als der (divergierende) an der Kommunikation beteiligten psychischen Systeme, kann Kommunikation nicht auf kommunikatives Handeln vor den Hintergrund konsensueller, also geteilter und kontingenzloser Normativität[125] reduziert werden. „Was immer die Beteiligten in ihrem je eigenen selbstreferentiell-geschlossenen Bewusstsein davon halten mögen: das Kommunikationssystem erarbeitet sich ein eigenes Verstehen oder Missverstehen und schafft zu diesem Zwecke Prozesse der Selbstbeobachtung und der Selbstkontrolle.“[126] Die Frage der Geltung und Realität von Normen oder Konsensunterstellungen ist beobachtungsabhängig und damit kontingent, da jeder Beobachter (ein Individuum, die Politik…) dem Sinnüberschuss der Welt durch seine Beobachtungen seine eigene Sinnlimitation entgegenstellt[127] und diese Welt (als Umwelt) *damit durch diesen* erst beschreibbar wird.

1.3 Differenzierung: Von inkontingenter Ordnung zur Multiperspektivität von Ordnung

Noch im ausgehenden Mittelalter war „unsere Region der Weltgesellschaft“[128] im Wesentlichen stratifikatorisch gegliedert. Von Stratifikation kann gesprochen

[124] Nassehi, Armin: Der soziologische Diskurs der Moderne. Frankfurt/Main 2006. S. 279

[125] gerade normative Erwartungen provozieren auch zur Enttäuschung, zum Normverstoß

[126] Luhmann, Niklas: Was ist Kommunikation? In: Ders.: Soziologische Aufklärung 6. Opladen 1995. S. 116

[127] mit der Konsequenz, „dass in dieser Sehweise der kommunikativen Fähigkeiten Begriffe wie „Übereinstimmung“ und „Konsens“ nicht auftreten und vor allem auch nicht erscheinen müssen. (Und so soll es auch sein, denn damit „Konsens“ und „Übereinstimmung“ überhaupt erreicht werden können, muss es Kommunikation bereits geben.) Diese Begriffe können jedoch sehr wohl im Vokabular eines Beobachters auftreten, der ja außerhalb der rekursiven Schleifen steht und die kommunikativen Interaktionen zwischen den beiden Subjekten beobachtet und der keine andere Erklärungsmöglichkeit für deren aufeinander abgestimmtes Verhalten hat.“ (Foerster, Heinz von: Epistemologie der Kommunikation. In: Ders: (Hrsg.: Schmidt, Siegfried J.) Wissen und Gewissen. Versuch einer Brücke. Frankfurt/Main 1993. S. 280/281)

[128] Nassehi, Armin: Differenzierungsfolgen. Wiesbaden 1999. S. 137. Weltgesellschaft notwendigerweise, wenn wie hier die systemtheoretische Annahme zugrunde gelegt wird, dass Gesellschaft aus Kommunikation besteht, die theoretisch weltgesellschaftliche Anschlüsse erzeugen kann. Vgl. auch

werden, „wenn und soweit sich Teilsysteme der Gesellschaft unter dem Gesichtspunkt von Rangdifferenz im Verhältnis zu anderen Systemen ihrer gesellschaftsinternen Umwelt ausdifferenzieren.“[129] Aus dieser beständigen Ungleichheit der Rangdifferenz[130] ergab sich die Einheit der Gesellschaft[131], eine Einheit, die – trotz der Standesunterschiede – eingebettet war in einen durch die „christliche universitas“ geprägten und als unveränderlich angesehenen Kosmos, durch dessen universalistische Ausprägung Mensch- und Christenheit gleichgesetzt werden konnte[132] und der die naturgegebene traditionelle Ordnung versinnbildlichte. Daher war auch die Selbstbeschreibung der mittelalterlichen Gesellschaft primär transzendental ausgerichtet[133]. Die Stabilität dieser Gesellschaftsstruktur, „die die konkreten Individuen über Familienzugehörigkeit einteilt“[134] ergab sich aus der relativ festen und eindeutigen Einordnung ihrer Mitglieder in den jeweiligen gesellschaftlichen Stand innerhalb dieser Ständeordnung, in den diese hineingeboren wurden und in der Regel zeitlebens blieben, denn „Inkontinenz der

---

Luhmann, Niklas: Soziale Systeme. Grundriss einer allgemeinen Theorie. Frankfurt/Main 1984. S. 585

[129] Luhmann, Niklas: Die Gesellschaft der Gesellschaft. Frankfurt/Main 1997. S. 685

[130] mit bereits im Mittelalter beginnender Ausdifferenzierung, wie z.B. den Zünften und Gilden oder zunehmender Differenzierung innerhalb der beiden Schichten, wie z.B. Hoch- und niederer Adel

[131] vgl. Luhmann, Niklas: Die Ausdifferenzierung der Religion. In: Ders.: Gesellschaftsstruktur und Semantik. Studien zur Wissenssoziologie der modernen Gesellschaft. Band 3. Frankfurt/Main 1998². S. 267

[132] Selbstredend existierte auch hier (bereits) die „andere Seite“, nur war diese nicht beobachtbar. Die bis dato mögliche Imagination von universeller Einheit, solange „die andere, ausgeschlossene Seite im Dunkeln bleibt, gar nicht im Horizont möglicher Anschlüsse auftaucht und die Beobachtung eines Systems mit einem unbeobachtbaren Horizont ausstattet -, der paradoxerweise ein Horizont werden kann, wenn er nicht mehr unbeobachtet bleibt und den es ohne eine solche Beobachtung gar nicht „gibt““ (Nassehi, Armin: Inklusion, Exklusion, Ungleichheit. Eine kleine theoretische Skizze. In: Schwinn, Thomas (Hrsg.): Differenzierung und soziale Ungleichheit. Die zwei Soziologien und ihre Verknüpfung. Frankfurt/Main 2004. S. 333/334), sollte sich als nicht mehr „realitäts!“konform erweisen. Gründe hierfür liegen in der zunehmenden Ausweitung von Handelsbeziehungen, missionierenden Mönchsorden (und der Rückwirkung deren Erlebnisse auf die Zuhause gebliebenen in Form von Geschichten), die Erfahrungen der Kreuzzüge – all dies ließ Unterschiede erkennen und Abgrenzungen vom je „Anderen“ (von den Mongolen im 13. über die Türken im 15./16. bis zu den überseeischen Völkern im 18. Jahrhundert) sich etablieren. Darüber hinaus führte die Rückeroberung islamischer Gebiete zu einer – im „dunklen“ Mittelalter vergessenen – Wiederentdeckung der (aristotelischen) Antike, den geistesgeschichtlichen Wurzeln Europas in Athen, Rom als auch Jerusalem sowie zu einer Auseinandersetzung mit dem nicht-europäischen Islam (und dessen naturwissenschaftlichen Erkenntnissen). Europa hat sich so betrachtet auch aus dem entwickelt, was es *nicht* ist. All dies stellte die „christliche universitas“ als konkurrenzloses Paradigma und damit die Einheit der Gesellschaft in Frage

[133] vgl. dazu z.B. Gurjewitsch, Aaron J.: Das Weltbild des mittelalterlichen Menschen. München 1997. S. 327ff

[134] Luhmann, Niklas: Zum Begriff der sozialen Klasse. In: Ders.: Soziale Differenzierung. Zur Geschichte einer Idee. Opladen 1985. S. 121

Adresse (also etwa Ambitionen auf Wechsel der Schichtzugehörigkeit) würde diese auf Ungleichheit basierende Ordnung gefährden."[135] Dadurch konnten Personen (in sozialer Systemreferenz) als eindeutige soziale Adresse kommunikativ behandelt werden (falls diese als einzelne Individuen überhaupt als soziale Adresse Relevanz aufwiesen). „Wer nicht als Adresse in Frage kommt, entwikkelt nicht einmal ein *Wer*. Wer in Frage kommt, strukturiert sein *Wer* an den sozial je gültigen Formen, in denen Adressabilität möglich ist."[136] Die Eindeutigkeit dieser Konditionierung durch Interaktionsdeterminierung im Rahmen kollektiver Schemen; der unhinterfragten, also kommunikativ nicht thematisierten und thematisierbaren Positionierung im Rahmen schichtspezifischer Einheiten als gleichsam kollektive Identität ergab die soziale Ordnung, die ihrerseits durch sinnlimitierende und -strukturierende Referenzen wie Tradition und Religion abgestützt war[137], auf die fremdreferentiell verwiesen werden konnte, um Kommunikation zu stabilisieren.

1.3.1 Die Folge operativer Anschlussselektionen: funktionale Differenzierung

Dieses festgefügte Ordnungsmuster beginnt sich im Hochmittelalter im Rahmen von (aus heutiger Sicht betrachtet) Modernisierungsprozessen[138] aufzulösen. Als Gründe hierfür können an dieser Stelle nur in sehr verkürzter Form[139] angegeben werden: Ausdifferenzierung eines auf das abstrakte Medium des Geldes gestützten Wirtschaftssystems[140] und dessen Ablösung von der Staatswirtschaft, Aus-

[135] Fuchs, Peter: Moderne Identität – im Blick auf das europäische Mittelalter. In: Willems, Herbert/Hahn, Alois (Hrsg.): Identität und Moderne. Frankfurt/Main 1999. S. 279

[136] a.a.O.: S. 277

[137] aber gerade (noch) nicht als unterschiedliche Kontexte, die sich erst im Rahmen funktionaler Differenzierung herausbildeten und durch die gesellschaftsstrukurell erst das möglich wurde, was, um eine emphatische Semantik zu bemühen, als „Freiheit" beschrieben wurde und wird

[138] den Beginn setzt Pico della Mirandola, indem er den Menschen als „hominis dignitate"; als zu einem Willen begabtes, „freies" Wesen charakterisiert (autonomia), dass selbst entscheiden kann, wie und wohin es sich entwickelt, das nicht mehr unveränderlich in eine gegebene Ordnung eingebunden, das nun ortlos wird (vgl. Pico della Mirandola, Giovanni: Über die Würde des Menschen. Zürich 1996[4]). Die Moderne muss selbstreflexiv beobachten und beschreiben und stößt hierbei notwendigerweise auf Kontingenz

[139] zu einer ausführlichen Darstellung im Rahmen einer wissenschaftstheoretischen Perspektive s. Toulmin, Stephen: Kosmopolis. Die unerkannten Aufgaben der Moderne. Frankfurt/Main 1994

[140] „Das was mit den Merkantilisten erstmals erreicht wird, ist ein ökonomischer Diskurs, der nichts ist als ein ökonomischer Diskurs. Es handelt sich also um ein Ausdifferenzierungsphänomen. Ähnlich wie Machiavelli die Sphäre des Politischen als von eigenen funktionalen Notwendigkeiten gesteuert sah, begreifen die Merkantilisten den ökonomischen Sektor als ein funktionales Subsystem." (Hahn, Alois: Partizipative Identitäten. In: Münkler, Herfried (Hrsg.): Furcht und Faszination. Facetten der Fremdheit. Berlin 1997. S. 125/126)

weitung räumlicher und sozialer Mobilität (durch Auflösung feudaler Personenverbände)[141], die Entstehung eines eigenständigen Wissenschaftssystems durch naturwissenschaftliche Entdeckungen, „eine Entflechtung traditionaler (multifunktionaler) Einheiten, eine fortschreitende Arbeits- und Rollenteilung, eine zunehmende Spezialisierung, eine Trennung der Wertsphären sowie die Institutionalisierung funktionsspezifischer Handlungsfelder.“[142] So unterschiedlich diese einzelnen Prozesse in Gang kamen, verliefen und Folgen zeitigten; all dies führte zu größerer gesellschaftlicher Komplexität, sich ausweitenden Kommunikationswahrscheinlichkeiten, die quer zur bisherigen gesellschaftlichen Schichtung lagen (so juristisch in Form allgemeiner Rechtsfähigkeit oder der Inklusion[143] der Gesamtbevölkerung in das Erziehungssystem durch öffentliche Schulen) und zu einer allmählichen evolutionären Umstellung von stratifikatorischer zu funktionaler Differenzierung führten. Funktionale Differenzierung meint nun nicht Arbeitsteilung im Sinne Durkheims[144], sondern die Herausbildung spezifischer funktionaler Eigenrationalitäten in Form autonomer, operativ geschlossener, sich selbst autopoietisch reproduzierender Kommunikationszusammenhänge als *Sinnzusammenhänge*, worauf Nassehi eindringlich hinweist: „Funktionale Differenzierung meint … nicht Ausdifferenzierung von Institutionen und Organisationen, sondern lediglich die historisch kontingente Entstehung symbolisch generalisierter Kommunikationsmedien, die die Annahmewahrscheinlichkeit für bestimmte Kommunikationsprozesse erhöhen und damit Systembildung in Gang setzen.“[145] So gewinnt z.B. die Wissenschaft teilweise im Rahmen spektakulärer Konflikte Distanz zur Religion, die bis dahin (sowohl geistliche als auch weltliche) Freiheitsgrade der Gesellschaft limitierte. Dabei wurde Religion selbst von

[141] eine interessante Darstellung der Veränderungen durch diese Modernisierungsprozesse und deren Auswirkungen auf den Identitätsbezug und individuelle Selbstbeschreibungen findet sich in: Kühn, Dieter: Ich Wolkenstein. Biographie. Frankfurt/Main 1996

[142] Nollmann, Gerd/Strasser, Hermann: Soziale Ungleichheit und gesellschaftliche Differenzierung. In: Schwinn, Thomas (Hrsg.): Differenzierung und soziale Ungleichheit. Die zwei Soziologien und ihre Verknüpfung. Frankfurt/Main 2004. S. 284

[143] der Begriff der Inklusion fungiert in der systemtheoretischen Literatur vor allem als der modernen Gesellschaftsstruktur adäquater Ersatzbegriff zu Integration, der Gesellschaft ihr Geselligkeitsapriori entzieht. Inklusion bezeichnet schlicht die Möglichkeiten und Bedingungen kommunikativer Adressabilität als Markierung für Kommunikation durch Kommunikation. Siehe zu einer Nachzeichnung der theorieimmanenten Entwicklung und unterschiedlichen Justierung: Farzin, Sina: Inklusion/Exklusion. Entwicklungen und Probleme einer systemtheoretischen Unterscheidung. Bielefeld 2006

[144] vgl. Durkheim, Emile: Über soziale Arbeitsteilung. Studie über die Organisation höherer Gesellschaften. Frankfurt/Main 1988[2]. Diese wäre mehr als *Folge* funktionaler Differenzierung zu betrachten

[145] Nassehi, Armin: Inklusion. Von der Ansprechbarkeit zur Anspruchsberechtigung. In: Lessenich, Stephan (Hrsg): Wohlfahrtsstaatliche Grundbegriffe. Historische und aktuelle Diskurse. Frankfurt/New York 2003. S. 335

einem allumfassenden eindeutigen Deutungsschema zu einem[146] Funktionssystem der Gesellschaft. Damit soll nicht einer Marginalisierung oder gar Auflösung religiöser Deutungen, also Sinnproduktionen und -limitierungen das Wort geredet, sondern aufgezeigt werden, dass sich *daneben* durch „Zunahme kontingenter Beobachtungsmöglichkeiten im Prozess zunehmender rekursiv gearbeiteter Beobachtungsvernetzungen“[147] andere Bedeutungsperspektiven herausbildeten, die durch kontextspezifische Differenzierungen unterschiedlichen Logiken folgen, indem der Sinnüberschuss (Kontingenz) von Verweisungsmöglichkeiten durch selektive Selbsteinschränkung als operativer Rekurs von Kommunikation im Verweisungszusammenhang von Kommunikation eingegrenzt wird, um Eindeutigkeit(en) wieder zu generieren. „*Rekursivität* meint in diesem Zusammenhang, dass Funktionssysteme sich ausschließlich dem Nacheinander ihrer Ereignisse, der kumulierenden Ordnungsbildung ihrer selbst verdanken und in diesem Sinne *operative Einheiten* sind, weil sie nichts anderes *enthalten* als eine in diesem Sinne operative Basis – strukturiert freilich durch eine entsprechende semantische Erwartungsbildung, die bestimmte Anschlüsse wahrscheinlicher macht als andere.“[148] Dadurch entfernen sich die gesellschaftlichen Funktionssysteme operativ voneinander, verweisen als autopoietische Reproduktion einer je funktionsspezifischen Differentialität in sich selbst auf sich selbst[149] und generieren eine je eigene, sich wechselseitig ausschließende und füreinander nicht-substituierbare Form der Beobachtung von Welt, die sich – als beobachtungsstrukturierende Kontextur – als inkompatibel mit den Logiken der anderen Systeme generiert, da „Systeme *füreinander Umwelt*, und zwar füreinander eine *jeweils verschiedene* Umwelt sind.“[150] Da „jedes System nur sieht, was es sieht und nicht sieht, was es nicht sieht“ [vgl. FN[38]], konstruiert jedes Funktionssystem sich die Welt (als jeweilige Umwelt) fundamental ausschnitthaft (im Rahmen der jeweiligen Perspektive) und gleichzeitig für das System selbst (als sie eben einer Unterscheidung entspringt) absolut – und real. „Die einzelnen Teilsysteme sind, da sie sich alle auf die Bearbeitung einer gesellschaftlichen Funktion konzentrieren, in einer wesentlichen Hinsicht *gleich*. Und sie sind zugleich *un-*

[146] einem!

[147] Fuchs, Peter: Der Mensch – das Medium der Gesellschaft? In: Fuchs, Peter/Göbel, Andreas: Der Mensch – das Medium der Gesellschaft? Frankfurt/Main 1994. S. 35

[148] Nassehi, Armin: Der Begriff des Politischen und die doppelte Normativität der „soziologischen“ Moderne. In: Nassehi, Armin/Schroer, Markus (Hrsg.): Der Begriff des Politischen. Baden-Baden 2003. S. 80

[149] was empirisch durch Bezug auf entsprechende Reflexionstheorien nachweisbar ist. Systemreflexionen können in verschriftlichter Form zu Reflexionstheorien ausgearbeitet werden, die die Einheit des Systems zu denken versuchen

[150] Luhmann, Niklas: Die Tücke des Subjekts und die Frage nach dem Menschen. In: Fuchs, Peter/Göbel, Andreas: Der Mensch – das Medium der Gesellschaft? Frankfurt/Main 1994. S. 52

gleich, da sie jeweils unterschiedliche Funktionen erfüllen."[151] Jede Beobachtung (in) der Gesellschaft ist absolut *und* kontingent und kann aus einer anderen Perspektive heraus anders beobachtet werden. „Jedes Funktionssystem *ist* zugleich die Gesellschaft, und es *ist* sie zugleich nicht."[152] Die Gesellschaft ist, wie Fuchs darlegt, „konfrontiert mit einer Mehrheit von auf ihre Komplexität gerichteten Beschreibungen (Hyperkomplexität), ferner mit dem Umstand, dass sie – weil sie sich beim Selbstbeschreiben räumlich und zeitlich disloziert und pluralisiert ertappt – sich notwendig intransparent bleibt (Polykontexturalität), schließlich damit, dass Hierarchie nicht *die* soziale Ordnungsform ist, sondern eine mögliche Systemordnungsform, die im Verbund mit anderen, (irgendwie) kooperierenden, aber durch kein Metasystem regulierten Systemen auftritt (Heterarchie)."[153] Dabei ist jedes kommunikative Ereignis nicht mehr das, was es *ist*, sondern kann durch „Kontexte, mit denen gleichzeitig zu rechnen ist"[154] je nach funktionaler Perspektive unterschiedlich als Dieses und als Anderes behandelt werden. Da diese divergierenden Systemrationalitäten nicht konvertierbar sind, kein System den selbstreferentiellen Zusammenhang eines anderen Systems übernehmen kann, kann systemspezifische Kommunikation nicht direkt in Kommunikation der Umwelt umgesetzt werden und diese damit nicht dazu gebracht werden, die eigene kommunikative Differenz zu übernehmen. Dadurch wird „Orientierungssicherheit (im Rahmen von Eigenwerten wie Notwendigkeit und Unmöglichkeit) unmöglich. Stattdessen pendelt sich eine Praxis des Umgangs mit Desorientierung ein."[155] Jede gesamtgesellschaftliche Form eines gemeinsamen Sinnhorizontes als Realität „an sich" durch gesamtgesellschaftlich verbindlich geltende Annahme- oder Ablehnungsstrukturen (wie durch Orientierung an einer übergeordneten Instanz, einer externen Referenz, die Kommunikation eindeutig strukturiert) ist damit nicht mehr denkbar. Gesellschaft kann sinnlogisch nur noch als disparat und inkommensurabel beobachtet werden, ist als Gesellschaft selbst nicht mehr durch Angabe, wie und wodurch sie selbst repräsentiert werden könnte, einheitlich abbildbar, sondern nur noch durch Spiegelungen ihrer Selbst (je nach Raum-/und Zeitverhältnis zum Spiegel (also je nach dem Beobachterverhältnis) unterschiedlich) beobachtbar. Da Sinnlimitationen jeweils nur systemspezifische Gültigkeit aufweisen, die jeweilig aufeinander aufbauenden

[151] Nollmann, Gerd/Strasser, Hermann: Soziale Ungleichheit und gesellschaftliche Differenzierung. In: Schwinn, Thomas (Hrsg.): Differenzierung und soziale Ungleichheit. Die zwei Soziologien und ihre Verknüpfung. Frankfurt/Main 2004. S. 289

[152] Nassehi, Armin: Differenzierungsfolgen. Wiesbaden 1999. S. 109

[153] Fuchs, Peter: Die Erreichbarkeit der Gesellschaft. Zur Konstruktion und Imagination gesellschaftlicher Einheit. Frankfurt/Main 1992. S. 65/66

[154] Nassehi, Armin: Der soziologische Diskurs der Moderne. Frankfurt/Main 2006. S. 426

[155] Fuchs, Peter: Der Mensch – das Medium der Gesellschaft? In: Fuchs, Peter/Göbel, Andreas: Der Mensch – das Medium der Gesellschaft? Frankfurt/Main 1994. S. 35

Operationen ihren Sinn durch sich selbst (ihrer konstituierten System/Umwelt-Differenz) erhalten, operativ geschlossen sind, ergibt sich ein adäquater Begriff von Möglichkeitslimitierungen nur praktisch, denn „Operationen finden statt, sie erzwingen sich selbst, weil angeschlossen werden muss. Sie zwingen zur Selektion, weil gerade das *Wie* des Anschlusses entscheidend ist. Sie bauen Freiheit in Form von Unbestimmtheit und Notwendigkeit in Form von Strukturdeterminiertheit in Systeme ein."[156] Beobachtungen *sind* Ordnung, indem sie *je* selbstreferentiell beobachten. Daraus entsteht operativ: Realität[157]. Die Einheit der Gesellschaft bezieht sich nur noch auf ihre „Operationsweise: *Kommunikation.*"[158] Damit kann gesamtgesellschaftliche Rationalität in der modernen funktional differenzierten Gesellschaft nur noch als Utopie begriffen werden, da die Möglichkeit gemeinwohlverträglicher Steuerung durch einer geteilten, verbindlichen Kontextur entnommenen Ziele den (jeweiligen) Realitäten diametral entgegen steht, da die diesen zugrunde liegende Kontextur und damit auch die Ziele kontingent sind. Dabei stellt auch das politische System ein funktionales Teilsystem der Gesellschaft dar, ist mithin nicht außerhalb dieser anzutreffen und unterliegt einer strikt innersystemspezifischen Rationalität. Aufgrund dieser strukturellen Limitierungen kann das politische System nicht nur über keine andere dieser Perspektiven verfügen, sondern auch über keine den anderen gesellschaftlichen Perspektiven übergeordnete Perspektive. Die Annahme einer „(virtuellen)"[159] gesamtgesellschaftlichen Perspektive des politischen Systems würde voraussetzen, dass Politik die Beziehung aller gesellschaftlichen Teilsysteme zu deren gesamter jeweiliger Umwelt als Einheit, also als eine alle möglichen Perspektiven allumfassende (Gesamt-)Perspektive, die die gesamte Gesellschaft umfassen würde, erfassen und vertreten könnte. Gesellschafts*strukturell* ist dieser Anspruch nicht erfüllbar, kann sich gesellschaftliches Geschehen nicht im Rahmen einer allgemeinverbindlichen Ordnungsvorstellung (summum bonum) strukturieren (sich ordnen), die diese Ordnung – und damit Gesellschaft – normativ mit Sinn versehen und unter die sich diese subordinieren würde[160]. In diesem Sinne agiert Gesellschaft *sinn-los:*

---

[156] Nassehi, Armin: Der soziologische Diskurs der Moderne. Frankfurt/Main 2006. S. 309

[157] beobachtungsabhängig!

[158] Nassehi, Armin: Der soziologische Diskurs der Moderne. Frankfurt/Main 2006. S. 420

[159] Nassehi, Armin: Der Begriff des Politischen und die doppelte Normativität der „soziologischen" Moderne. In: Nassehi, Armin/Schroer, Markus (Hrsg.): Der Begriff des Politischen. Baden-Baden 2003. S. 79

[160] vgl. im Hinblick auf die daraus resultierenden Konsequenzen für soziale Konflikte und deren theoretische Fassung: Bude, Heinz: Konstruktionen des sozialen Konflikts. In: Giegel, Hans-Joachim (Hrsg.): Konflikt in modernen Gesellschaften. Frankfurt/Main 1998. Insb. S. 165-170

„Es geht darum, die Gegenwartsbasiertheit der Praxis tatsächlich ernst zu nehmen; zu sehen, dass es in Praxen um etwas geht; zu sehen, dass dieses Etwas in Kontexten erzeugt wird, die in dieser Gegenwart zur Verfügung stehen, aber letztlich nicht verfügbar sind; empirisch zu rekonstruieren, wie Handelnde durch die jeweilige Gegenwart selbst ermöglicht/ermächtigt werden; soziologisch zu verstehen, wie sich darin „Gesellschaft" ereignet, ohne darin nur eine dialektische Vermittlungsfigur von Allgemeinem und Besonderem oder eine durch Werte und Normen gesteuerte Vermittlungshierarchie zu sehen."[161]

Soziale Ordnung[162] emergiert aber insofern *sinnvoll*, als sie sich gesellschaftsstrukturell als „Stabilisierung *praktischer* Apriosis"[163] im Rahmen der sich aus der je teilsystemspezifischen Rationalität ergebenden Dynamik und Variabilität als Summe der sich zeitlich, örtlich und sachlich disloziv und disparat reproduzierenden operativen Anschlüsse ergibt, aus denen Formen wechselseitiger Abhängigkeiten entstehen.

1.3.2 Die Rationalität des politischen Systems als Teil der Gesellschaftsstruktur

Als eine beobachtbare kommunikative Differenz zur Umwelt reproduziert sich das politische System wie jedes soziale System als sinnlogischer Kommunikationszusammenhang, dessen Anschlussfähigkeit sich formtheoretisch durch einen symbolisch generalisierten Code[164] [vg. Kap. 1.2.4] strukturiert. Funktion von Politik ist nach Luhmann das *„Bereithalten der Kapazität zu kollektiv bindenden*

---

[161] Nassehi, Armin: Der soziologische Diskurs der Moderne. Frankfurt/Main 2006. S. 457

[162] darauf, dass dies kein linearer und zielgerichteter Prozess und vor allem nicht ausschließlich auf Ordnung ausgerichtet ist, weist Willke hin: „Einerseits ist der bemerkenswerte Fortschritt von Evolution zu einer von ihr selbst geschaffenen Meta-Evolution – der Entdeckung und Einbeziehung von Zukunft durch Steuerung – zu bedenken, also zumindest die Möglichkeit von Steuerung zur Kenntnis zu nehmen. Andererseits erweist sich bei genauerem Hinsehen, dass sowohl Evolution als auch Steuerung viel weniger als bislang angenommen auf Ordnung gründen und auf Ordnung zielen. Vielmehr scheinen beide Formen der Eigenbewegung komplexer Systeme umso erfolgreicher im Aufbau funktionierender Komplexität zu sein, je furchtloser sie sich an den „Rand der Angst" heranwagen, sich auf eine prekäre Balance am Rand des Chaos einlassen, also mit Versuch und Irrtum spielen, also lernen und das Lernen lernen, also Wissen darüber generieren, wie die Differenz von Ordnung und Unordnung durch verschachtelte Rekursionen („re-entries") sich zur Emergenz von Emergenz zwingen lässt. Emergenz markiert den Übergang von unmöglicher Ordnung zu möglicher Unordnung – und eben nicht nur den Übergang von Chaos zu Ordnung." (Willke, Helmut: Heterotopia: Studien zur Krisis der Ordnung moderner Gesellschaften. Frankfurt/Main 2003. S. 66/67)

[163] Nassehi, Armin: Geschlossenheit und Offenheit. Studien zur Theorie der modernen Gesellschaft. Frankfurt/Main 2003. S. 255

[164] vgl. Luhmann, Niklas (Hrsg.: Kieserling, André): Die Politik der Gesellschaft. Frankfurt/Main 2002. S. 18ff. Exakt dies bezeichnet Autologie: Die Selbsterzeugung der eigenen Strukturen eines Sinnsystems in Form interner Einschränkung von Kontingenz

Entscheidungen."[165] Diese Definition impliziert zumindest zweierlei: Da diese Entscheidungen auch gegen den Willen der Betroffenen durchzusetzen sind, benötigt Politik entsprechende Macht[166], denn die „Bindewirkung kollektiv bindender Entscheidungen hängt von ausreichender Motivierung der betroffenen Individuen (aber auch aller Organisationen auf einem Territorium) ab, diese Entscheidungen tatsächlich zu befolgen."[167] Dabei geht das politische System strukturell nicht von einem Konsens über seine Entscheidungen aus, gerade „das Rechnen mit Nicht-Akzeptanz macht es nötig, die Sichtbarkeit der Macht zu inszenieren."[168] Von daher erkannte bereits Max Weber die erfolgreiche Inanspruchnahme eines „*Monopol legitimen* physischen Zwanges für die Durchführung der Ordnungen"[169] als zentrales Charakteristikum des politischen Systems, als dessen intern generalisierten Code. Dabei zeigt sich diese Codierung gerade darin, dass politische Entscheidungen normalerweise weder durch direkte Machtandrohung getroffen noch mit Gewalt durchgesetzt oder diesen mit Gewalt widersprochen; also Macht direkt ausgeübt wird, sondern in einer entsprechenden kommunikativen Strukturierung, die sich an der Möglichkeit, kollektiv bindende Entscheidungen zu treffen und durchzusetzen, orientiert und damit Limitierungen erzeugt, die Kommunikationsannahmen präferieren. Zum zweiten betrifft der Aspekt der Bindung nicht nur die Selbstbindung der Entscheider an ihre Entscheidungen, sondern impliziert einen kollektiven Körper, auf den sich diese Entscheidungen beziehen, für den diese zu gelten haben, einen kollektive Adressaten, ein Aspekt, der sich auch auf die Frage der Legitimität dieser Entscheidungen bezieht. Dabei wird dieser Adressat durch politisch strukturierte Kommunikation selbst erst erzeugt, indem sich Politik an ein Publikum wendet, das darauf auch als eben dieses Publikum reagiert. Daher besteht das politische System als Sinnsystem nicht nur aus der Gesamtheit staatlicher Institutionen, die zwar das Zentrum des politischen System darstellen, in dem politisch strukturierte Kommunikationen verdichtet anzutreffen sind, aber, so Nassehi, wenn sich politische Kommunikation „dadurch auszeichnet, dass erstens bindende Entscheidungen gefällt werden, die zweitens für ein kontingentes Kollektiv bindend sind, das drittens durch Entscheidungs-, Zurechnungs- und Erwartungspraxis erst erzeugt wird, die viertens durch Einsatz von Machtmitteln durchgesetzt werden

[165] a.a.O.: S. 84
[166] a.a.O.: S. 88ff
[167] Halfmann, Jost: Der moderne Nationalstaat als Lösung und Problem der Inklusion in das politische System. In: Hellmann, Kai-Uwe/Schmalz-Bruhns, Rainer (Hrsg.): Theorie der Politik. Niklas Luhmanns politische Soziologie. Frankfurt/Main 2002. S. 264
[168] Nassehi, Armin: Politik des Staates oder Politik der Gesellschaft. Kollektivität als Problemformel des Politischen. In: Hellmann, Kai-Uwe/Schmalz-Bruhns, Rainer (Hrsg.): Theorie der Politik. Niklas Luhmanns politische Soziologie. Frankfurt/Main 2002. S. 47
[169] Weber, Max: Wirtschaft und Gesellschaft. Tübingen 1972^5. S. 29

kann, spricht letztlich nichts dagegen, auch „kleinere“ Kollektivitäten als Staaten bzw. staatlich verfasste Geltungsräume für politikfähig zu halten. Insofern ist in Organisationen, in Gruppen, vielleicht sogar in Familien, also überall dort, wo sich Innen-/Außen-Grenzen an der Sozialdimension festmachen lassen, davon auszugehen, dass das symbolisch generalisierte Kommunikationsmedium, das mit der Ausübung politischer Macht rechnet, auch dort wirkt, wo angebbare Kollektivitäten angesprochen werden können.“[170] Als politische Kommunikation ist also jede Kommunikation anzusehen, die innerhalb des Systems entsprechend der Durchsetzbarkeit von Entscheidungen operiert und gleichzeitig und dies bedingend außerhalb eine kollektive Bindungswirkung voraussetzt und erzeugt. Dabei hat die Inkommensurabilität divergenter Teilsysteme zur Folge, dass strukturelle Kopplungen [vgl. Kap. 1.2.4] zwischen dem politischem System und anderen Systemen[171] nicht sicher stellt, dass Politik Gesellschaft „steuert“ (welches System im Rahmen heterarchischer Strukturen würde das entscheiden?) oder gesellschaftliche Interessen (bestimmte Perspektiven) in einem (aus welcher Referenz?) zufrieden stellendem Maße berücksichtigt werden, sondern nur, dass das politische System als operativ geschlossenes System gesellschaftliche Kommunikationsofferten in Form generalisierter Erwartungen (aus welcher Perspektive dann auch immer) als Irritationen zu Eigeninformation nutzen kann. Funktion von Politik entspricht keinem „Ziel“ im Sinne von Gesellschaftssteuerung (telos), da gesellschaftlicher „Sinn“ nur im Rahmen teilsystemspezifischer Rationalität in das jeweilige System konvertierbar ist [vgl. Kap. 1.3.3], sondern einer exklusiven Perspektive auf Gesellschaft, die es dem System erlaubt, sich und diese Umwelt unter dem Blickwinkel, wann, wo durch welche kollektiv bindenden Entscheidungen sich das System reproduziert, wie es kollektiv bindende Entscheidungslagen konstruieren kann, die sich dann eben durch Entscheidungen lösen lassen, zu betrachten. Politische Steuerung im Sinne hierarchischer Interventionssteuerung „kann in diesem Sinne immer nur der Absicht nach, nicht dem immer kontingent bleibenden Ereignis nach, verstanden und zugerechnet werden“[172], da „politische Entscheidungen eben nur *politische* Entscheidungen seien, die in anderen Funktionssystemen ganz andere Wirkungen

---

[170] Nassehi, Armin: Der Begriff des Politischen und die doppelte Normativität der „soziologischen“ Moderne. In: Nassehi, Armin/Schroer, Markus (Hrsg.): Der Begriff des Politischen. Baden-Baden 2003. S. 103

[171] zu einem Überblick über die Formen struktureller Kopplung in Bezug auf das politische System s.: Brodocz, André: Das politische System und seine strukturellen Kopplungen. In: Hellmann, Kai-Uwe/Fischer, Karsten/Bluhm, Harald (Hrsg.): Das System der Politik. Niklas Luhmanns politische Theorie. Wiesbaden 2003. S. 85ff

[172] Lange, Stefan: Die politische Utopie der Gesellschaftssteuerung. In: Hellmann, Kai-Uwe/Schmalz-Bruhns, Rainer (Hrsg.): Theorie der Politik. Niklas Luhmanns politische Soziologie. Frankfurt/Main 2002. S. 181

haben, als es Politik konditionieren könne."[173] Das politische System reproduziert sich so gleichsam als Innenseite der Form und wird gleichzeitig auf der Außenseite von der Gesellschaft (fast ausschließlich strukturiert durch massenmediale Beobachtungen[174]) beobachtet und muss daher, um das Risiko (auch der Nicht-Akzeptanz) seiner Entscheidungen zu minimieren, mögliche Folgen für andere Systeme sowie die daraus resultierenden Folgen für sich selbst reflektieren und antizipieren. „Genau hierin liegt die Ursache für die hohe Variabilität und – trotz thematischer Schließung – informationelle Offenheit des politischen Systems für innergesellschaftlichen Umwelten."[175] Gerade durch die notwendige Bindewirkung seiner Entscheidungen ist das politische System in besonderem Maße auf diese seine Umwelt angewiesen, indem in dieser intransparenten Umwelt andere Systeme (psychische und soziale) diese Entscheidungen im Rahmen ihrer eigenen Referenz (selbstreferentielle Beobachtungslimitationen der fremdreferentiellen Welt) beobachten[176] und aus dieser Beobachtung entsprechende (kontingent mögliche) Informationen generieren, sich an der Peripherie des Systems eine Vielfalt unterschiedlicher und divergierender Themen[177] (durch Parteien, Bürgerinitiativen, Interessensgruppen und sozialen Bewegungen) „so kommunizieren lassen, dass über sie mit kollektiver Bindungswirkung entschieden werden könnte."[178] Exakt hierin findet sich die deliberative Hoffnung (empi-

---

[173] Nassehi, Armin: Inklusion, Exklusion, Ungleichheit. Eine kleine theoretische Skizze. In: Schwinn, Thomas (Hrsg.): Differenzierung und soziale Ungleichheit. Die zwei Soziologien und ihre Verknüpfung. Frankfurt/Main 2004. S. 346

[174] „Die Massenmedien sind die Brille, durch die wir erst das sehen, was unsere Welt ausmacht. ... Massenmedien bestimmen nicht nur das, was wir als Wirklichkeit (an)erkennen – beispielsweise indem sie auswählen, was wir überhaupt zu sehen, zu hören und zu lesen bekommen. Sie bestimmen auch das, worüber wir reden und nachdenken, also unser Problembewusstsein und unser Diskursuniversum" (Bucher, Hans-Jürgen: Die Medienrealität des Politischen. Zur Inszenierung der Politik im Fernsehen. In: Frevert, Ute/Braungart, Wolfgang (Hrsg.): Sprachen des Politischen. Medien und Medialität in der Geschichte. Göttingen 2004. S. 281)

[175] Wimmer, Hannes: Demokratie als Resultat politischer Evolution. In: Hellmann, Kai-Uwe/Schmalz-Bruhns, Rainer (Hrsg.): Theorie der Politik. Niklas Luhmanns politische Soziologie. Frankfurt/Main 2002. S. 246

[176] „Die politischen Eliten handeln unter der Beobachtung aufmerksamer Medien und ihrer misstrauischen Konsumenten, wobei sie ihrerseits die Entwicklung der öffentlichen Meinung und der Umfragen verfolgen, um darauf reagieren zu können." (Habermas, Jürgen: Hat die Demokratie noch eine epistemische Dimension? Empirische Forschung und normative Theorie. In: Ders.: Ach, Europa. Kleine politische Schriften XI. Frankfurt/Main 2008. S. 156)

[177] unter „Themen" versteht Luhmann bezeichnete, mehr oder weniger eindeutige Sinnkomplexe, über die man kommunizieren und dabei identische oder auch divergierende Meinungen haben kann. Vgl. Luhmann, Niklas: Soziale Systeme. Grundriss einer allgemeinen Theorie. Frankfurt/Main 1984. S. 213ff

[178] Nassehi, Armin: Der Begriff des Politischen und die doppelte Normativität der „soziologischen" Moderne. In: Nassehi, Armin/Schroer, Markus (Hrsg.): Der Begriff des Politischen. Baden-Baden 2003. S. 85

risch als zu idealistisch gezeichnet[179]) des modernen Projektes gesellschaftlicher Selbststeuerung[180] wieder; „kommt das reflexive Verhältnis zum Ausdruck, das moderne säkularisierte Gesellschaften vermittelt durch die Öffentlichkeit zu sich selbst zu entwickeln vermögen."[181] Eine „kritische" Öffentlichkeit durch Beobachtungen der staatlichen Gewalt schränkt dieser Sichtweise zufolge die Komplexität von Themen und sich ausdifferenzierenden Positionen, die ständig vielfach zirkulierenden und konkurrierenden Beschreibungen und Reflexionen von Regelungsbedarf, die sich in den Massenmedien *sichtbar* zeigen lassen und damit Ansprechbarkeit[182] erzeugen, durch Beobachtung der öffentlichen Mei-

---

[179] für Habermas [vgl. Kap. 1.2] ist Öffentlichkeit der Ort, in dem sich kommunikative Rationalität herausbildet, „weil sie zwischen dem kommunikativen Handeln der Lebenswelt und dem parlamentarischen Gesetzgebungsverfahren die Klammer bildet, die für einen maximalen Transfer von vernünftiger Willensbildung in das Machtsystem der Politik hinein sorgen soll" (Kreische, Joachim: Die Ironie der politischen Kommunikation bei Luhmann und Habermas. In: Bonacker, Thorsten/Brodocz, André/Noetzel, Thomas (Hrsg.): Die Ironie der Politik. Über die Konstruktion politischer Wirklichkeiten. Frankfurt/Main 2003. S. 107). Öffentlichkeit bietet die Möglichkeit gegenseitiger Beobachtungen und dadurch Informationsgewinn, denn eine Beobachtung „macht außerhalb der Grenze Sinn, weil dort beobachtet wird, was innerhalb der Grenze geschieht. Und sie macht innerhalb der Grenze Sinn, weil dort beobachtet werden kann, wie das, was innerhalb geschieht, von außerhalb beobachtet wird. Die Öffentlichkeit ist eine Operation der „Öffnung", die die Grenze, die sie überschreitet, offensichtlich nicht auflöst, sondern markiert – und zwar als etwas markiert, das das Interesse daran weckt, was „dahinter" liegt." (Baecker, Dirk: Oszillierende Öffentlichkeiten. In: Maresch, Rudolf (Hrsg.): Medien und Öffentlichkeit. Positionierungen. Symptome. Simulationsbrüche. München 1996. S. 95). Öffentlichkeit ist ein System zur Einschränkung der Kontingenz von Sinnverweisungsmöglichkeiten, aber nicht in der Form „wahrer" Weltsichten, sondern ausschließlich nur als Notwendigkeit der Sinnstrukturierung, um kommunikative Anschlussmöglichkeiten aufrechtzuerhalten, nicht als gleichsam „gesamtüberzeugende" Formen. Wer dies nicht sieht, muss Öffentlichkeit zwangsläufig als degenerativen Prozess beschreiben. (Vgl. Habermas, Jürgen: Strukturwandel der Öffentlichkeit. Untersuchungen zu einer Kategorie der bürgerlichen Gesellschaft. Frankfurt/Main 1990)

[180] dabei können Massenmedien nur an das als bereits bekannt vorausgesetzte Wissen in Form fremdreferentieller Themen anschließen, das von ihnen selbst selbstreferentiell erzeugt wurde. Dazu beobachten sie Gesellschaft und deren kommunikative Operationen, die so ständig öffentlichen Beobachtungen (nicht als Ausdruck einer „Realität der Gesellschaft", sondern schlicht strukturiert an der „Realität der Massenmedien") ausgesetzt sind (die diese auf ihre Kontingenz bzw. ihren Motivverdacht beobachten können). „98% aller täglichen Meldungen werden in keiner Form veröffentlicht – weder in Printmedien, noch in Ton oder Bild gesendet. Die Leitungen der Fernschreiber, über die Tag für Tag die vielen Mitteilungen laufen, enden weltweit in einer Handvoll Nachrichtenagenturen – Reuters, AP, dpa und die wenigen anderen -, die als Ventile fungieren und die Medienlandschaft bestimmen." (Groh, Arnold: Identitätswandel. Globalisierung und kulturelle Induktionen. In: Kimminich, Eva (Hrsg.): Kulturelle Identität. Konstruktionen und Krisen. Frankfurt/Main 2003. S. 183)

[181] Rödel, Ulrich: Mediatisierte Öffentlichkeiten – Ist die Zivilgesellschaft noch zu retten? In: Maresch, Rudolf (Hrsg.): Medien und Öffentlichkeit. Positionierungen. Symptome. Simulationsbrüche. München 1996. S. 71/72

[182] denn wer „eine Nachricht liest, der weiß, dass nicht nur er, sondern auch andere dieselbe Nachricht gelesen haben (könnten). Er weiß ferner, dass andere Leser wissen können, was er als Leser weiß. Und er kann sogar wissen, dass andere wissen, dass er weiß, was sie wissen. Die vergesellschaftende Funktion der Massenkommunikation beruht auf dieser „Reflexivität des Wissens"."

nung[183] (als Beobachtungsebene zweiter Ordnung, der Beobachtung von Beobachtungen) ein. Indem Massenmedien durch die Auswahl und Publikation von Themen das bezeichnen, „was in der Gesellschaft erinnert und kommuniziert werden kann, erzeugen Massenmedien eine Art „Kollektivbewusstsein", welches dafür sorgt, dass sich zwischen den Rezipienten, die während der Medienrezeption nicht kommunizieren und deshalb anonym bleiben, eine Vorverständigung über die wichtigsten Ereignisse in der Welt einspielt."[184] Daher spricht Luhmann von der Funktion der „Sofort-Integration, der Herstellung gemeinsamer Aktualität."[185] Dieses gemeinsame Publikum[186] als soziale *Imagination* von Integration[187] emergiert im „Bewusstsein jedes Teilnehmers, dass noch Tausende oder Millionen anderer gleichzeitig zusehen und zuhören. Dieses *Massenbewusstsein* (oder vielmehr: *Massenunbewusststein*), dieses Absorbiertsein von einer massenhaften Beteiligung, bestärkt uns darin, dass es sich um eine wichtige Sache handeln muss, dass wir auf dem „richtigen Dampfer" sind. Dass überhaupt andere mit uns sind, das gibt uns das Gefühl, dass wir „in der Welt" sind, dass wir

(Wehner, Josef: Interaktive Medien – Ende der Massenkommunikation? In: Zeitschrift für Soziologie. Jahrgang 26, Heft 2. April. Stuttgart 1997. S. 101). Dass dem nicht so ist, ist auch empirisch leicht beobachtbar, s. nur (um an dieser Stelle thematisch vorzugreifen) die Online-Ausgaben von Spiegel, Süddeutscher Zeitung oder dem Tagesspiegel (um eine kontingente Selektion zu treffen) und deren Kommentarfunktion: Im Rahmen der Kommentierung entsprechender Artikel findet sich vieles – gegenteilige Meinungen, Unterthemen, wenige oder sogar sehr viele Beiträge bei anscheinend hoher Relevanz, Abschweifungen aber eines verifizierbar nicht: ein sich herausbildender Konsens!

183 so auch aus politikwissenschaftlicher Perspektive: „Die öffentliche Meinung ist die inoffizielle – das heißt nicht als solche normierte – Ausübung (einer diffusen Art) von Staatsgewalt durch das Volk. In ihr artikuliert sich der (pluralisierte) Wille des Volkes, werden mögliche Varianten anstehender und getroffener politischer Entscheidungen diskutiert" (Mayer-Tasch, Peter Cornelius: Politische Theorie des Verfassungsstaates. München 1991. S. 74). Vgl. auch Luhmann, Niklas: Staat und Staatsräson im Übergang von traditionaler Herrschaft zu moderner Politik. In: Ders.: Gesellschaftsstruktur und Semantik. Studien zur Wissenssoziologie der modernen Gesellschaft. Band 3. Frankfurt/Main 1998². S. 98-100

184 Wehner, Josef: Interaktive Medien – Ende der Massenkommunikation? In: Zeitschrift für Soziologie. Jahrgang 26, Heft 2. April. Stuttgart 1997. S. 101

185 Luhmann, Niklas: Veränderungen im System gesellschaftlicher Kommunikation und die Massenmedien. In: Ders.: Soziologische Aufklärung 3. Soziales System, Gesellschaft, Organisation. Opladen 1981. S. 319

186 so auch Peter Sloterdijk: „Ich möchte mich des Verdachts vergewissern, dass Nationen, wie wir sie kennen, möglicherweise nichts anderes seien als Effekte von umfassenden psycho-akustischen Inszenierungen, durch die allein tatsächlich zusammenwachsen kann, was sich zusammen hört, was sich zusammen liest, was sich zusammen fernsieht, was sich zusammen informiert und aufregt." (Ders.: Der starke Grund, zusammen zu sein. Erinnerungen an die Erfindung des Volkes. Frankfurt/Main 1998. S. 27)

187 vgl. dazu Anderson, Benedict: Die Erfindung der Nation. Zur Karriere eines folgenreiches Konzeptes. Frankfurt/Main 1996². Durch die vorgestellte Gleichheit aller ist eine unterstellte Gemeinsamkeit, eine Harmonie von Interessen konstruierbar, aus der sich die Fiktion demokratischer Willensbildung ergibt

„wirklich" sind. Dass es so viele sind, das gibt uns eine *Sicherheit*, die wir auf keine andere Weise und durch keine andere Sozialbeziehung bekommen können."[188] Dadurch ermöglichen Massenmedien die „Beteiligung aller an einer gemeinsamen Realität oder, genauer gesagt, in der Erzeugung einer solchen Unterstellung, die dann als operative Fiktion sich aufzwingt und zur Realität wird."[189] Diese Fiktion der Realitätswahrnehmung kann jedoch nur solange aufrechterhalten werden, wie dem Rezipienten die Selektivität der medialen Darstellung nicht bewusst ist[190]. Da auch Massenmedien als gesellschaftliches Funktionssystem strikt autologisch agieren, zeigt eine „De-Illusionierung" dieses blinden Fleckes scheinbar eine Mediatisierung von Öffentlichkeit[191], da so in den Blick kommt, dass die Realität, die Massenmedien „glaubhaft" vorführen, gar nicht die „wirkliche Realität" darstellt. Durch die *strukturelle* Eigenrationalität gesellschaftlicher Teilsysteme und deren Inkommensurabilität und Nichtkonvergierbarkeit deren unterschiedlichen Realitäten ist dieser deliberative normative Anspruch, aus dem sich auch die Konsensfiktion ergibt nicht mehr aufrechterhaltbar, wie auch Rödel konzediert[192]. Öffentlichkeit dient keiner konsensuellen Verständigung „als Ausdruck der verallgemeinerungsfähigen Interessen der Gesamtbevölkerung" [vgl. FN[91]]; die Funktion von Öffentlichkeit wird invisibilisiert, wenn man die Aufgabe der Massenmedien „in der Bereitstellung zutreffender Informationen über die Welt sieht und daran ihr Versagen, ihre Realitätsverzerrung, ihre Meinungsmanipulation misst."[193] Die Beobachtung dieser gene-

---

[188] Bühl, Walter L.: Das kollektive Unbewusste in der postmodernen Gesellschaft. Konstanz 2000. S. 217

[189] Luhmann, Niklas: Veränderungen im System gesellschaftlicher Kommunikation und die Massenmedien. In: Ders.: Soziologische Aufklärung 3. Soziales System, Gesellschaft, Organisation. Opladen 1981. S. 320

[190] vgl. Wehner, Josef: Interaktive Medien – Ende der Massenkommunikation? In: Zeitschrift für Soziologie. Jahrgang 26, Heft 2. April. Stuttgart 1997. S. 103

[191] so Rödel in Habermasscher Manier: Öffentlichkeit wird „mediatisiert, das heißt ihrer Autonomie und Macht beraubt und anderen Mächten unterworfen, wenn die Bürger entmächtigt werden, sich selbst eine politische Meinung zu bilden, weil Öffentlichkeit mit Hilfe von kommerzialisierten Print- und Publikationsmedien und den Massenmedien Radio und Fernsehen nur noch „hergestellt" wird. Tendenziell ist dann eine produzierte öffentliche Meinung für konkurrierende politische Eliten und mächtige gesellschaftliche Partikularinteressen nur noch Mittel zum Zweck, um die Ausübung politischer Macht durch die demokratischen Repräsentativorgane (und durch die parlamentarisch immer weniger kontrollierte Exekutive und Verwaltung), fortbestehende gesellschaftliche Hierarchien und die ungleiche Verfügung über Produktions-, bürokratische Organisations- und Kommunikationsmitteln zu legitimieren." (Rödel, Ulrich: Mediatisierte Öffentlichkeiten – Ist die Zivilgesellschaft noch zu retten? In: Maresch, Rudolf (Hrsg.): Medien und Öffentlichkeit. Positionierungen. Symptome. Simulationsbrüche. München 1996. S. 67)

[192] vgl. Rödel, Ulrich: Mediatisierte Öffentlichkeiten – Ist die Zivilgesellschaft noch zu retten? In: Maresch, Rudolf (Hrsg.): Medien und Öffentlichkeit. Positionierungen. Symptome. Simulationsbrüche. München 1996. S. 72

[193] Luhmann, Niklas: Die Realität der Massenmedien. Opladen 1996^2. S. 173/174

ralisierten Grenze ermöglicht aber dem Zentrum des politischen Systems (den staatlichen Entscheidungsorganen) dieses irritierende (also von diesem als politisch zu entscheiden relevant beobachtete) Themen zu Entscheidungsalternativen zu verdichten und die Komplexität entsprechender Themen soweit und insofern zu reduzieren, als (und wenn) Fremdreferenz (diese Themen der Umwelt aus der Perspektive der Politik) mit selbstreferentiellen Operationen verknüpft wird und durch eben diesen Einschluss von Fremdreferenz (die Lösung von Problemen der Gesellschaft für die Gesellschaft) Selbstreferenz invisibilisiert wird. Die „kommunikative" Orientierung am Anspruch der Gesellschaftssteuerung ist also schlicht Folge der für das politische System im besonderen Maße notwendigen Berücksichtigung von Fremdreferenz, die diesem zur „Regulierung *sozialer* Verhältnisse"[194] von der Gesellschaft auch semantisch attribuiert, ja nachgerade oktroyiert[195] wird, indem von Politik erwartet wird, die sich aus der mutualistischen Unvereinbarkeit von Perspektiven ergebenden „Unzulänglichkeiten gesellschaftlicher Selbstorganisation zu kompensieren."[196] *Politikwissenschaftliche Perspektiven*[197] räumen dieser Steuerungsfähigkeit[198] auch im Rahmen einer – grundsätzlichen – Anerkennung der Folgen funktionaler Differenzierung einen hohen Rang ein (vgl. z.B.[199]): Dem politischen System „kommt eine im Vergleich zu den anderen Teilsystemen sowohl übergeordnete Stellung als Problemadressat als auch eine Sonderstellung als Problemlösungssystem, als Steue-

[194] Luhmann, Niklas: Kann die moderne Gesellschaft sich auf ökologische Gefährdungen einstellen? In: Ders. (Hrsg.: Hellmann, Kai-Uwe): Protest. Systemtheorie und soziale Bewegungen. Frankfurt/Main 1996. S. 58

[195] wem auch sonst? Dies wird dadurch verstärkt, als es auch nicht einfach ist, Bereiche der Gesellschaft zu identifizieren, die nicht von Politik mit determiniert werden, da Politik als selbsterhaltendes System ständig neue und andere und anders zu bearbeitende Konstellationen der Gesellschaft ausmacht, die politisch zu bearbeiten sind, also in dessen operative Reproduktion eingeschleust werden

[196] Mayntz, Renate/Scharpf, Fritz W. (Hrsg.): Gesellschaftliche Selbstregelung und politische Steuerung. Frankfurt/Main, New York 1995. S. 189

[197] als Reflexionstheorien von Politik nachvollziehbarerweise

[198] was für die Legitimität des politischen Systems notwendig zu sein scheint und von diesem selbst aufrechterhalten wird. Es *scheint* „die Funktion von Politik zu sein, einen sichtbaren Zurechnungspunkt dafür zu liefern, so tun zu können, als habe man es mit einer Zentralperspektive zu tun, die als Teil fürs Ganze stehen könnte" (Nassehi, Armin: Der Begriff des Politischen und die doppelte Normativität der „soziologischen" Moderne. In: Nassehi, Armin/Schroer, Markus (Hrsg.): Der Begriff des Politischen. Baden-Baden 2003. S. 88), um die (Gestaltungs- und Steuerungs)Möglichkeiten semantisch aufrechtzuerhalten; „Möglichkeiten freilich, die von den meisten Zeitgenossen einschließlich derer, die es eigentlich besser wissen müssten (Juristen und Politiker nämlich), in aller Regel erheblich überschätzt werden." (Mayer-Tasch, Peter Cornelius: Politische Theorie des Verfassungsstaates. München 1991. S. 214/215)

[199] Mayntz, Renate/Scharpf, Fritz W. (Hrsg.): Gesellschaftliche Selbstregelung und politische Steuerung. Frankfurt/Main, New York 1995. Insb. S. 33

rungssystem der Gesellschaft zu.“[200] Dadurch soll Gesellschaft mit Sinn versehen und auftretender oder herrschender Dissens durch eine übergeordnete Perspektive, ein übergeordnetes Ziel aufgehoben, soll Kontextproduktion und –oktruktion geleistet und Konsens (wieder) erzielt werden, der sich seinerseits als gemeinwohlverträglich deklariert, dadurch akzeptiert wird und mithin kollektiv bindet[201], wie an Habermas paradigmatisch abgelesen werden kann:

> „Die Liste der Probleme, die sich heute dem Zeitungsleser aufdrängen, kann sich freilich nur in eine politische Agenda verwandeln, wenn ein Adressat da ist, der sich – und dem man – eine gezielte Transformation der Gesellschaft noch zutraut. Die Diagnose gesellschaftlicher Konflikte verwandelt sich in eine Liste ebenso vieler politischer Herausforderungen erst dadurch, dass sich die egalitären Institutionen des Vernunftrechts mit einer weiteren Prämisse verbinden – mit der Annahme, dass die vereinigten Bürger eines demokratischen Gemeinwesens ihre gesellschaftliche Umgebung gestalten und die zur Intervention erforderliche Handlungsfähigkeit entwickeln können. Der juristische Begriff der Selbstgesetzgebung muss eine politische Dimension gewinnen und zum Begriff einer demokratisch auf sich selbst einwirkenden Gesellschaft erweitert werden.“[202]

Luhmann spricht in diesem Kontext von einem „Restvertrauen in die Adresse Staat, der helfen könnte, wenn er nur wollte.“[203] Dabei sind politische Entscheidungen immer Entscheidungen über divergierende Perspektiven, die selbst wieder Dissens[204] produzieren, der mithin weitere Entscheidungen notwendig macht. Politische Entscheidungen sind in der Sachdimension kontingent, könnten immer auch anders getroffen werden, schließlich „ist jede politische Entscheidung als Entscheidung zugleich die Asymmetrisierung einer Unentscheidbarkeit zwischen zwei Alternativen zugunsten der einen und nicht der anderen Seite.“[205] Durch diese Asymmetrisierung werden Erwartungen strukturiert, indem die Kontingenz von Themen auf eine Zweiwertigkeit reduziert wird, wodurch sich Politik die Möglichkeit, zu entscheiden erst überhaupt eröffnet, da erst dadurch die Symme-

---

[200] Gerhards, Jürgen: Neue Konfliktlinien in der Mobilisierung öffentlicher Meinung. Opladen 1993. S. 23

[201] vgl. dazu: Lessenich, Stephan: Einleitung: Wohlfahrtsstaatliche Grundbegriffe – Semantiken des Wohlfahrtsstaats. In: Ders. (Hrsg.): Wohlfahrtsstaatliche Grundbegriffe. Historische und aktuelle Diskurse. Frankfurt/New York 2003. S. 9ff

[202] Habermas, Jürgen: Die postnationale Konstellation. Politische Essays. Frankfurt/Main 1998. S. 93

[203] Luhmann, Niklas: Die Gesellschaft der Gesellschaft. Frankfurt/Main 1997. S. 852

[204] vgl. Bonacker, Thorsten: Die Gemeinschaft der Entscheider. Zur symbolischen Integration im politischen System. In: Hellmann, Kai-Uwe/Fischer, Karsten/Bluhm, Harald (Hrsg.): Das System der Politik. Niklas Luhmanns politische Theorie. Wiesbaden 2003. S. 64

[205] Brodocz, André: Das politische System und seine strukturellen Kopplungen. In: Hellmann, Kai-Uwe/Fischer, Karsten/Bluhm, Harald (Hrsg.): Das System der Politik. Niklas Luhmanns politische Theorie. Wiesbaden 2003. S. 90

trie von Entscheidungen aufgespalten; diese mit Motiven versehen, Kontingenz handhabbar gemacht wird, denn „*wir* können nur *jene* Fragen entscheiden, die prinzipiell unentscheidbar sind.“[206] Darüber hinaus schließen die durch die Zweiwertigkeit des politischen Codes[207] als Ausdruck innersystemspezifischer Rationalität strukturierten Entscheidungsalternativen eine gänzliche Unbestimmtheit aus, da sie immer spezifische, benennbare andere Möglichkeiten sind, d.h., „dass immer nur das entschieden wird, was im Horizont möglicher Alternativen liegt. Im logischen Sinne paradox ist das Entscheiden also deshalb stets, weil es nur im Hinblick auf Unbeobachtbares, Ausgeschlossenes möglich ist. Bestimmte Entscheidungsalternativen werden per se ausgeschlossen.“[208] Da Entscheidungen in der Sachdimension aufgrund in der Gesellschaft gegebenen unterschiedlichen Perspektiven, aus denen Entscheidungen bewertet werden, nicht binden können, ist für das politische System die Frage latent, wie „im Sinne eines Erwartens, das in der Überzeugung fundiert ist, sich auf die Zustimmung von beliebigen anderen verlassen zu können“[209], Bindung als erwartbar vorausgesetzt werden kann, wie Politik die soziale Notwendigkeit kollektiver Verbindlichkeit trotz unterschiedlicher Perspektiven und Differenzen aufrechterhalten kann.

1.3.3 Selbstbeobachtung und Selbstbeschreibungen des politischen Systems

Gesellschaft als soziales System beobachtet sich zu jeder Zeit und an jedem Ort durch divergierende und konkurrierende Beschreibungsinstanzen unter differierenden mutualistischen theoretischen (oder banalen) Perspektiven in Form von Selbst- (durch Funktionssysteme) oder Fremdbeschreibungen (als Formen der Fremdbeobachtung von Funktionssystemen[210]). Da jedes System seine Selbstbeschreibungen[211] für sich selbst generiert, hat auch jede dieser Beschreibungen

---

[206] Foerster, Heinz von: Mit den Augen des anderen. In: Ders: (Hrsg.: Schmidt, Siegfried J.) Wissen und Gewissen. Versuch einer Brücke. Frankfurt/Main 1993. S. 351

[207] vgl. Luhmann Niklas: Der politische Code: „Konservativ“ und „progressiv“ in systemtheoretischer Sicht. In: Ders.: Soziologische Aufklärung 3. Soziales System, Gesellschaft. Organisation. Opladen 1981. S. 267-286

[208] Nassehi, Armin: Masseträgheit und Teilchenbeschleunigung. Über die Paradoxie von Organisationen. München 2001. Ms. S. 4

[209] Stichweh, Rudolf: Politik und Weltgesellschaft. In: Hellmann, Kai-Uwe/Schmalz-Bruhns, Rainer (Hrsg.): Theorie der Politik. Niklas Luhmanns politische Soziologie. Frankfurt/Main 2002. S. 290/291

[210] auch von Folgen gesellschaftlichen Geschehens, die durch funktional differenzierte Kommunikation nicht in den Blick kommen, weil entsprechend strukturierte Kommunikation dafür „blind“ ist

[211] „um seine spezifische Identität gegenüber anderen kontingenten Identitäten durchzuhalten und die Unzahl der dazu erforderlichen Operationen organisieren zu können. Einfach gesprochen geht es

ihre Berechtigung „als bestimmt geordneter Quellpunkt von Referenzen auf das Außen und als Zielpunkt für Referenzen, die von Außen kommen.“[212] Durch kommunikative Selbstreflexion in Form des re-entrys [vgl. Kap. 1.2.3] werden Texte oder Semantiken abhängig von der Sinnkonstruktion des Systems zur Selbststabilisierung zu funktionssystemspezifischen Gedächtnissen kondensiert und koordiniert. „Die selektive Relationierung von Elementen, die wir System nennen, wird noch einmal selektiv behandelt, und diese Auswahl (textförmig kondensiert) schränkt den Spielraum für weitere Ereignisse ein, limitiert die Wahl von Anschlussereignissen, die den Konsistenzanforderungen des Systems entsprechen können.“[213] Aufgrund der Geschlossenheit (nur) innersystemspezifischer Rationalität (die damit eben nur sieht, was sie sieht [vgl. FN[38]]) schränkt jede Semantik ihren Sichtbarkeitsbereich zwar selbst ein, ist aber gleichzeitig durch ihre Referenz auf die Umwelt auf Kohärenz angewiesen, um als bewahrenswertes tautologisches Sinnkondensat für unterschiedliche Konstellationen offen und in differierenden Situationen repetitierbar zu sein. Da jede Selbstbeschreibung innerhalb einer Pluralität auch anderer Selbstbeschreibungen existiert, diese immer Beobachtungen aus anderen Perspektiven (Realitätskonstruktionen) heraus[214] ausgesetzt; also kontingent sind und um gesellschaftliche Aufmerksamkeit konkurrieren, müssen sie sich sozial *bewähren*. *Soziale* Bewährung erlangen Semantiken schlicht durch kommunikative Geltung ihres Sinnes, es kommt nicht „auf die Wahrheit irgendeiner Selbstbeschreibung an, sondern auf *die Bedingungen ihrer sozialen (gegebenenfalls gesellschaftsweiten) Gültigkeit*“[215], die durch das System (bei kommunikativer Nicht-Bewährung) verändert, angepasst, vergessen oder auch verleugnet werden können. Gerade politische Selbstbeschreibungen als Selbstreflexionen können die Paradoxie des re-entrys, der Selbstanwendung einer Unterscheidung auf die durch sie getroffene Unterscheidung als offen virulente Frage ihres internen generalisierten Codes der Macht nicht unverstellt sichtbar werden lassen[216], da dies die Frage nicht nur nach dem Sinn *einer* politischen Ordnung, sondern auch die Frage nach dem

darum, wie das System sich selbst gegenüber einer nicht dazugehörigen anderen Seite seiner Welt sieht und versteht.“ (Willke, Helmut: Kontingenz und Notwendigkeit des Staates. In: Baecker, Dirk (Hrsg.): Probleme der Form. Frankfurt/Main 1993. S. 216)

[212] Fuchs, Peter: Die Erreichbarkeit der Gesellschaft. Zur Konstruktion und Imagination gesellschaftlicher Einheit. Frankfurt/Main 1992. S. 175

[213] a.a.O.: S. 176

[214] auch wenn das nicht offensichtlich werden darf. Man gehe nur morgens am Zeitungskiosk um die Ecke vorbei!

[215] Fuchs, Peter: Die Erreichbarkeit der Gesellschaft. Zur Konstruktion und Imagination gesellschaftlicher Einheit. Frankfurt/Main 1992. S. 65

[216] und wo dies doch beobachtbar wird, z.B. durch Revolutionen, handeln sich Politik und Gesellschaft in der Regel erhebliche reproduktive „Schwierigkeiten“ ein, da dann plötzlich die gesamte Last der Kontingenz aufscheint, vieles möglich, aber letztlich doch nur einiges erreichbar ist

Sinn *von* politischer Ordnung aufscheinen ließe. Auf die Kontingenz von Ordnungsvorstellungen und deren unvermeidbarem Dissensrisiko reagiert das politische System zur internen Differenzminimierung und gleichzeitig Invisibilisierung von Selbstreferenz durch Referenz auf Gesellschaft mit der Verfertigung von Modellen gesamtgesellschaftlicher Ordnungsvorstellung mit universalem Geltungsanspruch als Letztbegründungsfolien zur Aufrechterhaltung der Fiktion der Realisierung der „richtigen" Repräsentation(sform) der Gesellschaft. Die semantische Selbstfixierung an diesem je „externen Anker"[217] ermöglicht Sinngeneralisierungen und bietet Orientierungssicherheiten für Entscheidungen (wodurch zur „Domestizierung der Beobachtung"[218] diese Unterscheidung asymmetrisiert und gleichzeitig Gesamtbegründungslasten von ihr genommen werden). Diese Sinngeneralisierungen „sind *selektive Wertkombinationen*, die helfen, eine unübersichtliche Vielzahl von Werten und möglichen Bewertungen von Werten in eine logisch halbwegs konsistente Ordnung zu bringen"[219], wofür wieder das Parsonssche „goal-attainment" [vgl. Kap. 1.2] steht und „verdecken die Paradoxie der Politik bzw. politischen Entscheidens mit der Forderung, Entscheidungen an gemeinsam geteilten Werten zu orientieren und damit politische Integration durch Gemeinschaft zu stiften."[220] Theoretisch ist diese ideologische Grundhaltung von Parteien daher nicht als letztbegründende inhaltliche Doktrin einer zu verwirklichenden Gesellschaftsordnung[221], sondern aus einer Perspektive zweiter Ordnung verstehbar als (nur) interne Differenzminimierung[222] im Rahmen operationaler Geschlossenheit, die „es erlaubt, bei wechselnden Themen politische Konflikte zu inszenieren und dabei eine gewisse Linientreue zu wahren."[223]

---

217 Nassehi, Armin: Der Begriff des Politischen und die doppelte Normativität der „soziologischen" Moderne. In: Nassehi, Armin/Schroer, Markus (Hrsg.): Der Begriff des Politischen. Baden-Baden 2003. S. 83

218 Nassehi, Armin: Geschlossenheit und Offenheit. Studien zur Theorie der modernen Gesellschaft. Frankfurt/Main 2003. S. 268

219 Wimmer, Hannes: Demokratie als Resultat politischer Evolution. In: Hellmann, Kai-Uwe/Schmalz-Bruhns, Rainer (Hrsg.): Theorie der Politik. Niklas Luhmanns politische Soziologie. Frankfurt/Main 2002. S. 244

220 Bonacker, Thorsten: Die Gemeinschaft der Entscheider. Zur symbolischen Integration im politischen System. In: Hellmann, Kai-Uwe/Fischer, Karsten/Bluhm, Harald (Hrsg.): Das System der Politik. Niklas Luhmanns politische Theorie. Wiesbaden 2003. S. 71

221 diesbezügliche Versuche haben bekanntermaßen Politik in der jüngeren Geschichte nicht nur einmal in erhebliche Abenteuer verwickelt und Schwierigkeiten gebracht

222 was sich empirisch auch darin zeigt, dass politische Entscheidungen im Ergebnis ganz anders aussehen (können), als gedacht, oder als gedacht war, dass gedacht war

223 Luhmann, Niklas (Hrsg.: Kieserling, André): Die Politik der Gesellschaft. Frankfurt/Main 2002. S. 95

Lange bezeichnet diese ideologischen Orientierungen als Rahmenutopien[224]. „Eine der berühmtesten dieser Utopien kennen wir unter dem Namen „soziale Marktwirtschaft“.“[225] Diesen politischen Rahmenutopien liegt selbst „eine grundlegende Metautopie zugrunde“[226], die Utopie politischer Gesellschaftssteuerung.[227] Diese „mag so utopisch sein, wie sie will. Sie hat ihren Sinn, indem sie es der Politik ermöglicht, wenigstens für kurze Zeitabschnitte durch die Transformation von Zukunftsunsicherheit in Konsenschancen und Entscheidungsprobleme die Gesellschaft im Windschatten ihrer Steuerungsutopie zu befrieden.“[228] Irritationen aus der Umwelt des politischen Systems auf eine Zweiwertigkeit reduzieren zu können, werden diese in demokratischen politischen Systemen im Rahmen des politischen Zweitcodes von Regierung und Opposition behandelt. Demokratie bedeutet funktional nicht „wirkliche“ Partizipation aller an allen Entscheidungen, sondern die Hereinnahme konkurrierender Perspektiven in die Differenz von Regierung und Opposition, so dass das System durch die Kontingenzformel des Gemeinwohls[229] seine Entscheidungen mit Legitimation versorgt. Die Frage der jeweiligen Formen des „Überlebens in der Polis“ [vgl. FN[17]] als allumfassende Gesellschaftsgestaltung bricht sich so am teilsystemspezifischen generalisierten Code. Durch diesen Code dupliziert Politik die Sozialdimension von Sinn in sich selbst, da tendenziell prognostizierbar ist, wie Regierung bzw. Opposition auf (Protest)Inhalte reagieren, was Erwartungssicherheit erhöht, auch wenn dieser Prozess selbst mit vielen (sach- und zeitabhängigen) Unsicherheiten behaftet ist. Durch die relative Offenheit dieses Codes und der Möglichkeit[230], Regierung und Opposition in der Zeitdimension auszuwechseln[231], verfügt Demokratie „nicht nur über Universalität, was ihre

---

[224] vgl. Lange, Stefan: Die politische Utopie der Gesellschaftssteuerung. In: Hellmann, Kai-Uwe/Schmalz-Bruhns, Rainer (Hrsg.): Theorie der Politik. Niklas Luhmanns politische Soziologie. Frankfurt/Main 2002. S. 185

[225] Luhmann, Niklas (Hrsg.: Kieserling, André): Die Politik der Gesellschaft. Frankfurt/Main 2000, S. 401/402

[226] Lange, Stefan: Die politische Utopie der Gesellschaftssteuerung. In: Hellmann, Kai-Uwe/Schmalz-Bruhns, Rainer (Hrsg.): Theorie der Politik. Niklas Luhmanns politische Soziologie. Frankfurt/Main 2002. S. 187

[227] s. Habermas, Jürgen: Können komplexe Gesellschaften eine vernünftige Identität ausbilden? In: Ders.: Zur Rekonstruktion des historischen Materialismus. Frankfurt/Main 1990[5]. S. 92-126

[228] Lange, Stefan: Die politische Utopie der Gesellschaftssteuerung. In: Hellmann, Kai-Uwe/Schmalz-Bruhns, Rainer (Hrsg.): Theorie der Politik. Niklas Luhmanns politische Soziologie. Frankfurt/Main 2002. S. 188/189

[229] vgl. Richter, Dirk: Nation als Form. Opladen 1996. S. 101

[230] vgl. Reese-Schäfer, Walter: Parteien als politische Organisationen in Luhmanns Theorie des politischen Systems. In: Hellmann, Kai-Uwe/Schmalz-Bruhns, Rainer (Hrsg.): Theorie der Politik. Niklas Luhmanns politische Soziologie. Frankfurt/Main 2002. S. 112

[231] weswegen die „Realität“ des politischen Systems eine Fiktion ist, die exakt bis zum nächsten Wahltag „Wirklichkeit“ besitzt

spezifische Funktion betrifft, sondern auch über die Fähigkeit zur Selbstanpassung, was dem permanenten Wandel der modernen Gesellschaft entspricht."[232] Da sich Regierungen in der Sachdimension mit vielen Entscheidungsrestriktionen konfrontiert sehen[233], kann auch die Opposition durch den Anspruch, die Regierung fortzusetzen, nur sehr eingeschränkt mit illusionären, utopischen Zielen arbeiten, die sie als zukünftige Regierung nicht realisieren könnte[234]. Hierin liegt auch der Ursprung des modernen Parteiwesens, die soziale Interessen in weltanschaulich begründeter Programmatik vertreten[235] und sich dazu zu innerweltlichen „Weltanschauungsgemeinschaften"[236] stilisieren[237]. Dabei müssen Parteien eine (sach- und sozialsinndimensioniert divergierende) Doppelaufgabe leisten: Sie müssen im Rahmen des funktionalen Codes der Macht agieren (Sachdimension), aber auch in „die Gesellschaft" (Sozialdimension) anschlussfähig sein. Eine Partei „muss Einfluss ausüben können oder sie verschwindet in der Bedeutungslosigkeit. Unter den gegenwärtigen Bedingungen bedeutet dies für eine Partei u.a. die Fähigkeit, Interessen zu artikulieren und wirksam zu repräsentieren, Öffentlichkeiten zu verändern, Wähler dazu zu bringen, diese Partei zu wählen, parlamentarische und außerparlamentarische Prozesse zu gestalten."[238] Wenn aber Rahmenutopien als systeminterner Ausdruck von Rationalität (trotz der erhofften Bindungswirkung in die Gesellschaft hinein) nur einer internen Differenzminimierung des politischen Systems dienen und gesamtgesellschaftliche Rationalität in der Gesellschaft nicht mehr auszumachen ist, ist politisch relevant, wie Politik diese ihre operative Schließung für ihre Umwelt invisibilisiert und ist soziologisch relevant, wie ihr die Imagination der Einheit des Differenten gelingt, wie sie sich als kollektiv ansprechbares semantisches Zurechnungsobjekt für erwartungsstabile Gestaltungsformen der Gesellschaft etablieren konnte. Daher mag es hilfreich sein, zunächst einen Blick auf politiktheo-

---

232 Hellmann, Kai-Uwe: Demokratie und Evolution. In: Hellmann, Kai-Uwe/Fischer, Karsten/Bluhm, Harald (Hrsg.): Das System der Politik. Niklas Luhmanns politische Theorie. Wiesbaden 2003. S. 185

233 diese Begrenztheit, bedingt durch die Struktur funktionaler Differenzierung wird immer wieder durch soziale Bewegungen beklagt. Vgl. Luhmann, Niklas (Hrsg.: Kieserling, André): Die Politik der Gesellschaft. Frankfurt/Main 2000. S. 165

234 auch wenn dies von politischen Populisten proklamiert wird und wovon – gerade in Wahlkämpfen – die Politik insgesamt nicht frei ist [vgl. Kap. 3.1]

235 vgl. auch Wagner, Peter: Soziologie der Moderne. Frankfurt/Main, New York. 1995. S. 89ff

236 Stagl, Justin: Zur Soziologie der Konversion. In: Drepper, Thomas/Göbel, Andreas/Nokielski, Hans (Hrsg.): Sozialer Wandel und kulturelle Innovation. Historische und systematische Perspektiven. Berlin 2005. S. 266

237 so z.B. auch Franz Müntefering: „Eine Partei ist eine Art Überzeugungsgemeinschaft, zu der man dazu gehört, die sich einig ist, in der alle auf das eine Ziel hingehen." (In: Süddeutsche Zeitung vom 30.04.2004. S. ROM 8)

238 Brie, Michael: Die PDS – Strategiebildung im Spannungsfeld von gesellschaftlichen Konfliktlinien und politischer Identität. Berlin 2000. S. 23

retische Perspektiven als selbstreferentielle Beobachtungen von Politik zu werfen.

1.4 Selbstreflexionen von Politik: soziale Ordnung als innersystemische Problemformel

Diese Fragestellung verweist sowohl auf einen grundlegenden Problembezug der Politik als auch der Soziologie: Wie ist soziale Ordnung möglich, wie strukturiert sich dieses ewige Fließen und Pulsieren, das die Individuen verkettet [s. FN[19]][239]? Dass Soziologie als wissenschaftliche Disziplin selbst relativ jungen Datums ist, weist darauf hin, dass diese Frage erst als Reaktion auf die Auflösung alternativloser traditioneller Bezüge (Familien, Sippen und anderen Korporationen, in die der Einzelne eingebunden und deren sozialer Kontrolle er unterlag), relevant wurde. Komplementär dazu ersetzte der neuzeitliche (Verhaltensspielräume über Normalzumutungen (interaktionsregulierende Limitationen) hinaus erweiternde[240]) Individualismus, der mit Rousseau seinen geistesgeschichtlichen Ausgangspunkt nahm[241] (und der Aufklärung Entscheidendes verdankte) diese korporativen Bindungen als maßgebendes Prinzip sozialer Beziehungen [vgl. auch Kap. 2]. Wie konnte das nun de-integrierte autonome und selbstbestimmte; also *freie* Individuum (dessen Freiheit diesem im eigentlichen Sinne selbst erst durch den modernen Skeptizismus der cartesianischen Philosophie[242] attribuiert wurde, indem das individuelle Subjekt aus seiner „selbstverschuldeten Unmündigkeit“[243] entlassen und auf sich selbst gestellt wurde) wieder reintegriert, also in eine soziale Ordnung eingebunden werden? Individuelle Autonomie[244] als „natürliche“ Freiheit des Menschen, manifestiert im „pursuit of Happiness“[245], dem *Besitz*[246] von Freiheit, Leben und Eigentum ergab sich nun

[239] vgl. dazu auch: Luhmann, Niklas: Wie ist soziale Ordnung möglich? In: Ders.: Gesellschaftsstruktur und Semantik. Studien zur Wissenssoziologie der modernen Gesellschaft. Band 2. Frankfurt/Main 1981. S. 195-286

[240] vgl. Luhmann, Niklas: Der Staat des politischen Systems. In: Beck, Ulrich (Hrsg.): Perspektiven der Weltgesellschaft. Frankfurt/Main 1998. S. 359

[241] vgl. Fetscher, Iring: Rousseaus Politische Philosophie. Zur Geschichte des demokratischen Freiheitsbegriffs. Neuwied 1960

[242] als Umkehrung des Bezugsverhältnisses: Nun wurde der Mensch Bezugs- und Ausgangspunkt der Frage nach Wahrheit und nicht mehr die – gegebene – Welt

[243] Kant, Immanuel: Beantwortung der Frage: Was ist Aufklärung? Stuttgart 1974. S. 9

[244] hier äußert sich die überindividuelle, allgemeine Norm des Menschseins des Naturrecht, die schon früher, mit einem dezidiert ethischen Bezug versehen trefflich von Montaigne formuliert wurde: „Jeder Mensch trägt die ganze Form des Standes der Menschheit an sich.“ (de Montaigne, Michel (Hrsg.: Wuthenow, Ralph-Rainer): Essais. Frankfurt/Main, Leipzig 2001. S. 189)

[245] Amerikanische Unabhängigkeitserklärung von 1776

[246] s. Locke, John: Zwei Abhandlungen über die Regierung. Frankfurt/Main 1977

unmittelbar aus den unveräußerlichen Menschenrechten jedes Individuums. Dafür „bot die Naturrechtsidee mit ihren – auf einen vorstaatlichen *status naturare* bzw. *status naturalis* projizierbaren und projizierten – Freiheits- und Gleichheitsvorstellungen die Möglichkeit, in Jahrhunderten gewachsene soziokulturelle, sozioökonomische und soziopolitische Ordnungsmuster mit einem Federstrich abzuschaffen und wieder völlig neu zu beginnen. Völlig neu zu beginnen hieß in diesem Falle, bei dem – nun mehr oder minder als isoliertes Sozialatom verstandenen – Individuum zu beginnen, dessen (als logischer Mythos unterstellte) ursprüngliche Freiheit und Gleichheit aus dieser Sicht nur durch ein Naturrecht der Vernunft relativiert werden konnte.“[247] Gleichzeitig verwiesen die praktisch erlebbaren und erlebten Erfahrungen des Hobbeschen „warre of every man against every man“[248] auf die Notwendigkeit von Ordnung, da der Einzelne, im Naturzustand frei und selbstbestimmt, also im Allbesitz seiner Rechte diese im Sinne Thomas Hobbes aus utilitaristischen Gründen (zum Schutz nach Außen und der Sicherung des Friedens) oder aus der Lockeschen Einsicht in die Notwendigkeit einer rechtlich geregelten Gemeinschaft von (schützenswerten, da deren jeweilige (Besitz-)Rechte füreinander eine Bedrohung darstellen) Gleichen auf den Souverän zu übertragen hat, um Ordnung durch Einschränkung unter Bewahrung von Freiheit zu ermöglichen. Grundlage beider Konzeptionen bildet ein Relativismus, dessen strikt individualistische Perspektive von „Sozialatomen“ keine gemeinsame, verbindliche normative Kohärenz mehr zuließ. Gerade dadurch wurde aber, auch weil ein Rückgriff auf vermeintlich gegebene Einheitsformen nicht mehr möglich war, die Notwendigkeit, diese (wieder) zu finden, eine Einheit, der man und die sich eine nun kontingent mögliche Ordnung selbst zurechnen konnte, virulent.

1.4.1 Invisibilisierungen der Selbstreferenz des politischen Systems

Politische Herrschaft löst sich im neuzeitlichen Theorieansatz realistischer politischer Philosophie zunehmend von externen Begründungsreferenzen, macht „sich von traditionalen, religiösen oder naturrechtlichen Begründungen unabhängig und wird darauf angewiesen, seine Notwendigkeit als willkürliche Ordnung auf sich selbst zu gründen, d.h. die Ordnung der Willkür zur Funktion zu erheben.“[249] Ordnung selbst war nun nicht mehr „naturwüchsig“ gegeben, nicht mehr auf eine gleichsam zu Stein gewordene Autoritas rückführbar; musste durch die

[247] Mayer-Tasch, Peter Cornelius: Politische Theorie des Verfassungsstaates. München 1991. S. 25
[248] Hobbes, Thomas: Leviathan. Volume 2. Bristol 2003. P. 103
[249] Willke, Helmut: Kontingenz und Notwendigkeit des Staates. In: Baecker, Dirk (Hrsg.): Probleme der Form. Frankfurt/Main 1993. S. 216

Gesellschaft in der Gesellschaft selbst generiert werden. Noch Thomas von Aquin[250] konnte seine Ordnungsvorstellung transzendental an die Gebote Gottes binden, da der Mensch in der civitas terrena zwar rechtlichen Schutzes bedarf, aber als Krone der Schöpfung das Ebenbild Gottes darstellt, und damit wie dieser mit Vernunft und der Fähigkeit zu ethischen Entscheidungen ausgestattet ist, was selbstverständlich auch (noch!) für jeden Herrscher galt. Diese fremdreferentielle Auslagerung der Legitimität politischer Herrschaft durch externe Begründungsreferenzen wurde zunehmend ersetzt durch politische Selbstbegründung in der Figur des absoluten Fürsten (erstmals in Machiavellis Principe[251]), die sich politiktheoretisch auch in den Werken von Jean Bodin[252] niederschlug. Semantischer Angelpunkt dieser Selbstbegründung ist das Ideal politischer Souveränität[253] als „Formel für die Selbstreferenz politischen Entscheidens."[254] Der Fürst im absolutistischen Staat, demzufolge Regieren die exklusive Aufgabe des mit einem Monopol der legitimen Gewalt ausgestatteten Leviathan[255] ist, der als *Ergebnis* eines Vertrages der Menschen untereinander mit der Idee einer rechtlichen Bindung des Fürsten gegenüber seinen Untertanen unvereinbar war, regiert aus eigenem Recht, identifiziert sich vollständig mit dem von ihm beherrschten Staat und akzeptiert weder über noch neben sich irgendeine Autorität[256]. Dieser Souveränitätsanspruch in reinster Selbstreferentialität[257], nach Willke die „Operationalisierung von Willkür"[258], konnte in der Form des Staates invisibilisiert wer-

---

[250] s. Thomas von Aquin: Über die Herrschaft der Fürsten. Stuttgart 1975

[251] vgl. Machiavelli, Niccoló: Lebens- und Regierungs-Maximen eines Fürsten (1714). Berlin 2006. Hannah Arendt wies darauf hin, dass „Machiavelli als erster ... die Heraufkunft oder die Wiederkehr eines rein weltlichen Bereichs antizipierte, dessen Prinzipien und Verhaltensregeln sich von den Geboten der Kirche emanzipierte und dessen moralische Wertsetzungen von keiner Transzendenz mehr gegründet und begründet sein würden. Dies ist der eigentliche Sinn seiner vielfach missverstandenen Lehre, dass es in der Politik darum gehe, zu lernen, „nicht gut zu sein", nämlich nicht im Sinne christlicher Moralvorstellungen zu handeln." (Dies.: Über die Revolution. München 1994^{4}. S. 43)

[252] vgl. Bodin, Jean (Hrsg.: Mayer-Tasch, Peter Cornelius): Sechs Bücher über den Staat. München 1981

[253] vgl. z.B. Berg-Schlosser, Dirk/Stammen, Theo: Einführung in die Politikwissenschaft. München 1995^{6}. S. 9ff

[254] Wimmer, Hannes: Demokratie als Resultat politischer Evolution. In: Hellmann, Kai-Uwe/Schmalz-Bruhns, Rainer (Hrsg.): Theorie der Politik. Niklas Luhmanns politische Soziologie. Frankfurt/Main 2002. S. 239

[255] vgl. Hobbes, Thomas: Leviathan. 2 Volumes. Bristol 2003

[256] siehe die bis heute unübertroffene Äußerung des Sonnenkönigs Ludwig XIV: „L´Etat c´est moi!" Aber auch dieser benötigte reflexionstheoretische Legitimierungen, die er u.a. durch Bodin erfuhr

[257] hier zeigt sich die Selbstbezüglichkeit des re-entrys, bezogen auf das politische System besonders eindrucksvoll im Postulat von Carl Schmitt: „Souverän ist, wer über den Ausnahmezustand entscheidet!" (Ders.: Politische Theologie. Vier Kapitel zur Lehre von der Souveränität. Berlin 1985. S. 11)

[258] Willke, Helmut: Kontingenz und Notwendigkeit des Staates. In: Baecker, Dirk (Hrsg.): Probleme der Form. Frankfurt/Main 1993. S. 218

den, indem dieser aus einer Folge operativer Systembildung zu einer Voraussetzung dieser Systembildung stilisiert und diesem als Basis „das unbezweifelbarste Produkt der Politik: das Recht“[259] unterlegt wurde. Das politische System bekam die spezifische Funktion der Generierung und Verabschiedung kollektiv-verbindlicher Entscheidungen in der Form allgemeiner Gesetze, die gleichzeitig Grundlage und Legitimation[260] des Staates bilden. Damit verbunden wurde der vormalig immanent vernünftige (tugendhafte) Herrscher (die personifizierte Allgemeinheit) ersetzt durch die kodifizierte Allgemeinheit, die Herrschaft der Gesetze als Ausdruck der Vernunft[261], dem Übergang vom Naturrecht zu positiviertem Recht, ein Gedanke, der bereits in Platons „Nomoi“[262] aufscheint und sich nun im „empire of law and not of men“[263] wieder findet. Diese Auffassung findet sich, zwar noch in Abgrenzung zum päpstlichen Herrschaftsanspruch, also noch nicht im Rahmen einer gesellschaftsimmanenten Begründungsfigur bereits im 14. Jahrhundert bei Marsilius von Padua: „Gesetzgeber oder erste und spezifische bewirkende Ursache des Gesetzes ist das Volk oder die Gesamtheit der Bürger oder deren Mehrheit durch ihre Abstimmung oder Willensäußerung, die in der Vollversammlung oder Bürger in einer Debatte zum Ausdruck gekommen ist.“[264] Da der Staat im Vertragsgedanken Lockescher Prägung nichts anderes als

---

[259] a.a.O.: S. 219

[260] wieder muss allerdings die paradoxe Figur invisibilisiert werden, darf die Möglichkeit, rechtliche Normen im Einklang mit rechtlichen Normen von der Gesellschaft selbst ändern zu können, nicht von rechtlichen Normen abweichen: „Funktion und Leistung des politischen Systems verlangen … in zivilisierten, demokratischen Gesellschaften eine durch rechtsförmige Verfahren legitimierte und durch das Recht legalisierte Kontrolle dieses Monopols. Wieder taucht als Scharnier der Verknüpfung von politischer Willkür und rechtlich codierter Legalität das Problem der Legitimität auf. Mit der Formel des Rechtsstaats gelingt es dem Staatsrecht, die legitimatorischen Momente beider Traditionen zu vereinen. Und obwohl damit das Problem der Legitimität der Legalität natürlich nicht gelöst war, ist es in dieser Formel doch so geschickt aufgehoben, dass wechselseitig der Staat das Recht und das Recht den Staat legitimieren kann und somit, wie häufig, der strategisch unscharfe Begriff der Wechselseitigkeit die scharfe Paradoxie der Selbstreferenz cachiert.“ (a.a.O.: S. 219/220)

[261] auch die Kirche bringt sich in diesem Prozess als Limitationsverfertiger und –verfestiger immer wieder durch Versuche der Wieder-Verbindung von Vernunft und Glauben ins Spiel: „Der Mehrheitsentscheid ist in vielen Fällen, vielleicht in den allermeisten der „vernünftigste Weg“, um zu gemeinsamen Lösungen zu kommen. Aber die Mehrheit kann kein letztes Prinzip sein; es gibt Werte, die keine Mehrheit außer Kraft zu setzen das Recht hat. … Dies bedeutet *eine Krise der Vernunft, die eine Krise der Politik als solcher ist.* Es scheint nur noch die parteiliche Vernunft, nicht mehr die wenigstens in den großen Grundordnungen der Werte gemeinsame Vernunft aller Menschen zu geben.“ (Ratzinger, Josef Kardinal: Werte in Zeiten des Umbruchs. Die Herausforderungen der Zukunft bestehen. Freiburg 2005. S. 24/25) Ratzinger plädiert hier – aus seiner Perspektive nur folgerichtig – für eine transzendentale Wiederauslagerung der Letztbegründung, was aber die Paradoxie, dass dies ja ebenfalls von Menschen vorgenommen wird, durch die Letztbegründung des Glaubens nur verdeckt

[262] Platon: Nomoi (Gesetze). Buch I – III. Göttingen 1994; Buch IV – VII Göttingen 2003

[263] Harrington, James: The Commonwealth of Oceana. Cambridge 1977. P. 161

[264] Marsilius von Padua: Der Verteidiger des Friedens. Darmstadt 1958. I, 12, 3. S. 119

der freiwillige Zusammenschluss von Bürgern zu deren gemeinsamen Nutzen, also sich diese als Adressen politisch konditionierter Kommunikation und damit als adressierbare Einheit generierten und der Staat daher strukturell auch auf die Zustimmung der Bürger zu seinen Handlungen angewiesen ist, musste bereits dessen Vertragsmodell die noch bei Hobbes gegebene absolute Macht des Herrschers begrenzen. Dies führte zur Entstehung einer „spezifisch politischen Semantik mit Hilfe der Unterscheidung von Regierenden und Regierten. Diese Unterscheidung hatte zunächst die Schichtdifferenz der Gesellschaft abgebildet.“[265] Indem nun nicht mehr eine ganze gesellschaftliche Schicht, sondern im Zuge der Adhäsion von Entscheidungskompetenzen nur noch der absolutistische Herrscher als Regierender betrachtet wurde, konnte dieser die bis dahin bestehenden feudalen Strukturen durch Limitierung ständischer und adliger Rechte (was mit zur Auflösung der stratifizierten Gesellschaftsordnung beitrug) weitgehend nivellieren und auch den Adel in der Rolle der Regierten wieder finden lassen; alle Bürger wurden gleichermaßen Untertanen. „Der seit dem Spätmittelalter sich entwickelnde Verwaltungsstaat war bemüht um eine administrative Durchdringung seines Herrschaftsgebietes, um eine Integration seiner Untertanen zu einer einheitlichen Staatsbevölkerung.“[266] Diese Konstitution von Staat als Generalisierung und Zentralisierung politischer Macht[267] und Gesellschaft als eine soziale Ordnung stiftende Entscheidung führte notwendigerweise zur Frage der *Gestaltung* sozialer Ordnung. Diese Konsequenz des Gedankens einer Gesellschaft, die sich einer Herrschaft dann unterwirft, wenn diese (politisch) vernünftig ist, es daher auch vernünftig scheint, dieser Herrschaft zuzustimmen, war bereits Ausdruck und fällt in der Umwelt des politischen Systems zusammen mit der Entstehung (besser: Konstruktion) gesellschaftlicher Kollektive als Adressaten dieses Systems[268]. „Indem der Beherrschte dem Herrschaftsakt zustimmen muss, findet sich der Herrscher einem Publikum gegenüber, vor dem die Herrschaft auch legitim durchgesetzt werden kann, i. e. Zustimmung findet. Dazu gehört freilich auch die Einsicht, dass Legitimationspflicht auf das Problem seiner aus-

---

[265] Luhmann, Niklas: Staat und Staatsräson im Übergang von traditionaler Herrschaft zu moderner Politik. In: Ders.: Gesellschaftsstruktur und Semantik. Studien zur Wissenssoziologie der modernen Gesellschaft. Band 3. Frankfurt/Main 1998². S. 107

[266] Dann, Otto: Begriffe und Typen des Nationalen in der frühen Neuzeit. In: Giesen, Bernhard (Hrsg.): Nationale und kulturelle Identität. Studien zur Entwicklung des kollektiven Bewusstseins in der Neuzeit. Frankfurt/Main 1991. S. 60

[267] vgl. Elias, Norbert: Über den Prozess der Zivilisation. Soziogenetische und psychogenetische Untersuchungen. Zweiter Band. Wandlungen der Gesellschaft. Entwurf zu einer Theorie der Zivilisation. Frankfurt/Main 1997. S. 244ff

[268] „Vor allem aber wird das, was eine Person auch ist: ein Akteur – ob nun Herrscher oder Untertan – jetzt abhängig davon, wie er und von wem er beobachtet wird und wie er selbst sich und Andere beobachtet.“ (Japp, Klaus P.: Politische Akteure. In: Soziale Systeme. Zeitschrift für soziologische Theorie. Jahrgang 12, Heft 2. Stuttgart 2006. S. 236)

bleibenden Legitimation reagiert. Eine solche Voraussetzung ist nur dort funktional denkbar, wo mit Widerspruch gerechnet werden kann, wo sich das Legitimitätsproblem also bereits als gesellschaftliches Problem darstellt."[269] Da ein Rückgriff auf externe Ligaturen nun nicht mehr möglich war (da diese Perspektiven nicht mehr unhinterfragbar bündeln konnten), mussten Begründungen von Legitimationsfolien[270] der Gesellschaft selbst entnommen, dies aber gleichzeitig invisibilisiert werden, indem Politik die Gesellschaft (das Kollektiv) zur „selektiven Invisibilisierung ihrer selbsttragenden Konstruktion"[271] zum Souverän stilisiert; dieser ihre Souveränität operativ aber invisibel wieder decerpiert, da der Souverän souveräne politische Entscheidungen zu akzeptieren hat. Operativ besehen besteht die Funktion dieses souveränen Kollektivs daher schlicht in der Möglichkeit der Interdependenzunterbrechung durch den Akt der Wahl, durch die politische Akteure und Konstellationen verändert werden können und sich das politische System selbst mit einer ungewissen und damit kontingenten Zukunft versieht.

1.4.2 Fremdreferentielle Externalisierung von Selbstreferenz auf semantischer Ebene

Damit wurde ein weiteres Problem virulent: Wie kann, wenn die Autonomie des Einzelnen Voraussetzung der Staatssouveränität ist, allgemeingültige Ordnung hergestellt werden, wenn der Schutz unter- und voreinander divergierende Interessen voraussetzt? Die Rousseausche „volonté générale" als der allgemeine, von einzelnen Interessen absorbierte gemeinsame Wille, durch den die füreinander intransparenten, divergenten und autonomen Individuen eine „Einheit der Untertanen, die bei inkonsistenten Anforderungen an die Politik Entscheidungen notwendig macht"[272] darstellen, ist die Antwort[273]. Die zwar empirisch wider-

[269] Nassehi, Armin: Der soziologische Diskurs der Moderne. Frankfurt/Main 2006. S. 31

[270] Als in diesem Zusammenhang erwähnenswert könnten hier fast alle Vertreter der (früh-) neuzeitlichen politischen Philosophie stehen. Zu einer ausführlichen Darstellung der verschiedenen Auffassungen s. Lieber, Hans Joachim (Hrsg.): Politische Theorien von der Antike bis zur Gegenwart. München 1993². S. 157ff

[271] Nassehi, Armin: Geschlossenheit und Offenheit. Studien zur Theorie der modernen Gesellschaft. Frankfurt/Main 2003. S. 255

[272] Luhmann, Niklas (Hrsg.: Kieserling, André): Die Politik der Gesellschaft. Frankfurt/Main 2002. S. 329

[273] „Finde eine Form des Zusammenschlusses, die mit ihrer ganzen gemeinsamen Kraft die Person und das Vermögen jedes einzelnen Mitglieds verteidigt und schützt, und durch die doch jeder, indem er sich mit allen vereinigt, nur sich selbst gehorcht und genauso frei bleibt wie zuvor." (Rousseau, Jean-Jacques: Gesellschaftsvertrag. Stuttgart 1986. S. 17). Für Rousseau ist dies nur legitim, wenn die Partikularinteressen mit dem Gemeinwillen (volonté générale) als „Selbstbejahung der politi-

legbare, aber für den Regelfall vorauszusetzende Konkordanz von faktischem Mehrheitswillen und ideellem Gemeinwillen begründet die nicht repräsentierbare und nicht beschränkbare Souveränität des Volkes. Durch diesen Selbstbezug politischer Entscheidungen innerhalb öffentlicher Diskurse, „in denen sich das vernünftige Gemeinwohl und die *volonté generale* im Unterschied zur bloßen Mehrheitsmeinung, der *volonté des tous*, der Summe der Einzelwillen, konstituiert“[274], konnten Solidaritätsverpflichtungen der Mitglieder der Gesellschaft untereinander semantisch gestützt werden, denn die „Akzeptanz von Entscheidungen, die der eine für den anderen mittragen muss, verlangt jene abstrakte Art von Solidarität, die sich zum ersten Mal während des 19. Jahrhunderts zwischen den Bürgern von Nationalstaaten hergestellt hat.“[275] Dieses vernünftige Gemeinwohl findet sich heute kommunikativ gewendet in Habermas verallgemeinerungsfähigen Interessen[276] [vgl. FN[91]], wie Rödel in entsprechender Tradition ausführt: „Und die Meinungen, die sich so öffentlich durchzusetzen vermögen, haben allein deswegen die Vermutung einer falliblen Vernünftigkeit für sich, weil die durch die verfassungsmäßigen Rechte und Verfahren gebotene politische Gleichheit der Bürger, vor allem ihre gleiche Teilnahme an den Auseinandersetzungen in den Öffentlichkeiten gewahrt ist.“[277] Da dieser Gemeinwille gerade aufgrund der divergierenden Interessen, die den Staat erst notwendig machen, real so gut wie nie erreichbar ist[278], führte Rousseau das Mehrheitsprin-

schen Ordnung eines Volkes“ (a.a.O.: S. 77) zusammenfallen. „Der wirksame rechtsstaatliche Zwang gegenüber allen sichert die Freiheit der Befolgung der gerechten Gesetze durch einen jeden. Das Thema des Rousseauschen Contract Social ist also *nicht* die *Aufhebung der „Ketten“, sondern ihre Legitimierung*.“ (Fetscher, Iring: Rousseaus Politische Philosophie. Zur Geschichte des demokratischen Freiheitsbegriffs. Neuwied 1960. S. 92). Natürlich blieb damit die Frage der Übereinstimmung des individuellen Partikularwillens mit dem Gemeinwillen letztlich unbeantwortet, so dass auch Rousseau nicht umhin konnte, diesen Partikularwillen (einmal durch Erziehung sowie durch den unentbehrlichen Notbehelf der Republik als vernünftige Ordnung, der „erforderlich wird, wenn die Unschuld und Güte des ursprünglichen Naturmenschen verloren gegangen ist“ (a.a.O.: S. 82)) zu limitieren

[274] Giesen, Bernhard: Kollektive Identität. Die Intellektuellen und die Nation 2. Frankfurt/Main 1999. S. 63/64

[275] Habermas, Jürgen: Die postnationale Konstellation. Politische Essays. Frankfurt/Main 1998. S. 35

[276] zur strukturellen Unmöglichkeit verallgemeinerungsfähiger Interessen in der funktional differenzierten Gesellschaft s. Kap. 1.2. oder auch Willke, Helmut: Ironie des Staates. Grundlinien einer Staatstheorie polyzentrischer Gesellschaft. Frankfurt/Main 1996. S. 353-357

[277] Rödel, Ulrich: Mediatisierte Öffentlichkeiten – Ist die Zivilgesellschaft noch zu retten? In: Maresch, Rudolf (Hrsg.): Medien und Öffentlichkeit. Positionierungen. Symptome. Simulationsbrüche. München 1996. S. 71

[278] „Jeder im Staat lebende Mensch hat – mehr oder weniger intensiv – noch immer das Bedürfnis, in einen Zustand der Autarkie und der Unabhängigkeit zurückzukehren, den er durch die Vergesellschaftung aufgeben musste. Soweit sich jeder immer auch als ein physisches Individuum, ein selbständiges „absolutes“ Ganzes, begreift, hat er das Bedürfnis, sich selbst dem Staatskörper gegenüber vorzuziehen („la volonté particulière va aux préférences“) und damit die Einheit desselben zu zerstö-

zip als Annäherung an das Staatsideal ein, das allerdings die Minderheit zur (freiwilligen) Selbstbegrenzung des eigenen Willens zwingt, was in Form partieller Begrenzung einen Widerspruch zur Volkssouveränität darstellt. Damit fand ein anderer Begründungszusammenhang sozialer Ordnung Eingang; die *Einsicht* in die Notwendigkeit vernünftigen, das Allgemeinwohl erstrebenden Verhaltens. „Thomas Hobbes noch war davon ausgegangen, dass ihre Sehnsüchte und Passionen die Menschen in alle unterschiedlichen Richtungen treiben konnten. Für ihn musste der Staat daher, wiewohl von den Menschen in einem rationalen Akt gegründet, souverän über diesen stehen können, um diejenigen Orientierungen, die das Gemeinwohl gefährden könnten, zu unterdrücken. Der Gedanke der Volkssouveränität später aber setzte durchweg verlässlichere – stabilere und kohärentere – Mitglieder der politischen Ordnung voraus“[279], so dass für Kant schließlich als externer Anker der autonome Wille (die Vernunft) ausreichend war, um die sittlich gute Handlung zu gebieten. Die freie Entfaltung der Autonomie des Menschen im Rahmen des Staates ist für Kant Selbstzweck an sich, der Mensch darf im Staat nicht anderen Zwecken untergeordnet werden, er darf nicht Mittel zum Zweck sein. Diese Autonomie äußert sich in der Freiheit des Menschen, die nicht anders als vernünftig sein kann. Freiheit ist die Freiheit, Gesetzen zu folgen, die sich die Vernunft, die diese Freiheit in ihrer allgemeinen Form darstellt, selbst gegeben hat. Die Reflexion auf den „guten Willen“ des Einzelnen zeige diesem den Staat als Produkt seines eigenen Willens auf. „Der Akt, wodurch sich das Volk selbst zu einem Staat konstituiert, eigentlich aber nur die Idee desselben, nach der die Rechtmäßigkeit desselben allein gedacht werden kann, ist der ursprüngliche Kontrakt, nach welchem alle (omnes et singuli) im Volk ihre äußere Freiheit aufgeben, um sie als Glieder eines gemeinen Wesens, d. h. des Volkes als Staat betrachtet (universi) sofort wieder aufzunehmen.“[280] Für Hegel schließlich kann der Staat nicht mehr nur die Summe der Einzelinteressen sein, in denen jeder Bürger sich selbst Zweck ist, da er damit der Beliebigkeit und tendenzieller Zerstörung anheim gegeben wäre; für ihn kann soziale Ordnung nur einer objektivierten Wertordnung, die nicht vom wechselhaften Abstimmungsverhalten der Mehrheiten abhängig ist, entspringen, da nur die Einheit, das Beisichselbstsein des Geistes Freiheit (also Wirklichkeit) besitzt. Dieser Geist entspricht dem Staat, der einerseits eine Seite der Unterscheidung von Staat und (bürgerlicher) Gesellschaft als Austragungsort der Individualin-

ren.“ (Fetscher, Iring: Rousseaus Politische Philosophie. Zur Geschichte des demokratischen Freiheitsbegriffs. Neuwied 1960. S. 195)

[279] Wagner, Peter: Die Problematik der „Identität“ und die Soziologie der Moderne. In: Straub, Jürgen/Renn, Joachim (Hrsg.): Transitorische Identität. Der Prozesscharakter moderner personaler Selbstverhältnisse. Frankfurt/Main 2002. S. 305/306

[280] Kant, Immanuel: Die Metaphysik der Sitten. Werkausgabe, Band VIII. Frankfurt/Main 1977. S. 434

teressen[281] als auch gleichzeitig die Einheit dieser Unterscheidung, das Allgemeine darstellt. Dabei beschreibt der subjektive Geist die Natur des Menschen, während der objektive Geist die „substantielle Einheit“[282] menschlichen Zusammenlebens darstellt:

> „Der Geist handelt wesentlich, er macht sich zu dem, was er an sich ist, zu seiner Tat, zu seinem Werk; so wird er sich Gegenstand, so hat er sich als ein Dasein von sich. So der Geist des Volkes: er ist ein bestimmter Geist, der sich zu einer vorhandenen Welt erbaut, die jetzt steht und besteht, in seiner Religion, in seinem Kultus, in seinen Gebräuchen, seiner Verfassung und seinen politischen Gesetzen, im ganzen Umfang seiner Einrichtungen, in seinen Begebenheiten und Taten. Das ist sein Werk – das ist dies Volk. ... Das Verhältnis des Individuums dazu ist, dass es sich dieses substantielle Sein aneigne, dass dieses seine Sinnenart und Geschicklichkeit werde, auf das es etwas sei. Denn es findet das Sein des Volkes als eine bereits fertige, feste Welt vor sich, der es sich einzuverleiben hat. In diesem seinem Werke, seiner Welt genießt sich nun der Geist des Volkes und ist befriedigt.“[283]

Die Hegelsche Sittlichkeit der bürgerlichen Gesellschaft integriert normativ den Willen des Einzelnen im Staat, der „das an sich in seinem *Begriffe* Vernünftige ist, ob es vom Einzelnen erkannt und in seinem Belieben gewollt werde oder nicht“[284], in dem sich „die Wirklichkeit der konkreten Freiheit“[285] als Verkörperung des „objektiven Willens“[286] äußert. Der Staat wurde die Instanz, die die Spannungen und Widersprüche der Gesellschaft repräsentiert, von dem erwartet wurde, „die Gesellschaft in ihrer Gesamtheit, wenn nicht zu steuern, dann wenigstens zu repräsentieren, wo aber *andererseits* die Differenz zwischen dem Staatlichen/Politischen und der Gesellschaft deutlich wird.“[287] Der Staat erschien dem deutschen Idealismus als Form und Instanz universeller Sinnproduktion (das Allgemeine), unter das sich das Einzelinteresse subordiniert bzw. (individuelle Freiheit) als Ausdruck des Besonderen dieses Allgemeinen subsumiert. Diese „idealistische“ Konstruktion, der Gesellschaft den Staat als Wirklichkeit sui

---

281 die bürgerliche Gesellschaft ist für ihn „der Kampfplatz des individuellen Privatinteresses aller gegen alle.“ (Hegel, Georg Wilhelm Friedrich: Grundlinien der Philosophie des Rechts. Werke 7. Frankfurt/Main 2000⁶. S. 458)

282 a.a.O.: S. 407

283 Hegel, Georg Wilhelm Friedrich: Vorlesungen über die Philosophie der Geschichte. Werke Band 12. Frankfurt/Main 1986. S. 99

284 Hegel, Georg Wilhelm Friedrich: Grundlinien der Philosophie des Rechts. Werke 7. Frankfurt/Main 2000⁶. S. 401

285 a.a.O.: S. 406

286 a.a.O.: S. 401

287 Nassehi, Armin: Der Begriff des Politischen und die doppelte Normativität der „soziologischen“ Moderne. In: Nassehi, Armin/Schroer, Markus (Hrsg.): Der Begriff des Politischen. Baden-Baden 2003. S. 75

generis gegenüberzustellen, dient der Idee der „Imagination der Einheit“[288]. Der individuellen Autonomie wurde sowohl durch die Vertragskonstruktion als auch der Container-Konstruktion von Gesellschaft[289] durch den Idealismus die Imagination von Einheit *innerhalb* einer als *relevant* empfundenen Unterscheidung als soziale Begründungsfolie entgegengestellt. Die *Voraussetzungen* dafür konnten allerdings nicht unterschiedlicher sein, da die idealistische Position normative Faktizitäten als der Gesellschaft inhärent voraussetzte und damit das je „Allgemeine“ (der Staat als „objektiver Geist“[290] der Sittlichkeit menschlicher Existenz) zum unwidersprechbaren, nicht mehr begründbaren und zu begründenden inkontingenten Prinzip stilisierte, während sich aus der Vertragskonstitution „*Integration*, i.e. die (Selbst-)Einschränkung der Teile zugunsten eines Ganzen“[291] ergibt. Sowohl die utilitaristische Position, die soziale Ordnung schlicht mit der Notwendigkeit der Regulierung von Freiheit um (insb. wirtschaftliche) Freiheit erreichen zu können, begründete, und damit die philosophische Grundlage für die Charakterisierung von Gesellschaft als durch Konflikt und Dissens strukturiert bildet, die sich aber gerade über diesen Konflikt als gemeinsamen Bezugspunkt als integriert erfährt[292]; als auch der deutsche Idealismus mit der Konstitution der Gesellschaft als sittliche Einheit (was sich später soziologisch reformuliert bei Parsons als Wertintegration wieder findet [vgl. Kap. 1.2]) reagierten auf die offensichtlich gewordenen Kontingenz sozialer Ordnung, der Notwendigkeit gesellschaftlicher Rationalität. Der Staat wurde im Rahmen von Reflexionen über soziale Ordnung als Antwort auf die nicht mehr aufhebbare Perspektivendifferenz gesellschaftlicher Ausdifferenzierung zunehmend „optischer Fluchtpunkt gesellschaftstheoretischen Denkens“[293] und erschien „als die Sphäre des universellen Altruismus[294]“, durch die die differenzierte Gesellschaft alleinig noch als Einheit beschrieben werden konnte, die die „Fülle der Erschei-

---

[288] Fuchs, Peter: Die Erreichbarkeit der Gesellschaft. Zur Konstruktion und Imagination gesellschaftlicher Einheit. Frankfurt/Main 1992. S. 239

[289] vgl. Nassehi, Armin: Geschlossenheit und Offenheit. Studien zur Theorie der modernen Gesellschaft. Frankfurt/Main 2003. S. 151

[290] Hegel, Georg Wilhelm Friedrich: Grundlinien der Philosophie des Rechts. Werke 7. Frankfurt/Main 2000[6]. S. 399

[291] Nassehi, Armin: Der soziologische Diskurs der Moderne. Frankfurt/Main 2006. S. 325

[292] so auch Mouffe: „Eine demokratische Gesellschaft braucht eine Diskussion über möglich Alternativen und muss politische Formen kollektiver Identifikation mit klar unterschiedenen demokratischen Positionen anbieten. Konsens ist zweifellos notwendig, er muss aber von Dissens begleitet werden.“ (Mouffe, Chantal: Über das Politische. Wider die kosmopolitische Illusion. Frankfurt/Main 2007. S. 43)

[293] Nassehi, Armin: Geschlossenheit und Offenheit. Studien zur Theorie der modernen Gesellschaft. Frankfurt/Main 2003. S. 113

[294] Willke, Helmut: Ironie des Staates. Grundlinien einer Staatstheorie polyzentrischer Gesellschaft. Frankfurt/Main 1996. S. 28

nungen“ [vgl. FN[42]] perspektivisch limitiert. „Letztlich vertraut diese klassische, bürgerliche Idee der Gesellschaft – wiederum enggeführt an der Logik des Politischen – dem kollektiven Willen der „Gesellschaft“ und schließt letztlich vom falschen kollektiven Willen auf Pathologien und fehlgeleitete Ordnungen. Ich überzeichne: das gute Motiv folgt der guten Gesellschaft und arbeitet damit soziologisch die empirische Kontingenz praktischer Ordnungsbildung weg und glaubt fast ausschließlich den retrospektischen, ordnenden Beobachtungen“[295], die Ordnung präjudizieren sollen, indem sie Beobachtungsperspektiven als Letztbegründungsmuster ausflaggen und dadurch Sinn limitieren, um „die Ungeordnetheit des Unterschiedlichen mit der Ordnung ihrer Beziehung zusammenzubringen.“[296] Diese Unterwerfung der Gesellschaft unter ein Allgemeines, gesamtgesellschaftliche Rationalität als fundamentalisierender Letztbezug des kollektiven Willens der Gesellschaft – eine kollektive *Ordnung*, entspricht *dem* Konstitutionsmerkmal moderner Gesellschaft. Und hier schließen sich Gesellschaft und Politik als Selbstverständnis gesellschaftlicher Steuerungsinstanz, fallen Politik und Gesellschaft durch Beschreibung als politische Gesellschaft ineinander, denn erst „die Annahme einer solchen kollektiven Identität des Volkes ermöglicht der modernen Politik, sich als Einheit zu begreifen.“[297] Politik muss die Simulation einer politischen *Gemeinschaft*, die kollektive Identitätsfolie des Nationalen neben ihrer selbstreferentiellen Operativität aufrechterhalten, bedeutet gerade diese „Symbolisierung der politischen Gemeinschaft als umfassende, universelle Gemeinschaft eine Form symbolischer Integration, die eine kollektive Bindung politischer Entscheidungen garantiert, weil sich das Kollektiv durch seine Symbolisierung politische Entscheidungen selbst zurechnen kann.“[298] Das moderne individuelle Subjekt wurde so zum Teil eines Kollektivsingulars, vor dem sich politische Entscheidungen zu bewähren haben und dessen Funktion auch darin besteht, eine sichtbare (also kommunikativ bezeichen- und verhandelbare) und damit zurechenbare Einheit zu schaffen, der die Kompetenzkompetenz von Gesellschaftssteuerung zugeordnet werden konnte.

---

295 Nassehi, Armin: Der soziologische Diskurs der Moderne. Frankfurt/Main 2006. S. 402

296 a.a.O.: S. 427

297 Giesen, Bernhard: Europäische Identität und transnationale Öffentlichkeit. Eine historische Perspektive. In: Kaelble, Hartmut/Kirsch, Martin/Schmidt-Gernig, Alexander (Hrsg.): Transnationale Öffentlichkeiten und Identitäten im 20. Jahrhundert. Frankfurt/New York 2002. S. 69

298 Bonacker, Thorsten: Die Gemeinschaft der Entscheider. Zur symbolischen Integration im politischen System. In: Hellmann, Kai-Uwe/Fischer, Karsten/Bluhm, Harald (Hrsg.): Das System der Politik. Niklas Luhmanns politische Theorie. Wiesbaden 2003. S. 73

1.4.3 „Nationale Identität" als wirkmächtige Selbstbeschreibungsform der Moderne

Gegen Ende des Mittelalters konnte, da die universelle religiöse Füllung zunehmend ihre Allumfassendheit und Unhinterfragbarkeit verlor [vgl. Kap. 1.3] die einheitliche „Societas Christiana"[299] nicht mehr aufrechterhalten werden, so dass die mit der Erosion des kirchlichen Deutungsmonopols in Form der Konfessionsfrage verbundenen Differenzierungsmöglichkeiten[300] von den Herrschern der sich herausbildenden europäischen Territorialstaaten politisch genutzt werden konnten, ihre Untertanen auf ein „partikulares Weltanschauungsbild mit universalem Anspruch zu verpflichten."[301] Dass damit nicht mehr die ursprüngliche unhintergehbare Einheit wiederherstellt werden konnte, wurde unmittelbar im Zusammenhang mit dem Religionssystem selbst deutlich, indem sich durch verschiedene Konfessionen sowie der Notwendigkeit religiöser Toleranz[302] Kontingenz (Alternativen und Entscheidungsmöglichkeiten) offenbarte, aber der noch vorhandene Bezug zum Religionssystem konnte vom sich ausdifferenzierenden politischen System als externe Begründungsreferenz für machtpolitische Konflikte und gleichzeitig als Identitätsfolie und –generator genutzt werden. Damit zeichnete sich eine Funktion der Form Nation, die einer „exklusiven *Kontingenz-*

---

[299] Schilling, Heinz: Nationale Identität und Konfession in der europäischen Neuzeit. In: Giesen, Bernhard (Hrsg.): Nationale und kulturelle Identität. Studien zur Entwicklung des kollektiven Bewusstseins in der Neuzeit. Frankfurt/Main 1991. S. 200

[300] exakt darin besteht für Hahn auch der wesentliche Grund für die Entwicklung der Religion zu einem funktionalen Teilsystem: „Nicht der kognitive Konkurs führt zur Begrenzung der Anschlussfähigkeit der Religion, sondern ihre Untauglichkeit zur sozialen Integration zu ihrer Verwandlung in einen funktional ausgliederbaren Aspekt der Daseinsführung" (Hahn, Alois: Partizipative Identitäten. In: Münkler, Herfried (Hrsg.): Furcht und Faszination. Facetten der Fremdheit. Berlin 1997. S. 130). Dies zeigt sich für ihn auch in der verhängnisvollen Entwicklung des Balkans: „So lange die Identifikation mit dem jugoslawischen Staat und der ihm korrespondierenden national-jugoslawischen Variante des Sozialismus gelang, gab es eine „abstraktere" Ebene als die „partikularistischen" religiösen Identifizierungen mit dem Islam, der Orthodoxie oder dem Katholizismus. Der Zusammenbruch dieser Integrationsebene setzt die nächst niedere wieder in soziale Kraft, und zwar gänzlich unabhängig von ihrem rein intellektuellen Kredit. Das Dilemma Jugoslawiens könnte in diesem Licht als Beispiel dafür gelesen werden, dass eine formal erreichte abstraktere partizipative Identität, eben die der sozialistischen Staatsnation, zerbricht und nur noch die Zugehörigkeit zu einer der Religionen übrig lässt, an der sich nun die Selbstidentifizierungen der beteiligten Personen festzumachen suchen." (a.a.O.: S. 130)

[301] Richter, Dirk: Nation als Form. Opladen 1996. S. 179

[302] „Nur durch den zumindest faktischen Verzicht auf den Anspruch auf gesamtgesellschaftliche Respektierung und Befolgung ihrer Wirklichkeitskonzepte kann jede einzelne Konfession mit den jeweils anderen auf einem Territorium koexistieren. Die ideologische Formel hierfür heißt Toleranz." (Hahn, Alois: Partizipative Identitäten. In: Münkler, Herfried (Hrsg.): Furcht und Faszination. Facetten der Fremdheit. Berlin 1997. S. 128/129)

formel, wie sie auch die Wahrnehmung mittels religiöser Muster darstellt"[303] zur Abgrenzung nach Außen, gegenüber Fremden bereits vor. Durch kommunikative Beobachtung dieser Auseinandersetzungen (exemplarisch: des 30jährigen Krieges[304]), die sich jeweils wesentlich auf das Herrschaftsgebiet eines Herrschers und der dort geltenden Konfession bezog, konnten quasi-nationale Feindbilder (eben die der je anderen Konfessionen) erzeugt und Gemeinsamkeit imaginiert, also innerhalb Einheiten geschaffen werden[305], „die ihre Wurzeln gleichwohl in der religiösen bzw. konfessionellen Semantik hatten."[306] Für das Religionssystem hatte dies zur Folge, dass es sich verstärkt an das politische System anschließen musste, um durchsetzungsfähig zu sein und zu bleiben[307]. Damit fiel für die Mitglieder der Gesellschaft der Repräsentationsbezug durch das religiöse und politische System zusammen, wobei der transzendentale Bezug durch „eine wachsende Säkularisierung der einzelnen Komponenten, über die kollektive Identität definiert wurde; Gewichtsverlagerungen zwischen den einzelnen Komponenten, wobei insbesondere die geistlichen gegenüber den bürgerlichen und primordialen Elementen an Bedeutung verloren; die zentrale Bedeutung und die mögliche Aufwallung primordialer Komponenten; ... die Neustrukturierung der kollektiven Identitäten im Rahmen verhältnismäßig eindeutiger Grenzen; schließlich eine Konzentration auf die bürgerlichen und primordialen Elemente innerhalb der politischen Grenzen der neu gegründeten Staaten"[308] langsam verloren ging und schließlich alleine auf das politische System ausgerichtet wurde, das seinerseits versuchte, „alle Loyalitäten und Teilungen innerhalb des Landes,

303 Nassehi, Armin/Richter, Dirk: Die Form „Nation" und der Einschluss durch Ausschluss. Beobachtungen zur Fremdenfeindlichkeit in Deutschland. In: Sociologia Internationalis. 34. Band 1996, Heft 2. Berlin 1996. S. 159

304 vgl. zur Übersicht: Bußmann, Klaus/Schilling, Heinz (Hrsg.): 1648. Krieg und Frieden in Europa. Politik, Religion, Recht und Gesellschaft. Textband 1 zur 26. Europaratsausstellung Münster/Osnabrück 24.10.1998 – 17.01.1999

305 „Den Ausgangspunkt bildet aber, und zwar sowohl in den katholischen als auch in den evangelischen Ländern, zunächst die Nationalisierung der Religion, bevor die Nation zur Religion werden kann. Dabei liegt die Dramatisierung der Religionszugehörigkeit für die persönliche Identität und damit für Fremdheit seit dem 16. Jahrhundert natürlich auf der Hand. Andererseits ist es nicht zufällig, dass das, was vom Anspruch der Religion her auf die Wahrheit des Glaubens zielt, schon sehr früh durch das Prinzip des „Cuius regio eius religio" territorial gebändigt wurde. Die Religionsfremden wurden so eben auch Landesfremde: Ausländer." (Hahn, Alois: Partizipative Identitäten. In: Münkler, Herfried (Hrsg.): Furcht und Faszination. Facetten der Fremdheit. Berlin 1997. S. 127)

306 Richter, Dirk: Nation als Form. Opladen 1996. S. 181

307 vgl. Luhmann, Niklas: Tautologie und Paradoxie in den Selbstbeschreibungen der modernen Gesellschaft. In: Zeitschrift für Soziologie. Jahrgang 16, Heft 3. Juni. Stuttgart 1987. S. 162

308 Eisenstadt, Shmuel Noah: Barbarei und Moderne. In: Miller, Max/Soeffner, Hans-Georg (Hrsg.): Modernität und Barbarei. Soziologische Zeitdiagnose am Ende des 20. Jahrhunderts. Frankfurt/Main 1996. S. 107/108

die einer nationalen Einheit entgegenstehen, zu reduzieren oder eliminieren."[309] Obwohl der Bezug zur Religion vom politischen System selbst zuerst noch nicht aufgegeben werden konnte[310], richtete sich die Identität der Untertanen zunehmend am politischen Herrscher aus. „Im Kult des absolutistischen Herrschers findet das sich herausbildende Nationalbewusstsein seinen Angelpunkt."[311] Durch selbstverstärkende Reproduktion des staatlichen Bindungsmonopols wurde dieser „Kristallisationspunkt für die Selbstidentifikation des „Menschen" mit seiner Nation."[312] Dabei war der Bezugsrahmen der Konstruktion nationaler Identitäten nicht beliebig konstruierbar[313], sondern abhängig von bereits vorhandenen Semantiken, angewiesen auf soziale Plausibilität [vgl. Kap. 2.2.2], wurde „kollektive Identität auf der Basis einer Kombination von primordialen (historischen, territorialen, sprachlichen, ethnischen) Faktoren bzw. Symbolen und politischen Grenzen"[314] hergestellt. Da sich im Rahmen von Rezeptionen und Rezensionen immer wieder auf diese Merkmale bezogen werden konnte[315], er-

---

[309] Bauman, Zygmunt: Moderne und Ambivalenz. In: Bielefeld, Ulrich (Hrsg.): Das Eigene und das Fremde: neuer Rassismus in der alten Welt. Hamburg 1992^2. S. 34

[310] vgl. dazu aus dem Blickwinkel der Religion betrachtet: Nassehi, Armin: Die Zeit der Gesellschaft. Auf einem Weg zu einer soziologischen Theorie der Zeit. Opladen 1993. S. 307-309

[311] Uhlig, Claus: Nationale Geschichtsschreibung und kulturelle Identität: Das Beispiel der englischen Renaissance. In: Giesen, Bernhard (Hrsg.): Nationale und kulturelle Identität. Studien zur Entwicklung des kollektiven Bewusstseins in der Neuzeit. Frankfurt/Main 1991. S. 169

[312] Hahn, Alois: Identität und Nation in Europa. In: Berliner Journal für Soziologie 3, Heft 2. Berlin 1993. S. 199

[313] sondern ein sich rekursiv selbst verstärkender Prozess zwischen dem politischen System und Gesellschaft, wie Uhlig formuliert: „Zum einen liegt es seit jeher, ja schon seit den Tagen der Sumerer, im Interesse der jeweilig Herrschenden, mit Hilfe der Interpretation einer ganz bestimmten Vergangenheit über diese gleich mitzugebieten und dadurch ihren Machtanspruch zu sanktionieren. ... Zum anderen indessen vermittelt ein mythischer oder legendärer Urspruch dem jeweiligen Volk, das an ihn glaubt, das Gefühl, weder temporal noch lokal aus dem Nichts gekommen zu sein; und das stiftet politische wie kulturelle Identität." (Uhlig, Claus: Nationale Geschichtsschreibung und kulturelle Identität: Das Beispiel der englischen Renaissance. In: Giesen, Bernhard (Hrsg.): Nationale und kulturelle Identität. Studien zur Entwicklung des kollektiven Bewusstseins in der Neuzeit. Frankfurt/Main 1991. S. 188/189)

[314] Eisenstadt, Shmuel Noah: Die Konstruktion nationaler Identitäten in vergleichender Perspektive. In: Giesen, Bernhard (Hrsg.): Nationale und kulturelle Identität. Studien zur Entwicklung des kollektiven Bewusstseins in der Neuzeit. Frankfurt/Main 1991. S. 21

[315] auch z.B. die Entstehung von Nationalopern ermöglichte es als „sekundäre Objektivationen" [vgl. Kap. 2.2.2], Unterschiede zwischen nationalen Einheiten zu ziehen. Wurde die Form „Oper" zu Beginn der Neuzeit schlicht als neue Musikform betrachtet, wurde sie im Rahmen dieser allgemeinen „Nationalisierung" zu einer jeweils nationalen Form des Ausdrucks, beginnend vielleicht, wie Kröplin ausführt, mit dem Pariser Buffonistenstreit 1752/1754 über den Kampf zwischen Gluckisten und Piccinisten wenige Jahrzehnte später bis hin zur Wandlung Wagners von einer durch die europäische Aufklärung und Klassik geprägten Weltsicht hin zur Nationalbewegung des Vormärz (die speziell in diesem Falle einiges mit seiner vorangegangenen Erfolglosigkeit in Frankreich zu tun gehabt haben dürfte). All dies bezeichnet „einen in wenigen Jahrzehnten sich vollziehenden Entfremdungsprozess, der auf dem Felde der Musik und Oper – parallel zur Politik – die Nationen streng, ja

schien deren jeweiliger Inhalt im Rahmen der Zeitdimension schließlich als erhaltenswert[316], emergierten jeweilige Nationalkulturen, was „die Ablösung der kulturellen Identität vom Einflussbereich der höfischen Gesellschaft Alteuropas“[317] markierte. Da sich die Nation selbst aus sich heraus schaffen musste, zeigen sich „Idealtypische Rekonstruktionen bestimmter staatlicher Merkmale“[318] nicht weniger als unterschiedlich, wie in der „inzwischen fast zu Tode gerittenen Unterscheidung einer *französischen staatsbürgerlichen* Konzeption der Nation, getragen vom *subjektiven Willen* partizipatorisch in einem täglichen Plebiszit dazu zu gehören und der *deutschen ethnisch-historisch-kulturell* verstandenen Nation als *objektive Schicksalsgemeinschaft*“[319] zum Ausdruck kommt. Daher verlief diese „Nationalisierung“[320] auch nicht linear und überall identisch und oft nur im Rahmen gewaltsamer Prozesse (so konnte die Semantik „Volk“ als externer Anker politischer Legitimationsansprüche in Gegenposition zur tatsächlichen Herrschergewalt gebracht werden[321], um als nicht-legitim angesehene Herrscherdynastien zu diskreditieren[322]), aber am Ende dieses evolutionä-

---

bisweilen feindlich voneinander schied.“ (Kröplin, Eckard: Musik-Nation und Opern-Welt. Die Oper in unterschiedlichen nationalen Gesellschaften. In: Bermbach, Udo/Konold, Wulf: Der schöne Abglanz. Stationen der Operngeschichte. Berlin/Hamburg 1992. S. 301)

[316] nach Gellner Grundlage für den Nationalismus. Vgl. Gellner, Ernest: Nationalismus und Moderne. Berlin 1991. S. 33

[317] Giesen, Bernhard: Einleitung. In: Ders. (Hrsg.): Nationale und kulturelle Identität. Studien zur Entwicklung des kollektiven Bewusstseins in der Neuzeit. Frankfurt/Main 1991. S. 14

[318] Heckmann, Friedrich: Ethnos, Demos und Nation, oder: Woher stammt die Intoleranz des Nationalstaats gegenüber ethnischen Minderheiten. In: Bielefeld Ulrich (Hrsg.): Das Eigene und das Fremde: neuer Rassismus in der alten Welt. Hamburg 1992². S. 74

[319] Beyme, Klaus von: Nationale Identität: Wieviel innere Geschlossenheit braucht der Nationalstaat? In: Voigt, Rüdiger (Hrsg.): Der neue Nationalstaat. Baden-Baden 1998. S. 72

[320] so zeigt z.B. Fink, dass sich in Deutschland der Adel in der ersten Hälfte des 18. Jahrhunderts kaum an der Debatte über die nationale Identität beteiligte, da in der supranationalen Selbstwahrnehmung die ständischen Unterschiede größer waren als die Gemeinsamkeiten mit z.B. dem französischen Adel (Fink, Gonthier-Louis: Das Bild des Nachbarvolkes im Spiegel der deutschen und der französischen Hochaufklärung (1750-1789). In: Giesen, Bernhard (Hrsg.): Nationale und kulturelle Identität. Studien zur Entwicklung des kollektiven Bewusstseins in der Neuzeit. Frankfurt/Main 1991. S. 456)

[321] vgl. Richter, Dirk: Nation als Form. Opladen 1996. S. 196-198. Auch in dieser Hinsicht ist die Aussage „Der Staat bin ich!“ zu verstehen (vgl. Elias, Norbert: Über den Prozess der Zivilisation. Soziogenetische und psychogenetische Untersuchungen. Zweiter Band. Wandlungen der Gesellschaft. Entwurf zu einer Theorie der Zivilisation. Frankfurt/Main 1997. S. 308 sowie FN 256 in dieser Arbeit)

[322] so gab dies, um noch einmal Bezug auf die Konfessionsfrage zu nehmen, der jeweiligen katholischen oder protestantischen Opposition auch die Möglichkeit, patriotische Befürchtungen und Argumente in den Dienst ihrer Propaganda zu stellen (Vgl. dazu: Grabes, Herbert: England oder die Königin? Öffentlicher Meinungsstreit und nationale Identität unter Mary Tudor. In: Giesen, Bernhard (Hrsg.): Nationale und kulturelle Identität. Studien zur Entwicklung des kollektiven Bewusstseins in der Neuzeit. Frankfurt/Main 1991. S. 122). Darauf reagierten die Monarchien mit Selbst-

ren Ringens um Legitimation, Souveränität und Partizipation in den politischen Gebildes Europas[323] umfasste der Begriff der Nation die gesamte Bevölkerung; „Volk und Nation waren zur Deckung gekommen."[324] Dabei zeigte sich im „Janusgesicht der Nation, die sich im Inneren öffnet und nach außen abschließt"[325], die dunkle Seite dieser realitätsgestaltenden Wirkung des Nationalismus als „grundlegende Täuschung und Selbsttäuschung"[326], wie Jaspers konstatiert: „Die Verwechslung der gattungsmäßigen mit der typologischen Auffassung ist das Zeichen des Denkens in Kollektiven: *die* Deutschen, *die* Engländer, *die* Norwegen, *die* Juden – und beliebig weiter: die Friesen, die Bayern – oder: die Männer, die Frauen, die Jugend, das Alter. ... Das ist eine Denkform, die sich durch die Jahrhunderte zieht als ein Mittel des Hasses der Völker und Menschengruppen untereinander. Diese den meisten leider natürliche und selbstverständliche Denkform haben die Nationalsozialisten in der bösesten Weise angewendet und durch ihre Propaganda den Köpfen eingehämmert. Es war, als gäbe es keine Menschen mehr, sondern nur noch jene Kollektive."[327] Insbesondere das Selbstbeschreibungskonzept eines deutschen Volkes als „Schicksalsgemeinschaft" mit dem Ziel einer affektiven Subordination unter ein transpersonales Ganze als im Hegelschen Sinne „*objektiver* Geist" war „einer der verhängnisvollsten Irrwege der deutschen Ideengeschichte."[328] Da – zumindest im Rahmen neuzeitlicher europäischer Geschichte – Gesellschaften primär als nationale gedacht wurden[329],

---

Nationalisierung zur Sicherung ihrer Hausmacht, was aber lediglich die Sezernierung der dynastischen Logik eines Herrschaftsraumes und der politischen Logik der Nationalität verdecken sollte. (vgl. Anderson, Benedict: Die Erfindung der Nation. Zur Karriere eines folgenreichen Konzeptes. Frankfurt/Main 1996². S. 90ff)

[323] selbstredend ist dies, wie auch die politische Geschichte zeigt, nicht in einem statischen Sinne zu verstehen, da sich staatliche Grenzen immer verändern und veränderten, was auch dynamische wechselvolle geschichtliche Entwicklungen und Identifikationsprozesse, also Neukonstitutionen sozialer und kultureller Grenzziehungen in Form von sich daran anlehnenden Kommunikationsstrukturierungen und –limitierungen ermöglichte, woran sich zeigt, dass „*collectivities* nicht einfach über Wertgeneralisierungen inkludiert werden, sondern dass sie gerade dadurch entstehen, dass sie sich problematisch sind, wie man *nation-building-Prozessen* stets entnehmen kann." (Nassehi, Armin: Der soziologische Diskurs der Moderne. Frankfurt/Main 2006. S. 334)

[324] Dann, Otto: Begriffe und Typen des Nationalen in der frühen Neuzeit. In: Giesen, Bernhard (Hrsg.): Nationale und kulturelle Identität. Studien zur Entwicklung des kollektiven Bewusstseins in der Neuzeit. Frankfurt/Main 1991. S. 63

[325] Habermas, Jürgen: Die Einbeziehung des Anderen. Studien zur politischen Theorie. Frankfurt/Main 1999. S. 157

[326] Gellner, Ernest: Nationalismus und Moderne. Berlin 1991. S. 89

[327] Jaspers, Karl: Die Schuldfrage. Von der politischen Haftung Deutschlands. München 1996². S. 24/25

[328] Ehlers, Joachim: Das westliche Europa. Die Deutschen und das europäische Mittelalter. München 2004. S. 12

[329] dabei wurde gerade das „Volk" der Juden „für den nationalen Diskurs am Beginn der Moderne ein besonders schwieriges Problem" (Engel, Gisela: Einleitung: In: Bielefeld, Ulrich/Engel, Gisela

wurde „Nation" zu *der* Selbstthematisierungsform der modernen Gesellschaft: „Die politische Legitimation, die soziale Integration, die politische Loyalität, die Mobilisierung der Bürger – alle diese Funktionen konnten über den neuen Begriff vermittelt werden."[330] Gerade auch demokratietheoretischem common sense nach stellt „Nation" *die moderne* politische Ordnungsidee (die Nation als Souverän) dar, die den räumlich legitimen Bereich jeweiligen politischen Entscheidens[331] und die Summe der Bevölkerung eines Staates bezeichnet: „Wer Demokratie fordert, muss zur Verwirklichung dieser Forderung irgendeine Vorstellung oder Bestimmung dessen haben, was ein demos ist. Das Kollektiv, das – in welcher Form auch immer – Grundlage der Legitimation von Herrschaft sein soll, kann dies nur, wenn es bestimmt bzw. konstituiert ist. Politische Partizipation und Bürgerrechte brauchen einen Geltungsbereich, innerhalb dessen sie verwirklicht werden können."[332] Das politische System ist auf den semantischen Rückgriff auf diese Nation als kollektive Konstitution moderner Gesellschaft angewiesen, um einen abgrenzbaren Bereich der Geltung politischer Entscheidungen zu schaffen, so zumindest die dominierende Auffassung der Politikwissenschaft, die einen nicht unwesentlichen Bestandteil ihrer Arbeit darauf verwendete und verwendet, diesen Zusammenhang darzulegen, zu begründen und nach entsprechenden Legitimationsfolien zu suchen, auch weil die realen gesellschaftlichen Entwicklungen der Notwendigkeit individueller Orientierung und symbolhafte Verstärkung damit zusammenfielen. Dabei ist die Funktion dieser kollektiven Konstitution strikt auf den politischen Bereich bezogen; deren Anschlussfähigkeit im Rahmen individueller Selbstidentifikation erwies sich allerdings auch in anderen als dem rein politischen Kontext schon fast als selbstevident.

(Hrsg.): Bilder der Nation. Kulturelle und politische Konstruktionen des Nationalen am Beginn der europäischen Moderne. Hamburg 1998. S. 33), da diese die Form der Unterscheidung selbst kollabieren ließen, indem sie auf der Innenseite zu offensichtlich der nationalen Homogenisierung entgegenstanden und auch auf der Außenseite nicht verortbar waren, da sich dort nur andere „Nationen" wiederfinden ließen. Nicht ohne Ironie in diesem Zusammenhang ist, dass der Begriff „kollektive Identität" selbst, wie Lutz Niethammer darlegt [s. FN 605] auch im Rahmen der Selbstbeschreibung der europäischen Juden in der Diaspora mit entwickelt wurde, um für die Juden selbst eine gemeinsame Lage zu konstruieren; also identische Ansprechbarkeit durch Imagination von Gemeinsamkeit zu generieren

330 Dann, Otto: Begriffe und Typen des Nationalen in der frühen Neuzeit. In: Giesen, Bernhard (Hrsg.): Nationale und kulturelle Identität. Studien zur Entwicklung des kollektiven Bewusstseins in der Neuzeit. Frankfurt/Main 1991. S. 63

331 vgl. die von Jellinek (In: Jellinek, Georg: Die Lehre von den Staatenverbindungen. Wien 1882) definierten und für die Verfassungslehre grundlegend gewordenen Kategorien einer Staatsdefinition in Staatsgebiet, Staatsvolk und Staatsgewalt (auch hier zeigt sich ein konstitutiver Bezug zum Begriff der Nation)

332 Berghoff, Peter: Der Tod des politischen Kollektivs. Politische Religion und das Sterben und Töten für Volk, Nation und Rasse. Berlin 1997. S. 10

1.5 Die konstitutionelle Bewegung der Moderne: Kollektivierbarkeit gesellschaftlicher Lagen

In dieser kollektiven Konstitution von Gesellschaft zeigt sich das für Eisenstadt moderne Prinzip von Gesellschaft: gesellschaftliche Machbarkeit[333] (als paradoxe Form gesellschaftlicher Selbstbeschreibung[334]), um „eine neue soziale Ordnung in der Gegenwart mit einem Ausblick auf die Zukunft zu schaffen, eine neue Gesellschaftsordnung sollte in Übereinstimmung mit einigen transzendentalen und universalistischen Kriterien und Idealen, die sie mit einschlossen, gerechtfertigt werden.“[335] Hierin zeigt sich im entschiedenen Gegensatz zur Tradition, die gerade nicht verhandel- und machbar war, Kontingenz (Beobachtungsmöglichkeiten) als zentrales Konstitutionsprinzip moderner Gesellschaft[336]. Diese Machbarkeit gesellschaftlicher Ordnung; die Möglichkeit der Veränderung, denn „Machbarkeit heißt Machenkönnen, heißt Anders- und auch neu Machen können“[337] (durch die sich individuell überhaupt erst die moderne Möglichkeit ergab, das eigene Leben „in die Hand zu nehmen“, selbstverantwortlich zu gestalten (die Freiheit der „pursuit of Happiness“)) führte automatisch zur Frage der Gestaltung dieser Ordnung. Ordnung unterlag nun dem Diktum der Machbarkeit und Ordnungsvorstellungen (gesellschaftliche Vorstellungen über das „(Über-)Leben in der Polis“ [vgl. FN[17]]) boten nun die Möglichkeit praktischer Realisierung. Damit wurde gleichzeitig die – moderne – Zukunftsorientierung der Gesellschaft in den Blick genommen. „In der Freiheit der Machbarkeit hat der Mensch wie nie zuvor den Blick auf die Zukunft gerichtet und diese in seine Hand genommen.“[338] Eisenstadt nennt dieses Merkmal der Machbarkeit im Hinblick auf die Zukunft Innovation, um den Charakter des immer Möglichen und immer wieder auch anders Möglichen hervorzuheben. Exakt in dieser Tradition der *Gestaltung* der Gesellschaft *durch* die Gesellschaft als Erbe der Französischen Revolution findet sich auch Habermas: „Das Revolutionsbewusstsein ist die Geburtsstätte einer neuen Mentalität, die geprägt wird durch ein neues Zeitbewusstsein, einen neuen Begriff der politischen Praxis und eine neue Legitima-

---

[333] vgl. hierzu auch Giddens, Anthony: Konsequenzen der Moderne. Frankfurt/Main 1995. S. 199

[334] s. Luhmann, Niklas: Tautologie und Paradoxie in den Selbstbeschreibungen der modernen Gesellschaft. In: Zeitschrift für Soziologie. Jahrgang 16, Heft 3. Juni. Stuttgart 1987. Insb. S. 166

[335] Eisenstadt, Shmuel Noah: Die Antinomien der Moderne. Die jakobinischen Grundzüge der Moderne und des Fundamentalismus. Heterodoxien, Utopismus und Jakobinismus in der Konstitution fundamentalistischer Bewegungen. Frankfurt/Main 1998. S. 60

[336] vgl. Eisenstadt, Shmuel Noah: Barbarei und Moderne. In: Miller, Max/Soeffner, Hans-Georg (Hrsg.): Modernität und Barbarei. Soziologische Zeitdiagnose am Ende des 20. Jahrhunderts. Frankfurt/Main 1996. S. 102

[337] Baruzzi, Arno: Die Zukunft der Freiheit. Darmstadt 1993. S. 22

[338] a.a.O.: S. 21

tionsvorstellung."[339] Dieses Revolutionsbewusstsein (das Bewusstsein des Anders-Machen-Könnens) in Verbindung mit einem neuen Zeitbewusstsein (die Möglichkeit der Zukunftsprojektion) sowie die Vorstellung einer gesellschaftlichen „Selbstbegründung"[340] durch gesellschaftsimmanente Legalität entsprechender Regelungen münden für ihn im unvollendeten Projekt der Moderne[341]. Dadurch wurde die Gesellschaft „stark von der Vorstellung beeinflusst, die Arena der Politik sei ein Ort oder sogar der zentrale Ort, an dem sich die transzendenten Visionen, die diese Zivilisationen schließlich prägten, verwirklichen ließen"[342] Dieser Anspruch der Gesellschaft auf Partizipation an politischen Entscheidungen als *politische Relevanz* aller Mitglieder war eine unmittelbare Folge von Demokratie als „Inklusion aller in die Politik"[343] durch die Generalisierung politischer Macht als Notwendigkeit der Bindung dieser Relevanten in Form der Fiktion der Selbstzurechnung politischer Entscheidungen. Dies hatte für die Regierenden zur Folge, dass sie nicht mehr darauf verzichten konnten, die Lebensbedingungen ihrer Untertanen zu beachten; galt es dem „tendenziell unbegrenzten Herrschaftsanspruch des – absolutistisch gestärkt hervorgegangenen – „Leviathan" ... zunächst die sozioökonomischen, soziokulturellen und soziopolitischen Freiräume abzutrotzen, innerhalb deren sich der neuzeitliche Homo Faber zum Entwerfer und Vollstrecker der technisch-ökonomischen Fortschrittsidee und damit zum Gestalter der modernen Zivilisation entwickeln konnte."[344] Das politische System musste die Erwartungen seiner Untertanen berücksichtigen, war „mit der Amerikanischen Unabhängigkeitserklärung und der Französischen Revolution doch die Frage der – individuellen wie gesellschaftlichen – Selbstbestimmung, das Verlangen nach dem „Ausgang aus der selbstverschuldeten Unmündigkeit" unabweisbar auf die Tagesordnung gesetzt worden. Dies aber bedeutete, dass von nun an ein Zusammenhang zwischen den Lebensorientierungen der einzelnen Menschen und der Tragfähigkeit der politischen Ordnung be-

[339] Habermas, Jürgen: Volkssouveränität als Verfahren. In: Ders.: Faktizität und Geltung. Beiträge zur Diskurstheorie des Rechts und des demokratischen Rechtsstaats. Frankfurt/Main 1998. S. 604
[340] Habermas, Jürgen: Der philosophische Diskurs der Moderne. Zwölf Vorlesungen. Frankfurt/Main 1985. S. 26
[341] s. Habermas, Jürgen: Die Moderne – ein unvollendetes Projekt. Philosophisch-politische Aufsätze. Leipzig 1994[3]
[342] Eisenstadt, Shmuel Noah: Barbarei und Moderne. In: Miller, Max/Soeffner, Hans-Georg (Hrsg.): Modernität und Barbarei. Soziologische Zeitdiagnose am Ende des 20. Jahrhunderts. Frankfurt/Main 1996. S. 98
[343] Reese-Schäfer, Walter: Parteien als politische Organisationen in Luhmanns Theorie des politischen Systems. In: Hellmann, Kai-Uwe/Schmalz-Bruhns, Rainer (Hrsg.): Theorie der Politik. Niklas Luhmanns politische Soziologie. Frankfurt/Main 2002. S. 116
[344] Mayer-Tasch, Peter Cornelius: Politische Theorie des Verfassungsstaates. München 1991. S. 43

stand."[345] *Sichtbar* wurde dies in Europa schlagartig durch die Französische Revolution[346]:

> „Was ist der Dritte Stand? Alles. Was ist er bis jetzt in der politischen Ordnung gewesen? Nichts. Was verlangt er? Etwas darin zu werden."[347]

Operativ eingespeist in die gesellschaftliche Reproduktion wurden diese Innovationen als jeweilige Machbarkeitsperspektiven als Forderungsadressierung durch die – nun als Konstitutionsmerkmal von Gesellschaft *legitime* – Form des Protestes. Die „Inkorporierung des Protestes stellte sich als ein grundlegendes Element des Projekts der menschlichen Emanzipation dar, eines Projekts, das auf eine Kombination von Gleichheit und Freiheit, Gerechtigkeit und Autonomie, Solidarität und Identität abzielte. Im Gegensatz zu fast sämtlichen vorhergehenden Zivilisationen erschienen die Themen und Symbole der Gleichheit, Partizipation und sozialen Gerechtigkeit nicht mehr als Elemente des Protestes gegen die bestehenden Zentren, sondern wurden zum Bestandteil der politischen Legitimation planmäßiger, *ordnungsimmanenter* Forderungen seitens der Peripherie gegenüber diesem Zentrum. Der Protest und die Möglichkeit, die institutionellen Grundlagen einer Gesellschaft stückweise zu verändern, erschienen nun nicht mehr als illegitime und marginale Elemente des politischen Prozesses. Sie wurden vielmehr zu Kernfragen des politischen Diskurses und der politischen Praxis der Moderne."[348] Dabei eröffnete Protest und dessen Perspektive gleichzeitig die Möglichkeit der Gegenbeobachtung aus anderer Perspektive, woraus sich die oszillierende Struktur der Einheit des Differenten ergab, die sich dominant anhand der Leitunterscheidung progressiv/konservativ beschreiben ließ. In diesem Protest und dessen öffentlicher Artikulierung ließen sich die diesen je strukturierenden Perspektiven als je relevante Unterschiede der Gesellschaft ausmachen, die sich als je zurechnungsfähig generierten: „Wenn man sich an dem Protestbegriff orientiert, kann man Einheiten, soziale Einheiten, d.h. Kommunikationsmengen herausgreifen, die sich selber von der Umwelt abgrenzen, indem sie sich bestimmte Protestthemen herausgreifen und diese kommunikativ behandeln, so

---

345 Wagner, Peter: Die Problematik der „Identität" und die Soziologie der Moderne. In: Straub, Jürgen/Renn, Joachim (Hrsg.): Transitorische Identität. Der Prozesscharakter moderner personaler Selbstverhältnisse. Frankfurt/Main 2002. S. 305

346 vgl. zur Bedeutung von Revolutionen sowie der explosionsartigen Zunahme öffentlicher Kommunikation innerhalb dieser: Imhof, Kurt: Öffentlichkeit und Identität. In: Kaelble, Hartmut/Kirsch, Martin/Schmidt-Gernig, Alexander (Hrsg.): Transnationale Öffentlichkeiten und Identitäten im 20. Jahrhundert. Frankfurt/New York 2002. S. 41ff

347 Sieyés, Emanuel, de: Was ist der dritte Stand? Berlin 1924. S. 35

348 Eisenstadt, Shmuel Noah: Barbarei und Moderne. In: Miller, Max/Soeffner, Hans-Georg (Hrsg.): Modernität und Barbarei. Soziologische Zeitdiagnose am Ende des 20. Jahrhunderts. Frankfurt/Main 1996. S. 103

dass eine Kommunikation als zugehörig oder nicht zugehörig erkennbar ist.“[349] Dies führte dazu, „dass sich über den Weg politischer Konflikte und Proteste der Zugang zu einer Repräsentation im Zentrum auf alle Bürger aus allen Teilen der Gesellschaft ausdehnte.“[350] Dabei war diese Machbarkeit von Beginn an durch den Übergang der modernen Gesellschaftsstruktur zu funktionaler Differenzierung (die ja gerade eine rein politische oder politisch dominierte Zuweisung von Lebenschancen als Gesamtinklusionsform nicht mehr erlaubt [vgl. Kap. 1.3.2]) eine Illusion, da „Machbarkeiten“, also Ansprüche nur teilsystemspezifisch realisierbar sind. Diese Illusion konnte aber semantisch durch Protest durch die Differenz der Aktualität des Gegebenen und der Potentialität des Möglichen (aus welcher Perspektive dann auch immer) als Forderung der Kompensation von „Unzulänglichkeiten“ der Gesellschaft aufrecht erhalten werden. Aus dieser Semantik selbstbestimmter Mitglieder und der fremdreferentiellen Verweisung politischer Souveränität entspringt politischer Handlungsbedarf[351], um die unterschiedlichen Forderungen zu erfüllen, worin die Entwicklung zum Wohlfahrtsstaat [s. dazu Kap. 3.1] ihren Ausgang nahm, um die moderner Politik inhärente Utopie[352], autonom gestaltbare und gestaltete individuelle und in die Gesellschaft eingebundene („integrierte“) Lebensführung zu ermöglichen, zu realisieren. Die Machbarkeit moderner Gesellschaft bezog sich nicht nur auf die Befreiung des Volkes von seinen „selbstverschuldeten“ Ketten, sondern es wurde von der Politik zunehmend erwartet[353], „aktiv zur Verbesserung der Lebensbedingungen“[354]

---

349 Luhmann, Niklas: Systemtheorie und Protestbewegungen. Ein Interview. In: Ders. (Hrsg.: Hellmann, Kai-Uwe) Protest. Systemtheorie und soziale Bewegungen. Frankfurt/Main 1996. S. 176

350 Eisenstadt, Shmuel Noah: Barbarei und Moderne. In: Miller, Max/Soeffner, Hans-Georg (Hrsg.): Modernität und Barbarei. Soziologische Zeitdiagnose am Ende des 20. Jahrhunderts. Frankfurt/Main 1996. S. 102

351 Richard Münch weist auf die – insb. politischen – Folgen hin: „Da die Steigerung von Solidaritätsleistungen auf die vermehrte Zufuhr der kulturellen Legitimation von Rechten, ihrer politischen Umsetzung in Gesetzen und ihrer Verwirklichung durch Wohlfahrtszahlungen angewiesen ist, erzwingt das solidarische Wachstum der Gesellschaft ein ebensolches kulturelles Wachstum legitimer Rechte sowie ein politisches Wachstum der Gesetzesmaßnahmen und ein ökonomisches Wachstum der Wirtschaftsleistungen.“ (Ders.: Soziale Integration als dynamischer Prozess. Eine systemtheoretische Analyse. In: Giegel, Hans-Joachim (Hrsg.): Konflikt in modernen Gesellschaften. Frankfurt/Main 1998. S. 200)

352 „Negativ formuliert, kann man sagen, dass dem Sozialstaat die Aufgabe zukommt, sozialrevolutionäre Entwicklungen zu verhindern. Positiv formuliert, kann man sagen, dass sich in der Sozialstaatlichkeit die politische Bemühung ausdrückt, allen Bürgern wirtschaftliche Not zu ersparen und materielle Chancen der Selbstverwirklichung zu eröffnen – also das zu ermöglichen, was man eine „kleine Utopie“ nennen könnte.“ (Mayer-Tasch, Peter Cornelius: Politische Theorie des Verfassungsstaates. München 1991. S. 109)

353 „Demokratie im Wortsinne erscheint bei Aristoteles im Rahmen der Staatsformenlehre als die Dekadenzform der Politik: Sie ist die Tyrannis der armen Menge, die den Besitz der Reichen unter sich aufteilt.“ A.a.O.: S. 82

354 Richter, Dirk: Nation als Form. Opladen 1996. S. 200

beizutragen[355].

1.5.1 Gesellschaftt als Emergat von Beobachtungsoperationen

Gerade durch die gesellschaftliche Semantik von Gleichheit als einem „normativen Bezugspunkt gesellschaftlicher Kommunikation“[356] erhalten Ungleichheiten, die diese Gleichheit kontrafaktisch unterlaufen[357] besondere Relevanz bzw. wurde Ungleichheit als Ungleichheit überhaupt erst beobachtbar: War Ungleichheit „einst das Ordnungsschema schlechthin, das Ungleichheit kaum beobachtbar machte, weil Gleichheit nicht denkbar war, ist sie nun Folge eines Ordnungsschemas, das Ungleichheit exakt deshalb produziert, weil Vollinklusion in diesem Sinne alle gleich macht – und darin ungleich behandelt.“[358] Mit dem Übergang zu funktionaler Differenzierung verlor soziale Ungleichheit „ihre mehr oder weniger automatischen Vergesellschaftungseffekte“[359], denn das „traditional

---

[355] Gleichheit kann nur bezogen werden auf Politik, die das Auseinanderdriften divergierender gesellschaftlicher Realitäten invisibilisieren sollte, indem das Soziale Politisch wurde. Dabei kann Gleichheit politisch nur gleiche Rechte vor dem Staat für Jeden bedeuten, was für Hannah Arendt Anlass war, ihre oft nicht verstandene Trennung zwischen Politischem und Sozialen zu ziehen: „Es war das Unglück der Französischen Revolution, dass sie sehr bald von dem Kurs, der zur Gründung eines neuen politischen Körpers führte, durch die unmittelbare Vordringlichkeit der Not des Volkes abgedrängt wurde; die Richtung, die sie dann einschlug, war nicht mehr von den Erfordernissen bestimmt, welche die Befreiung von Tyrannen, sondern von denen, welche eine Befreiung von der Notwendigkeit diktierten, und was die Handelnden antrieb, war nicht mehr die Freiheitsliebe, sondern das grenzenlose Elend des Volkes und das maßlose Mitleid mit den Unglücklichen.“ (Dies.: Über die Revolution. München[4] 1994. S. 117)

[356] Giegel, Hans-Joachim: Gleichheit und Ungleichheit in funktional differenzierten Gesellschaften. In: Schwinn, Thomas (Hrsg.): Differenzierung und soziale Ungleichheit. Die zwei Soziologien und ihre Verknüpfung. Frankfurt/Main 2004. S. 119

[357] „Gleichheit vor dem Gesetz ist nur solange unmissverständlich, wie Privilegien gesetzlich verankert sind. Doch sobald dieses Hindernis überwunden ist, fällt das kritische Augenmerk auf die zahllosen Ungleichheiten, die mit formaler Gleichheit einhergehen und ihre Legitimität untergraben. Wenn Regierungen dann Maßnahmen gegen die verbleibende Ungleichheit ergreifen, stellt sich bald heraus, dass sie Stückwerk bleiben und weitere Schritte unternommen werden müssen. Auf diese Weise hat sich die ursprüngliche Idee einer verfassungsmäßigen Gleichheit erweitert, nicht nur vom begrenzten zum Universalwahlrecht, sondern von formalen Rechten überhaupt zu solchen sozialer Art, die in einer nach Klasse und Stand, nach Beruf und Einkommen differenzierten Gesellschaft eine Gleichstellung der Lebenschancen zu verwirklichen suchen.“ (Bendix, Reinhard: Strukturgeschichtliche Voraussetzungen der nationalen und kulturellen Identität in der Neuzeit. In: Giesen, Bernhard (Hrsg.): Nationale und kulturelle Identität. Studien zur Entwicklung des kollektiven Bewusstseins in der Neuzeit. Frankfurt/Main 1991. S. 51)

[358] Nassehi, Armin: Inklusion, Exklusion, Ungleichheit. Eine kleine theoretische Skizze. In: Schwinn, Thomas (Hrsg.): Differenzierung und soziale Ungleichheit. Die zwei Soziologien und ihre Verknüpfung. Frankfurt/Main 2004. S. 345

[359] Schwinn, Thomas: Institutionelle Differenzierung und soziale Ungleichheit. Die zwei Soziologien und ihre Verknüpfung. In: Ders. (Hrsg.): Differenzierung und soziale Ungleichheit. Die zwei Soziologien und ihre Verknüpfung. Frankfurt/Main 2004. S. 16

ständische Ungleichheitsmuster unterscheidet sich vom modernen durch eine *höhere Kongruenz der einzelnen Ungleichheitsdimensionen.*“[360] Da es im Rahmen funktionaler Differenzierung keine gesamtgesellschaftliche Regelung der Inklusion in die Gesellschaft, d.h. nun in die einzelnen funktionalen Teilsysteme je in sich für sich mehr gibt (und geben kann), da jedes Teilsystem bzw. genauer: deren Organisationen entsprechend interner operativer Logik Akteure[361] durch Wiederholung und Stabilisierung selektiver sozialer Erwartungen[362] adressieren und nur in Form dieser Adressierungen Gleichheit operativ hergestellt werden kann, sind Unterschiede der Adressierung nur noch systemspezifisch und nicht mehr als gesamtgesellschaftliches Differenzierungsprinzip (wie im Rahmen stratifikatorischer Differenzierung) relevant. Ungleichheit ergibt sich dadurch, „dass die einzelnen Gesellschaftsmitglieder quantitativ und qualitativ unterschiedliche Leistungen von den verschiedenen Teilsystemen erhalten“[363], insbesondere Leistungen „des Wirtschaftssystems und des Erziehungssystems. Diese Systeme nutzen kleinste Unterschiede (der Arbeitsfähigkeit, der Kreditwürdigkeit, des Standortvorteils, der Begabung, Diszipliniertheit etc.), um sie im Sinne einer Abweichungsverstärkung auszubauen.“[364] Soziale Ungleichheiten „erweisen sich bei einer genaueren Betrachtung als Belohnungen und als Vor- und Nachteile, die mit den Leistungen und/oder Zugehörigkeiten im Operieren der

360 Schwinn, Thomas: Ständische Verhältnisse und Ordnungsbildung vom Mittelalter bis in die Neuzeit. In: Ders. (Hrsg.): Differenzierung und soziale Ungleichheit. Die zwei Soziologien und ihre Verknüpfung. Frankfurt/Main 2004. S. 96

361 Japp spricht von Akteuren, „wenn von Rollenspielern die Rede ist, von denen keine oder nur marginale Personenkenntnis vorliegt, denen aber Handlungsfähigkeit unterstellt wird, weil man diese Personenkenntnis im Prinzip erwerben könnte. ... Akteure sichern der Kommunikation Anschlussfähigkeit durch Simplifikation auf zurechnungsbedingte Handlung, die allerdings selbst wieder kommuniziert werden muss“ (Japp, Klaus P.: Politische Akteure. In: Soziale Systeme. Zeitschrift für soziologische Theorie. Jahrgang 12, Heft 2. Stuttgart 2006. S. 224). Sie sind das „Endprodukt von Generalisierungen des Personschemas im Zuge abnehmender Personalität der Rollenübernahme“ (a.a.O.: S. 226). Daher kann zwischen formalisierten Adressierungen im Rahmen funktionssystemcodierter Kommunikation von Erwartungen an Rollen und geringer schematisierten Erwartungen im Rahmen nicht-funktionssystemspezifischer Adressierungen insb. im Rahmen persönlicher Beziehungen und innerhalb des Interaktionskontextes unterschieden werden. Diese bestehen aus individuell attribuierten Verhaltenseinschränkungen durch Beobachtung je spezifischer Besonderheiten und Eigenschaften, die sich nicht umstandslos mit Rollen verknüpfen lassen

362 diese Erwartungen können sich auf Leistungsrollen (als konstitutiv für das jeweilige System), aber ebenso auch auf Publikumsrollen (als Leistungsabnehmer oder als Beobachter eines Systems) beziehen. (Vgl. z.B.: Stichweh, Rudolf: Zur Theorie der politischen Inklusion. In: Ders.: Inklusion und Exklusion. Studien zur Gesellschaftstheorie. Bielefeld 2005. S. 70)

363 Burzan, Nicole/Schimank, Uwe: Inklusionsprofile – Überlegungen zu einer differenzierungstheoretischen „Sozialstrukturanalyse“. In: Schwinn, Thomas (Hrsg.): Differenzierung und soziale Ungleichheit. Die zwei Soziologien und ihre Verknüpfung. Frankfurt/Main 2004. S. 215

364 Luhmann, Niklas: Die Gesellschaft der Gesellschaft. Frankfurt/Main 1997. S. 774

Funktionssysteme zusammenhängen"[365], denn „in den Codes aller Funktionssysteme scheint es Effektkumulation zu geben, die damit zu tun haben, dass dort, wo bestimmte Leistungen einmal erbracht worden sind, die Wiederholbarkeit von Leistungsfähigkeit vermutet wird und diese Vermutungen funktionsspezifische Matthäus-Effekte erzeugen, die gerade dort, wo Macht oder Zahlungsfähigkeit verausgabt worden sind, die Regeneration der jeweiligen kommunikativen Fähigkeiten erleichtern"[366] mit der Folge, dass Ungleichheiten „durch kumulative Effekte weitere Ungleichheiten nach sich ziehen"[367] können. Daher ist für Luhmann die Gesellschaft „in der Lage, extreme Ungleichheiten in der Verteilung öffentlicher und privater Güter zu erzeugen und zu tolerieren, aber von der Semantik dieser Gesellschaft her steht dieser Effekt unter zwei Beschränkungen: dass er nur als temporär gesehen wird und sich rasch ändern kann; und dass er auf die einzelnen Funktionsbereiche beschränkt bleibt und zwischen ihnen Interdependenzunterbrechungen eingerichtet sind."[368] Funktionssystemspezifische Adressierungen erfolgen nicht unter Berücksichtigung und auf der Basis anders strukturierter Adressierungen, sondern schlicht, wenn sie erfolgen und sind den Folgen einer Adressierung (oder der individuellen Kumulation von Adressierungen) gegenüber vollkommen indifferent. Ungleiche funktionssystemspezifische Adressierungen dürfen dabei Adressierungen anderer Funktionssysteme an die je adressierte soziale Adresse[369] (durch Mitberücksichtigung externer Rollen in internen Rollenzusammenhängen) nicht determinieren[370]. Freiheit erscheint so als Kombination von Fremd- und Selbstselektionen, aber nicht mehr als gesellschaftsstrukturelle Zuordnung von Personen zu Positionen. Diese je Funktionssystem gleichen aber in ihrer Kumulation sowie Kombinatorik untereinander ungleichen Adressierungen bündeln sich in den Adressierten in Form jeweiliger Karrieren[371] [s. Kap. 2.1.1]). An dieser Stelle widerspricht die soziologische

---

365 Stichweh, Rudolf: Erzeugung und Neutralisierung von Ungleichheit durch Funktionssysteme. In: Ders.: Inklusion und Exklusion. Studien zur Gesellschaftstheorie. Bielefeld 2005. S. 169

366 Stichweh, Rudolf: Zum Verhältnis von Differenzierungstheorie und Ungleichheitsforschung. In: Schwinn, Thomas (Hrsg.): Differenzierung und soziale Ungleichheit. Die zwei Soziologien und ihre Verknüpfung. Frankfurt/Main 2004. S. 354/355

367 Giegel, Hans-Joachim: Gleichheit und Ungleichheit in funktional differenzierten Gesellschaften. In: Schwinn, Thomas (Hrsg.): Differenzierung und soziale Ungleichheit. Die zwei Soziologien und ihre Verknüpfung. Frankfurt/Main 2004. S. 106

368 Luhmann, Niklas: Inklusion und Exklusion. In: Ders.: Soziologische Aufklärung 6. Opladen 1995. S. 249

369 als individuelle Bündelung sozialer Adressierungen, die darüber informiert, „wer" adressiert wird, dabei aber die Frage der je spezifischen Adressierung der Form „Person" (noch) offen lässt

370 während Individuen selbstredend die Kumulation unterschiedlicher funktionssystemspezifischer Inklusionen dazu nutzen können, einer Selbstzurechnung auszuweichen

371 vgl. Luhmann, Niklas: Individuum, Individualität, Individualismus. In: Ders.: Gesellschaftsstruktur und Semantik. Studien zur Wissenssoziologie der modernen Gesellschaft. Band 3. Frankfurt/Main 1998². S. 233ff

Ungleichheitsforschung[372] mit dem Argument, dass darüber hinaus Ähnlichkeiten von funktionssystemübergreifenden Determinierungen von Lebensverläufen und dadurch Ähnlichkeiten dieser Lebensverläufen (also z.B. geschlechtliche oder ethnische Differenzen mit Differenzen des Einkommens oder der Bildung korrelieren[373]) zu beobachten seien, die Ungleichheiten verdichten und verfestigen mit der Folge „dass sich die Kumulation dieser Ressourcen über die Logiken der jeweiligen Teilsysteme hinweg zu stabilen sozialen Lagen verbindet“[374], und sich so (den funktionssysteminternen Adressierungen immanenten) gesellschaftsstrukturelle Vergesellschaftungsformen ergeben. Konzediert werden daran kann, dass gesellschaftliche Adressierungen von (noch) vorhandenen Ungleichheitsverteilungen als Adressierungsvor- und -nachteile präkonfiguriert werden, da Adressierungserereignisse weitere mögliche Ereignisse ermöglichen: „Schichtung bündelt Startvorteile über verschiedene Funktionsbereiche hinweg und eröffnet den höheren Schichten bessere Partizipations- und Chancennutzungsmöglichkeiten in ganz unterschiedlichen Bereichen.“[375] Welche Inklusionschancen also wie realisiert werden können, wird „durch verschiedene Merkmale der *sozialen* Lage geprägt. Das Einkommens- und das Bildungsniveau, das Alter und das Geschlecht, der Familienstand und die ethnische Zugehörigkeit sowie vielleicht noch weitere Lagemerkmale wirken auf vielfältige Wege darauf ein, welche Inklusionsbezüge jemand wie zu realisieren vermag.“[376] Darüber hinaus resultieren diese differierenden Auffassungen aus unterschiedlichen Perspektiven: Während die Theorie funktionaler Differenzierung nach Ordnungsmustern und differierenden Arten entsprechender Strukturen sucht, nimmt die Ungleichheitssoziologie letztlich das Soziale vom Individuum her in den Blick[377]. Dabei

---

[372] vgl. Schwinn, Thomas: Institutionelle Differenzierung und soziale Ungleichheit. Die zwei Soziologien und ihre Verknüpfung. In: Ders. (Hrsg.): Differenzierung und soziale Ungleichheit. Die zwei Soziologien und ihre Verknüpfung. Frankfurt/Main 2004. S. 21

[373] selbstredend existieren Ungleichheiten in bestimmten Situationen, lassen auch bestimmte Erwartungen wahrscheinlicher werden, sie sind aber nicht generalisiert und können in bestimmten Fällen auch durch das Funktionssystem „Recht“ eingeklagt werden

[374] Degele, Nina: Differenzierung und Ungleichheit. Eine geschlechtertheoretische Perspektive. In: Schwinn, Thomas (Hrsg.): Differenzierung und soziale Ungleichheit. Die zwei Soziologien und ihre Verknüpfung. Frankfurt/Main 2004. S. 377

[375] Schwinn, Thomas: Ständische Verhältnisse und Ordnungsbildung vom Mittelalter bis in die Neuzeit. In: Ders. (Hrsg.): Differenzierung und soziale Ungleichheit. Die zwei Soziologien und ihre Verknüpfung. Frankfurt/Main 2004. S. 72

[376] Burzan, Nicole/Schimank, Uwe: Inklusionsprofile – Überlegungen zu einer differenzierungstheoretischen „Sozialstrukturanalyse“. In: Schwinn, Thomas (Hrsg.): Differenzierung und soziale Ungleichheit. Die zwei Soziologien und ihre Verknüpfung. Frankfurt/Main 2004. S. 226

[377] „Wer soziale Ungleichheit erforscht, interessiert sich vor allem für die Frage, wie Akteure sich selbst und ihre Beziehungen in Relation zu anderen Akteuren und Gruppen sehen und definieren. … In der Ungleichheitsforschung erscheinen Personen, Individuen und gesellschaftliche (Groß)Gruppen in Schichten, Klassen, Milieus und Lagen in ihrer relativen Positionierung zueinander“ (Nollmann,

stellt moderne Ungleichheit keine sozialstrukturelle „Lage“ dar, sondern ergibt sich sachlich aus unterschiedlichen *individuellen* Adressierungen, der unterschiedlichen Graduierung der Realisation von Inklusionschancen *durch* „Errichtung legitimer Ungleichheitsverhältnisse. Die Antwort auf letzteres heißt heute: Leistung.“[378] Gerade die strukturnotwendige Divergenz spezifischer Adressierung durch einzelne Funktionssysteme produziert „eine soziale Ungleichheit, die letztlich auf der gleichen Inklusionschance beruht.“[379] Diese Inklusionschance gilt zwar intern für jedes Individuum gleich[380], aber da Erfolge Erfolge und Misserfolge Misserfolge nach sich ziehen (können), können sich Differenzen verfestigen, werden Ungleichheiten beobacht- und kommunizierbar, die sich je auf den positiven Wert (wie den der Zahlungsfähigkeit) der funktionsspezifischen Codes beziehen und dessen Gegenseite dann (vielfach zur Verstärkung des Arguments moralisch codiert) als Exklusion markiert werden kann. Dabei ist Gleichheit selbst nur innerhalb eines kommunikativen *Rahmens* beobachtbar, innerhalb dessen die Interessen, „die in einer abgrenzbaren Bevölkerung für wesentlich gehalten werden“[381], gesellschaftliche Sichtbarkeit erlangen und sich – öffentlich artikuliert – als verhandel- und kommunizierbar generieren. Perspektiven, die nicht kommunikativ verhandelt werden (können, weil sie z.B. durch räumliche Entfernung nicht kommunikativ verhandelbar sind oder als Perspektive schlicht nicht verhandelt *werden*) werden nicht als relevant wahrgenommen, denn erst „Ungleichheiten, die in einer *Gesellschaft* statthaben, können Konflikte hervorbringen.“[382] Dieser sozialdimensionierte Rahmen imaginiert eine Einheitsperspektive als Koordinatensystem[383] für Bewertungen, der Bildung von

Gerd/Strasser, Hermann: Soziale Ungleichheit und gesellschaftliche Differenzierung. In: Schwinn, Thomas (Hrsg.): Differenzierung und soziale Ungleichheit. Die zwei Soziologien und ihre Verknüpfung. Frankfurt/Main 2004. S. 288). Man könnte den Unterschied auch folgendermaßen charakterisieren: Während die Differenzierungsforschung ihren Blick auf die Sozialstruktur lenkt, versucht die Ungleichheitsforschung, die Plausibilität von vorhandenen Semantiken zu überprüfen

378 Schwinn, Thomas: Institutionelle Differenzierung und soziale Ungleichheit. Die zwei Soziologien und ihre Verknüpfung. In: Ders. (Hrsg.): Differenzierung und soziale Ungleichheit. Die zwei Soziologien und ihre Verknüpfung. Frankfurt/Main 2004. S. 20

379 Nassehi, Armin: Inklusion, Exklusion, Ungleichheit. Eine kleine theoretische Skizze. In: Schwinn, Thomas (Hrsg.): Differenzierung und soziale Ungleichheit. Die zwei Soziologien und ihre Verknüpfung. Frankfurt/Main 2004. S. 345

380 „Rang in einer Hinsicht wird in anderen nicht ohne weiteres anerkannt. Ungediente können an die Staatsspitze gelangen, Professoren müssen beim Friseur warten.“ (Luhmann, Niklas (Hrsg.: Kieserling, André): Politische Soziologie. Frankfurt/Main 2010. S. 76)

381 Stölting, Erhard: Die Mühen der Toleranz. In: Müller, Eva (Hrsg.): Entweder-Und-Oder. Vom Umgang mit Mehrfachidentitäten und kultureller Vielfalt. Wien 2000. S. 20

382 Nassehi, Armin: Der soziologische Diskurs der Moderne. Frankfurt/Main 2006. S. 349

383 ein Vergleich zwischen der Kaufkraft verschiedener Stadtteile in München besitzt eine für die Gesellschaft relevante Aussagekraft; einem Vergleich zwischen Daten im Rahmen der Europäischen Union und den Ureinwohnern auf Borneo dürfte es an Plausibilität mangeln

Beobachtungsformen [vgl. Kap. 1.2.3], die Differentes in Beziehung zueinander setzen. Eben insofern lässt sich das Publikum als Volk beschreiben, das sich als homogener Adressat versteht [vgl. Kap. 1.4.3]. Erst durch Beobachtung und entsprechende Strukturierung[384], denn „in der Vergleichsperspektive kann nichts ausgelassen werden; oder genauer, was eingeschlossen und was ausgeschlossen wird, regelt sich durch den Vergleichspunkt, also durch ein Erfordernis des Vergleiches selbst, und nicht durch autochthone Qualitäten“[385], konnten individuelle Lagerungen beobachtungstechnisch zu gesellschaftlichen Lagen sowohl differenziert als auch zusammengefasst werden. Dadurch wird „die Wahrnehmung von Chancen und Risiken sozial konstruiert. Es kommt nicht auf das absolute Einkommen, die Schulden oder die Bildung an, sondern darauf, welche Optionen man damit für sich selbst sieht. Das eigene Verhalten, Stimmungen und nicht zuletzt Wahlpräferenzen hängen im wesentlichen davon ab, wie zufrieden man mit der derzeitigen Wahrnehmung des eigenen Status ist.“[386] Die individuelle Zufriedenheit mit dem eigenen Status ergibt sich relational aus dessen (individuell betrachteter) Angemessenheit[387], „und was angemessen ist, wird wesentlich durch die Vergleiche der Gruppen innerhalb der sozialen Ungleichheitsverhältnisse“[388] komparativ bestimmt. „Während die theoretische Perspektive auf die *binäre Codierung* der Funktionssysteme verweist und sieht, ob man zahlen kann oder nicht, ob die eigene Partei Macht hat, ob man als krank oder gesund eingestuft wird oder ob man Recht bekommt bzw. Unrecht, wird dies alltagsweltlich *graduell* wahrgenommen. Man fühlt sich *im Vergleich zu anderen* mehr oder weniger“[389] zahlungsfähig, mächtig, gesund oder im Recht, denn – empirisch beobachtbar – *ist* es doch auch so, dass Folgen funktionssystemspezifischer Adressierungen nicht sachlogisch, sondern als sinnhafte Zurechnung im Rahmen der Sozialdimension[390], gleichsam quer zur Differenzierungsform der Gesell-

---

[384] so bereits Epiktet: „Nicht die Dinge selbst beunruhigen die Menschen, sondern ihre Meinungen und Urteile über die Dinge.“ In: Ders.: Handbüchlein der Moral. Stuttgart 2008. S. 11

[385] Luhmann, Niklas: Jenseits von Barbarei. In: Miller, Max/Soeffner, Hans-Georg (Hrsg.): Modernität und Barbarei. Soziologische Zeitdiagnose am Ende des 20. Jahrhunderts. Frankfurt/Main 1996. S. 226

[386] Richter, Dirk: Teilsysteme, Statusunsicherheit, „Kern-Solidarität“. Über Formen und Folgen gesellschaftlicher Differenzierung sowie rechte Wählervoten. In: Kommune. Jahrgang 10, Heft 5. Frankfurt/Main 1992. S. 19

[387] ist also unvermeidlich abhängig von den jeweiligen Erwartungen. Vgl. dazu auch sehr amüsant und nachvollziehbar: Ariely, Dan: Denken hilft zwar, nützt aber nichts. Warum wir immer wieder unvernünftige Entscheidungen treffen. München 2008

[388] Schwinn, Thomas: Ständische Verhältnisse und Ordnungsbildung vom Mittelalter bis in die Neuzeit. In: Ders. (Hrsg.): Differenzierung und soziale Ungleichheit. Die zwei Soziologien und ihre Verknüpfung. Frankfurt/Main 2004. S. 90

[389] Richter, Dirk: Nation als Form. Opladen 1996. S. 133

[390] vgl. Nassehi, Armin: Der soziologische Diskurs der Moderne. Frankfurt/Main 2006. S. 352

schaft verarbeitet werden (können), da Gesellschaft gerade auch im Rahmen massenmedialer Selbstbeschreibungen (die ihrerseits, um Aufmerksamkeit zu erheischen[391], ihre Themen bevorzugt in der Sozialdimension strukturieren) die Möglichkeit – gegenseitiger – Beobachtung psychischer Selbstbeschreibungen, die als Beobachtungsverhältnisse „mit den Wahrnehmungsphänomenen und der Wechselseitigkeit der Wahrnehmung, die für Interaktion charakteristisch ist, verknüpft"[392] und sozial verfügbar[393] im Vergleich zu Anderen[394] Orientierung bieten, was die Imagination sozialer Lagen[395] „weniger über die bloße Faktizität von Zugehörigkeiten als über die Fähigkeit, solche Zugehörigkeiten praktisch herzustellen, durch individuelle Selbstbeschreibungen, an die sowohl Sprecher als auch Hörer glauben konnten"[396], ermöglicht. Dadurch wurde Vergleichbarkeit, wie Esposito[397] unterstreicht, zu einem konstitutiven Prinzip moderner Gesellschaft.

1.5.2 Die Sichtbarkeit von Lagen *und die* Sichtbarkeit *von Lagen*

Die mit der sich entdeterminierenden Gesellschaft einhergehende sozialstrukturelle Möglichkeit, beim einzelnen Individuum „völlig neu zu beginnen" [vgl. FN[247]], zwang diese, sich selbst in der Gesellschaft neu zu verorten, was „aber immer weniger durch eindeutige *Personenmerkmale* wie Stand, Herkunft und Familie möglich war."[398] Durch diese Verortung und der semantischen Orientie-

---

[391] vgl. Peters, Bernhard: Der Sinn von Öffentlichkeit. In: Ders.: Der Sinn von Öffentlichkeit (Hrsg.: Weßler, Hartmut). Frankfurt/Main 2007. S. 86

[392] Stichweh, Rudolf: Inklusion/Exklusion und die Soziologie des Fremden. In: Ders.: Inklusion und Exklusion. Studien zur Gesellschaftstheorie. Bielefeld 2005. S. 141

[393] gerade auch das ökonomische System lebt von der Bewertung seiner Güter im Rahmen von Beobachtung der Bewertung durch Andere. Vgl. Christakis, Nicolas A./Fowler, James H.: Connected! Die Macht sozialer Netzwerke und warum Glück ansteckend ist. Frankfurt/Main 2010. S. 196

[394] „Soziale Ungleichheit wird heute zwar in hohem Maße durch institutionelle Kriterien gebrochen, sie behält aber auf der interaktiven Ebene eine erstaunlich stabile Strukturierungswirkung bei", so Schwinn, Thomas: Institutionelle Differenzierung und soziale Ungleichheit. Die zwei Soziologien und ihre Verknüpfung. In: Ders. (Hrsg.): Differenzierung und soziale Ungleichheit. Die zwei Soziologien und ihre Verknüpfung. Frankfurt/Main 2004. S. 39

[395] damit „wird das Prinzip der Selektion zur „Suche nach Bedeutung", in dem Sinne, dass das Lebewesen jene Merkmale auswählt, d.h. jene Information, aus der es am besten Schlussfolgerungen ziehen kann"(Foerster, Heinz von: Was ist Gedächtnis, dass es Rückschau *und* Vorschau ermöglicht? In: Ders: (Hrsg.: Schmidt, Siegfried J.) Wissen und Gewissen. Versuch einer Brücke. Frankfurt/Main 1993. S. 311)

[396] Nassehi, Armin: Der soziologische Diskurs der Moderne. Frankfurt/Main 2006. S. 85

[397] vgl. Esposito, Elena: Soziales Vergessen. Formen und Medien des Gedächtnisses der Gesellschaft. Frankfurt/Main 2002. S. 303

[398] Nassehi, Armin: Der soziologische Diskurs der Moderne. Frankfurt/Main 2006. S. 85

rung an „Gleichheit“ kamen Verteilungen der Gesellschaft in den Blick, so dass Gesellschaft in Form kollektiver Besitz-, Erwerbs- oder Berufsklassen[399] beobachtet werden konnte. Klassen sind Schichten, „die darauf verzichten müssen, Interaktion zu regulieren“[400], sie lassen im Gegensatz zu Ständen „wesentlich größere Freiheiten der Rollenwahl zu, die Kombinations- und Kommunikationsmöglichkeiten nehmen auf Rangdifferenzen keine Rücksicht mehr.“[401] Klassen bilden nicht, wie noch Stände, die Sozialstruktur der Gesellschaft ab, sondern ergeben sich aus individuellen Zurechnungen und deren kommunikativer Verhandlung (so dass Akteure[402] beobachtet und diesen Kommunikationen als Mitteilung zugerechnet werden können). Durch den Klassenbegriff beschreibt sich die Gesellschaft als ein „System, das Individuen auf Verteilungen verteilt und zu verkraften hat, dass dies ein Vorgang ist, der auch anders möglich wäre.“[403] Auch dadurch kann aber *de facto* Gleichheit durch die Gesellschaft selbst nicht hergestellt werden, denn „installiert man das Individuum als Eigentümer, schließt das die Herstellung von Gleichheit als politisches Ziel aus. Gleichheit kann nicht in den Zuständen der Individuen, sie kann nur in ihrer Beziehung auf die Gesellschaft (und das heißt jetzt: auf den Staat) erreicht werden.“[404] Individuelle Autonomie und Freiheit [vgl. Kap. 1.4], ein gesellschaftlicher Status als Person (als relevant für Adressierungen durch Funktionssysteme) setzen in der bürgerlichen Gesellschaft Eigentum voraus, nur Eigentümer besitzen gesellschaftliche Relevanz. Da dieses nun als kontingent erfahren werden konnte,

---

[399] damit wurden überhaupt erst alle Mitglieder gesellschaftlich relevant, wie sich auch in der Notwendigkeit zunehmender Inklusion in das politische System zeigte; solange soziale Differenzierung als Differenzierung von Familien gedacht wurde, waren die unteren Klassen gesellschaftlich nicht relevant, denn „ihre Familien haben nichts zu vererben, nicht zu bewahren, nichts zu bedeuten.“ (Luhmann, Niklas: Zum Begriff der sozialen Klasse. In: Ders.: Soziale Differenzierung. Zur Geschichte einer Idee. Opladen 1985. S. 126)

[400] a.a.O.: S. 131

[401] Schwinn, Thomas: Ständische Verhältnisse und Ordnungsbildung vom Mittelalter bis in die Neuzeit. In: Ders. (Hrsg.): Differenzierung und soziale Ungleichheit. Die zwei Soziologien und ihre Verknüpfung. Frankfurt/Main 2004. S. 73

[402] ich folge hier Japp, um eine individualzentrierte Interpretation zu vermeiden, der ausführt: „Um einen Akteursbegriff zu vermeiden, der nur durch seine „Interessen“ identifiziert werden kann und dessen Interessen dann wiederum nur durch Rückbezug auf eben diesen „Akteur“ verankert werden können, gehen wir davon aus, dass „Akteure“ sich konstituieren, wenn Systeme sich selbst erfolgreich als „Akteure“ *beschreiben*. Das setzt zunächst reflexive Kommunikation voraus, also Kommunikation über die Kommunikationen des Systems, woraus dann eben jene kollektive Systemidentität resultieren kann.“ (Japp, Klaus P.: Die Form des Protests in den neuen sozialen Bewegungen. In: Baecker, Dirk (Hrsg.): Probleme der Form. Frankfurt/Main 1993. S. 237)

[403] Luhmann, Niklas: Zum Begriff der sozialen Klasse. In: Ders.: Soziale Differenzierung. Zur Geschichte einer Idee. Opladen 1985. S. 129

[404] Luhmann, Niklas: Individuum, Individualität, Individualismus. In: Ders.: Gesellschaftsstruktur und Semantik. Studien zur Wissenssoziologie der modernen Gesellschaft. Band 3. Frankfurt/Main 1998². S.197

wurde die individuelle Lebensführung riskant, nicht antizipierbar und damit die „Wirtschaft mit ihrer durch Geldvermögen gesicherten Zukunftsvorsorge“[405] primärer Bezugspunkt gesellschaftlicher Selbstbeschreibung, die durch die Potentialität, die sich aus diesem Risiko ergab, nicht mehr deren frühere Ganzheitlichkeit und Inkontingenz mit sich führen konnte sowie Fremdheit evoziert, da das Recht auf individuelles Eigentum als Differenz Nicht-Eigentum voraussetzt. „Ich bin, was mir gehört. Fremd ist folglich, was sich in fremdem Eigentum befindet. Eigentum aber wird als Verfügung begriffen.“[406] Dies hatte Folgen für individuelle Selbstbeobachtungen, insb. die des Arbeiters, der als Arbeitskraft als Nicht-Eigentümer sich selbst entfremdet dem Kapitalbesitzer als Verfügungsmasse dient. „Was für meinen Körper gilt, gilt erst recht von anderen Sachen: Selbst wenn ich sie hergestellt habe, können sie in fremdem Besitz sein. Die Entfremdung von ihnen entfremdet mich von mir selbst. Fremdheit entsteht hier also – zu erinnern wäre an die bekannten Arbeiten von Marx – aus Entfremdung. Diese aber hängt mit neuen Formen des Eigentums zusammen.“[407] So begann Fremdheit zu einem zentralen Charakteristikum der Gesellschaft zu werden [s. dazu Kap. 2.1.1]:

> „Fremd wird nun der, der anderes besitzt, der folglich andere Interessen haben mag als ich. „Anderes besitzen“ umfasst dabei selbstredend nicht nur andere Gegenstände oder Sachen, sondern auch andere Kenntnisse, Fertigkeiten, Machtstellungen usw. In der Differenz von Eigentümer und Nicht-Eigentümer wird somit die ganze Welt der Arbeitsteilung, der funktionalen sozialen Differenzierung und der aus ihnen resultierenden Fremdheiten in Bezug auf Lebensformen, Interessen, Ausbeutungsmöglichkeiten usw. zusammengefasst als fundamentale Fremdheit der eigenen Lebenswelt. In dieser Situation ist für den Proletarier aus Manchester nicht mehr primär der „Wilde“ (wie er gleichwohl gerade jetzt genannt wurde, um eine archaischere Dimension von Fremdheit in symbolischer Distanzsteigerung auszudrücken) in fernen Kolonien der Fremde, sondern der Kapitalist, der diesen wie jenen ausbeutet und ökonomisch beherrscht. Die Klassendifferenzierung produziert so neue Typen von Fremden durch neue Formen von Entfremdung: Bourgeois und Proletarier und die dahinter liegenden feinen Unterschiede von Positionen und Rollen, die auch ohne die spezifisch am Eigentum hängenden Divergenzen Fremdheits- und Selbstbewusstsein produzieren.“[408]

[405] Luhmann, Niklas: Staat und Staatsräson im Übergang von traditionaler Herrschaft zu moderner Politik. In: Ders.: Gesellschaftsstruktur und Semantik. Studien zur Wissenssoziologie der modernen Gesellschaft. Band 3. Frankfurt/Main 1998². S. 135

[406] Hahn, Alois: Partizipative Identitäten. In: Münkler, Herfried (Hrsg.): Furcht und Faszination. Facetten der Fremdheit. Berlin 1997. S. 116

[407] a.a.O.: S. 116

[408] a.a.O.: S. 116

Diese gesellschaftliche Wahrnehmung und damit Produktion von Fremdheit wurde erst durch Kontingenz und Beobachtung, „die mit Verschiedenheit und mit der Verschiedenheit von etwas, das als „anders" beobachtet"[409], also unterschieden und als Form aufeinander bezogen wird, möglich: „Arm und reich sind „relative Begriffe", die erst miteinander aufkommen und einander wechselseitig bedingen. Wo es keine „riches" gibt, da fehlt auch die (typisch neuzeitliche) Armut und ohne Armut wird Reichtum sinnlos."[410] Schichtung weist zwar nun in der Beschreibung als Klassengesellschaft keine funktionale Rechtfertigung mehr auf, bildet keinen automatischen, inkontingenten Vergesellschaftungsfaktor mehr, kann Selbstbeobachtungen (über was und wie man seine Identität generiert) nicht mehr unhinterfragbar determinieren, da nun Erwartungen und Motivlagen nicht mehr eindeutig sozial konditionierbar sind, aber gerade aufgrund dieser Ungewissheit als sicherheitverschaffende Beobachtungslimitation, die Beobachtungen der Gesellschaft ordnet und Sinnperspektiven eröffnet, weiter reproduziert werden, stellt auch heute noch ein „normales", aber eben nicht mehr inkontingentes Beobachtungsverhältnis dar, durch das sich Perspektiven der Gesellschaft stabil und kohärent halten lassen. „Schichtung ist gerade angesichts dieser Ungewissheit eine wichtige Form der gesellschaftlichen Fremd- und Selbstthematisierung, da Ungewissheit häufig mit Bedeutungszuwächsen desjenigen, das Ungewissheit zu erzeugen imstande ist, einhergeht; aber sie ist, anders als die ständische Ordnung es war, nicht gesellschaftlich institutionalisiert."[411] Darauf wies bereits Luhmann hin, indem er fragt, „wie denn die Einheit der Klasse als Einheit der Individuen zu begreifen sei. Wenn die Klasse als Ersatzallgemeines fungieren soll: genügt es, dass die Individuen einer Klasse zugerechnet werden, müssen sie sich als Angehörige einer Klasse begreifen oder müssen sie sich sogar im Klassenkonflikt ereifern, Versammlungen besuchen etc.? Üblicherweise wird dies Problem als Frage nach bewusster Identifikation mit der Klasse, nach Solidarität, nach Gemeinschaftsgefühl oder ähnlich gestellt; theoretisch konsequenter wäre es zu fragen, ob und wie die Klassen*differenz* es ermöglicht, die eigene Lage als *kontingent*, die eigene Benachteiligung als *Willkür* zu erfahren, und, darüber erbost, nach Gleichgesinnten zu suchen. Vor allem aber zwingt, konsequent gedacht, der Widerspruch von objektiver Bestimmung und Selbstbestimmung den Proletarier (nicht den Kapitalisten!) zur Identifikation

[409] Esposito, Elena: Soziales Vergessen. Formen und Medien des Gedächtnisses der Gesellschaft. Frankfurt/Main 2002. S. 303

[410] Fetscher, Iring: Rousseaus Politische Philosophie. Zur Geschichte des demokratischen Freiheitsbegriffs. Neuwied 1960. S. 215

[411] Stichweh, Rudolf: Erzeugung und Neutralisierung von Ungleichheit durch Funktionssysteme. In: Ders.: Inklusion und Exklusion. Studien zur Gesellschaftstheorie. Bielefeld 2005. S. 167

mit seiner Klasse.“[412] Für den Kapitalisten stellt die Adressierung als Kapitalist keine Diskrepanz, keine Paradoxie zwischen Selbst- und Fremdadressierung dar, repräsentiert er doch in tautologischer Form die bürgerliche Selbstbeschreibung. Den Proletarier hingegen zwingt die Klassendifferenz und damit seine objektive Bestimmung zur (paradoxen) Zurechnung starker Identifikation, da es durch die Selbstbeschreibung der Gesellschaft, repräsentiert durch den Bürger und Kapitalisten, so schien, als nur diese Repräsentationsfigur auszuwechseln[413], die reflexive Form der Verteilung tatsächlich zu ändern sei, um dann im Endzustand einer klassenlosen Gesellschaft auch den Proletarier diese repräsentieren lassen zu können[414]. Gerade durch die unmittelbare Evidenz entsprechender Selbstbeschreibungsformen gelang es der Arbeiterbewegung, unmittelbare (oft gewalttätige) Proteste der Arbeiter zu bündeln und zu organisieren[415], konnten „sich „gesellschaftliche“ Konflikte so darstellen, dass sie Kollektivitäten erzeugen, darin antagonistische Sprecherpositionen, mithin also jene *Erreichbarkeit*, die sowohl die Erfahrung einer Einheit promovierte als auch Ungleichheit als Ungleichheit *in* dieser Einheit sichtbar machte“[416] und als legitime (da innerhalb der politischen Logik agierende) „Stimme“ diese Interessen in das politische System einzuspeisen. „Die Arbeiterbewegung schien damals tatsächlich im Mittelpunkt des kollektiven Lebens zu stehen. Selbst Konflikten, die weit außerhalb der Fabriken stattfanden, gab sie einen Sinn, insofern sie in den Begriffen des Klassenkampfes gedacht werden konnten.“[417] Gesellschaftlichen Selbstbeschreibungen im Rahmen der sozialen Frage gelang durch deren offensichtlichen Plausibilität die Bündelung und Strukturierung von Beobachtungsperspektiven, der Veror-

---

[412] Luhmann, Niklas: Zum Begriff der sozialen Klasse. In: Ders.: Soziale Differenzierung. Zur Geschichte einer Idee. Opladen 1985. S. 127

[413] charakterisiert man nicht erst moderne soziale Bewegungen als Protestbewegung, wird deutlich, dass funktionale Differenzierung von Anfang an konfrontiert war mit ihrer Struktur komplett inkompatiblen Bewegungen des Anspruches der Repräsentation, wenn nicht *der*, dann zumindest einer besseren Gesellschaft. „Soziale Bewegungen beobachten die funktionale differenzierte Gesellschaft mit Hilfe eigentümlicher Leitdifferenzen, die sich nicht zur Codierung von Funktionssystemen eignen und eben deshalb für eine noch nicht vorprogrammierte Beobachtung freigegeben sind“ (Luhmann, Niklas: Frauen, Männer und George Spencer Brown. In: Zeitschrift für Soziologie. Jahrgang 17, Heft 1. Februar. Stuttgart 1988. S. 61). Und gerade in der Möglichkeit des Protestes als *ganzer Mensch* dürfte viel der Faszination dieser Bewegungen liegen [s. dazu Kap. 2.1.2]. Protestbewegungen bieten auch Identitätsfunktionen. (s. Hellmann, Kai-Uwe: Einleitung. In: Ders. (Hrsg.: Hellmann, Kai-Uwe): Protest. Systemtheorie und soziale Bewegungen. Frankfurt/Main 1996. S. 30)

[414] dass die Geschichte dann auch hier anders ausgegangen ist, als ursprünglich intendiert, ist hinlänglich bekannt

[415] vgl. Weiß, Anja: Unterschiede, die einen Unterschied machen. Klassenlagen in den Theorien von Pierre Bourdieu und Niklas Luhmann. In: Nassehi, Armin/Nollmann, Gerd (Hrsg.): Bourdieu und Luhmann. Ein Theorienvergleich. Frankfurt/Main 2004. S. 211

[416] Nassehi, Armin: Der soziologische Diskurs der Moderne. Frankfurt/Main 2006. S. 333

[417] Wieviorka, Michel: Kulturelle Differenzen und kollektive Identitäten. Hamburg 2003. S. 29

tung der „eigenen Position“ im Rahmen dieser Perspektiven (durch welche Unterscheidung sich ein System von seiner Umwelt unterscheidet, und wie diese Differenz selbstreferentiell determiniert, welche Folgeunterscheidungen anschlussfähig sind). Verstärkt wurde diese „Einspielung auf Beobachtungsmuster“ durch Beobachtung von ähnlich deutbaren (also innerpsychisch als „identisch“ errechenbaren) Adressierungen anderer psychischer Systeme, denen dadurch als Akteure Verhaltenserwartungen zugeordnet werden konnten, durch die Anschlüsse (Verhaltens- und Verstehensformen) wahrscheinlicher wurden, um die Antizipationsmöglichkeit der interaktionellen Adressierung der Form „Person“ zu erhöhen, die so zirkulär selbstverstärkend zu ähnlichen Beschreibungen der sozialen Umwelt führten sowie dadurch interaktionelle[418] (und – durch Aufgreifung dieser Perspektiven – massenmediale) Sichtbarkeit bekamen. Da das politische System durch diese kollektiven Beobachtungsformen individuell erlebte bzw. erlebbare Lebenslagen durch seine parteiprogrammatischen Selbstbeschreibungen in sich selbst duplizierte, um – vordergründig [vgl. Kap. 1.3.2] – durch Perspektivenähnlichkeit auf gesellschaftliche Erwartungen entsprechend zu reagieren, machte es Individuen politisch ansprechbar[419] und suggerierte diesem, dass „Bezugsprobleme seiner Lebensform auf die Ebene kollektiver Probleme gehoben würden und ergo auch kollektiv lösbar seien.“[420] Gerade da die gesellschaftsstrukturelle Antwort auf ungleiche soziale Adressierungen nur noch in individueller Leistung [vgl. FN[378]] liegen konnte, die Folgen aber unübersehbar und semantisch „unhaltbar“ waren, wurde diesen Bezugsproblemen durch deren gesellschaftliche Bearbeitung Sichtbarkeit verliehen, führte dies innerhalb des nationalstaatlichen Containers zur Sichtbarkeit von *Lagen* und zur *Sichtbarkeit* von Lagen. Durch „generalisiertere Wahrnehmungen über Lager, Milieus, Tendenzen, Konflikt- und Frontlinien, „uns“ und „die anderen“, Unterstützer und Konkurrenten, Freunde und (politische oder allgemeiner „weltanschauliche“) Feinde“[421] wurde jede Lage repräsentationsfähig im Sinne der „Mobilisierung einer kollektiven Identität, welche die Stimme ihrer Mitglieder vernehmbar ma-

[418] auch verstärkt dadurch, dass in sozialen Interaktionssystemen präferierte, also zustimmende Anschlussfähigkeit positiv konnotiert werden und sich kommunikativ schließen und verdichten, da Personen verstärkt mit anderen Personen kommunizieren, die ähnliche Interessen und Einstellungen zu haben scheinen. Vgl. Christakis, Nicolas A./Fowler, James H.: Connected! Die Macht sozialer Netzwerke und warum Glück ansteckend ist. Frankfurt/Main 2010. S. 241

[419] vgl. Peters, Bernhard: Über öffentliche Deliberation und öffentliche Kultur. In: Ders.: Der Sinn von Öffentlichkeit (Hrsg.: Weßler, Hartmut). Frankfurt/Main 2007. S. 182

[420] Nassehi, Armin: „Zutritt verboten!“ Über die politische Formierung privater Räume und die Politik des Unpolitischen. In: Lamnek, Siegfried/Tinnefeld, Marie-Theres (Hrsg.): Privatheit, Garten und politische Kultur. Von kommunikativen Zwischenräumen. Opladen 2003. S. 30

[421] Peters, Bernhard: Über öffentliche Deliberation und öffentliche Kultur. In: Ders.: Der Sinn von Öffentlichkeit (Hrsg.: Weßler, Hartmut). Frankfurt/Main 2007. S. 138

chen will, damit ihr Defizit sich in eine Differenz verwandeln kann."[422] Durch diese *Sichtbarkeit* von *Lagen* in Form kollektiver Erwartungsadressierung an das politische System eröffnete sich individuell durch Beobachtung der Möglichkeit wiederholter Auseinandersetzung mit entsprechenden kommunikativen Irritationen (z.B. sichtbare Folien von Selbstbeschreibungen) eine Zurechenbarkeit zu diesen Adressierungsereignissen als Sinnangebote, die im Laufe der Iteration entsprechender Beobachtungsoperationen zu Identitäten[423] kondensiert werden konnten, mit dem selbstverstärkenden Effekt, dass diese Identitäten Erwartungen (nun nicht mehr wie im Rahmen stratifizierter kollektiver Identität sozial vorkonditioniert, sondern selbstkonstitutiv) ordnen und zusammenfassen ließen. Gerade diese Kollektivierung durch die Koinzidenz (sich liberal, konservativ, sozialistisch oder anarchistisch generierender) selbsterzeugter Ansprechbarkeit und der Fremdbeschreibung als Konservative oder Sozialdemokraten im Rahmen politischer Ideologien gestattete es sowohl, sich in der Form als *ganzer* Mensch[424] politisierbaren Bewegungen zuzuordnen, „die den Einzelnen in den Dienst einer kollektivierbaren, politisierbaren Sache stellen und damit außeralltägliche charismatische Formen der Sinnsuche nicht nur auf Dauer zu stellen in der Lage seien, sondern sie auch politisch anschlussfähig zu machen."[425] Diese Selbstbeschreibungen, individuell konnotiert durch Selbststabilisierung bezogen auf die (nicht-antizipierbare) Zukunft finden sich auch heute noch in politischen und sozialen Bewegungen, die durch tautologisch hypostatische als auch paradoxe ideologische Ordnungsvorstellungen gesamtgesellschaftliche Perspektiven herzustellen und durchzusetzen suchen[426], die ebenso dem modernen Prinzip der Machbarkeit geschuldet sind: „Soziale Bewegungen gewähren Ausblicke auf mögliche Zukunftsverläufe und sind in mancher Hinsicht Mittel zu deren Verwirklichung."[427] Als Konsequenz wurde eine *„Fundamentalpolitisierung kollek-*

---

[422] Wieviorka, Michel: Kulturelle Differenzen und kollektive Identitäten. Hamburg 2003. S. 142

[423] dies führte zur „Konstruktion einer neuen, partiellen kollektiven Identität innerhalb der Moderne. Im achtzehnten Jahrhundert sprach niemand im heutigen Sinne von Arbeitern geschweige denn von einer Arbeiterklasse. Arbeitende Menschen begannen zwischen 1780 und 1840 – allmählich und mit erheblichen Unterschieden zwischen den Ländern – … von sich selbst als Arbeitern zu sprechen." (Wagner, Peter: Soziologie der Moderne. Frankfurt/Main, New York. 1995. S. 89)

[424] so Luhmann: „Um als Einheit des Systems im System erscheinen zu können, muss die Komplexität reduziert und dann sinnhaft re-generalisiert werden. Die dafür angefertigte Semantik ist nicht das Ganze, aber sie referiert das Ganze als Einheit und stellt diese als einen immer mitzubenutzenden Verweisungsstrang allen Operationen zur Verfügung." (Ders.: Soziale Systeme. Grundriss einer allgemeinen Theorie. Frankfurt/Main 1984. S. 624)

[425] Nassehi, Armin: „Zutritt verboten!" Über die politische Formierung privater Räume und die Politik des Unpolitischen. In: Lamnek, Siegfried/Tinnefeld, Marie-Theres (Hrsg.): Privatheit, Garten und politische Kultur. Von kommunikativen Zwischenräumen. Opladen 2003. S. 30

[426] s. a. Giddens, Anthony: Konsequenzen der Moderne. Frankfurt/Main 1995. S. 171

[427] a.a.O.: S. 199

tiver Akteure“[428] beobachtbar. Dabei konnte in dieser „öffentlichen Arena“ auch beobachtet werden, wie divergierende Perspektiven und Ansprüche kommuniziert und erhoben wurden, durch die anderen Akteuren andere „Identitäten“ zugeschrieben und die jeweiligen Erwartungszuschreibungen aufeinander bezogen werden konnten, um unter den Folien von „Gleichheit“ und „Gerechtigkeit“ im Kampf um die (richtige) soziale Ordnung wechselseitig die jeweilig eigenen Perspektiven als Legitim und die anderer Sprecher als Illegitim zu charakterisieren bzw. wies die Kombinatorik der Form „Nation“ mit dem Differenzkriterium Arbeit – Kapital genug Variabilität auf, um je eigene Ansprüche innerhalb des Klassenkampfes extern zu legitimieren bzw. durch Beobachtung der Ansprüche Anderer diese zu diskreditieren, was den Zusammenhalt der jeweiligen Gruppe reziprok selbst verstärkte[429], indem äußere Feindbilder auf den Klassengegner übertragen wurden, „um die in Aussicht genommene Aktion – nationale Geschlossenheit gegen den Feind bzw. soziale Revolution zu ermöglichen. Zu diesem Zweck müssen innere Differenzierungen dem äußeren Feind zugeschlagen und die Institutionen, welche die innere Differenz schützen, abgeschafft werden.“[430] Diese Selbstbeschreibungsformen der Gesellschaft im Rahmen der Dominanz ökonomistischer Beobachtungsperspektiven boten dieser die Möglichkeit *geordneter Beobachtungsverhältnisse* (im Sinne relativ dominanter und überschaubarer Perspektiven), einer Präferenz auf *Ordnung;* konnte die Selbstbeschreibung der Gesellschaft im Rahmen der Klassenfrage und die aus ihr entspringende sozialistische Bewegung eine identische Motivlage voraussetzen bzw. „hatte zumindest ihre Welt so konstruiert. Sie war deshalb auch organisations-, ja theoriefähig gewesen.“[431] Diese Erfahrung kollektiver Handlungsfähigkeit durch vermeintlich identische Lagen und der Imagination von Kollektivität durch die Plausibilität ihrer Sichtbarkeit sowie deren Adaption im politischen Selbstverständnis des politischen Systems trug durch ihren eigenen Erfolg zu

[428] Nassehi, Armin: Politik des Staates oder Politik der Gesellschaft. Kollektivität als Problemformel des Politischen. In: Hellmann, Kai-Uwe/Schmalz-Bruhns, Rainer (Hrsg.): Theorie der Politik. Niklas Luhmanns politische Soziologie. Frankfurt/Main 2002. S. 54

[429] s. Müller, Sven Oliver: Die umstrittene Gemeinschaft. Nationalismus als Konfliktphänomen. In: Jureit, Ulrike (Hrsg.): Politische Kollektive. Die Konstruktion nationaler, rassischer und ethnischer Gemeinschaften. Münster 2001. S. 122-143. Darin analysiert dieser überzeugend, wie sich einzelne Gruppen der nationalen Semantik bedienen, um den Anspruch eigener Interessen zu legitimieren und die Chance der Durchsetzung gegenüber anderen Interessengruppen zu erhöhen. Dabei können unterschiedliche Außenseiten der bezeichneten Seite einer Form variabel so genutzt werden, dass diese sich gegenseitig legitimieren

[430] Niethammer, Lutz: Kollektive Identität. Heimliche Quellen einer unheimlichen Konjunktur. Reinbek 2000. S. 449

[431] Luhmann, Niklas: Die Gesellschaft der Gesellschaft. Frankfurt/Main 1997. S. 851

ihrem fundamentalpolitisierten Bedeutungsverlust bei[432], wurde domestiziert, da organisational aufgefangen und durch die Kompensationseinrichtung des politischen Systems, dem Wohlfahrtsstaat politisch bearbeitet, so dass diese „Normalformbeobachtungsmöglichkeit" heute nur noch eine kontingent mögliche Form darstellt: „Konnte man in der früheren Nachkriegszeit noch klar soziale Gruppen – im Sinne von „Klassen" oder „Schichten" – identifizieren, die sich in ähnlichen sozialen Lagen befanden und daher auch kollektive Handlungsinteressen und -mentalitäten ausbildeten, so haben sich soziale Lagen und Lebensstile … pluralisiert und Lebensrisiken und Handlungsstrategien individualisiert."[433]

1.5.3 Multiperspektivität und Re-Inkontingentisierungen von Beobachtungsverhältnissen

Dieser, als „Welterzeugungsform" nach innen geordnete – und beobachtungstechnisch für Ordnung sorgende – „frame" Nation als Beobachtung der Reproduktion sich eigener ähnlich oder erwartbar anders deutender Formen (wie noch im Rahmen der Unterscheidung von Arbeit und Kapital), bot *gleichzeitig* relativ stabile Beobachtungsverhältnisse in der Differenz zu den „Wilden" [vgl. FN[408]], zu ausländischen Fremden [vgl. auch Kap. 2.2.3]. Diese Ordnung kam ins Wanken, als (nicht mehr nur marginale) Erfahrungen mit Fremden innerhalb der Nation[434] gesellschaftlich relevant wurden; „der Prototyp des Fremden wird der Ausländer im Inland".[435] Dadurch verlor die Möglichkeit der Beobachtung von Gesellschaft als eindeutigem Container durch die (wechselseitige) Wahrnehmung erwartbarer Realisationsformen sozialer Reproduktion „als Verschieden-

---

432 für Laclau der Preis jeder, in seiner Terminologie, hegemonialen Bewegung, da deren (sichtbare) Akzeptanz und Erfolg in der Gesellschaft dazu führt, dass alle Hegemonialkämpfe mit dieser Perspektive verbunden werden können, mit der Folge, dass sich deren (eigentlicher) Sinn entleert. Vgl. Laclau, Ernest: Was haben leere Signifikanten mit Politik zu tun? In: (Ders.:) Emanzipation und Differenz. Wien 2007 S. 76/77

433 Groß, Martin/Wegener, Bernd: Institutionen, Schließung und soziale Ungleichheit. In: Schwinn, Thomas (Hrsg.): Differenzierung und soziale Ungleichheit. Die zwei Soziologien und ihre Verknüpfung. Frankfurt/Main 2004. S. 173

434 der zuerst primär in der Form des Gastarbeiters sichtbar wurde, wie Norbert Elias konstatiert: „Gegenwärtig treten bürgerliche und Arbeiterschichten zusammen als etablierte Wir-Gruppen der Nationalstaaten einer neuen Außenseiterwelle von Zuwanderern, vor allem von Gastarbeitergruppen entgegen. Wie auf den vorangegangenen Stufen werden auch hier die Außenseiter nicht in die Wir-Identität mit einbezogen. Die Etablierten erleben auch in diesem Falle die Außenseiter als Gruppe in der dritten Person." (Ders. (Hrsg.: Schröter, Michael): Die Gesellschaft der Individuen. Frankfurt/Main 1987. S. 276)

435 Hahn, Alois: Partizipative Identitäten. In: Münkler, Herfried (Hrsg.): Furcht und Faszination. Facetten der Fremdheit. Berlin 1997. S. 155

heit desselben"[436] ihre (durch operative Reproduktivität bewährte und damit unbeobachtete) Selbststabilität, verloren die Formen „Nation" und „Realisationsform sozialer Reproduktion" ihre Kongruenz, lösten sich Eindeutigkeiten durch die nun mögliche Beobachtung von Markierungen der vermeintlichen Außenseite auf der Innenseite der Form auf. Diese Stabilität konnte wiedergewonnen werden durch *Kultur*[437], einem Schema, das unterschiedliche Realisationsformen durch Beobachtung von Beobachtungen vergleicht[438] und mit Kultur das markiert, was im Rahmen des re-entries [vgl. Kap. 1.2.3] um die Grenzen dieser Unterscheidung rekursiv emergiert und durch Anschlussfähigkeit selbstverstärkend reproduziert, zum Eigenwert der Kultur dieser Unterscheidung wird: „Kulturen sind Folge von Identität, und sie bestärken Identität. Sie vermitteln Wir-Gefühle. Sie zeigen an, wer in eine bestimmte Gruppe eingeschlossen wird – und wer ausgeschlossen bleibt. Kultur markiert Grenzen – übersteigbare und unübersteigbare. Das Konzept der Kultur ist ein wichtiger Parameter zur Differenzierung der Welt, der menschlichen Gesellschaft. Mit diesem Konzept können wir unterscheiden – in „wir" und „die anderen"."[439] Diese Eigenwerte generieren und stabilisieren sich durch Sinnproduktionen, die Muster erkennbar machen, Eindeutigkeiten versprechen, Erwartungen formen und damit Beobachtungen evozieren. „Aufgrund der kulturellen Zugehörigkeiten werden somit Ungleichheiten und soziale Ungerechtigkeit geschaffen oder aufrechterhalten."[440] Dabei bestimmt die jeweilige Perspektive der Beobachtung auch, welche Unterschiede in den Blick geraten und welche nicht. „Kulturelle Deutungen bilden die Welt nicht ab, sondern erschließen Welt und imaginieren mögliche andere Welten."[441] Damit konstruiert und erschließt jede kulturelle Beobachtung sich ihre eigene Welt, „ist darauf angewiesen, sich *als etwas* und *in etwas* zu realisieren. Es gibt keinen Sinn und keine Bedeutung „pur". Das heißt auch: Alles, was der Fall ist,

---

436 Baecker, Dirk: Das Relativitätsprinzip. In: Ders.: Studien zur nächsten Gesellschaft. Frankfurt/Main 2007. S. 219

437 „Kultur" als Beobachtungsschema wurde bereits durch die Auflösung der Schichtordnung relevant, weil nun Interaktionsformen sozial nicht mehr eindeutig konditioniert sind, mit kontingenten Motiven zu rechnen ist, d.h. Situationen dahingehend bewertet werden müssen, wie diese von anderen Beobachtern bewertet werden, also rekursiv im Rahmen zweiter Ordnung als je Unterschiedliches beobachtet und die je differierenden Bezeichnungen je zu Kultur (und damit auch normativ) stilisiert werden können

438 vgl. Luhmann, Niklas: Kultur als historischer Begriff. In: Ders.: Gesellschaftsstruktur und Semantik. Studien zur Wissenssoziologie der modernen Gesellschaft. Band 4. Frankfurt/Main 1995. S. 35ff

439 Pelinka, Anton: Das Ende der Fiktion. Multikulturelle Idylle oder Akzeptanz der Mehrfachidentität? In: Müller, Eva (Hrsg.): Entweder-Und-Oder. Vom Umgang mit Mehrfachidentitäten und kultureller Vielfalt. Wien 2000. S. 38

440 Wieviorka, Michel: Kulturelle Differenzen und kollektive Identitäten. Hamburg 2003. S. 40

441 Fuchs, Martin: Erkenntnispraxis und die Repräsentation von Differenz. In: Assmann, Aleida/ Friese, Heidrun (Hrsg.): Identitäten. Erinnerung, Geschichte, Identität 3. Frankfurt/Main 1998. S. 119

kann zum Medium werden. Kultur ist als solche medial, weil sie immer Ausdruck ist und weil sie immer bedeutet."[442] Damit ist Kultur als „Welterzeugungsmuster" aber immer selbst fragil, unterliegt der offenen Latenz der Hinterfragbarkeit; scheint hinter der Behauptung von Eindeutigkeit und Authentizität immer schon die Uneindeutigkeit der Unterschiedlichkeit des Vergleichs mit dem Differenten auf. Kultur als Kriterium möglicher und unmöglicher Reproduktionsweisen und Sinnformen stellt vergleichende Beobachtungsverhältnisse zur Verfügung, die einerseits die individuelle Selbstverortung im Vergleich von Lebensformen erleichtern, um Verhaltenskontingenzen in der (selbstkonstruierten) Umwelt zu reduzieren und andererseits Möglichkeiten der Inhibierung der Kontingenz dieser Selbstverortung bieten, indem „man Unterscheidungen auf diese Weise eine unauflösliche Härte verleihen will, die sich dann als Härte des Unterschiedenseins für die Legitimation von Ungleichheit eignet."[443] Dadurch werden bestimmte Anschlüsse; Verhaltens- und Verstehensformen wahrscheinlicher und diese Unterschiede informieren nicht-deterministisch darüber, welcher Möglichkeitsraum antizipierbar, welche Form „Person" interaktionell realisierbar ist. Durch semantische Kopplung mit normativen Konnotationen kann so die Frage nach – legitimer – sozialer Ordnung sozial plausibel verbunden werden mit der Perspektive kultureller Vergleiche[444], wodurch sich (relevante) Ungleichheiten insbesondere entzünden konnten

> „an askriptiven Merkmalen, gewissermaßen an der *Sichtbarkeit von Fremden*. Diese Sichtbarkeit ist eine Folge von *Kultur*, von jenem erstaunlich stabilen Beobachtungsschema, das in der gegenwärtigen Moderne sowohl von Gegnern wie von Apologeten des homogenen Nationalstaats dazu benutzt wird, Menschen nicht anders wahrnehmen zu können, als durch die Brille des *stahlharten Gehäuses der Zugehörigkeit*. Es wird in letzter Konsequenz niemandem gestattet, seine kulturelle Livree auszuziehen. Die Paradoxie dieses Prozesses besteht darin, dass die – ökonomischen und politischen – Folgen von Migrationsprozessen unter Bedingungen der Knappheit mit einer Medizin geheilt werden sollen, die genau genommen die Krankheit ist: Die Hypostase der *kulturellen Identität* im Diskurs über Migrationsfolgen und in der

---

[442] Braungart, Wolfgang: Irgendwie dazwischen. Authentizität, Medialität, Ästhetizität; ein kurzer Kommentar. In: Frevert, Ute/Braungart, Wolfgang (Hrsg.): Sprachen des Politischen. Medien und Medialität in der Geschichte. Göttingen 2004. S. 357/358

[443] Stichweh, Rudolf: Erzeugung und Neutralisierung von Ungleichheit durch Funktionssysteme. In: Ders.: Inklusion und Exklusion. Studien zur Gesellschaftstheorie. Bielefeld 2005. S. 170

[444] vgl. Bauman, Zygmunt: Moderne und Ambivalenz. In: Bielefeld, Ulrich (Hrsg.): Das Eigene und das Fremde: neuer Rassismus in der alten Welt. Hamburg 1992². S. 41/42

> Kritik des homogenen Nationalstaats benutzt doch gerade diejenige Chiffre, die als Exklusionsstrategie für staatlich verfasste Arbeits- und Lebensmärkte dient.“[445]

Über diese – ebenfalls relativ stabile, da plausible und sich selbst plausibilisierende – kulturelle Beobachtungsmöglichkeit hinaus wurde, auch mit dadurch bedingt, „dass ehemals herrschende Vorstellungen durch argumentative Kritik entkräftet wurden und unglaubwürdig geworden sind“[446], schließlich vermehrt sichtbar, dass Nationen keine Einheiten (auch selbstkonstitutiv, also im Rahmen der Latenz „ob und unter welchen Bedingungen den „Andern“ erlaubt wird, ein Teil von „uns“ zu werden“[447]) darstellen, sondern aus unterschiedlichen Perspektiven komplexere und differenziertere Beobachtungsverhältnisse emergieren; zeigt sich Dissens „nicht mehr entlang der Grenzlinien großer, repräsentativer Ressourcenkonflikte, sondern vielmehr in einer Vielzahl überlagerter, indirekt vermittelter Konfliktfelder. Diese erscheinen zudem undurchschaubar verknüpft und ungenau begründet.“[448] Gesellschaft projiziert Beobachtungen „auf der Basis der Wahrnehmung aktueller Problemlagen … und der zukunftsorientierten Projektion kollektiver Ideale“[449], deren Präferenz durch sich in kommunikativer Reproduktion schließende Erwartungsstrukturen auf Ordnung ab- und auf Kontingenz zunimmt, die „ohne gesellschaftsweite Bezugspunkte für normative und/oder verteilungsbezogene Gerechtigkeitsdefinitionen auskommen“[450] müssen. In der Gesellschaft zirkulieren divergierende Selbstbeschreibungen, deren Perspektive durch sich selbst mehr oder minder nachvollziehbar in diesen legitimiert wird, die aufgrund des „blinden Flecks“ jeder Beschreibung [vgl. Kap. 1.1] aber immer nur partielle Beschreibungen der Gesellschaft darstellen können und immer auch aus einer anderen Perspektive (anderen Einheitssemantiken als auch funktional differenzierter Kommunikation) gegenbeobachtbar sind. Die Komple-

---

445 Nassehi, Armin: Das stahlharte Gehäuse der Zugehörigkeit. Unschärfen im Diskurs um die „multikulturelle Gesellschaft“. In: Ders. (Hrsg.): Nation, Ethnie, Minderheit. Beiträge zur Aktualität ethnischer Konflikte. Köln, Weimar, Wien 1997. S. 193

446 Peters, Bernhard: Der Sinn von Öffentlichkeit. In: Ders.: Der Sinn von Öffentlichkeit (Hrsg.: Weßler, Hartmut). Frankfurt/Main 2007. S. 99

447 Kohli, Martin: Die Entstehung einer europäischen Identität: Konflikte und Potentiale. In: Kaelble, Hartmut/Kirsch, Martin/Schmidt-Gernig, Alexander (Hrsg.): Transnationale Öffentlichkeiten und Identitäten im 20. Jahrhundert. Frankfurt/New York 2002. S. 127

448 Thiedeke, Udo: Stilisierung als Möglichkeit der Inklusion. In: Ders.: Medien, Kommunikation und Komplexität. Vorstudien zur Informationsgesellschaft. Wiesbaden 1997. S. 116

449 Saurwein, Karl-Heinz: Einleitung: Die Konstruktion kollektiver Identitäten und die Realität der Konstruktion. In: Gephart, Werner/Saurwein, Karl-Heinz (Hrsg.): Gebrochene Identitäten. Zur Kontroverse um kollektive Identitäten in Deutschland, Israel, Südafrika, Europa und im Identitätskampf der Kulturen. Opladen 1999. S. 10

450 Japp, Klaus P.: Die Form des Protests in den neuen sozialen Bewegungen. In: Baecker, Dirk (Hrsg.): Probleme der Form. Frankfurt/Main 1993. S. 230

xität der „Gesellschaft der Gegenwarten“[451] ergibt sich aus der Ereignissimultanität unterschiedlicher kommunikativer sozialer Systeme im Rahmen auch anders strukturierter Anschlüsse als auf jeder Ebene (Interaktionen und Gesellschaft) selbstreproduzierender Prozess, wodurch sich die hohe Offenheit der Gesellschaft (im Sinne von nicht durch soziale Konditionierungen festgelegte Unterscheidungen) als auch die Kontingenz öffentlich verhandelbarer Selbstbeschreibungen zeigt. „Eine Reihe von Organisationen versucht, die öffentliche Meinung zu beeinflussen, ohne dies zu ihrer einzigen Aufgabe zu machen. Dazu gehören politische Parteien, Interessengruppen, soziale Bewegungsorganisationen, Kirchen oder andere religiöse Vereinigungen, aber auch Regierungsbehörden und Privatfirmen. Diese Organisationen versuchen ihre Botschaften üblicherweise durch Einflussnahme auf Journalisten und Presseerklärungen in die Massenmedien zu bekommen, manchmal auch mit Hilfe eigener Publikationen oder bezahlter Werbeanzeigen. Es hat in den letzten Jahrzehnten wahrscheinlich ein allgemeiner Zuwachs dieser Art von Aktivität wie auch eine zunehmende Professionalisierung stattgefunden.“[452] Wie unprognostizierbar im konkreten Falle auch immer, ermöglicht sich so, „indem all das, was gesellschaftlich passiert, immerhin zum Ausgangspunkt weiterer gesellschaftlicher Ereignisse gemacht werden kann“[453] potentielle Anschlussfähigkeit entsprechender Selbstbeschreibungen, die ihrerseits Widerspruch zu erzeugen imstande sind und zu gesellschaftlich relevanten Konflikten führen können, so dass in unablässiger Reproduktion durch kommunikative (Selbst-)Beobachtung bewahrenswerter Sinn kanalisiert wird, der „die Formierung sozialer Ordnung(en) und Strukturbildung(en) durch Exklusion bestimmter und unbestimmter anderer Möglichkeiten“[454] erlaubt. Dadurch hält sich Gesellschaft in der Reproduktion sozialer Ordnung sowohl durch Präferenz bestimmter Möglichkeiten stabil, versieht sich, indem sie bestimmte Anschlüsse sanktioniert, als höchstrelevant oder irrelevant bezeichnet, mit Beständigkeit und Kontinuität als auch offen für Evolution (wie diskongruent und dispers, prolong- als auch akzelerierend auch immer), also Selbstveränderbarkeit und Variabilität, denn Sinn als Wirklichkeit (als je aktualisierte Möglichkeit) verweist immer auch auf den Horizont (exkludierter) Alternativen, der sich eröffnet, wenn sich die Latenz der Unsicherheit ihren Bann

---

[451] Nassehi, Armin: Geschlossenheit und Offenheit. Studien zur Theorie der modernen Gesellschaft. Frankfurt/Main 2003. S. 188

[452] Peters, Bernhard: Über öffentliche Deliberation und öffentliche Kultur. In: Ders.: Der Sinn von Öffentlichkeit (Hrsg.: Weßler, Hartmut). Frankfurt/Main 2007. S. 127

[453] Baecker, Dirk: Was hält Gesellschaften zusammen? In: Ders.: Studien zur nächsten Gesellschaft. Frankfurt/Main 2007. S. 149

[454] Nassehi, Armin: Inklusion, Exklusion, Ungleichheit. Eine kleine theoretische Skizze. In: Schwinn, Thomas (Hrsg.): Differenzierung und soziale Ungleichheit. Die zwei Soziologien und ihre Verknüpfung. Frankfurt/Main 2004. S. 334

bricht und präferierten Anschlüssen nicht entsprochen, der Sinn von Unterscheidungen negiert und andere (sinnkombinationstechnisch auch: neue) Anschlüsse sich eröffnen, indem „zunächst in Interaktionen erprobt wird, was später u.U. generalisiert und für gesellschaftliche Strukturbildung verwendet wird."[455] Diese kann Gesellschaft dann in die Formen ihrer nichtlinearen[456] Reproduktion mit einfließen lassen. „Es wird dann nicht ausbleiben, dass sich Sinngehalte ankristallisieren, die diese Entscheidung ihrerseits erwartbar machen, ihr Begründungen, Konsenschancen, Ausnahmezulassungen etc. zuliefern. Erwartungsstrukturen, die sich im Zeitlauf so aufbauen, sind dann ihrerseits störempfindlich, so dass sich neue Sinnschichten, abstraktere Semantiken, Theorien bilden, mit denen man über diese Störungen sprechen und sie abwehren oder auch in Strukturgewinn umformen kann."[457] Jede dieser möglichen Perspektiven stellt ein symbolisches Bezugssystem dar, eine orientierende und limitierende Unterscheidung, die Möglichkeiten bietet für „verschiedene, miteinander konkurrierende, aber auch *miteinander kombinierbare* partikulare Identitäten."[458] Gesellschaft ist, auch resultierend aus Prozessen der Individualisierung[459], der Notwendigkeit der Selbst-Verortung selbstreferentieller Weltkonstruktion im Rahmen unterschiedlicher Adressierungskonstellationsbündelungen, durch hohe Variabilität von Differenzschemen charakterisiert, „entwickelt sich ein eigenes Universum von Stilen, Moden, Haltungen, das sich autonom entfaltet und ein Reflexionsthema der Selbstbeschreibung von Individualisierung wird."[460] Wird ein (neues) Sinnangebot gesellschaftsrelevant wahrgenommen, da entsprechenden Perspektiven (auch durch die Form des Protestes) in der Gesellschaft (massenmediale) Sichtbarkeit verliehen und damit ein kommunikativer Prozess erzeugt werden kann, durch den sich Anschlussmöglichkeiten eröffnen, können entsprechende Beobachtun-

455 Heintz, Bettina: Soziale und funktionale Differenzierung. Überlegungen zu einer Interaktionstheorie der Weltgesellschaft. In: Soziale Systeme. Zeitschrift für soziologische Theorie. Jahrgang 13, Heft 1 + 2. Stuttgart 2007. S. 351

456 Nichtlinearität „bedeutet, dass eine Gesellschaft, deren Zusammenhalt in ihrer Form der Rekursivität besteht, als eine Gesellschaft verstanden werden kann, die sich in der Reaktion auf störende Umweltereignisse laufend ändert, während sie gleichzeitig Mittel und Wege findet, diese Änderungen als Fortsetzung desselben zu bezeichnen und zu beschreiben." (Baecker, Dirk: Was hält Gesellschaften zusammen? In: Ders.: Studien zur nächsten Gesellschaft. Frankfurt/Main 2007. S. 150)

457 Luhmann, Niklas: Soziale Systeme. Grundriss einer allgemeinen Theorie. Frankfurt/Main 1994[4]. S. 443

458 Kleger, Heinz: Wie ist Mehrfachidentität erlebbar? Deutschland zwischen Sub- und Transnationalität. In: Voigt, Rüdiger (Hrsg.): Der neue Nationalstaat. Baden-Baden 1998. S. 144

459 s. auch Wieviorka, Michel: Kulturelle Differenzen und kollektive Identitäten. Hamburg 2003. S. 50, der hier an die Version von Ulrich Beck der Individualisierung als „Wahl" anschließt [vgl. Kap. 2.1.1]

460 Pasero, Ursula: Frauen und Männer im Fadenkreuz von Habitus und funktionaler Differenzierung. In: Nassehi, Armin/Nollmann, Gerd (Hrsg.): Bourdieu und Luhmann. Ein Theorienvergleich. Frankfurt/Main 2004. S. 194

gen „zu Texten, zu Beschreibungen gerinnen und dann in weitgehend ungeklärten (sicher zufallsabhängigen, sicher kontingenzkausalen) Konstellationen zur Entstehung und zur autopoietischen Entwicklung sozialer Bewegungen führen"[461], die ihre Protestperspektive retrospektiv zur Selbstkonstituierung benutzen[462]. Dieser Protest und seine „Funktion, die Asymmetrie von Entscheidungen kommunikabel zu machen"[463], kann sich gegen bestimmte Interessen, Folgen und Unbeobachtbarkeiten gesellschaftlicher Reproduktion, aber auch gegen die dislozive, mutualistische Gesellschaft heterarchisch komplexer Systeme innersystemspezifischer Rationalitäten sowie individuelles Verstehen transzendierende Entscheidungslagen und Wirkungsströme insgesamt[464] richten. Diese Bewegungen, die „sozialen Wandel vor allem mit Mitteln des Protests herbeiführen, verhindern oder rückgängig machen wollen"[465] können ihre jeweilige Perspektive, da und wenn der Erwartung der Geltung dieser Perspektive (aus ihrer Perspektive) von der Gesellschaft und insb. dem politischen System widersprochen und negiert wird, dieser und diesem als inkontingenter „archimedischer Punkt" paradoxer Beobachtung als Steuerungsnotwendigkeit attribuiert werden[466]. Zu den Charakteristika dieser Bewegungen gehört die radikale Einschränkung von Kon-

[461] Luhmann, Niklas: Frauen, Männer und George Spencer Brown. In: Zeitschrift für Soziologie. Jahrgang 17, Heft 1. Februar. Stuttgart 1988. S. 61

[462] Protest als selbstreferentielle Konstruktion des Systems, dessen Gründe in die Umwelt referiert werden, sorgt für Selbsterhaltung des Systems, ohne diesen würde dieses seiner Anschlussfähigkeit verlustig. Vgl. Hellmann, Kai-Uwe: Einleitung. In: Luhmann, Niklas (Hrsg.: Hellmann, Kai-Uwe): Protest. Systemtheorie und soziale Bewegungen. Frankfurt/Main 1996. S. 19

[463] Bonacker, Thorsten: Die Ironie des Protestes. Zur Rationalität von Protestbewegungen. In: Bonacker, Thorsten/Brodocz, André/Noetzel, Thomas (Hrsg.): Die Ironie der Politik. Über die Konstruktion politischer Wirklichkeiten. Frankfurt/Main 2003. S. 202

[464] vgl. Brill, Andreas: Paradoxe Kommunikation im Netz: zwischen virtueller Gemeinschaft, Cyberspace und virtuellen Gruppen. In: Thiedeke, Udo: Virtuelle Gruppen. Charakteristika und Problemdimensionen. Wiesbaden 2003[2]. S. 98

[465] Rucht, Dieter: Transnationale Öffentlichkeiten und Identitäten in neuen sozialen Bewegungen. In: Kaelble, Hartmut/Kirsch, Martin/Schmidt-Gernig, Alexander (Hrsg.): Transnationale Öffentlichkeiten und Identitäten im 20. Jahrhundert. Frankfurt/New York 2002. S. 329

[466] Berger ist diesbezüglich der Meinung, dass sich durch die so artikulierten Gegensätze und Perspektiven die Gesellschaft selbst steuert (Vgl. Berger, Johannes: Was behauptet die Marxsche Klassentheorie – und was ist davon haltbar? In: Giegel, Hans-Joachim (Hrsg.): Konflikt in modernen Gesellschaften. Frankfurt/Main 1998. S. 57). Dem widerspricht Giegel (Giegel, Hans-Joachim: Die Polarisierung der gesellschaftlichen Kultur und die Risikokommunikation. In: Giegel, Hans-Joachim (Hrsg.): Konflikt in modernen Gesellschaften. Frankfurt/Main 1998. S. 146), da diese Steuerung aufgrund der damit verbundenen Unsicherheiten wenn, dann nur individuelle Lebensführungen determinieren könnten, nicht aber Funktionssysteme. Vgl. auch Heinze, Rolf G.: Modernisierung durch oder gegen die organisierten Interessen? Zur Reformfähigkeit des korporatistischen deutschen Sozialmodells. In: Drepper, Thomas/Göbel, Andreas/Nokielski, Hans (Hrsg.): Sozialer Wandel und kulturelle Innovation. Historische und systematische Perspektiven. Berlin 2005. S. 384, der darlegt, dass auch dies keine Problemlösungsmöglichkeiten bietet, da die strukturelle Inkompatibilität und Inkommensurabilität Konflikte verursacht, die über Steuerung gerade nicht lösbar sind.

tingenz durch deren Sinnschemata, der (indifferenten) Differenz der Unterscheidung von sozialer Bewegung und Gesellschaft als Beobachtung erster Ordnung (ohne sich selbst als Beobachter mitzubeobachten), die den Absolutheitsanspruch der Semantik fördert. Der Protest sozialer Bewegungen ist „auf Reflexionsblokkaden angewiesen“[467], wird durch Verzicht auf Reflexion der Gesellschaftsstruktur (wie die „alten“ sozialen Bewegungen noch plausibel machen konnten [vgl. Kap. 1.5.1]) die Komplexität der Gesellschaft kompensiert durch die Generierung kontextübergreifend gesamtverbindlich beobachtungslimitierender Perspektiven. Dies ermöglicht die Invisibilisierung, dass Gesellschaft in toto nicht adress- und repräsentabel ist; Gesellschaft, mithin Funktionssysteme nur im Rahmen ihrer jeweiligen Perspektive irritabel sind, indem sie unter der Folie der Höchstrelevanz der *politischen Gesellschaft der Gesellschaft*[468] ihre Beschreibung der Gesellschaft in dieser als Repräsentativ durchzusetzen versuchen[469] und dabei ausblenden, „dass nur beschränkte Realisierungsmöglichkeiten kollektiver Zielvorgaben und ein eingeschränkter Konsens möglich sind. So wird deutlich, dass sich die Umsetzung der Vorgaben und Postulate beispielsweise nur partikular oder nur in disparater Form mit teilweise unabschätzbaren Handlungsfolgen realisieren lässt.“[470] Dabei besteht die Kommunikation sozialer Bewegungen dezidiert aus politisch codierter Kommunikation, als sie sich immer an ein adressiertes Publikum wendet, das durch entsprechende Kommunikationen angesprochen und gebunden werden soll und entsprechend der präferierten Seite letztlich auch politisch entschieden werden soll. Dabei sind soziale Bewegungen selbst latent vom eigenen Zerfall bedroht[471], denn wird die interne Selbstbeschreibung als je funktionsspezifische Irritation von der gesellschaftlichen Umwelt übernommen (insb. durch Massenmedien, auf die soziale Bewegungen durch die Notwendigkeit der Sichtbarkeit von Perspektiven strukturell angewiesen sind[472]),

---

[467] Brill, Andreas: Paradoxe Kommunikation im Netz: zwischen virtueller Gemeinschaft, Cyberspace und virtuellen Gruppen. In: Thiedeke, Udo: Virtuelle Gruppen. Charakteristika und Problemdimensionen. Wiesbaden 2003². S. 95

[468] während die *gleiche Gesellschaft* im alltäglichen Lebensvollzug vor allem als ökonomische Gesellschaft erfahrbar sein dürfte

[469] Protestbewegungen müssen ja selbst auch bei der versuchten Durchsetzung ihrer Interessen auf die Struktur der Gesellschaft und generalisierte Erwartungen an unterschiedliche Akteure Rücksicht nehmen. Sie müssen an Politik Forderungen richten, nicht an das Wirtschaftssystem und sie können mit Massenmedien nicht verhandeln

[470] Thiedeke, Udo: Stilisierung als Möglichkeit der Inklusion. In: Ders.: Medien, Kommunikation und Komplexität. Vorstudien zur Informationsgesellschaft. Wiesbaden 1997. S. 152

[471] auch durch die Proklamation von Perspektiven, die sich allzu weit von gesellschaftlich konstruierten und aktual gültigen Perspektiven entfernt haben oder von dieser noch nicht antizipierbar sind, was unweigerlich die Folge kommunikativer Nichtbeachtung nach sich zieht

[472] soll ein Thema von den Medien aufgegriffen werden, muss es als Medienereignis inszeniert, d.h. den Präferenzen des massenmedialen Systems der Massenmedien angepasst werden. Dies kann für Protestbewegungen zu einem Dilemma werden, wenn für bestimmte Kommunikation geworben

erfährt also (vermeintlich) gesellschaftliche Akzeptanz, wird das eigene Protestschema irrelevant, wie auch dann, wenn das politische System durch entsprechende Irritation seiner Perspektive dieses als systeminterne Information politisch codiert aufgreift und behandelt[473]. Insofern können „Bewegungen gerade in ihrem Radikalismus ... eine Balance herstellen, als sie das zentristische Meinungsspektrum auflockern, Vernachlässigtes und Verdrängtes ans Licht holen sowie etablierte Interessen- und Machtkartelle zu Rechtfertigungen zwingen."[474] Aus der Referenz psychischer Systeme haben Protestbewegungen Zusprache durch die Proklamation kollektiver Handlungsfähigkeit (Machbarkeit) und damit der Ansprache als „ganzer Mensch", so dass sich intern die Protestunterscheidung dafür/dagegen in der Sachdimension überwölben lässt durch die sozialdimensionierte Unterscheidung zugehörig/nicht zugehörig. Gerade durch die Dominanz nur funktionaler Adressierungen [vgl. Kap. 2.1.2] und der damit verbundenen gesellschaftlich uneingelösten und uneinlösbaren Sehnsucht nach Berücksichtigung als „ganzer Mensch" profitieren Protestbewegungen „besonders vom Versprechen der Echtheit und Aufrichtigkeit, und deshalb haben sie Zulauf, wenn sie ihre Glaubwürdigkeit in ihren kulturellen Praktiken *zeigen*."[475] Soziale Bewegungen bieten „alternative Inklusionscodes, mit denen Gemeinschaftlichkeit konstruiert und Dritte als Fremde von Kommunikation und Interaktion ausgeschlossen werden."[476] Daher ist für jede dieser Bewegungen die Frage essentiell, wie sie „glaubwürdige Selbstbeschreibungen hervorbringen, die als eigenständiger Bezugspunkt gemeinsamen Erinnerns, gemeinsam geteilter Werte,

---

werden soll, die Aufmerksamkeit der Medien für ein Erreichen des Ziels aber erlahmt. Vgl. Luhmann, Niklas: Die Gesellschaft der Gesellschaft. Frankfurt/Main 1997. S. 1098

473 wodurch Protestbewegungen als Bewegung scheitern können, denn wenn deren Thema vom politischen System adaptiert und damit in politische Kommunikation eingeschleust wird, relativiert sich der (individuelle) Sinn der Zurechnung (vgl. a.a.O.: S. 856ff). „So gilt etwa für politische Parteien, die an der Peripherie des politischen Systems beheimatet sind und sich selbst als „parlamentarischen Arm" sozialer Bewegungen definieren, dass sie sich oftmals einer Protestsemantik bedienen und die Staatssemantik radikal ablehnen, während politische Parteien, die im Zentrum der Politik Regierungsverantwortung übernehmen, sich selbst geradezu als Repräsentanten des Staates in Szene setzen", so Hellmann (In: Hellmann, Kai-Uwe/Fischer, Karsten: Niklas Luhmanns politische Theorie in der politikwissenschaftlichen Diskussion. In: Hellmann, Kai-Uwe/Fischer, Karsten/Bluhm, Harald (Hrsg.): Das System der Politik. Niklas Luhmanns politische Theorie. Wiesbaden 2003. S. 13). Eine erfolgreiche Adaption zeigt die Variabilität von Systemen im Rahmen von Irritationen und kann bis hin zur Entstehung neuer Parteien innerhalb des politischen Systems führen

474 Rucht, Dieter: Soziale Bewegungen als Signum demokratischer Bürgergesellschaft. In: Leggewie, Claus/Münch, Richard (Hrsg.): Politik im 21. Jahrhundert. Frankfurt/Main 2001. S. 328

475 Braungart, Wolfgang: Irgendwie dazwischen. Authentizität, Medialität, Ästhetizität; ein kurzer Kommentar. In: Frevert, Ute/Braungart, Wolfgang (Hrsg.): Sprachen des Politischen. Medien und Medialität in der Geschichte. Göttingen 2004. S. 359

476 Giesen, Bernhard/Junge, Kay: Vom Patriotismus zum Nationalismus. Zur Evolution der „Deutschen Kulturnation". In: Giesen, Bernhard (Hrsg.): Nationale und kulturelle Identität. Studien zur Entwicklung des kollektiven Bewusstseins in der Neuzeit. Frankfurt/Main 1991. S. 256

sozialer Zugehörigkeit und darauf bezogener Solidaritätserwartungen ihrer Mitglieder fungieren.“[477] Dabei ist diese interne Konditionierung durch die nach Außen repräsentierte Perspektive auch als Stabilität für individuelle Selbstbeschreibungen (der Generierung von Anschlussfähigkeit) im Sinne von Erwartungssicherheit relativ unsicher (auch wieder mit bedingt durch Individualisierungsprozesse; ist die Motivation für Anschlussgenerierung abhängig von individueller und damit selektiver Zurechnung, für die auch andere Ursachen in Betracht gezogen werden könnten, als angenommen oder semantisch bekräftigt, da die Anhänger dieser Bewegungen es „immer weniger hinnehmen, dass ihren Aktivitäten ein anderer Sinn übergestülpt wurde als derjenige, den sie selber ihnen verliehen“[478]), ist für soziale Bewegungen[479] die frühere Stabilität (die Präferenz auf Ordnung durch Voraussetzbarkeit und Gültigkeit), wie dies noch der Arbeiterbewegung als „alte“ soziale Bewegung semantisch gelang, nicht mehr konstruier- und durchhaltbar, gilt, „dass die „Mitglieder“ des Systems mit einer geringen „Investition an Identität“ auskommen, denn das Fehlen eines strategisch realisierbaren Ziels der Umwälzung der Verhältnisse macht – im Unterschied etwa zur klassischen Arbeiterbewegung – eine solche Investition überflüssig. Die neuen sozialen Bewegungen können keinen biographisch durchhaltbaren Lebenshorizont für ihre personalen Träger aufspannen.“[480] Gerade weil neue soziale Bewegungen aus einem „notorisch instabilen Publikum“[481] bestehen, müssen andere Beobachtungsmöglichkeiten intern latent gehalten werden, um Konkurrenz mit diesen auszuschließen und Kontingenz zu invisibilisieren, sind sie „der Gefahr der Fragmentierung ausgesetzt und suchen dieser durch aufwendige „Identitätsarbeit“ zu begegnen. Typischerweise sind für die Stabilisierung kollektiver Identität in sozialen Bewegungen nicht allein binnenstrukturelle Normen und Rituale, sondern vor allem ihre durch Proteste vermittelte

[477] Saurwein, Karl-Heinz: Einleitung: Die Konstruktion kollektiver Identitäten und die Realität der Konstruktion. In: Gephart, Werner/Saurwein, Karl-Heinz (Hrsg.): Gebrochene Identitäten. Zur Kontroverse um kollektive Identitäten in Deutschland, Israel, Südafrika, Europa und im Identitätskampf der Kulturen. Opladen 1999. S. 12

[478] Wieviorka, Michel: Kulturelle Differenzen und kollektive Identitäten. Hamburg 2003. S. 30

[479] da diese Mitgliedschaft sozial abhängig ist von Mobilisierung und psychisch von interner Zurechnung und eben nicht auf formalen Mitgliedschaftskriterien beruht, stellen für Japp im Gegensatz zu Luhmann soziale Bewegungen Netzwerke [s. zu diesem Begriff Kap. 3.2.1] und keine Systeme dar (vgl. Japp, Klaus P.: Zur Bedeutung von Vertrauensnetzwerken für die Ausdifferenzierung politischer Kommunikation. In: Bommes, Michael/Tacke, Veronika: Netzwerke in der funktional differenzierten Gesellschaft. Wiesbaden 2011. S. 272)

[480] Japp, Klaus P.: Die Form des Protests in den neuen sozialen Bewegungen. In: Baecker, Dirk (Hrsg.): Probleme der Form. Frankfurt/Main 1993. S. 237/238

[481] Luhmann, Niklas: Die Gesellschaft der Gesellschaft. Frankfurt/Main 1997. S. 852

Außendarstellung von Bedeutung."[482] Durch diese – forcierte – Außendarstellung jeweiliger Formen kollektiver Identitäten als re-entry zwischen Person und Motiv, das Motiv der Person als Aspekt der individuellen Identität legitimiert bereits durch Bezug auf den Menschen die jeweiligen Ansprüche, wird die interne Unbestimmtheit in kommunikativen Prozessen durch fortlaufend sich selbst erzeugende und damit stabilisierende Beschreibungen und diese repräsentierenden Symbole und Werte [s. Kap. 2.2.2] kompensiert. „Der Unvertrautheit polykontexturaler Wirrnis wird die kollektive Einheit solidarisch-moralischer Selbstreferenz entgegengesetzt. Diese dient als Kompensat für den Ausfall „eigener Konditionen". Konstitutiv für die neuen sozialen Bewegungen ist das Wechselverhältnis von Solidarität und Ausgrenzung. Solidarische Einheit wird durch Selbstbeschreibungen erzeugt, die mittels Kommunikationsverboten (dissoziierende Reflexionen) und –geboten (Solidaritätssemantik) konstruiert werden."[483] Die jeweilige Perspektive dient intern dazu, Gemeinsamkeit semantisch zu beschwören und die Kontingenz der jeweiligen Perspektive latent zu halten. „Als Latenzschutz dient Moralisierung der kollektiven Identität."[484] Gerade moralische Konnotationen dienen durch Asymmetrisierung der Unterscheidung im Hinblick auf die moralisch „gute Sache"[485] im Rahmen der Latenz anderer möglichst guter Gründe der Legitimation dieser Sache und damit der Wahrscheinlichkeitserhöhung psychischer Anschlussfähigkeit, die zusammenfällt mit dem individuellen normativen Anspruch der Authentizität der je eigenen Perspektive. Gerade das Ineinanderfallen der Schemata dafür/dagegen und zugehörig/nichtzugehörig als Konvergenz von Sach- und Sozialdimension, die sowohl Themen als auch Gegner identifizierbar macht, erlaubt individuelle Sinnkonstitution und Mobilisierungsbindung; besonders wenn sich in der Sozialdimension Gegner (insb. innerhalb des politischen Systems) herauskristallisieren und ein Konfliktsystem etabliert werden kann, das sozialdimensioniert Sinn konstruiert und sachdimensioniert Sinn destruiert; „versucht fundamental opponierende Kommunikation die Behandlung von Entscheidungen als kontingent zu blockieren, indem sie

[482] Rucht, Dieter: Transnationale Öffentlichkeiten und Identitäten in neuen sozialen Bewegungen. In: Kaelble, Hartmut/Kirsch, Martin/Schmidt-Gernig, Alexander (Hrsg.): Transnationale Öffentlichkeiten und Identitäten im 20. Jahrhundert. Frankfurt/New York 2002. S. 331

[483] Japp, Klaus P.: Die Form des Protests in den neuen sozialen Bewegungen. In: Baecker, Dirk (Hrsg.): Probleme der Form. Frankfurt/Main 1993. S. 244

[484] a.a.O.: S. 245

[485] im Rahmen der Invisibilisierung, dass diese „gute" Perspektive immer darauf hin reflektiert werden kann, ob sie „wirklich" (und wer wollte das entscheiden) eine „gute" Perspektive darstellt, einem blinden Fleck, der wesentlich über eben diese „guten Gründe" als unhinterfragbar stilisierte Plausibilitäten läuft

für bestimmte Ziele oder Werte … bedingungslosen Vorrang reklamiert.“[486] Diese Sinndestruktion kann bis zu fundamentalistischen Haltungen führen, in denen die Struktur der Gesellschaft als solche in Frage gestellt, die *Gesellschaft* als Gegner etabliert wird, beschränkt sich eine fundamentalistische Bewegung „nicht darauf, den Inhalt politischer Entscheidungen abzulehnen, sondern bestreitet deren kollektive Verbindlichkeit auch dann, wenn diese Entscheidungen unter Einhaltung der dafür etablierten Verfahren zustande gekommen sind.“[487] Auch wenn selbstredend nicht jede soziale Bewegung in ihrer Ignoranz der Gesellschaftsstruktur fundamentalistische Züge gewinnt, ist ihnen doch eine gleichsam extra-sozietale Position der Nichtberücksichtigung der Differenzierungsform der Gesellschaft gemein. Dabei entspringen all diese Bewegungen, wie unterschiedlich sie sich auch thematisch und in ihrem Auftreten generieren, letztlich exakt aus den Folgen der Struktur der Gesellschaft, indem die Kontingenz der Gestaltung der modernen Welt unter der Folie ihrer Machbarkeit fast notwendigerweise einhergeht mit der semantischen Herausbildung von Einheiten des dafür/dagegen in der Koinzidenz des zugehörig/nicht zugehörig als relevante Adressen des politischen Systems, vor denen sich politische Entscheidungen in der Sozialdimension zu bewähren haben und die Akteure nicht nur im Erfolgsfall, sondern auch im Falle der Enttäuschung gerade durch die Form des politischen Protestes an diese Entscheidungen binden. Dabei haben soziale Bewegungen als kollektive Formen bestimmter Perspektiven positiv formuliert die Aufgabe, die Gesellschaft an in ihren Reproduktionsformen Vernachlässigtes und Unberücksichtigtes zu erinnern und zu irritieren, Perspektiven, die diese dann je spezifisch (und sicher ist das politische System aufgrund dessen internen Codes der Machterhaltung hierfür prädestiniert) in ihre Reproduktion mit einfließen lassen können und dadurch zur evolutiven Reproduktion von Gesellschaft – im Sinne von Dekohärenz und Diskontinuität beitragen. Negativ formuliert ist deren absolute Perspektive nicht umstandslos in gesellschaftlich differenzierte Strukturen einzuarbeiten, sind und bleiben systemspezifische Logiken je füreinander „blind“ und reproduzieren sich, wo sich Anschlussmöglichkeiten operativ entfalten und –fähigkeiten bestehen, können sich mit der zunehmenden Faktizität der Jetztzeit der Weltgesellschaft auch an anderen Orten als anschlussfähig generieren. Gesellschaft beobachtet als kollektive Identitätsfolien, der *Sichtbarkeit* von Lagen und der Sichtbarkeit von *Lagen* durch deren Repräsentierbarkeit imaginiert sowohl Gestaltbarkeit als auch einen Gleichheitsraum, spiegelt ihre soziale Ordnung und politische Verfasstheit (als normativ verfasste Einheit im Habermasschen Sinne)

---

[486] Schneider, Wolfgang Ludwig/Kusche, Isabel: Parasitäre Netzwerke in Wissenschaft und Politik. In: Bommes, Michael/Tacke, Veronika: Netzwerke in der funktional differenzierten Gesellschaft. Wiesbaden 2011. S. 198

[487] a.a.O.: S. 197

innerhalb einer kollektiven Identitätsfolie als relevanter Bezugsrahmen, indem (divergierende) Erwartungen sich unter eine sich als Allgemeinheit generierende Gesellschaft subsumieren, wodurch sich die Ordnung des Ungeordneten als Repräsentanz dieser Allgemeinheit ermöglichen sollte (so wieder die deliberative Perspektive enggeführt mit einem dezidiert politischen Begriff von Gesellschaft), denn es „sollte nicht allein um Entscheidungen, sondern vielmehr auch um die Etablierung einer gemeinsamen kollektiven Agenda gehen. Es sollte um die *Identifikation* von Problemen und eine *kollektive Suche nach neuen Lösungen* gehen statt nur um die Lösung unmittelbarer politischer Fragen."[488] Dieser Begriff von Gesellschaft als unterschiedliche Realisationsformen sozialer Ordnung sowie der Legalität von Ordnungen trat „historisch dort auf, wo die Gleichzeitigkeit von Unterschiedlichem sichtbar wird, und er löst dieses Problem dadurch, dass er sich der politisierbaren Logik der integrierbaren Kollektivität subordiniert."[489] Dabei bleibt auch das moderne politische System selbst auf der Ebene der Semantik unhintergehbar an diese Form von Kollektivität gebunden, reproduziert sich im Rahmen aller Kommunikationen, die nicht nur ursächlich politische Anschlussfähigkeit im Medium der Macht finden, sondern die auch in seiner Umwelt kommuniziert und insofern politisch kommuniziert werden, als sie in der Form politischer Kollektivität kommuniziert werden und zwar so, dass sich die Aussicht auf Adaption durch ursächlich politische Strukturierung eröffnet; ist das politische System von dieser seiner kollektiv beobachteten und beobachtbaren Umwelt abhängig, für die dieser Prozess gleichzeitig Zurechenbarkeit eröffnet. Insofern wäre es sowohl unter einem politischen Blickwinkel als auch soziologisch vorschnell, Kollektivitäten für irrelevant und vormodern zu halten, als ihre Form und ihre Kommunikationen mit darüber befinden, über welche Themen sich diese selbst in-formiert, welche Themen als relevant angesehen und reproduziert werden und wie und wo sich politisch bearbeitbare Themen herauskristallisieren, die sich in ihrer Variabilität und Vielfalt als mögliche (Protest)Perspektiven in Laufe der Zeit bedeutend erhöht haben und die das politische System aufgreifen und selbstreferentiell behandeln kann. Dass diese Themen als semantische Vielheit der Desiderate von Beobachtungen der Gesellschaft nicht alle und nicht auf gleiche Art und Weise dann politische Berücksichtigung finden, ist für diesen Prozess auch der Selbstberuhigung der Gesellschaft, in dem die Folgen gesellschaftlichen Geschehens eine vermeintlich bearbeitbare Form bekommen, nicht von ursächlicher Bedeutung. Von Bedeutung ist, dass

[488] Peters, Bernhard: Segmentierte Europäisierung. In: Ders.: Der Sinn von Öffentlichkeit (Hrsg.: Weßler, Hartmut). Frankfurt/Main 2007. S. 353
[489] Nassehi, Armin: Der soziologische Diskurs der Moderne. Frankfurt/Main 2006. S. 429

sich die Gesellschaft die Möglichkeit dazu durch kollektive Beobachtungsformen selbst offen hält. Die Funktion dieser Beobachtungsform liegt so schlicht darin, den Glauben an Gesellschaftssteuerung aufrechterhalten zu können.

II. Funktionen von Kollektivsemantiken als Selbstbeschreibungskategorien

„Ich kenne kein Kollektiv. Wo ist es?“[490]

[490] Foerster, Heinz von/Pörksen, Bernhard: Wahrheit ist die Erfindung eines Lügners. Gespräche für Skeptiker. Heidelberg 2008⁸. S. 138

2 „Kollektive Identitäten" als moderne Einheitsimaginationen

In der stratifizierten Gesellschaft waren deren Mitglieder qua Geburt fest und eindeutig in den jeweiligen gesellschaftlichen Stand „eingeschlossen und aufgehoben"[491] [vgl. Kap. 1.3], so dass jeder „seine Identität als personale Ganzheit in die Kommunikation der Gruppen, in denen er lebte, „einbringen" konnte, eben weil sie Zugehörigkeiten und nicht Einzigartigkeiten unterstrich."[492] Aus psychischer Systemreferenz ergab sich aus dieser gesellschaftlichen „Totalkonditionierung"[493] eine verlässliche und unveränderliche Statuszuweisung als kollektive Identität[494]; „Identität ist nicht wählbar."[495] Je weiter sich nun die Umstellung auf funktionale Differenzierung vollzog, desto weniger konnte diese Totalkonditionierung greifen, wurde die bis dato gegebene Möglichkeit, sich durch die Normalzumutung determinierter und schichtabhängiger Interaktionsmuster als ganzer Mensch kommunikativ sozial ansprechbar zu generieren, zunehmend unmöglich; „muss die Beteiligung des einzelnen an der Gesellschaft in andere Formen gebracht werden; denn Personen bzw. Familien können zwar mit Schichten, nicht aber mit einzelnen Funktionssystemen identifiziert, das hieße *nur* im politischen System, *nur* im Rechtssystem, *nur* im Wirtschaftssystem lokalisiert werden. Sie müssen vielmehr als Individuen auch stärker aus sozialen Bindungen herausgelöst und mit Rechten und Ansprüchen auf Teilnahme an

---

[491] Nassehi, Armin: Keine Zeit für Utopien. Über das Verschwinden utopischer Gehalte aus modernen Zeitsemantiken. In: Nassehi, Armin/Eickelpasch, Rolf: Utopie und Moderne. Frankfurt/Main 1996. S. 247

[492] Hahn, Alois: Partizipative Identitäten. In: Münkler, Herfried (Hrsg.): Furcht und Faszination. Facetten der Fremdheit. Berlin 1997. S. 131

[493] Nassehi, Armin: Geschlossenheit und Offenheit. Studien zur Theorie der modernen Gesellschaft. Frankfurt/Main 2003. S. 98

[494] durch die möglichst originäre Reproduktion sozio-tradierter Muster konnte Identität im heutigen Verständnis nur durch Abweichungen gegen die Gruppe, in der man sich befand, profiliert werden (vgl. Hahn, Alois: Identität und Nation in Europa. In: Berliner Journal für Soziologie 3, Heft 2. Berlin 1993. S. 197/198). Aus der gesellschaftlichen Reflexion dieser Abweichungen als individuelle Besonderheiten entstand z.B. die Form des Romans

[495] Fuchs, Peter: Moderne Identität – im Blick auf das europäische Mittelalter. In: Willems, Herbert/Hahn, Alois (Hrsg.): Identität und Moderne. Frankfurt/Main 1999. S. 278

Politik, Wirtschaft, Recht, Erziehung usw. versorgt werden"[496]. Da „in den multiinkludierenden Lebenslagen der modernen Gesellschaft letztlich die kollektive Einbindung von Einzelmenschen in präformierte Lebensformen"[497] ausgeschlossen ist, also „Adressenprobleme nicht sofort eine Gesamtadresse tangieren, denn eben diese (die ganze Adresse) gibt es nicht mehr"[498], verlieren Ganzheitschiffren (eindeutige unhinterfrag- und unhintergehbare Bedeutungs- und Sinnperspektiven) ihre Funktion, wodurch die mit der Vormoderne noch verbundene Statuszuweisung (sei sie hoch oder niedrig gewesen) kontingent, abhängig von der eigenen Lebensführung und die (notwendige) Suche nach neuen individuellen „Ordnungen" zu einer Eigenleistung einer jeweiligen Person wird, woraus sich nicht nur die Möglichkeit von Identitätsgenerierung (bereits für Simmel war ja funktionale Rollendifferenzierung entsprechende Bedingung[499]), sondern durch die „Drohung der Sinnlosigkeit des eigenen Daseins aufgrund der aufs Selbst bezogenen Reflexivität der Moderne"[500] geradezu die Notwendigkeit sozialer Akkommodation ergibt, weshalb für Lutz Niethammer „Identität das Signum eines Zeitalters der Sinnstiftung"[501] in dem (typisch modernen) Sinne ist, als Identität durch den Verlust inkontingenten Sinns (religiös oder traditional) kontingenterweise konstruiert und diese Kontingenz dabei durch Rückgriff auf bestandsfeste Begründungsmuster invisibilisiert werden muss.

2.1 Bedingungen und Beschreibungszusammenhänge personaler Individualität

Gesellschaft als polykontexturale, heterarchische und hyperkomplexe soziale Umwelt psychischer Systeme [vgl. Kap. 1.3.1] adressiert Individuen nicht als unitäre Gesamtpersonen (als eindeutig identifizier- und benennbare *Einheiten*), sondern referiert partiell als auch inkommensurabel entsprechend interner Codierungen auf lediglich rollenspezifisch schematisierte Teilaspekte jeweiliger Per-

[496] Luhmann, Niklas: Subjektive Rechte: Zum Umbau des Rechtsbewusstseins für die moderne Gesellschaft. In: Ders.: Gesellschaftsstruktur und Semantik. Studien zur Wissenssoziologie der modernen Gesellschaft. Band 2. Frankfurt/Main 1981. S. 83

[497] Nassehi, Armin: Politik des Staates oder Politik der Gesellschaft. Kollektivität als Problemformel des Politischen. In: Hellmann, Kai-Uwe/Schmalz-Bruhns, Rainer (Hrsg.): Theorie der Politik. Niklas Luhmanns politische Soziologie. Frankfurt/Main 2002. S. 47

[498] Fuchs, Peter: Moderne Identität – im Blick auf das europäische Mittelalter. In: Willems, Herbert/Hahn, Alois (Hrsg.): Identität und Moderne. Frankfurt/Main 1999. S. 291

[499] vgl. Simmel, Georg: Soziologie. Untersuchungen über die Formen der Vergesellschaftung. Leipzig 1908. S. 709 ff

[500] Giddens, Anthony: Konsequenzen der Moderne. Frankfurt/Main 1995. S. 128

[501] Niethammer, Lutz: Kollektive Identität. Heimliche Quellen einer unheimlichen Konjunktur. Reinbek 2000. S. 466

sonen. „Die Aufsplitterung der Person in verschiedene und oft widersprüchliche Rollensegmente, Orientierungen und Erwartungskontexte ist eine von vielen Folgen des Primats funktionaler Differenzierung. Sie bringt Unabhängigkeiten und Freiheitsgrade ebenso wie die Gefahr normalisierter Schizophrenie. Hinzu kommt, dass jedenfalls heute auch innerhalb der ausdifferenzierten Teilsysteme widersprüchliche Rollenanforderungen und –zumutungen auf die Person zugreifen."[502] Durch diese kommunikative Multiinklusion wird das Individuum zu einer ständigen Selbstkoordination durch Selbstbeobachtung in der Verarbeitung (dieser) fremdreferentiellen Bezüge genötigt. Da sich in dieser Verarbeitung die Spuren differierender Inklusionsanforderungen zeigen, führt dies zur Konsequenz, das Individuum in mehrere Selbste, mehrere Identitäten, mehrere Persönlichkeiten[503] zu zerlegen, um der Mehrheit sozialer Umwelten und der dieser entsprechenden Unterschiedlichkeit von Adressierungen gerecht werden zu können. *„Identität ist aus dieser Perspektive ein Adressenproblem, nicht weniger, nicht mehr.*"[504] Für die soziale Lagerung von Individuen in der modernen Gesellschaft ergibt sich daraus, dass sich die gesellschaftlich ausdifferenzierten funktionalen Teilsystemperspektiven in individuellen Lebenslagen bündeln, indem die Teilsystemgrenzen durch Individuen hindurch gehen[505]. Eine personale Adresse als differierende Negation von Identität durch partiale situative Aktualisierung bleibt immer dieselbe und ist gleichzeitig immer eine andere, weil sie als Adressat von Kommunikation gleichzeitig in unterschiedlichen Kontexten identifizierbar ist. Ein Lehrer ist nicht nur Lehrer, eine Mutter nicht nur Mutter, sondern die Mutter auch die (zumindest aktuale) Lebensgefährtin des Lehrers; dieser

---

502 Willke, Helmut: Ironie des Staates. Grundlinien einer Staatstheorie polyzentrischer Gesellschaft. Frankfurt/Main 1996. S. 151/152

503 eine Konstruktion, die in der systemischen Psychotherapie genutzt wird, um innerpsychisch divergente Bedürfnisstrukturen zu verflüssigen. Da dislozive Adressierungszumutungen der Gesellschaft divergierende Reaktionskontexturen erfordern, was innerpsychisch ambi-, wenn nicht polyvalent (sich positiv verstärkend kooperativ oder negativ antagonistisch) zum Ausdruck kommen kann, erlaubt dies nicht mehr, „das Selbst als psychische Einheit, als letztlich unteilbare Monade zu verstehen und beschreiben zu wollen. Vielmehr eröffneten sich dem Blick psychische Untersysteme, wenn man will: Sub-Selbste, die untereinander komplexe Beziehungen eingehen, die füreinander Kontexte bilden und somit vom Beobachter eine besondere Art von (individuumszentrierter) Kontextsensibilisierung verlangen" (Stierlin, Helm: Ich und die anderen. Psychotherapie in einer sich wandelnden Gesellschaft. Stuttgart 1994. S. 105). Prominent hierfür steht die Figuration des „inneren Parlaments" von Gunther Schmidt (Milton Erickson Institut, Heidelberg), das die Möglichkeit der Auflösung internalisierter Erlebens- und Handlungsmuster dieser Einheit und der Dissoziation kontextabhängiger Selbste bietet, um Perspektiven divers möglicher Reaktionen aufzuzeigen, damit Wahlfreiheit zu erhöhen und Distanz zum Problemmuster zu erzielen

504 Fuchs, Peter: Moderne Identität – im Blick auf das europäische Mittelalter. In: Willems, Herbert/Hahn, Alois (Hrsg.): Identität und Moderne. Frankfurt/Main 1999. S. 277

505 so auch die Diagnose von Ulrich Beck. In: Ders.: Risikogesellschaft. Auf dem Weg in eine andere Moderne. Frankfurt/Main 1986. S. 218

gleichzeitig (vielleicht?) der Vater, aber auch Darlehensnehmer; und beide zumindest Staatsbürger, Verkehrsteilnehmer und Konsumenten. Die Einheit dieser Adressierungen ist den Individuen „daher nur als Paradox gegeben: als Einheit von etwas, was eine Vielheit ist als Selbigkeit des Verschiedenen.“[506] Da durch die Differenz von Selbigkeit und Verschiedenheit relevante Unterscheidungen im Rahmen von Identitätsgenerierung von einem System je nach Sinn wechseln können, stellt sich die Frage, „von wem oder was es sich unterscheidet und was seine eigene Einheit ist, wenn sie durch einen Unterschied bestimmt ist, der verschieden gewählt werden kann“[507], steht Identitätsgenerierung im Rahmen dieser unterschiedlichen Anforderungen und Zumutungen, also unterschiedlichen Sinnbezügen den klassischen philosophischen Implikationen – Identität als „Wesen“ eines diese partikularen Adressierungen durch den Bezug auf eine kontinuierliche Existenz und eine kohärente Strukturierung sozialer Referenzen überwölbendes und „einhegendes“ Allgemeinen, der Möglichkeit eines „Mit-sich-Selbst-Identisch-Seins“, einer „anthropologischen Konstante“[508] – diametral entgegen[509]. Identität kann daher nur als die Konstruktion eines „Selbst“ oder von „Selbsten“ verstanden werden, die es ermöglicht, „etwas zu beschreiben, etwas zu erklären und etwas zu bewerten“[510], also eine Beobachtungsperspektive darstellt. „All das kann freilich nur ein Beobachter sehen, der dann *Identität* registriert – und dieser Beobachter kann das System selbst oder auch ein anderes System sein.“[511] So ist beobachtbar, wie sich Identität operativ reproduziert und sich behauptete Identität als Selektion dessen „was unter Bedingungen der Transformation jeweils als zeitfest behandelt werden kann“[512] in der Zeitlichkeit gesellschaftlicher Reproduktion eröffnet und sich die Paradoxie der Einheit der Unterscheidung, je nachdem wovon sich die Identität unterscheidet, entfaltet.

---

506 Luhmann, Niklas: Die Tücke des Subjekts und die Frage nach dem Menschen. In: Fuchs, Peter/Göbel, Andreas: Der Mensch – das Medium der Gesellschaft? Frankfurt/Main 1994. S. 45

507 a.a.O.: S. 45

508 Wagner, Peter: Fest-Stellungen. Beobachtungen zur sozialwissenschaftlichen Diskussion über Identität. In: Assmann, Aleida/Friese, Heidrun (Hrsg.): Identitäten. Erinnerung, Geschichte, Identität 3. Frankfurt/Main 1998. S. 51

509 so auch die prägend gewordene Definition der „Patchwork-Identität“ von Heiner Keupp. S. Ders.: Bedrohte und befreite Identitäten in der Risikogesellschaft. In: Barkhaus, Annette/Mayer, Matthias/Roughley, Neil/Thürnau, Donatus: Identität Leiblichkeit Normativität. Neue Horizonte anthropologischen Denkens. Frankfurt/Main 1996. S. 380-403. Insb. S. 385

510 Stierlin, Helm: Ich und die anderen. Psychotherapie in einer sich wandelnden Gesellschaft. Stuttgart 1994. S. 83

511 Nassehi, Armin: Überraschte Identitäten. Über die kommunikative Formierung von Identitäten und Differenzen nebst einigen Bemerkungen zu theoretischen Kontexturen. In: Straub, Jürgen/Renn, Joachim (Hrsg.): Transitorische Identität. Der Prozesscharakter des modernen Selbst. Frankfurt/Main 2002. S. 230

512 Fuchs, Peter: Moderne Identität – im Blick auf das europäische Mittelalter. In: Willems, Herbert/Hahn, Alois (Hrsg.): Identität und Moderne. Frankfurt/Main 1999. S. 275

Die Zeitdimension „entparadoxiert das Problem des Selbstbewusstseins dadurch, dass ein je neu auftretendes Ereignis dafür sorgt, dass Bewusstsein von einem Selbst entsteht, das sich in der Zeit als Bewusstseinsstrom erlebt.“[513] Diese Beobachtungen der eigenen Lebensreproduktion durch selbstreferentielle Verknüpfung von Ereignissen finden ihren Niederschlag in semantischen Beschreibungen der Differenz zu diesem operativen Lebenslauf, im Falle von Selbstbeobachtung in Selbstbeschreibungen, die „an den behaupteten Eigenschaften ansetzen, von denen die Betroffenen meinten, sie seien ihnen persönlich eigentümlich, und zwar im Gegensatz zu anderen Personen.“[514] Indem sich dieses Konstrukt „Selbst“ in Form eines psychischen Systems beschreiben lässt, das (Selbst- und Fremd-)Zurechenbarkeit ermöglicht, kann diese Konstruktion als „Beschreibungseinheit“ von anderen „Beschreibungseinheiten“ (id est: psychischen Systemen) abgrenzt werden[515]. Nur das Individuum selbst kann durch selbstreferentielle „Biographisierung“ seines Lebenslaufes sicherstellen, dass es bei all den verschiedenen Erwartungen, die ihm aufgebürdet werden, im Erfüllen oder Nicht-Erfüllen dieser Erwartungen individuell selbst bleibt. „Das personale Muster Individualität ist ein solcher Beschreibungszusammenhang, der unbestimmter in Hinblick auf wechselnde Anforderungen und Erwartungen in der modernen Gesellschaft reagiert. Seine Imperative sind damit nicht weniger verbindlich, sie sind aber nicht mehr an Herkunft und Schichtung enggeführt. Sie referieren auf ein personales Inventar, das nicht nur in der Lage ist, disparate soziale Anforderungen, Erwartungen und Rollen auszuhalten, sondern das sich durch logische und kausale Unordnung nicht aus der Fassung bringen lässt, vielmehr ad hoc entscheiden können muss, wie zu reagieren ist. Das Schema Individualität garantiert auf diese Weise, dass Individuen dieselben bleiben, wenn sie von einer Situation in die andere überwechseln.“[516] Diese individuelle Ordnung ungeordneter Zugriffe unterschiedlicher Kontexte, „die unsere Weltschau, Gedanken,

---

[513] Nassehi, Armin: Überraschte Identitäten. Über die kommunikative Formierung von Identitäten und Differenzen nebst einigen Bemerkungen zu theoretischen Kontexturen. In: Straub, Jürgen/Renn, Joachim (Hrsg.): Transitorische Identität. Der Prozesscharakter des modernen Selbst. Frankfurt/Main 2002. S. 227

[514] Bohn, Cornelia/Hahn, Alois: Selbstbeschreibung und Selbstthematisierung: Facetten der Identität in der modernen Gesellschaft. In: Willems, Herbert/Hahn, Alois (Hrsg.): Identität und Moderne. Frankfurt/Main 1999. S. 36/37

[515] vgl. Stierlin, Helm: Ich und die anderen. Psychotherapie in einer sich wandelnden Gesellschaft. Stuttgart 1994. S. 84. Dabei ist diese Abgrenzung bereits auf körperlicher Ebene selbstredend schwer zu ziehen (s. z.B.: Simon, Fritz B.: Meine Psychose, mein Fahrrad und ich. Zur Selbstorganisation der Verrücktheit. Heidelberg 2009[12]. S. 193), ein Problem, das sich auf der Bewusstseinsebene exponiert

[516] Pasero, Ursula: Frauen und Männer im Fadenkreuz von Habitus und funktionaler Differenzierung. In: Nassehi, Armin/Nollmann, Gerd (Hrsg.): Bourdieu und Luhmann. Ein Theorienvergleich. Frankfurt/Main 2004. S. 202/203

Gefühle, Entscheidungen und Handlungen bedingt, ist das Ergebnis einer ganz bestimmten Ordnung, die wir der kaleidoskopischen, phantasmagorischen Vielfalt der Welt sozusagen aufstülpen und die also nicht das Resultat der Erfassung der „wirklichen“ Welt ist, sondern die im eigentlichsten Sinne eine ganz bestimmte Welt konstruiert.“[517] Dabei ist personale Identität Selbstzurechnung in Form von „Selbstsimplifikation“[518], da biographische Beschreibungen nicht der Komplexität lebensgeschichtlicher Ereignisse entsprechen, sondern durch bestimmte Strategien der Selektivität charakterisiert sind, denn jede „in der Retrospektive vorgenommene Deskription eines gelebten Lebens ist eine mögliche Beschreibung, eine Symbolisierung unter vielen denkbaren, und selbst als spezielle „gedächtnisbasierte“ sprachliche Repräsentation, als Erinnerung … ist diese Beschreibung polyvalent – in ihrer Bedeutung und ihrem Sinn offen, auslegungsfähig und auslegungsbedürftig.“[519] Gerade durch die multiplen Möglichkeiten von Selbst- und Fremdbeschreibungen durch multipartielle Inklusionsmuster[520] ist Identität (je) konstruiert und kontingent: „Auf der Suche nach Identität kann nichts gefunden werden, was bereits „da“ ist, irgendwo im Verborgenen schlicht gegeben und auf seine Entdeckung wartend. Wer Erfolg hat bei der „Suche“ nach seiner Identität, hat in kreativen Akten geschaffen, wonach er suchte. Identität ist ein immer nur vorläufiges Resultat kreativer, konstruktiver Akte, man könnte fast sagen: sie ist geschaffen für den Augenblick.“[521] Im Rahmen von Identität als selbstreferentieller Konstruktion und deren kommunikativ behaupteten Determinanten „hat man es mit mehr oder minder geglaubten, bewussten und elaborierten Handlungserklärungen zu tun, mit denen die Menschen ihre Erfahrungen ordnen und gerade dadurch Ablauf und Wirkungen ihres Verhaltens durch eine *self fulfilling prophecy* mit beeinflussen.“[522] Identitätsbeschreibungen

[517] Watzlawick, Paul: Wirklichkeitsanpassung oder angepasste „Wirklichkeit“? Konstruktivismus und Psychotherapie. In: Gumin, Heinz/Meier, Heinrich (Hrsg.): Einführung in den Konstruktivismus. München 2005[8]. S. 94

[518] Fuchs, Peter: Moderne Identität – im Blick auf das europäische Mittelalter. In: Willems, Herbert/Hahn, Alois (Hrsg.): Identität und Moderne. Frankfurt/Main 1999. S. 281

[519] Renn, Joachim/Straub, Jürgen: Einleitung. Transitorische Identität. Der Prozesscharakter moderner personaler Selbstverhältnisse. In: Dies. (Hrsg.): Transitorische Identität. Der Prozesscharakter des modernen Selbst. Frankfurt/Main 2002. S. 14

[520] auch Funktionssysteme fertigen Beschreibungen ihrer jeweiligen kommunikativen Adressaten an, die nichts weniger als identisch sind

[521] Straub, Jürgen: Personale und kollektive Identität. Zur Analyse eines theoretischen Begriffs. In: Assmann, Aleida/Friese, Heidrun (Hrsg.): Identitäten. Erinnerung, Geschichte, Identität 3. Frankfurt/Main 1998. S. 93

[522] Nollmann, Gerd: Luhmann, Bourdieu und die Soziologie des Sinnverstehens. Zur Theorie und Empirie sozial geregelten Verstehens. In: Nassehi, Armin/Nollmann, Gerd (Hrsg.): Bourdieu und Luhmann. Ein Theorienvergleich. Frankfurt/Main 2004. S. 121

sind gerade durch diese self fulfilling prophecy[523] als Strukturbildung durch rekursive Verknüpfungen (re-entry [vgl. Kap. 1.2.3]), nicht (nur) als Selbstsimplifizierung der Selbstordnung, sondern auch als Selbstsimplifizierung der Ordnung unterschiedlicher Kontexte durch selektive Markierung (oder Ausblendung) von Kontexten im Rahmen individueller Sinnhaftigkeit. „Um als Individuum überleben zu können, übte ich mich in Kontextvergessenheit. Aber man könnte genauso richtig sagen: Um als Individuum überleben zu können, musste ich mich immer wieder so weit für Kontexte sensibilisieren, dass ich darin Unterschiede auszumachen vermochte, die für mein Überleben einen Unterschied machten."[524] Individualitätsgenerierung ist an Kontexte (und damit an soziale Systeme) gebunden, von diesen abhängig, nicht ohne diese konstruierbar. Identität stellt also einen (kontextabhängigen und polyzentrischen) sinnhaften Horizont[525] im Rahmen struktureller Limitationen durch Erwartungen als soziale Einschränkungen dar, der in differierenden Kontexten Anschlussfähigkeit aufweisen muss, was bestimmte Selbstbeschreibungsformen (in bestimmten Kontexten) ausschließt und die Wahrscheinlichkeit anderer (wiederum kontextabhängig) erhöht, der individuellem Erleben (der Erfahrung jeweilig partiell formierter gesellschaftlicher Adressierungen) und eigenen Handlungen (der Adressabilitätsgeneration, um das Verhalten *„seiner individuellen Person für andere wieder erwartbar"*[526] zu machen) Bedeutung verleiht[527]. Die Umwelt eines psychischen Systems stellt grundlegende Limitationsbedingungen für Selbstbeschreibungen dar, die sich sowohl auf die Umwelt in Form anderer psychischer Systeme (von denen sich das Selbst abgrenzen kann) als auch in Form sozialer Systeme beziehen, da der Selbst-Definitionsprozess untrennbar verbunden ist mit

---

523 s. dazu Watzlawick, Paul: Selbsterfüllende Prophezeiungen. In: Ders. (Hrsg.): Die erfundene Wirklichkeit. München 1981. S. 91-110 oder, sehr anregend und humorvoll: Ders.: Anleitung zum Unglücklichsein. München 1994³

524 Stierlin, Helm: Ich und die anderen. Psychotherapie in einer sich wandelnden Gesellschaft. Stuttgart 1994. S. 93

525 mit Präferenz der sozialen Seite; Bewusstseine werden auch im Rahmen von Selbstbeobachtungen durch Erwartungen sozialer Instanzen in unterschiedlichen Kontexten gezwungen, sich konsistent darzustellen, eine Darstellung, die an diese Kontexte gekoppelt ist (z.B., wenn das Gericht danach fragt) und in der vergangene Motive mit gegenwärtigen Bedürfnissen und Absichten in Bezug zu diesen Erwartungen gekoppelt werden. Die Lebensgeschichte einem Psychiater gegenüber dürfte sich anders kaprizieren als die dem Hausarzt geschilderte und wiederum anders die für einen (potentiellen) Arbeitgeber (und selbst die für den Lebenspartner wird sich selektiv generieren). Vgl. dazu empirisch: Spindler, Susanne: Corpus Delicti. Männlichkeit, Rassismus und Kriminalisierung im Alltag jugendlicher Migranten. Münster 2006. S. 121

526 Luhmann, Niklas: Die gesellschaftliche Differenzierung und das Individuum. In: Ders.: Soziologische Aufklärung 6. Opladen 1995. S. 132

527 Stierlin spricht hier von einem Prozess der „Individuation mit" und der „Individuation gegen". In: Stierlin, Helm: Ich und die anderen. Psychotherapie in einer sich wandelnden Gesellschaft. Stuttgart 1994. S. 119ff

der Wahrnehmung der sozialen Umwelt und deren – aktualen – Adressierungszugriffen, zeigt sich Identität in gelungenen Balancen zwischen inneren Selbstzuschreibungen und Fremdzuschreibungen (als soziale Deutungsmuster biographischer Verarbeitungen), was trotz operativer Geschlossenheit Offenheit erlaubt.

2.1.1 Individualisierung als Folge generalisierter Fremdheit

Personale Identität; Lebensläufe, individuelle Risiken und Möglichkeiten des Scheiterns sind in der modernen Gesellschaft nicht mehr auf kollektive Lagen (auf sozialstrukturelle fremdreferentielle Koordinaten) zurückzuführen, sondern müssen selbstreferentiell verarbeitet werden. „Die *Identität* des Einzelnen verdankt sich im 17. Jahrhundert einer sich dynamisierenden Gesellschaft eben nicht mehr einer bestehenden, perennierenden Ordnung, sondern einer Zukunftsperspektive, die mit Unbekanntem rechnen muss, mit Kontingenz, mit dem bürgerlichen Privileg des Scheiterns und des Erfolgs.“[528] Auch wer heute einen traditionellen Lebensweg einschlägt, tut dies auf dem Weg einer prinzipiell individualisierten Wahlhandlung[529], deren eventuelles Scheitern *er Selbst* zu verantworten hat. Daraus ergibt sich das „Wachstum von individuellen Optionen (auf Arbeits-, Lebensstil- und Heiratsmärkten etwa) bei gleichzeitiger Auszehrung kollektiver Ligaturen (tradierter Kontingenzlimitationen wie Schicht und Klasse). In engerer Sicht: Risikosteigerung durch Optionssteigerung ohne kollektiven Begleitschutz: Individualismus als Not.“[530] Individualisierung ist also bereits dadurch, dass individuelle Ansprüche nur im Rahmen verfügbarer, sozial konditionierter Schemen (denn durch „Funktionssysteme und ihre Bürokratien werden laufend Schablonen geliefert, nach denen die Ansprüche gefertigt werden“[531]) sowie im Rahmen der je gegebenen sozio-strukturellen und –kulturellen Kontexte realisierbar sind zwischen der Erfüllung oder Nichterfüllung eigener (die individuellen Identitätsaufbau durch Irritation von Ansprüchen erlauben und so im

[528] Nassehi, Armin: Der soziologische Diskurs der Moderne. Frankfurt/Main 2006. S. 315

[529] s. auch Hitzler, Ronald: Der unberechenbare Bürger. Über einige Konsequenzen der Emanzipation der Untertanen. In: Beck, Ulrich (Hrsg.): Kinder der Freiheit. Frankfurt/Main 1997². S. 177. Daraus aber den Schluss zu ziehen, dass daraus im Sinne Becks eine neue „Subpolitisierung“ des Politischen entsteht („Denn wer immer versucht, auf die Verbindlichkeit der Ordnung des Zusammenlebens von wem auch immer wie auch immer Einfluss zu nehmen, handelt in diesem Verstande eben politisch“ (a.a.O.: S. 179)), setzt nun wieder Gesellschaft und Politik in Form einer politischen Beschreibung der Gesellschaft gleich

[530] Japp, Klaus P.: Die Form des Protests in den neuen sozialen Bewegungen. In: Baecker, Dirk (Hrsg.): Probleme der Form. Frankfurt/Main 1993. S. 243

[531] Luhmann, Niklas: Die gesellschaftliche Differenzierung und das Individuum. In: Ders.: Soziologische Aufklärung 6. Opladen 1995. S. 140

Rahmen ihrer individuellen Verwirklichung zur gesellschaftlichen Reproduktion beitragen) und der Erfüllung oder Nichterfüllung anderer Ansprüche an einen Selbst nicht primär Ausdruck des Wandels von limitierenden Werten und Mustern hin zu individuell selbstkonstituierten (egozentrierten) Orientierungen[532], sondern Folge der funktional sachlogisch individuellen Adressierung und der damit einhergehenden individuellen Multiinklusion. Individualität ist also ein Schema, „das keinesfalls auf subjektive Absichten oder auf triviale Vorstellungen von Selbstverwirklichung zurückgeführt werden kann. Individualität meint hier vielmehr die soziale Zumutung, sich in jedem Moment selbst zuzurechnen, was man getan oder unterlassen und was man mit sich selbst anzufangen hat, also eine individuelle „Karriere" zu durchlaufen. Die Karriere wird hier keinesfalls im landläufigen Sinne als „Weg nach oben" verstanden, sondern schließt Auf- und Abstiege mit ein. Die Karriere ist keine Struktur des einzelnen Bewusstseins, sondern eine soziale Struktur, weil sie eine Kombination von Selbst- und Fremdselektionen ist. Die sozialen Karrieren der Individuen lassen selbstverständlich auch soziale Positionen erkennen. Aber Karriere ist hier ein Gegenbegriff zur Herkunft, ein Begriff einer selbstsubstitutiven Ordnung, in der die Verteilung von Positionen nicht mehr quasi automatisch an Herkunft gekoppelt ist."[533] Der Zwang der Notwendigkeit, sich selbst aus sich selbst heraus durch individuelle Koordination unterschiedlicher Kontexte zu schaffen, koinzidiert mit der Freiheit, die parallelen Anforderungen der unterschiedlichen Teilsysteme auch selbst, individuell verarbeiten zu können. Identität muss gemacht, hergestellt werden[534]. Dabei nötigt Gesellschaft durch die Divergenz der semantischen

---

[532] s. zu dieser Ausrichtung Beck, Ulrich: Ursprung als Utopie: Politische Freiheit als Sinnquelle der Moderne. In: Ders. (Hrsg.): Kinder der Freiheit. Frankfurt/Main 1997². S. 382-401

[533] Pasero, Ursula: Frauen und Männer im Fadenkreuz von Habitus und funktionaler Differenzierung. In: Nassehi, Armin/Nollmann, Gerd (Hrsg.): Bourdieu und Luhmann. Ein Theorienvergleich. Frankfurt/Main 2004. S. 203

[534] hieran zeigt sich wieder das Prinzip der Machbarkeit als das Signum moderner Gesellschaft, wie auch Habermas (in der Denkrichtung Ulrich Becks) positiv konnotierend konzediert: Die „Entbindung aus einer stärker integrierenden Lebenswelt entlässt die Einzelnen in die Ambivalenz wachsender Optionsspielräume. Sie öffnet ihnen die Augen und erhöht zugleich das Risiko, Fehler zu machen. Aber es sind dann wenigstens die eigenen Fehler, aus denen sie etwas lernen können." (Habermas, Jürgen: Die postnationale Konstellation. Politische Essays. Frankfurt/Main 1998. S. 126/127). Auch Elias weist (eher negativ) auf diese Dichotomie hin, wenn er schreibt, Individuen finden „sich vor einer wachsenden Zahl von Alternativen gestellt. Sie haben einen größeren Spielraum der Wahl. Sie können in weit höherem Maße für sich selbst entscheiden. Aber sie *müssen* auch in weit höherem Maße für sich selbst entscheiden. Sie *können* nicht nur, sie *müssen* auch in höherem Maße selbständig werden. In dieser Hinsicht haben sie keine Wahl." (Elias, Norbert (Hrsg.: Schröter, Michael): Die Gesellschaft der Individuen. Frankfurt/Main 1987. S. 167) Gerade die Folgen funktionaler Differenzierung, die Notwendigkeit strikt individueller Zurechnung sind für Elias im Gegensatz zu Beck, der die sich daraus ergebenden Freiheiten betont, Grund der Aufrechterhaltung seiner Kollektivitätsorientierung, um personale Kontinuität und kohärente Vergesellschaftung beschreiben zu können: „Der

Verhandlung von Individualität (als Freiheit der „Wahl“) und faktischer Individualität als Selbstzurechnung sozialer Adressierungen sowie durch vervielfältigte und uneindeutigere Beobachtungsverhältnisse dem sich als individualisiert deutenden Individuum immer mehr Selbstverortungsentscheidungen, wodurch Orientierung (als Selbstversicherung) zunehmend unsicherer wird; Differenzen statt Eindeutigkeiten drohen, Identität prekär und damit relevant wird. Um die Prekärenz dieser individuellen Karrieren im Rahmen der Zeitdimension zu verringern, benötigt das Individuum Selbstverstärkungen und –stabilisierungen[535] (die sich dann z.B. die Psychotherapie als einer der von Alois Hahn so genannten „Biographiegeneratoren“[536] zu nutze machen kann) in Form – kommunizierbarer – Selbstbeschreibungen der Identitätsbehauptung[537], „die bei Prozessen der Selbstbeobachtung und Selbstbeschreibung des Bewusstseins im Schema Dauer/

hohe Grad von Individualisierung, von persönlicher Unabhängigkeit und oft genug von Vereinsamung, der für diese Art von gesellschaftlicher Ordnung charakteristisch ist“ (a.a.O.: S. 203), führt zum Verlust sozialer Orientierung, worin er sich mit der Auffassung Hannah Arendts [vgl. FN 548] deckt

[535] da operative Unterscheidungen erst im Nachtrag beobachtet werden können, als „ereignisbasierte Systeme letztlich von ihrer eigenen Identität *überrascht* werden“ (Nassehi, Armin: Überraschte Identitäten. Über die kommunikative Formierung von Identitäten und Differenzen nebst einigen Bemerkungen zu theoretischen Kontexturen. In: Straub, Jürgen/Renn, Joachim (Hrsg.): Transitorische Identität. Der Prozesscharakter des modernen Selbst. Frankfurt/Main 2002. S. 229), weiß ein psychisches System nicht, wer es ist. Es exemplifiziert seine Identität, geht es ihr aber intro- und retrospektivisch nach, wird deutlich, dass diese von System-Umwelt-Kontakten und damit von dieser je spezifischen Umwelt determiniert ist (Partner, Familie, Beruf, Kreditkarte; der Form „Person“). Ohne diese je (selbstkonstitutiven) umweltspezifischen Sinnlieferanten wäre sich ein psychisches System ein unvertraut Fremder, dem sich dieses als innere „Welt“ nie zu begegnen wagen würde [s. Kap. 2.2.3]

[536] „Die Biografiegeneratoren thematisieren gerade diese Vereinzelung des Subjekts, ja sie machen es allererst themafähig.“ (Willems, Herbert/Hahn, Alois: Einleitung. Modernisierung, soziale Differenzierung und Identitätsbildung. In: Dies. (Hrsg.): Identität und Moderne. Frankfurt/Main 1999. S. 17)

[537] die entweder durch eine selbstreferentiell introspektive Perspektive gleichsam tautologisch als unendlicher Regress von Selbstbezüglichkeit generiert werden können oder – im Blick auf die Umwelt mit mehr oder minder großem Informationswert paradox in Form der Differenz dieser Selbstbezüglichkeit und fremdreferentiellen Ansprüchen. Durch Ansprüche orientiert sich ein psychisches System „an einer Differenz zwischen dem, was momentan besteht, und dem, was sein soll, hergestellt werden soll, erreicht werden soll; und es kann sich dann mit seinem Anspruch identifizieren. ... In der Form von Ansprüchen kann die Differenz von Selbstsystem und Umwelt in das System selbst eingebaut und semantisch operationalisiert werden. Das Individuum ist dann nicht nur ein System für sich; es kann als Differenz zu seiner Umwelt nicht nur von außen, sondern auch von innen beobachtet werden. In der Form des Anspruchs wird die System/Umwelt-Differenz für das System selbst zugänglich, erfahrbar, auswertbar, und das setzt keineswegs eine besondere Originalität der Ansprüche voraus. Anders als Reflexionsidentität erleiden Ansprüche keine Funktionsminderung, wenn sie copiert werden. Sie lassen sich nach Schablonen anfertigen – und führen im Resultat dann doch zu Erfahrungssequenzen und damit zu Strukturen, die das einzelne System als Individuum auszeichnen.“ (Luhmann, Niklas: Die gesellschaftliche Differenzierung und das Individuum. In: Ders.: Soziologische Aufklärung 6. Opladen 1995. S. 135)

Wandel Dauer bezeichnet und in dieser Hinsicht dann selbstsimplifikatorisch sein kann, insofern die Gegenseite des Schemas, die laufende Transformation, ausgeblendet wird."[538] Gerade durch die mutualistische Unvereinbarkeit divergierender Adressierungszumutungen benötigt das Individuum zur Synthese seiner fragmentierten Adressabilität eine einheitliche, kohärent konstruierte[539] Identitätsfolie zur Invisibilisierung der Unmöglichkeit von Identität als allgemeine Einheit. Diese Selbstbeschreibungen werden nun sinnlogisch *außerhalb* der Differenzierungsform der Gesellschaft[540] angefertigt, „selbst wenn die Form der individuellen Selbstbeschreibung sehr wohl durch Routinen der Funktionssysteme induziert wird, etwa durch ökonomische, politische oder religiöse Erwartungen und Beschreibungshorizonte. Es ist dies jener *Exklusionsbereich* der Gesellschaft, der als Karikatur des selbstdistanzierten, sich protestantisch in sich selbst einschließenden bürgerlichen Individuums beschrieben werden kann, das seine innere Unendlichkeit insbesondere durch die Kultivierung einer radikalen Differenz zur *Gesellschaft* gewinnt."[541] Aus dieser Exklusionsindividualität[542] „als das, was nicht aufgeht im wirtschaftlichen, rechtlichen, politischen, beruflichen, religiösen, familiären usw. Funktionszusammenhang, entsteht zugleich durch die Differenz der partialen, je spezfischen Adressierung als Person seiner sozialen Adresse und diesen Gesamtbeschreibungsformen die Erfahrung von Entfremdung, da Person nicht im ganzen Menschen aufgeht, da niemand mit den sozialen Erwartungen, die sich in seiner sozialen Adresse bündeln, aufgeht. Personale Identität im modernen Sinne und subjektive Selbst-Entfremdung bedingen einander."[543] Diese Entfremdung[544] ist nun nicht darauf zurückzuführen, dass Individuen durch eine bestimmte ihrer Rollen; respektive eine bestimmte Funkti-

---

[538] Fuchs, Peter: Moderne Identität – im Blick auf das europäische Mittelalter. In: Willems, Herbert/Hahn, Alois (Hrsg.): Identität und Moderne. Frankfurt/Main 1999. S. 291

[539] „Geschichten sind Sprachkonstruktionen, die Lebenserfahrung bändigen, ordnen und aufbewahren, dabei Sinn stiften und im Lichte solchen Sinnes Verhalten anleiten. Sie sind ein Stoff – vielleicht der Stoff -, der es einem Selbst ermöglicht, sich sowohl auf Dauer seiner Identität zu versichern als auch diese Identität durch neue Erfahrungen in Frage zu stellen, zu verändern und zu bereichern." (Stierlin, Helm: Ich und die anderen. Psychotherapie in einer sich wandelnden Gesellschaft. Stuttgart 1994. S. 95)

[540] vgl. Nassehi, Armin: Geschlossenheit und Offenheit. Studien zur Theorie der modernen Gesellschaft. Frankfurt/Main 2003. S. 106/107

[541] Nassehi, Armin: Die paradoxe Einheit von Inklusion und Exklusion. Ein systemtheoretischer Blick auf die „Phänomene". In: Bude, Heinz/Willisch, Andreas (Hrsg.): Das Problem der Exklusion. Ausgegrenzte, Entbehrliche, Überflüssige. Hamburg 2006. S. 51

[542] vgl. Bohn, Cornelia: Inklusions- und Exklusionsfiguren. In: Annali di Sociologia. Soziologisches Jahrbuch 16, 2002/2003. Berlin 2006. S. 149

[543] Hahn, Alois: Partizipative Identitäten. In: Münkler, Herfried (Hrsg.): Furcht und Faszination. Facetten der Fremdheit. Berlin 1997. S. 131

[544] vgl. dazu: Hahn, Alois: Identität und Nation in Europa. In: Berliner Journal für Soziologie 3, Heft 2. Berlin 1993. S. 198ff

onssphäre über-determiniert wären, nicht auf der Erfahrung des Unterworfen-Seins unter gegebene Ligaturen (differenzierte und determinierende Beobachtungsmöglichkeiten), durch die die „Probleme des Individuums … so als Probleme der Gruppen, in denen es aufgrund der Arbeitsteilung oder aufgrund von Klassengliederungen zu existieren hat“[545], erscheinen würden (was sich schlicht als Selbst-Entfremdung in Diskrepanzen zwischen Selbst- und Fremdbeschreibung zeigen würde, die *möglich*, aber zumindest heute durch vervielfältigste Beobachtungsverhältnisse [vgl. Kap. 1.5.3] potenziert werden), Entfremdung ergibt sich vielmehr daraus, dass sich Individuen durch die Form der Partikularinklusion *in ihrer Ganzheit* nicht mehr in die Gesellschaft einbringen können; nicht dadurch, „dass sie einer und nur einer Gruppe angehören, deren Partikularität ihren Mitgliedern verbietet, die Inhalte der Gesamtkultur gleichsam mikrokosmisch zu internalisieren. Vielmehr versammelt sich in den Individuen eine Konstellation von Bedeutungen und Erfahrungen, die außer im jeweils gegebenen Individuum sich nirgends sonst in der Gesellschaft realisiert findet.“[546] Wie Schroer unter Bezugnahme auf Simmel feststellt, ist Fremdheit daher grundlegendes Strukturprinzip moderner Gesellschaft und trifft nicht (mehr) nur auf die Person des Fremden als Fremden zu. „Der Fremde bei Simmel wird damit zum Chiffre für den Menschen in der modernen Gesellschaft schlechthin. Er ist gleichsam der Initiator einer insgesamt auf Anonymität beruhenden Gesellschaftsform.“[547] Erst diese soziale Entfremdung (durch Inklusionsindividualität) bedingt die Möglichkeit von Individualität im Rahmen der Verarbeitung dieser Zugriffe (Exklusionsindividualität). Aus dieser – doppelten – Individualität folgt das Gefühl individueller „Verlassenheit“[548], wodurch Identitätskonstruktionen als Suche nach Formen semantischer Gesamtintegration relevant werden, „in die der Einzelne entweder sein ganzes Selbst einbringen kann oder nicht. Die meisten Erfordernisse seines Lebens kann der Einzelne, und das ist neu, nur noch in unpersönlichen Beziehungen sicherstellen, in Beziehungen, in denen er nicht oder nur in den engen Grenzen des jeweiligen Systems, über sich selbst kommunizieren kann.“[549] Die funktional differenzierte Gesellschaft ist – auch bedingt

545 Willems, Herbert/Hahn, Alois: Einleitung. Modernisierung, soziale Differenzierung und Identitätsbildung. In: Dies. (Hrsg.): Identität und Moderne. Frankfurt/Main 1999. S. 10

546 a.a.O.: S. 14

547 Schroer, Markus: Fremde, wenn wir uns begegnen. Von der Universalisierung der Fremdheit und der Sehnsucht nach Gemeinschaft. In: Nassehi, Armin (Hrsg.): Nation, Ethnie, Minderheit. Beiträge zur Aktualität ethnischer Konflikte. Köln, Weimar, Wien 1997. S. 22

548 auch Hannah Arendt kommt (wenn auch unter völlig anderen Frageperspektiven) zur selben Diagnose: Die moderne Gesellschaft führt aufgrund sozialen Sinnverfalls zu individueller Selbstlosigkeit und prinzipieller Verlassenheit. S. dazu: Meier, Matthias J. M.: Phänomene der Massengesellschaft nach Hannah Arendt. Frankfurt/Main 2002

549 Luhmann, Niklas: Liebe als Passion. Zur Codierung von Intimität. Frankfurt/Main 1982. S. 194

durch das Primat organisationaler Kontexte – durch wenig(er) persönliche Kontakte gekennzeichnet, und selbst wo es zu direkten Kontakten (in Interaktionssituationen) kommt, werden Adressierungen durch die Form „Person" (und eben nicht durch deren individuelle Besonderheiten und Absonderlichkeiten) funktionssystemspezifisch schematisiert. Diese Form kommunikativer Adressierung, deren Elastizität und Fluidität sich gerade aus der nicht notwendigen Berücksichtung individueller Eigentümlichkeiten ergibt (und sich damit zwar simplifizierend, ja nivellierend formiert, aber gerade dadurch Anschlussfähigkeit erhöht) trägt ihrerseits zur Entfremdung bei. „Die Kommunikation läuft gleichsam mit wenig – vielleicht müsste man sagen: mit wenig „authentischer" – Personalität, aber keinesfalls ohne Bewusstsein. Und genau dies muss das beteiligte Bewusstsein aushalten."[550] Insofern wird die moderne (Sucht der) Suche nach persönlichen Beziehungen in Form von Komplettadressierung (zur Invisibilisierung gegenseitiger Intransparenz zumindest (noch) einer Person gegenüber) verständlich[551]. „Die unpersönlichen Beziehungen sind „nur" unpersönliche Beziehungen. Die persönlichen Beziehungen werden mit Erwartungen eines auf die Person Abgestimmtseins überlastet, woran sie oft zerbrechen, was aber die Suche danach nur verstärkt und das Ungenügen nur unpersönlicher Beziehungen nur umso deutlicher hervortreten lässt."[552] Aufgrund dieser Veränderungen der Gesellschaftsstruktur mussten gesellschaftstheoretisch schließlich auch „Aggregatbegriffe des Sozialen reformuliert werden – etwa von Gemeinschaft zu Gesellschaft oder von community zu collectivity, mit der Folge, dass die alte Ganzheitlichkeit nur noch romantisch, nur noch nostalgisch, nur noch als Gegenbegriff mitgeführt wird"[553], worauf im Rahmen der gesellschaftlichen Reflexion dieser Modernisierungsprozesse und deren Folgen Gemeinschaftskonzepte[554] bzw. –beschreibungen entstanden, die dem Begriff der Gesellschaft entgegengestellt wurden und durch die versucht wurde, wieder Einheiten zu finden bzw. zu kreieren, die – unter diametral differierenden Bedingungen – weiterhin Möglichkeiten der Einbringung eines ganzes Selbstes in die Gesellschaft, der Komplettadressierung, der Imagination von Zugehörigkeit boten.

---

550 Japp, Klaus P.: Politische Akteure. In: Soziale Systeme. Zeitschrift für soziologische Theorie. Jahrgang 12, Heft 2. Stuttgart 2006. S. 232

551 gerade auch im sozialen Nahkontext (exemplarisch in Liebesbeziehungen) gerät die Frage der Adressierung (durch die Unterscheidung von Komplett- und Partialadressierung) leicht unter Motivverdacht

552 Luhmann, Niklas: Liebe als Passion. Zur Codierung von Intimität. Frankfurt/Main 1982. S. 205

553 Luhmann, Niklas: Individuum, Individualität, Individualismus. In: Ders.: Gesellschaftsstruktur und Semantik. Studien zur Wissenssoziologie der modernen Gesellschaft. Band 3. Frankfurt/Main 1998². S. 249

554 s. Tönnies, Ferdinand: Gemeinschaft und Gesellschaft. Grundbegriffe der reinen Soziologie. Darmstadt 1972³

2.1.2 Die Tautologie der Einheitsanmutung als Antwort auf die Paradoxie von Adressierungszumutungen

„Warum besteht ein signifikanter Bedarf für Formulierungen von Einheitskonzepten, für Wir-Semantiken, für Communio, für umgreifend übergreifende Einheit?“[555] Die Auflösung nicht-kontingenter sozialer Lagen und Identitäten, „der Verlust an gemeinschaftlich organisierten, traditionalen sozialen Bindungen“[556], die Unmöglichkeit eben nicht strikt individualisierter multipartial-inkludierter, exklusiver (unvergleichlicher) Karrieren durch differente und differierende Rollen wirkt desintegrierend und entfremdend und führt zum Bedarf an Einheitskonstruktionen, um die *Fiktion der Gesamtinklusion*[557] aufrechtzuerhalten und der generalisierten Fremdheit der modernen Gesellschaft, der „kalten“, funktionssystemdeterminierten Welt eine „wärmende“ gemeinschaftliche Einheit entgegenzustellen; ist es „die utilitaristische Formierung individualisierter Lebenslagen mit Karrierekonkurrenz und unter Bedingungen knapper Realisierungschancen biographischer Vervollkommnungsprozesse, die so etwas wie das Funktionserfordernis der Simulation von Kollektivitäten hervorbringt, das Simulakrum von Zugehörigkeit und Ansprechbarkeit.“[558] Die unkoordinierbare Struktur funktionaler Adressierungen unter den Bedingungen abstrakter Erfahrungslagen und unpersönlicher Beziehungen führt zum Empfinden einer hohen Unwahrscheinlichkeit des Funktionierens (Gelingens!) dieser Adressierungen mit der Folge der Notwendigkeit der Inhibierung der Kontingenz von Selbstreferentialität, gerade auch im Hinblick auf die Stabilisierung eigener Kohärenz[559]: „Diese hohe Un-

---

[555] Fuchs, Peter: Die Erreichbarkeit der Gesellschaft. Zur Konstruktion und Imagination gesellschaftlicher Einheit. Frankfurt/Main 1992. S. 95

[556] Schroer, Markus: Fremde, wenn wir uns begegnen. Von der Universalisierung der Fremdheit und der Sehnsucht nach Gemeinschaft. In: Nassehi, Armin (Hrsg.): Nation, Ethnie, Minderheit. Beiträge zur Aktualität ethnischer Konflikte. Köln, Weimar, Wien 1997. S. 22

[557] so Fuchs: „Der Erfolg solcher Communio-Konzepte beruht darauf, dass Sozialsysteme, die sich ihrer bedienen, intern und extern attraktiv für psychische Systeme wirken, die sich (mit der Ausnahme ihrer jeweiligen Familien selbst) in der Welt als Zurechnungspunkt für multiple Personalitätsansinnen vorfinden und sich damit erleben als uneinheitlich, in immer anderen Kontexten immer anders fragmentarisch. Psychisch mag das einleuchten als Sehnsucht nach intrauteriner Geborgenheit, nach Bergung, nach Anerkannt-sein (als Ganzes) mit Vorzügen und Defekten (hier bin ich Mensch, hier darf ich´s sein). Sozial gesehen, wird diesem Bedarf Rechnung getragen durch die (außerfamiliär illusorische) Konstruktion von Komplettpersonen, die in allen ihren Hinsichten relevant sind für das konstruierende Sozialsystem.“ (Fuchs, Peter: Die Erreichbarkeit der Gesellschaft. Zur Konstruktion und Imagination gesellschaftlicher Einheit. Frankfurt/Main 1992. S. 217)

[558] Nassehi, Armin: Politik des Staates oder Politik der Gesellschaft. Kollektivität als Problemformel des Politischen. In: Hellmann, Kai-Uwe/Schmalz-Bruhns, Rainer (Hrsg.): Theorie der Politik. Niklas Luhmanns politische Soziologie. Frankfurt/Main 2002. S. 47

[559] „Auch hier geht es, wie immer bei Unsicherheitsabsorption, um den Einbau einer bekannten Welt in eine unbekannte Welt, um die Rekonstruktion des Unbekannten durch das Dual von Annahmen

wahrscheinlichkeit hat vermutlich irgendwie Plausibilitätsdefizite zur Folge und führt einerseits zu Fundamentalismen religiöser oder ethnischer Art. Man versucht, irgendwo eine Identität sicherzustellen, die nicht mit diesen unsicheren Zukunftsperspektiven belastet sein muss.“[560] Wie Luhmann ausführt, hat es die moderne Gesellschaft „mit stärker individualisierten Individuen zu tun und, wie man gesagt hat: mit Individuen, die die Zumutungen ihrer Lebenslage als paradox empfinden und deshalb Externalisierungen, „Sinngebungen“, Unterscheidungen zur Entfaltung der Paradoxie benötigen.“[561] Durch Fremdheit als konstitutives Prinzip der modernen Gesellschaft ist Sozialität grundsätzlich durch psychische Intransparenz [vgl. Kap. 1.2.2] und doppelte Kontingenz gekennzeichnet; müssen psychische Systeme im Rahmen ihrer Weltkonstruktion von „Fundamentalalterität“[562] ausgehen. Vor dem Hintergrund der Notwendigkeit von Komplexitätsreduktion sowie der Aufrechterhaltung kommunikativer Anschlussfähigkeit wird diese nun praktisch nicht ständig reflektiert, sondern unterliegt einem (in der Terminologie Stierlins) „Alltagsfundamentalismus“[563], wird Selbstreferenz durch fremdreferentielle Sinnmuster (wie dem Nationalen[564]) invisibilisiert, um selbstversichernde Beobachtungsperspektiven zu erhalten. Die Plausibilität von Kollektivsemantiken ergibt sich aus der Notwendigkeit sozialer Rückversicherung individuellen Sinnerlebens innerhalb der sozialen Umwelt, dem Bedarf an „geltenden“ und voraussetzbaren Sinnstrukturierungen, einem geteilten Weltbezug. Je offensichtlicher sich die Welt als „Welt“ (als letztlich unbeobachtbarer Verweisungshorizont in Form kontingenter Sinnperspektiven [vgl. Kap. 1.2.3] aufgrund der unaufhebbaren Intransparenz und Divergenz von Beobachtungsmöglichkeiten im Medium „Sinn“) zeigt, sich vor dem Hintergrund unterschiedlicher Sinnhorizonte unterschiedliche Umwelten [s. Kap. 3.2.2] und damit „Welten“ eröffnen, die die je stabilisierenden selbsttragenden „Weltgebälke“ ins Wanken bringen, desto unsicherer wird die moderne Gesellschaft individuell (in Form von ErwartungsUnsicherheiten) erlebt und desto überzeugender erscheinen Orientierungen an „Gemeinschafts“vorstellungen. Die Be-

---

und Überraschungen.“ (Luhmann, Niklas (Hrsg.: Kieserling, André): Die Politik der Gesellschaft. Frankfurt/Main 2002. S. 266)

[560] Luhmann, Niklas: Systemtheorie und Protestbewegungen. Ein Interview. In: Ders. (Hrsg.: Hellmann, Kai-Uwe): Protest. Systemtheorie und soziale Bewegungen. Frankfurt/Main 1996. S. 187

[561] Luhmann, Niklas: Die Gesellschaft der Gesellschaft. Frankfurt/Main 1997. S. 851/852

[562] Hahn, Alois: Die soziale Konstruktion des Fremden. In: Sprondel, Walter M. (Hrsg.): Die Objektivität der Ordnungen und ihre kommunikative Konstruktion. Frankfurt/Main 1994. S. 149

[563] „Der Kontextnivellierung und Kontextüberflutung … können wir das gegenüberstellen, was ich Alltagsfundamentalismus nennen möchte. Alltagsfundamentalisten reduzieren unbedenklich die Komplexität unserer postmodernen Welt.“ (Stierlin, Helm: Ich und die anderen. Psychotherapie in einer sich wandelnden Gesellschaft. Stuttgart 1994. S. 149)

[564] vgl. Hahn, Alois: Die soziale Konstruktion des Fremden. In: Sprondel, Walter M. (Hrsg.): Die Objektivität der Ordnungen und ihre kommunikative Konstruktion. Frankfurt/Main 1994. S. 162

gründungslast eigener Individualität kann so im Rahmen der Imagination von Kollektivschemen und damit kollektiver Ansprechbarkeit ins Soziale transferiert werden, indem sich kommunikativ an dieser Kollektividentität orientiert wird, die sich „als solidarische Bindungskommunikation (schärfer formuliert geht es um die Einheitszumutungen der Zugehörigkeitserwartungen) manifestiert. In scharfen, dissentierenden Kontrast dazu gerät die als bindungslos (und deshalb als gefährlich) „kolorierte“ Kommunikation der Gesellschaft.“[565] Die interne Systemkomplexität der Paradoxie mutualistischer Sinnzumutungen partieller Adressierungen kann durch Orientierung an Kollektivsemantiken als routinierte oder zugriffssichere Unterscheidungen auf individuell handhabbare Sinnformen invisibilisiert werden, auf Selbstordnungsmöglichkeiten als *Was und Wer*; als *Dieser und nicht als Jener* [vgl. Kap. 1.2.3], die den Verweisungsreichtum von Sinn limitieren, da diese Orientierung bieten, wie (als *Was* oder *Wer*) ein polykontexturales psychisches System angesprochen und verstehbar werden, wie (als *Was* oder *Wer*) sich dieses anschlussfähig generieren kann. *Gesellschaftsstrukturell* aber sind kollektive Identitäten in einer funktional differenzierten Gesellschaft nicht mehr denkbar.

2.2 Relikte der Strata: „Partizipative Identitäten“ – das extra-sozietale Prinzip der Zugehörigkeit

Mit Alois Hahn gesprochen entsprechen diese Kollektivsemantiken *partizipativen Identitäten:*

> „Man macht … eine Identität geltend, die man mit anderen gemeinsam hat. Zugleich aber aktiviert man eine Unterscheidung: Man identifiziert sich durch ein Merkmal oder eine ganze Klasse von Merkmalen, die andere – so wird jedenfalls unterstellt – nicht haben: Ich bin Mann und keine Frau, Katholik und nicht Protestant, Deutscher und nicht Franzose. Die Identifikation, die hier vorgenommen wird, macht also einerseits den Anspruch auf eine Zugehörigkeit geltend und schließt gleichzeitig andere von dieser Zugehörigkeit aus.“[566] Dabei ist zu beachten, „dass die angeführte Reihe offenbar Identifikationen höchst unterschiedlichen Charakters enthält. Zwar handelt es sich stets um sozialen Status, einmal jedoch geht es um Identifikationen, die auf Funktionen verweisen, zum Beispiel Schuster, Hebamme, ein anderes Mal aber werden soziale Gruppen genannt, die gerade als Gesamtheiten aller nur denkba-

[565] Japp, Klaus P.: Die Form des Protests in den neuen sozialen Bewegungen. In: Baecker, Dirk (Hrsg.): Probleme der Form. Frankfurt/Main 1993. S. 238

[566] Bohn, Cornelia/Hahn, Alois: Selbstbeschreibung und Selbstthematisierung: Facetten der Identität in der modernen Gesellschaft. In: Willems, Herbert/Hahn, Alois (Hrsg.): Identität und Moderne. Frankfurt/Main 1999. S. 36

rer Funktionen auftreten, zum Beispiel Deutscher oder Franzose, Katholik oder Protestant.“[567]

Diese Form partizipativer Identitätsbildung durch Imagination entsprechender Mitgliedschaft ist nun nicht deckungsgleich mit der sozialen Identität eines Individuums, die sich auf die (dynamische) Ausgestaltung seiner (funktionalen) Rollenanforderungen bezieht[568]. Rucht[569] weist im Gegensatz zu Hahn, für den auch Rollenidentifikationen Formen partizipativer Identitäten bilden[570] (und dem insofern zuzustimmen sein dürfte, als auch sozialen Identitäten als Kollektivsemantiken im Rahmen gesellschaftlicher Konflikte[571] entsprechende Relevanz zukommen kann), darauf hin, dass soziale Identitäten (weil sie die Individualitäts- und die mit dieser konnotierten Selbstbestimmungssemantik unterlaufen) *nicht* die Prägungs- und Identifikationskraft partizipativer Identitäten, also von Gruppen, die sich nach „Stratifikationen, die unter anderem entlang der Kriterien der Herkunft, der Hautfarbe und des Geschlechts funktionsunspezifisch differenzieren“[572], aufweisen[573], die kommunikative Erwartungen eines Individuums

[567] a.a.O.: S. 37

[568] vgl. Beyme, Klaus von: Nationale Identität: Wieviel innere Geschlossenheit braucht der Nationalstaat? In: Voigt, Rüdiger (Hrsg.): Der neue Nationalstaat. Baden-Baden 1998. S. 72

[569] vgl. Rucht, Dieter: Transnationale Öffentlichkeiten und Identitäten in neuen sozialen Bewegungen. In: Kaelble, Hartmut/Kirsch, Martin/Schmidt-Gernig, Alexander (Hrsg.): Transnationale Öffentlichkeiten und Identitäten im 20. Jahrhundert. Frankfurt/New York 2002. S. 330

[570] durch den Begriff der „partizipativen Identität“ soll der Aspekt einer auf diese gründbare kollektive Identifikation und Solidarität hervorgehoben werden. S. dazu: Hahn, Alois: Partizipative Identitäten. In: Münkler, Herfried (Hrsg.): Furcht und Faszination. Facetten der Fremdheit. Berlin 1997. S. 115-158

[571] so z.B. in Arbeitskonflikten oder Tarifauseinandersetzungen, denn „kollektive Identitätsvorstellungen vereinfachen die Wahrnehmung und Beurteilung kollektiver Problemlagen und Situationsdefinitionen auf zentrale Leitwerte, für die Loyalitäten im Krisenfall eingeklagt und mobilisiert werden können.“ (Saurwein, Karl-Heinz: Einleitung: Die Konstruktion kollektiver Identitäten und die Realität der Konstruktion. In: Gephart, Werner/Saurwein, Karl-Heinz (Hrsg.): Gebrochene Identitäten. Zur Kontroverse um kollektive Identitäten in Deutschland, Israel, Südafrika, Europa und im Identitätskampf der Kulturen. Opladen 1999. S. 13.) Auch Hondrich weist darauf hin, dass kollektive Identifikationen situations- und kontextabhängig mehr- bzw. vielschichtig sein können, ist dabei aber der Auffassung von Elias [vgl. Kap. 2.2.1] sehr nahe, beide in als kollektiven Identitäten notwendige und reale soziale Faktizitäten zur (nationalen) sinngenerativen Abgrenzung zu Anderen sehen. (Vgl. Hondrich, Karl Otto: Geteilte Gefühle. In: Preyer, Gerhard (Hrsg.): Neuer Mensch und kollektive Identität in der Kommunikationsgesellschaft. Wiesbaden 2009. S. 241)

[572] Holz, Klaus: Politik und Staat. Differenztheoretische Probleme in Niklas Luhmanns Theorie des politischen Systems. In: Hellmann, Kai-Uwe/Fischer, Karsten/Bluhm, Harald (Hrsg.): Das System der Politik. Niklas Luhmanns politische Theorie. Wiesbaden 2003. S. 35

[573] demgegenüber sei darauf hingewiesen, dass es in einem großen deutschen Industrieunternehmen noch bis vor etwas mehr als einer Dekade in der internen Selbstbeschreibung der Mitarbeiter völlig plausibel war, von sich selbst als „Familie“ zu sprechen, sich in ihrer Selbstidentifikation also entsprechend anschlussfähig zu generieren. Da sich dies allerdings in den letzten Jahren in besagtem

(aus dessen Perspektive, also Sinnkonstruktion aufgrund von Überzeugungen, Einstellungen, Empfindungen [vgl. Kap. 1.5.2] strukturieren und gerade durch ihre funktionale Obsolenz die Imagination von „gemeinsamen Lebensorientierungen und Deutungsmustern“[574] erleichtern[575]. Dadurch wird eine genuine kollektive Identität imaginiert, die „notwendig zwei Argumente enthält: erstens eine Abgrenzung vom Nicht-Identischen oder anderen und zweitens eine Bestimmung, wie oder unter welchen Gesichtspunkt das Identische als etwas Einheitliches konstruiert oder betrachtet werden soll.“[576] Kollektivsemantiken stellen Unterscheidungen im Sinne Spencer-Browns [vgl. Kap. 1.2.2] dar, deren Bezeichnung einer Seite gleichzeitig einen „unmarked space“ definiert, das eben durch die Bezeichnung, des „marked space“ Unbezeichnete. Dies „schafft damit zunächst die wichtige Differenz von Selbstreferenz und Fremdreferenz, sie erlaubt eine Unterscheidung von „Wir“ und „Sie“““[577] und stellt eine (fast archaisch zu nennende[578]) basale soziale Struktur[579] dar.

Unternehmen (aufgrund der internen Unternehmensereignisse als Reaktion auf das sich verändernde Umfeld [vgl. dazu Kap. 3.1.1] radikal gewandelt zu haben scheint, könnte in die Zukunft projiziert doch Rucht´s Deutung die angemessenere darstellen

[574] Peters, Bernhard: Der Sinn von Öffentlichkeit. In: Ders.: Der Sinn von Öffentlichkeit (Hrsg.: Weßler, Hartmut). Frankfurt/Main 2007. S. 95

[575] Giesen klassifiziert partizipative Identitäten entsprechend unterschiedlichen Codes, Codes primordialer Differenzierung (wie Geschlecht), Codes segmentärer Differenzierung (wie Nation), Codes hierarchischer Differenzierung (Stand, Klasse) und Codes partieller Zugehörigkeiten (z.B. Lebensstilgruppen). Vgl. Giesen, Bernhard: Identität und Versachlichung: unterschiedliche Theorieperspektiven auf kollektive Identität. In: Willems, Herbert/Hahn, Alois (Hrsg.): Identität und Moderne. Frankfurt/Main 1999. S. 389-402

[576] Niethammer, Lutz: Kollektive Identität. Heimliche Quellen einer unheimlichen Konjunktur. Reinbek 2000. S. 448

[577] Richter, Dirk: Nation als Form. Opladen 1996. S. 114

[578] nicht von ungefähr beobachtete Assmann dies bereits für frühe Hochkulturen. Vgl. Assmann, Jan: Das kulturelle Gedächtnis. Schrift, Erinnerung und politische Identität in frühen Hochkulturen. München 1999. S. 135/136

[579] worauf bereits soziologische „Klassiker“ wie Simmel (Simmel, Georg: Soziologie. Untersuchungen über die Formen der Vergesellschaftung. Leipzig 1908. S. 8) hinwiesen. Baumann führt daher aus: „Folgt man Simmel, können wir sagen, dass Freundschaft und Feindschaft, und nur sie, Formen der Vergesellschaftung darstellen; sogar Grundmuster jeder Vergesellschaftung, ihre zweigeteilte Matrix. Sie bilden den gemeinsamen Rahmen, in dem Vergesellschaftung möglich ist“ (Bauman, Zygmunt: Moderne und Ambivalenz. In: Bielefeld, Ulrich (Hrsg.): Das Eigene und das Fremde: neuer Rassismus in der alten Welt. Hamburg 1992². S. 25). Nun dürften Freundschaft und Feindschaft (außer in Interaktionskontexten, in denen Fremde im Rahmen (gruppendynamischer) Kommunikation durchaus zu „Feinden“ stilisiert werden können) gesellschaftlich nur (noch) im Falle eines Krieges und dessen „Nationalisierung der Feindvorstellung“ (Luhmann, Niklas: Staat und Staatsräson im Übergang von traditionaler Herrschaft zu moderner Politik. In: Ders.: Gesellschaftsstruktur und Semantik. Studien zur Wissenssoziologie der modernen Gesellschaft. Band 3. Frankfurt/Main 1998². S. 90) soziale Relevanz aufweisen: „Wo die Zugehörigkeit zu einer sozialen Einheit Bestandteil der individuellen Identität ist (und das ist bei den meisten Menschen so), wird die Bedrohung der sozialen Einheit zur individuellen Bedrohung – wenn nicht des Lebens, so doch der eigenen Identität.

2.2.1 *Referenz von Interpenetration: psychische Systeme*

Ulrich Bielefeld[580] bezeichnet diesen individuellen Prozess der Zurechnung zu kollektiven Identitätsformen (genauer: der bewusstseinsmäßigen Aktualisierung entsprechender Unterscheidungen) sowohl als sozialpsychologisch als auch symbolisch-imaginär. Sozialpsychologisch, da eine jeweilige Identitätsvorstellung – um individuell antizipierbar zu sein – als semantische Selbstbeschreibung (in Fuchs'Terminologie: als „Zettel“[581]) bereits vorhanden sein muss, geht die kollektive Identität „der persönlichen voraus und legt sie fest“[582], wird „in gesellschaftlichen Diskursen und institutionellen Praktiken“[583] über strukturelle Kopplung erzeugt, denn was „immer an bearbeitbarem Sinn im System appräsentierbar wird, ist anderwärts bezogen worden – aus der *Anderwärtigkeit sozialer Sinnproduktion*. Es sind soziale Systeme (Kommunikationen), die als Sinnlieferanten fungieren.“[584] In psychischer Systemreferenz wird also im Rahmen

Angesichts dieser ultimativen Vermeidungsalternative werden alle anderen internen Konflikte unbedeutend. Wenn die Freund-Feind-Unterscheidung mit der Innen-aussen-Unterscheidung des sozialen Systems zusammenfällt, wird innerhalb des Systems eine Integration erzielt, die außerhalb von Kriegszeiten schwer vorstellbar ist. In Bezug auf die Bedrohung erfolgt eine Koordinierung der Wirklichkeitskonstruktionen. Man teilt dieselben Beschreibungen der Situation, ihre Erklärung und ihre Bewertung. In dieser Hinsicht kommt es zu einer Symmetrisierung der internen Beziehungen, durch welche die Merkmale der Gleichheit der Mitglieder in den Fokus der Aufmerksamkeit gerückt werden, während die Merkmale der Unterscheidung in den Hintergrund treten (wenn auch nicht unbedingt vergessen werden)“ (Simon, Fritz B.: Tödliche Konflikte. Zur Selbstorganisation privater und öffentlicher Kriege. Heidelberg 2001. S. 232/233). Im Rahmen „friedlicher“ Kommunikation dürfte nun nicht jeder Nicht-Freund als Feind, sondern, bereits bedingt durch die Gesellschaftsstruktur [vgl. Kap. 2.1.1] schlicht als Fremder anzusehen sein. Insofern stellt, wie auch Baumann konzediert, der Fremde und nicht der Feind die relevante Außenseite entsprechender Unterscheidungen dar, falls dieser als Fremder überhaupt Relevanz aufweist, also kommunikativ erreichbar ist, wie Radtke ausführt: „Voraussetzung ist Beobachtung, Kontakt und Kommunikation. Nur wer in seinem Anderssein wahrgenommen wird, kann zu einer Irritation oder gar Bedrohung werden. Das Unbekannte, von dem wir nichts wissen, braucht uns nicht zu beschäftigen.“ (Radtke, Frank-Olaf: Lob der Gleich-Gültigkeit. Zur Konstruktion des Fremden im Diskurs des Multikulturalismus. In: Bielefeld, Ulrich (Hrsg.): Das Eigene und das Fremde: neuer Rassismus in der alten Welt. Hamburg 1992². S. 79)

580 vgl. Bielefeld, Ulrich: Das Konzept des Fremden und die Wirklichkeit des Imaginären. In: Ders. (Hrsg.): Das Eigene und das Fremde: neuer Rassismus in der alten Welt. Hamburg 1992². S. 116

581 vgl. Fuchs, Peter: Die Psyche. Studien zur Innenwelt der Außenwelt der Innenwelt. Weilerswist 2005. S. 76

582 Hoffmann, Lutz: Das „Volk“. Zur ideologischen Struktur eines unvermeidbaren Begriffs. In: Zeitschrift für Soziologie. Jahrgang 20, Heft 3. Juni. Stuttgart 1991. S. 198

583 Leisering, Lutz: Desillusionierungen des modernen Fortschrittsglaubens. „Soziale Exklusion“ als gesellschaftliche Selbstbeschreibung und soziologisches Konzept. In: Schwinn, Thomas (Hrsg.): Differenzierung und soziale Ungleichheit. Die zwei Soziologien und ihre Verknüpfung. Frankfurt/Main 2004. S. 249

584 Fuchs, Peter: Die Psyche. Studien zur Innenwelt der Außenwelt der Innenwelt. Weilerswist 2005. S. 53

individuell sinnhafter gedanklicher Verweisungen von sinnhaften kommunikativen Verweisungen der Umwelt als Sinnlieferant auch als Kondensat individueller Vergangenheit Realität im Rahmen bestimmter komplexitätsreduzierender Unterscheidungen konstruiert, durch die die Vielgestaltigkeit von Unterscheidungsmöglichkeiten anhand bestimmter Kategorien zu einem handhabbaren Weltbild geformt wird, welches Orientierung verschafft[585]. Durch diesen Anschluss an Verweisungsmöglichkeiten wird Selbstreferentialität invisibilisiert, deren permanente Anerkenntnis durch endlose Reflexionsschleifen psychische Systeme überlasten und Anschlussmöglichkeiten negieren würde, die permanente Konstruktion der Welt durch eigene Unterscheidungen ist (nicht nur für psychische Systeme) nicht aushaltbar, das unendliche und unaufhebbare „Jonglieren“ mit und von Kontingenz muss enttautologisiert, Komplexität domestiziert, die Welt als universell gültig und gegeben (als so, wie sie *ist*) vorausgesetzt werden[586], eine Notwendigkeit, „die mit der von aller Konfrontation mit Fremdem ausgehenden symbolischen Gefährdung der eigenen Weltdeutung zusammenhängen. Diese basiert nämlich auf geteilten Bedeutungen, Normüberzeugungen, unbeweisbaren, aber gleichwohl verbindlichen Unterstellungen über das Sein der Dinge und der Menschen. Wir haben aufgrund unserer Erziehung und des Aufwachsens in einer bestimmten Kultur eine Fülle von Gewissheiten und Einstellungen zur gleichsam verinnerlichten Ausstattung. Wir könnten nur schwer leben, wenn wir nicht im Normalfall *unsere* Weltauffassung einfach als die schlechthin richtige und angemessene ansähen, wenn wir nicht davon ausgehen könnten, dass die Welt wirklich so *ist*, wie wir sie sehen und wie sie uns als ganz selbstverständlich erscheint.“[587] Durch den (selbstverständlichen und damit unhinterfragten) Rückgriff auf je sozial vorhandene kulturelle Muster können Orientierungsleistungen bezüglich eigener Identitätskonstruktion gewonnen werden, die als je eigene relevante, individuell überzeugende Unterscheidungen zu selbstverständlichen, vertrauten Überzeugungen hypostasiert werden. Kollektive Identität kann mithin gekennzeichnet werden als Semantik psychischer Beobachtungsverhältnisse sozialer Beobachtungsverhältnisse psychischer Beobachtungs-

---

585 dabei werden bestimmte Unterscheidungsmöglichkeiten einem psychischem System durch entsprechende Adressierungen als mehr oder minder Unhinterfragbar aufgeprägt, wie die nationale oder auch die Geschlechtsdifferenz, während die Aneignung bestimmter anderer Unterscheidungen (z.B. zu politischen Positionen) höhere Freiheitsgrade aufweist

586 vgl. Nassehi Armin: Das Identische „ist“ das Nicht-Identische. Bemerkungen zu einer theoretischen Diskussion um Identität und Differenz. Zeitschrift für Soziologie. Jahrgang 22, Heft 6. Dezember. Stuttgart 1993. S. 479/480

587 Hahn, Alois: Partizipative Identitäten. In: Münkler, Herfried (Hrsg.): Furcht und Faszination. Facetten der Fremdheit. Berlin 1997. S. 145

verhältnisse[588]. Durch diese Formen kollektiver Identitäten kann ein Beobachter eine Differenz (als *So-Sein*) der gesellschaftlichen Umwelt zuschreiben und diese damit als je gültig und plausibel betrachten. Baecker bemerkt hierzu, „dass unser Weltverhältnis deswegen primär (oder sogar: „primordial") gesellschaftlich verfasst ist, weil wir ohne unser Verständnis unserer Gesellschaft, das heißt ohne die Erfahrung der Gleichzeitigkeit des Verschiedenen und der Überraschung jedes Besonderen, kein Bild von der Welt hätten, in der wir jetzt erst leben."[589] Durch die kommunikative Erfahrung, dass „Gruppen von Menschen kulturelle Gemeinsamkeiten besitzen, geschichtliche und aktuelle Erfahrungen miteinander teilen, Vorstellungen über eine gemeinsame Herkunft haben und auf dieser Basis ein bestimmtes Identitäts- und Solidarbewusstsein ausbilden[590], wird ein (kognitive und affektive [s. dazu Kap. 2.2.2] Elemente enthaltendes) sozial präfiguriertes mentales Bild kreiert, in dem die soziale Selbstbeschreibung mehr oder minder interpretativ aufbereitet, reproduziert und aktualisiert wird. So wird *imaginiert*, „dass das Ich eine Funktion des Wir bzw. das Wir eine Funktion des Verbundes von Individuen einer bestimmten Ichform ist."[591] Durch die kommunikative Antizipation, dass andere psychische Systeme eine identische Unterscheidung in ihrer Beobachtung benutzen[592] und der kommunikativen Verhandelbarkeit und damit Verstärkung dieser Unterscheidung generieren psychische Systeme eine „bestimmte Vorstellungsqualität"[593] partizipativer Identität [s. Kap. 2.3]. Dabei werden im Rahmen selbstreferentieller Verarbeitung Selbstbeschreibungskonzepte (Bilder) als konsistent mit selbstreferentieller Selbstbeschreibung (Identitätskonstruktion) überprüft und gespiegelt, beeinflussen sich soziale Erfahrungen und der Bewusstseinsprozess individueller Zurechnung wechselseitig. Gerade da entsprechende Unterscheidungen in der Gesellschaft ständig kommunikativ reproduziert und dadurch sozial Identität und Differenz konstruiert wird,

---

[588] s. Fuchs, Peter: Die Psyche. Studien zur Innenwelt der Außenwelt der Innenwelt. Weilerswist 2005

[589] Baecker, Dirk: Das Relativitätsprinzip. In: Ders.: Studien zur nächsten Gesellschaft. Frankfurt/Main 2007. S. 226

[590] Heckmann, Friedrich: Ethnos, Demos und Nation, oder: Woher stammt die Intoleranz des Nationalstaats gegenüber ethnischen Minderheiten. In: Bielefeld, Ulrich (Hrsg.): Das Eigene und das Fremde: neuer Rassismus in der alten Welt. Hamburg 1992^2. S. 51

[591] Bühl, Walter L.: Das kollektive Unbewusste in der postmodernen Gesellschaft. Konstanz 2000. S. 34

[592] wenn, kybernetisch formuliert „ein Subjekt S_1, die Existenz eines weiteren Subjekts S_2 feststellt, dass ihm selbst nicht unähnlich ist, welches seinerseits die Existenz eines weiteren Subjekts, das ihm nicht unähnlich ist, behauptet, das mit S_1 identisch sein kann." (Foerster, Heinz von: Gegenstände: greifbare Symbole für (Eigen-)Verhalten. In: Ders: (Hrsg.: Schmidt, Siegfried J.) Wissen und Gewissen. Versuch einer Brücke. Frankfurt/Main 1993. S. 110)

[593] Hoffmann, Lutz: Das „Volk". Zur ideologischen Struktur eines unvermeidbaren Begriffs. In: Zeitschrift für Soziologie. Jahrgang 20, Heft 3. Juni. Stuttgart 1991. S. 193

stellen kollektive Identitätsformen eindeutige, plastische und überzeugende soziale Schemen dar, die vorspiegeln, ontologische Kategorien und mithin nicht weiter hinterfragbar zu sein. Kollektivsemantiken können daher als subjektive Vorstellung oder in der Terminologie Max Webers als „Gemeinsamkeitsglaube“[594] durch „in die Augen fallende Unterschiede in der *Lebensführung des Alltags*“[595] beschrieben werden. Obwohl die Formulierung „in der Lebensführung des Alltags“ per se auf Kontingenz hinweist, auf überall und ständig in der Gesellschaft anzutreffende Differenzen und Unterschiede, bezog sich Weber selbst allerdings noch rein auf ethnische Aspekte[596], was an unterschiedliche alltägliche Lebensführungen verschiedener Völker, Rassen, Nationen denken lässt – an unterschiedliche „Nationalcharaktere“ (für Elias „ein Habitusproblem par excellence“[597]). Diese Auffassung legt *implizit* (respektive mehr oder weniger explizit[598] [s. dazu die Ausführungen in Kap. 1.4.2]) die Annahme einer sozialontologischen Gegebenheit, einen „natürlichen Volkskörper“ zugrunde; würde durch real existierende soziale Verbände gebildet, setze somit also eine Einheit als Subjekt sui generis – durch welche Merkmale im Einzelnen auch immer begründet – voraus, die dem einzelnen Individuum als objektive Realität, von der es selbst einen Teil darstellt, gegenübertritt. Auch wenn konzediert werden kann, dass die Folgen Auffassung semantisch – und auch politisch – sehr wirkmächtig und realitätskonstituierende sein können[599] und sind[600], ist diese Sichtweise aus einer Perspektive zweiter Ordnung wenig tragbar, was sich auch in Deutschs Aphorismus, dass eine Nation eine Gruppe von Menschen sei, die durch einen gemeinsamen Irrtum hinsichtlich ihrer Abstammung und eine gemeinsame Ab-

---

[594] Weber, Max: Wirtschaft und Gesellschaft. Tübingen 1980^5. S. 237

[595] a.a.O.: S. 238

[596] auch Heckmann definiert Kollektivsemantiken ausschließlich unter diesem Blickwinkel, die sich für ihn alle unter dem Begriff der „Ethnizität“ subsumieren lassen, da die Differenzkriterien entweder sozial, politisch oder kulturell definiert sein können. S. Heckmann, Friedrich: Ethnos, Demos und Nation, oder: Woher stammt die Intoleranz des Nationalstaats gegenüber ethnischen Minderheiten. In: Bielefeld, Ulrich (Hrsg.): Das Eigene und das Fremde: neuer Rassismus in der alten Welt. Hamburg 1992^2. S. 52

[597] Elias, Norbert (Hrsg.: Schröter, Michael): Die Gesellschaft der Individuen. Frankfurt/Main 1987. S. 244

[598] siehe bezogen auf die Semantik „Nation“ als Überblick über die je nach Ausgangsprämisse sich ergebenden wissenschaftstheoretischen Ausrichtungen: Bader, Veit Michael: Rassismus, Ethnizität, Bürgerschaft. Soziologische und philosophische Überlegungen. Münster 1995. S. 92-94

[599] dies ist mit ein Grund, warum gerade in Deutschland nach dem 2. Weltkrieg die (auch soziologische) Auseinandersetzung mit dem Thema Nation nur sehr eingeschränkt und sehr selektiv in v.a. restaurativen Kreisen oder fast ausschließlich im Zusammenhang mit dem politischen Konzept des „nation-building“ stattfand

[600] s. dazu als Beispiel den Balkan-Konflikt. Vgl. z.B. Richter, Dirk: Nation: Systemtheoretische Beobachtungen am Beispiel des Kosovo-Konflikts. In: Jureit, Ulrike (Hrsg.): Politische Kollektive. Die Konstruktion nationaler, rassischer und ethnischer Gemeinschaften. Münster 2001. S. 102-121

neigung gegen ihre Nachbarn geeint ist, widerspiegelt[601]. Theoretisch adäquater bilden kollektive (z.B. eben nationale) Identitäten keine ontologische *Realität* an sich[602], sondern stellen eine Beobachtungsform dar; (nur) eine imaginative Kollektiv*vorstellung*. Gerade die Erkenntnis, dass auch primordiale[603] und kulturalistische Kollektivkonzeptionen einem „blinden Fleck" der Beobachtung unterliegen, der empirischen Unmöglichkeit der Angabe benennbarer und inkontingenter Merkmale, die das „Identische" der Individuen eines Kollektivs repräsentieren und diese von „Anderen" unterscheidet, war für die theoretische Beobachtung der Grund für die „Ersetzung von „Nationalcharakteren" durch „nationale Identitäten": Da man für jede spezifische Eigenschaft eines Nationalcharakters auch das Gegenteil behaupten könne"[604], kann der Begriff der Kollektividentität[605] theoretisch adäquat nur konstruktivistisch gefasst werden als „ein reines Verweissystem auf andere Bedeutungen, und was er im logisch-technischen Sinn meint, kommt in der Wirklichkeit des Sozialen so gut wie nicht vor."[606] Da all diese Konstruktionen, da imaginativ, intuitiv und mit auch unbewusst letztlich

---

[601] vgl. Deutsch, Karl W.: Der Nationalismus und seine Alternativen. München 1972. S. 9

[602] auch Geary als Historiker weist eindringlich darauf hin, dass dies eine Fiktion ist. Vgl. Geary, Patrick J.: Europäische Völker im frühen Mittelalter. Zur Legende vom Werden der Nationen. Frankfurt/Main 2002

[603] was Giesen [vgl. FN 575] in diesem Zusammenhang nicht entsprechend deutlich sieht [s. a. Kap. 2.3.1]

[604] Niethammer, Lutz: Kollektive Identität. Heimliche Quellen einer unheimlichen Konjunktur. Reinbek 2000. S. 301

[605] in seiner Genese der Theorieadaption des Begriffes der kollektiven Identität zeigt Niethammer, dass sich diesbezügliche Fassungen auf einen ersten Blick v.a. auf den symbolischen Interaktionismus (Mead, Strauss, Goffman) sowie die Ich-Psychologie Erik H. Eriksons beziehen; Theorien, die aus der (dem common sense nach) politisch „hellen" Zeit der Vereinigten Staaten nach dem 2. Weltkrieg stammen, auf die sich im wesentlichen auch Habermas bezieht [vgl. FN 54]. Niethammer selbst dringt bei der Suche nach den Ursprüngen entsprechender Fundierungen bis in die politisch „dunkle" europäische Zeit zwischen den beiden Weltkriegen vor und „findet" sechs theoretische Konzeptionen: Die Definition völkischer Demokratie zur Komplexion von Staat und Volk bei Carl Schmitt, die Homogenisierung des Proletariats, um dieses als handlungsfähiges Großsubjekt zur Revolution hin auszurichten (George Lukács); kollektive Identität als Ausdruck mythischer Regression als Antwort auf die Vereinzelung des modernen Massenzeitalters in den Schriften C. G. Jungs; eine säkulare Begründung und damit Legitimation jüdischer Ethnizität durch Sigmund Freud sowie Kollektivität als Gruppenkontinuität durch die Traditionalität von Erinnerungssymbolen und kulturellen Artefakten (Maurice Halbwachs) oder auch kollektive Identität als Verlust individueller Subjektivität durch soziale Konditionierung und gesellschaftliche Egalität bei Aldous Huxley. Alleine in dieser Spurensuche zeigt sich die (unvermeidliche) Kontingenz (und damit die Möglichkeit der Gegenbeobachtung) der Fundierung kollektiver Identität. Dies scheint ein Hinweis darauf zu sein, dass bereits zu Beginn des 20. Jahrhunderts sich kollektive Identitäten nicht mehr von selbst erschließen (durch empirische Beobachtung konditionierender Konditionen), und daher (externe) Begründungen durch Theorien benötigen

[606] Niethammer, Lutz: Kollektive Identität. Heimliche Quellen einer unheimlichen Konjunktur. Reinbek 2000. S. 447

sehr unsicher sind, aber gerade dazu dienen, Kontingenz zu reduzieren, scheint es eine fast zwingende Konsequenz zu sein, die Latenz dieser sozial konstruierten, nicht-ontologischen Einheit zu einer „natürlichen“ zu essentialisieren[607]. Und hierin liegt das Symbolische an diesem Zurechnungsprozess, wie auch Assmann formuliert: „Die Evidenz kollektiver Identität unterliegt einer ausschließlich symbolischen Ausformung. Den „Sozialkörper“ gibt es nicht im Sinne sichtbarer Wirklichkeit. Er ist eine Metapher, eine imaginäre Größe, ein soziales Konstrukt."[608] Dadurch erwächst kollektiver Identität Evidenz, aber nur im Rahmen der Beobachtung erster Ordnung, denn was „als evident gilt, geht immer schon mit sozialen Formen und Semantiken einher. ... Evidenz ist bereits ein Resultat von Kommunikation, sonst würde die Vielfalt von Unterschieden nichts anderes als Dauerirritation auslösen. Die Unmittelbarkeit, das „Ins-Auge-springen“ von Geschlecht, Alter oder Ethnizität läuft über Lern- und Konditionierungsprozesse, die ermöglichen, dass Formen und Schemata sozialer Unterscheidungen aufgerufen werden können. Auf diese Weise wird das wahrgenommene nicht einfach nur geordnet, sondern aus dem Dauerfeuer von Irritationen in kommunikable – das heißt anderen mitteilbare und damit sozial geteilte – Unterscheidungsmechanismen überführt. Die Evidenz wahrgenommener Unterscheidungen ist damit alles anders als evident.“[609] Wesentlich ist, „ob an das Vorhandensein irgendeiner Gemeinschaft *geglaubt* wird, und nicht etwa, ob diese Gemeinschaft faktisch tatsächlich besteht. Ist nämlich dieser „Gemeinsamkeitsglaube“ vorhanden, hat sich die wichtigste Gemeinsamkeit bereits faktiziert: das gemeinsame Selbstverständnis als geeinte Gruppe.“[610] Der *individuelle Glaube* an diese Metapher als „realitätsgestaltende Imaginationen oder verdinglichte Phantasmen“[611] bildet die Grundlage für deren Existenz als soziale Form: „vor-

[607] da dies für fast jede Unterscheidung gilt, ist es auch nicht zielführend, zwischen „guten“ (z.B. Staatsbürgerlichen) und „schlechten“ (Kultur oder Ethnie) Unterscheidungskriterien zu unterscheiden, auch da die Dimensionen entsprechender Weltentfaltung nie vollständig trennbar sind (hier anschließend an Peters, Bernhard: Segmentierte Europäisierung. In: Ders.: Der Sinn von Öffentlichkeit (Hrsg.: Weßler, Hartmut). Frankfurt/Main 2007. S. 340)

[608] Assmann, Jan: Das kulturelle Gedächtnis. Schrift, Erinnerung und politische Identität in frühen Hochkulturen. München 1999. S. 132

[609] Pasero, Ursula: Frauen und Männer im Fadenkreuz von Habitus und funktionaler Differenzierung. In: Nassehi, Armin/Nollmann, Gerd (Hrsg.): Bourdieu und Luhmann. Ein Theorienvergleich. Frankfurt/Main 2004. S. 193

[610] Giesing, Benedikt: Kulturelle Identität als strategischer Kompass? Soziologische Anmerkungen zu Samuel P. Huntingtons „clash of civilizations“. In: Gephart, Werner/Saurwein, Karl-Heinz (Hrsg.): Gebrochene Identitäten. Zur Kontroverse um kollektive Identitäten in Deutschland, Israel, Südafrika, Europa und im Identitätskampf der Kulturen. Opladen 1999. S. 122

[611] Berghoff, Peter: Der Tod des politischen Kollektivs. Politische Religion und das Sterben und Töten für Volk, Nation und Rasse. Berlin 1997. S. 50

gestellt und konstruiert."[612] Diese Zirkularität wird, wie Luhmann[613] oder auch Berghoff[614] feststellen, durch die Annahme bestimmter vorhandener „Wesensmerkmale der Gruppe" invisibilisiert [vgl. Kap. 2.2.2]. „Die objektive Realität des Volkes geht daher der Wir-Idee des Volkes nicht voraus, sondern wird durch sie immer erst erstellt."[615] Aus der Notwendigkeit, ein Kollektivbewusstsein mit „angeblich empirischen Gemeinsamkeiten zu begründen, folgt die Entdeckung von Gemeinsamkeiten."[616] Indem die „Fiktion zur Substanz hypostasiert wird"[617], erscheint das Kollektiv dem psychischen System als inkontingente Realität. Dabei muss die Konstruktion notwendigerweise offen genug sein, um in unterschiedlichen Situationen auf unterschiedliche Kommunikationsanschlüsse limitierend wirken zu können, was sich darin zeigt, dass kollektive Identitäten „durch Abstraktion gebildete Konstrukte sind, die zum besseren Verständnis sonst nur schwer durchschaubarer Zusammenhänge dienen und den Wert von Idealtypen haben (auch wenn sie in der Praxis wie Realtypen wirken können)."[618] Ein psychisches System wählt aus dem semantisch gegebenen Vorrat unterschiedliche Merkmale aus und fügt diese für sich selbst stimmig unterschiedlich zusammen, wie Hoffmann bezogen auf die Semantik „Volk" ausführt: „Für den einzelnen gibt es immer einen Spielraum persönlicher Gestaltung dessen, was für ihn „Volk" ist."[619] Diese Offenheit erlaubt es sowohl, unterschiedliche individuelle Relevanzen dafür zu öffnen als auch gleichzeitig diese Unterschiedlichkeit in Form der Imagination gleicher Lagen zu inhibieren. Gerade diese Offenheit, die Variabilität nach Form und Ausprägung sowie die inhaltli-

[612] Müller, Sven Oliver: Die umstrittene Gemeinschaft. Nationalismus als Konfliktphänomen. In: Jureit, Ulrike (Hrsg.): Politische Kollektive. Die Konstruktion nationaler, rassischer und ethnischer Gemeinschaften. Münster 2001. S. 123-126

[613] Luhmann, Niklas: Arbeitsteilung und Moral. Durkheims Theorie. In: Durkheim, Emile: Über soziale Arbeitsteilung. Studie über die Organisation höherer Gesellschaften. Frankfurt/Main 1988. S. 24

[614] Berghoff, Peter: Der Tod des politischen Kollektivs. Politische Religion und das Sterben und Töten für Volk, Nation und Rasse. Berlin 1997. S. 51

[615] Hoffmann, Lutz: Das „Volk". Zur ideologischen Struktur eines unvermeidbaren Begriffs. In: Zeitschrift für Soziologie. Jahrgang 20, Heft 3. Juni. Stuttgart 1991. S. 196

[616] a.a.O.: S. 199

[617] Berghoff, Peter: „Volk" und „Nation" als Schlüsselsymbole moderner politischer Religion. In: Jureit, Ulrike (Hrsg.): Politische Kollektive. Die Konstruktion nationaler, rassischer und ethnischer Gemeinschaften. Münster 2001. S. 186

[618] von Thadden, Rudolf: Aufbau nationaler Identität. Deutschland und Frankreich im Vergleich. In: Giesen, Bernhard (Hrsg.): Nationale und kulturelle Identität. Studien zur Entwicklung des kollektiven Bewusstseins in der Neuzeit. Frankfurt/Main 1991. S. 496-498. Die gleiche Auffassung vertretend argumentiert Svenja Goltermann. Vgl. Diess.: Identität und Habitus. Konzepte zur Analyse von „Nation" und „nationalem Bewusstsein". In: Jureit, Ulrike (Hrsg.): Politische Kollektive. Die Konstruktion nationaler, rassischer und ethnischer Gemeinschaften. Münster 2001. S. 83/84

[619] Hoffmann, Lutz: Das „Volk". Zur ideologischen Struktur eines unvermeidbaren Begriffs. In: Zeitschrift für Soziologie. Jahrgang 20, Heft 3. Juni. Stuttgart 1991. S. 202

che Unspezifizierbarkeit der „Ansprüche auf ein Eigentliches, Wesentliches ..., die nicht argumentativ ausgetragen werden können und sich rationaler Verständigung entziehen“[620] erhöht paradoxerweise die Plausibilität dieser Konstruktion: „Genau genommen wird die Bedeutung dieses etwas, die Bedeutung dieses Signifikanten sogar erst durch die unterschiedlichen Deutungen geöffnet. Denn nur die Äquivalenzierung eines Signifikanten mit unterschiedlichen Deutungen macht diesen unterschiedslos gegenüber Unterschiedlichem und öffnet so seine Bedeutung.“[621] Aufgrund der Unbestimmbarkeit dieses, in der Terminologie Laclaus: „leeren Signifikanten“[622] einhergehend mit sozialer Unsicherheit im Sinne von Erwartungsvoraussetzbarkeit werden zur Verstärkung der kommunikativ selbstreferentiellen Orientierung jeweiliger Kollektivvorstellungen „sekundäre Objektivationen“[623] notwendig, die die Differenz von Zugehörigkeit und Nicht-Zugehörigkeit sichtbar werden lassen, denn: „Wie beweist das Kollektiv, so könnte man fragen, dass es existiert oder wie gelingt es, kollektive Selbstbeschreibungen als soziale Tatbestände zu „objektivieren“ bzw. als natürliche Bedingung sozialer Existenz erscheinen zu lassen?“[624]

2.2.2 Sekundäre Objektivationen als symbolisierende Verstärkungen dieser Imagination

Diese Zurechnung wird durch symbolische Repräsentatoren als Indikatoren der „Existenz“ jeweiliger Kollektivität gestützt und verstärkt, die ihre Wirksamkeit vor allem auf affektiver Ebene[625] entfalten. Affekte erzeugen sich durch kommunikative Beschreibungen von Signifikanten, die die Polyvalenzen ihrer Spezifizierung kontextübergreifend invisibilisieren. Identitätsvorstellungen „müssen

---

[620] Niethammer, Lutz: Kollektive Identität. Heimliche Quellen einer unheimlichen Konjunktur. Reinbek 2000. S. 448

[621] Brodocz, André: Über die Rechtfertigung der Demokratie und die Ironie ihrer Unmöglichkeit. In: Bonacker, Thorsten/Brodocz, André/Noetzel, Thomas (Hrsg.): Die Ironie der Politik. Über die Konstruktion politischer Wirklichkeiten. Frankfurt/Main 2003. S. 60/61

[622] vgl. Laclau, Ernest: Was haben leere Signifikanten mit Politik zu tun? In: (Ders.:) Emanzipation und Differenz. Wien 2007 S. 65ff

[623] Hoffmann, Lutz: Das „Volk“. Zur ideologischen Struktur eines unvermeidbaren Begriffs. In: Zeitschrift für Soziologie. Jahrgang 20, Heft 3. Juni. Stuttgart 1991. S. 191

[624] Saurwein, Karl-Heinz: Einleitung: Die Konstruktion kollektiver Identitäten und die Realität der Konstruktion. In: Gephart, Werner/Saurwein, Karl-Heinz (Hrsg.): Gebrochene Identitäten. Zur Kontroverse um kollektive Identitäten in Deutschland, Israel, Südafrika, Europa und im Identitätskampf der Kulturen. Opladen 1999. S. 13

[625] wie z.B. bei Fußballweltmeisterschaften deutlich beobachtbar ist. Vgl. für dieses Beispiel und dessen prägende Kraft zur Imagination von Einheit: Hondrich, Karl Otto: Geteilte Gefühle. In: Preyer, Gerhard (Hrsg.): Neuer Mensch und kollektive Identität in der Kommunikationsgesellschaft. Wiesbaden 2009. S. 238ff

erst freigelegt, kenntlich gemacht und symbolisch „ausgeflaggt“ werden – nur so können sie Anerkennung fordern und sich gegenüber Alternativen durchsetzen.“[626] Dabei beschränkt sich die Geltung affektiver Elemente einer bestimmten Vorstellung von Gemeinschaft erst einmal nur auf die Ebene des Bewusstseins. Gefühle sind nur innerpsychisch erlebbar, sind „niemals Elemente eines sozialen Systems“[627] und müssen, um sozial relevant werden zu können, als *Vorstellung* entsprechender Gefühle durch gegenseitige Pertubation von psychischem und sozialem System kommuniziert werden. Durch die so auslösbaren Affekte in Interaktionen als unterstellte Emotionen, der Fremdzuschreibung im Rahmen eigener individueller Erfahrungen erlebter Gefühle kann die Imagination der Adressierung als „ganzer Mensch“ und die damit einhergehende vermeintliche Authentizität der Person wie der Situation verstärkt werden. „Gefühle werden ganzheitlich erlebt, d.h. die ganze Person umfassend.“[628] Emotionen reduzieren Kontingenz, wodurch Adressabilitätserwartungen erhöht, der individuelle Bezug zum Kollektiv für dieses Individuum vermittelt und Integrationsunmöglichkeit konterkariert werden kann. Durch Affekte und deren unmittelbare, auf Konformität ausgelegte soziale Anschlussevidenz wird Homogenität präferiert. Symbole[629] erleichtern dabei im Sinne kollektiver Geltung und gemeinsamer Verfügung die Imagination eines gemeinsamen Weltbezuges, indem sie gedankliche und kommunikative Verweisungen (also Anschlüsse) limitieren, mit Wahrscheinlichkeiten oder Unwahrscheinlichkeiten bis hin zur Inhibition versehen. Diese „Ausflaggung“ mit Hilfe entsprechender Symbole als sichtbare Zeichen, durch die „eine unsichtbare Verbindung repräsentiert werden soll, um der Wahrnehmung zugänglich werden zu können“[630] ermöglicht die kommunikative Selbstversicherung des Systems durch oszillierende Visualisierung und die Rekontextualisierung der System/Umwelt-Differenz in Form von re-entrys bestimmter

---

[626] Giesen, Bernhard/Junge, Kay: Vom Patriotismus zum Nationalismus. Zur Evolution der „Deutschen Kulturnation“. In: Giesen, Bernhard (Hrsg.): Nationale und kulturelle Identität. Studien zur Entwicklung des kollektiven Bewusstseins in der Neuzeit. Frankfurt/Main 1991. S. 256

[627] Simon, Fritz B.: Zur Systemtheorie der Emotionen. In: Soziale Systeme. Zeitschrift für soziologische Theorie. Jahrgang 10, Heft 1. Stuttgart 2004. S. 119

[628] a.a.O.: S. 130

[629] worauf bereits Mead hinwies: „In Wirklichkeit findet unser Denken aber ständig mit Hilfe gewisser Symbole statt.“ (Mead, George H.: Geist, Identität und Gesellschaft aus der Sicht des Sozialbehaviorismus. (Hrsg.: Morris, Charles W.). Frankfurt/Main 1978³. S. 188) Symbole sind für Mead allgemeine Schemen, die über die konkrete Situation hinausgehend durch kommunikative Interpretationen mit allgemeinem Sinn verbunden sind, die gleiche Vorstellungen über deren konventional gegebene Bedeutung auslösen, wodurch Handlungen erwartbar und Handlungsabstimmungen möglich werden

[630] Berghoff, Peter: „Volk“ und „Nation“ als Schlüsselsymbole moderner politischer Religion. In: Jureit, Ulrike (Hrsg.): Politische Kollektive. Die Konstruktion nationaler, rassischer und ethnischer Gemeinschaften. Münster 2001. S. 182

Themen und Verhaltensweisen (wodurch sich Anschlussfähiges in eigenen Operationen als anschlussfähig erzeugt), indem jede Kommunikation als Unterscheidung einen Unterschied für das Kollektiv sowie für die Differenz zwischen diesem und seiner Umwelt macht, um kommunikativ die (durch Symbole sichtbare) Grenze von Zugehörig/Nicht-Zugehörig zu repräsentieren und sich dadurch selbst zu konditionieren, denn „Subsysteme, die durch emotionale Kommunikation entstehen, können als Kulturen beobachtet werden."[631] Diese je kulturelle [vgl. Kap. 1.5.3] Selbsthervorbringung resultiert aus eben der spezifischen Beobachtung des Systems, seiner Identität [vgl. Kap. 1.2.3], die die Kontingenz der Umwelt je selbstreferentiell limitiert. Gemeinsame Riten, ein charakteristisches Ethos[632], „Denkmäler, Fahnen, Uniformen und anderes mehr, dienen dazu, die Idee kommunizierbar zu machen und Gemeinsamkeit herzustellen, wo doch erhebliche Differenzen herrschen. ... Erst in der Rezeption der Objekte wird hergestellt, was abstrakt imaginiert wurde."[633] Diese imaginären Verbindungen „werden durch nichtsprachliche Symbole oder symbolische Praktiken repräsentiert (Zeichen, Bilder, Musik, Rituale usw.) oder durch nicht wörtlich gemeinte, figurative oder poetische Gebrauchsformen von Sprache („Fiktion", Poesie, Metapher usw.). Präsentative Bedeutungen können natürlich in der Alltagssprache interpretiert werden, und Werke oder Praktiken mit präsentativer Bedeutung können auf verschiedene Art und Weise bewertet und kritisiert werden."[634] In diesen Symbolsystemen kann das Ergebnis der Imagination dem psychischen System wie ein Subjekt sui generis gegenübertreten. „Gerade indem die vorgestellte Gemeinschaft ihren Angehörigen auch als objektiv-äußerliche Macht gegenübertrat und mittels Inszenierungen, Ritualen und Memorialkulten unterschiedliche Formen der praktischen Teilhabe ermöglichte, stärkte sie die Identifizierung mit dem mentalen Konstrukt."[635] Die Institutionalisierung symbolischer Elemente verstärkt wiederum die individuelle Internalisierung, die – entsprechend kommuniziert – sich selbstverstärkend auf deren Funktion auswirkt. „Intentionale Daten schaffen Tatsachen, indem sie gleichsam in funktionale

---

631 Simon, Fritz B.: Zur Systemtheorie der Emotionen. In: Soziale Systeme. Zeitschrift für soziologische Theorie. Jahrgang 10, Heft 1. Stuttgart 2004. S. 124

632 man denke beispielsweise an die Bedeutung des Amselfelds im Rahmen der Selbstbeschreibung serbischer Identität

633 Jureit, Ulrike: Imagination und Kollektiv. Die „Erfindung" politischer Gemeinschaften. In: Dies. (Hrsg.): Politische Kollektive. Die Konstruktion nationaler, rassischer und ethnischer Gemeinschaften. Münster 2001. S. 13

634 Peters, Bernhard: Über öffentliche Deliberation und öffentliche Kultur. In: Ders.: Der Sinn von Öffentlichkeit (Hrsg.: Weßler, Hartmut). Frankfurt/Main 2007. S. 107

635 Tanner, Jakob: Nation, Kommunikation und Gedächtnis. Die Produktivkraft des Imaginären und die Aktualität Ernest Renans. In: Jureit, Ulrike (Hrsg.): Politische Kollektive. Die Konstruktion nationaler, rassischer und ethnischer Gemeinschaften. Münster 2001. S. 59

Daten umschlagen."[636] Gerade durch Symbolsysteme kann die Imagination vermeintlich identisch vorgenommener Zurechnung durch andere psychische Systeme verstärkt, Beobachtungsmöglichkeiten und Bedeutungen sozial limitiert werden, da in entsprechender Kommunikation die jeweils individuelle Bedeutung des jeweiligen Signifikanten selbst nicht mehr kommunikativ behandelt werden muss, da diese ja offensichtlich zu sein scheint. „Riten und Rituale sind als Ausschluss der Möglichkeit abweichender Beobachtungsmöglichkeiten sehr genau (qua Negation) auf die Sozialdimension bezogen und versuchen (mit starken Problemen) auf die Zeitdimension umzuschalten."[637] Aufgrund dieser Probleme, verursacht durch immer wieder neue und andere situative Konstellationen und damit Kontexte, in denen auf entsprechend intern konditionierende Symbole Bezug genommen wird, bilden entsprechende Identifikationen auch keine feststehenden, unveränderlichen Differenzierungen, sondern fluide, schwer greif- und objektivierbare und eben auch historisch wandelbare Unterscheidungen[638], die aus den spezifischen Anforderungen gesellschaftlicher und politischer Entwicklungen heraus entstanden und entstehen, sich verfestigen, wieder auflösen und neu konstituieren, auch um neben konkurrierenden Identitäten zu bestehen. Über die jeweilige Differenz der Selbstkonstituierung kursieren selbst erzeugte Beschreibungen (Geschichten) als Beobachtungsformel und Selbstbeschreibungsmodus, die jeweils so in die je konstruierte Differenz aktualisiert und verdichtet werden, dass sich diese stabilisieren lässt, um Anschlusswahrscheinlichkeiten zu erhöhen, deren Erfolg sich rekursiv in ihrer Wiederverwendbarkeit zeigt. Durch Erinnerung wird die eigene Einheit rekursiv immer wieder neu konstruiert, indem diese Identität limitiert, welche Information wie in der Differenz zu anderen Beobachtungsformen (kollektiver Identitäten) sowie der Bedeutung dieser Differenz beobachtet wird. „Durch Erinnerung wird die Vergangenheit angeeignet, das heißt, als die eigene Vergangenheit im Unterschied zu den Vergangenheiten anderer aufgefasst."[639] Dabei sind diese Selbstbeschreibungen notwendigerweise abhängig von den Bedürfnissen der Gegenwart, sind nicht archivarisch festgelegt, sondern wird in Form der Differenz von Erinnern/Vergessen durch aktuelle Erfordernisse als Kompatibilitätsprüfung früherer

[636] Ehlers, Joachim: Mittelalterliche Voraussetzungen für nationale Identität in der Neuzeit. In: Giesen, Bernhard (Hrsg.): Nationale und kulturelle Identität. Studien zur Entwicklung des kollektiven Bewusstseins in der Neuzeit. Frankfurt/Main 1991. S. 80

[637] Fuchs, Peter: Die Erreichbarkeit der Gesellschaft. Zur Konstruktion und Imagination gesellschaftlicher Einheit. Frankfurt/Main 1992. S. 140

[638] vgl. Heckmann, Friedrich: Ethnos, Demos und Nation, oder: Woher stammt die Intoleranz des Nationalstaats gegenüber ethnischen Minderheiten. In: Bielefeld, Ulrich (Hrsg.): Das Eigene und das Fremde: neuer Rassismus in der alten Welt. Hamburg 1992[2]. S. 57

[639] Giesen, Bernhard: Kollektive Identität. Die Intellektuellen und die Nation 2. Frankfurt/Main 1999. S. 43

Prüfungen im aktualen Modus der Differenzreproduktion reguliert, an welchen Orten an was wie erinnert und vergessen werden kann, wodurch sich das System durch die Form spezifischer Erinnerung (als Erlaubung von Vergessen) von Gesamtkontingenz entlastet[640]. Dabei wird auch die Vergangenheit als Ereignis bei der Rekonstruktion durch Kondensierung und Konfirmierung verformt: „Kondensierung besagt, dass eine Information auf einen Kern reduziert wird. Im Rahmen der Konfirmierung kann die Information jedoch zu späteren Zeitpunkten, d.h. unter veränderten sozialen Bedingungen wieder hervorgeholt und neu gelesen werden.“[641] Geschichtlicher Sinn erschließt sich erst in der Retroperspektivität, ergibt sich aus Sinnbedürfnissen und Bezugsrahmen der jeweiligen Gegenwarten im Rahmen von bewusstseinsmäßigem als auch kommunikativem Verstehen und Interpretation[642]. Sekundäre Objektivationen erlauben und erleichtern dabei, zu markieren, woran und wie die System/Umwelt-Differenz durch Rekursion auf frühere Differenzierungen oszilliert, was in diesem durch dieses repräsentiert wird und was nicht: „Die „objektiven“ Merkmale erleichtern und begünstigen natürlich den Identifikationsvorgang, aber sie können ihn nicht ersetzen. Umgekehrt aber kann die subjektive Identifikation mit einer bestimmten Gruppe, wenn sie dauerhaft handlungsmotivierend ist, die Enkulturation in die „objektive“ Kultur bewirken, selbst wenn „objektiv“ keine Kulturzugehörigkeit gegeben ist. Es handelt sich hier vornehmlich um einen wechselseitigen Anerkennungs- und Akzeptanzvorgang, dessen Realisierung fast gänzlich auf inflationär sich steigernden Selbstverstärkungseffekten beruht und „objektiver“ Ursachen nur für die Inititalzündung bedarf. Die Chance für die Propagierung und Expansion einer bestimmten Identitätsdefinition hängen dabei nicht nur von den technischen und sozialen Möglichkeiten ab, eine breiten- und tiefenwirksame Kommunikation zu unterhalten, sondern in erster Linie wohl von der Glaubwürdigkeit der gebotenen Definitionen und der Glaubensbereitschaft der Adressaten dieser Definitionen.“[643] Symbolsysteme bilden als Repräsentation jeweiliger Selbstbeschreibung als Gesamtheit der Limitative den Vorrat jeweils verfüg-

---

[640] vgl. Schmidt, Siegfried J.: Über die Fabrikationen von Identität. In: Kimminich, Eva (Hrsg.): Kulturelle Identität. Konstruktionen und Krisen. Frankfurt/Main 2003. S. 18

[641] Richter, Dirk: Die zwei Seiten der Nation. Theoretische Betrachtungen und empirische Beispiele. In: Nassehi, Armin (Hrsg.): Nation, Ethnie, Minderheit. Beiträge zur Aktualität ethnischer Konflikte. Köln, Weimar, Wien 1997. S. 69

[642] vgl. dazu z.B. die instruktive Fallstudie von Schmidt über die sich aus dem Schema Kontinuität/Gegenwärtigkeit ergebende Ereignistradierung zünftischer Organisation zwischen 1600 und 1800 (Schmidt, Patrick: Wandelbare Traditionen – tradierter Wandel. Zünftische Erinnerungskulturen in der Frühen Neuzeit. Köln, Weimar, Wien 2009)

[643] Giesing, Benedikt: Kulturelle Identität als strategischer Kompass? Soziologische Anmerkungen zu Samuel P. Huntingtons „clash of civilizations“. In: Gephart, Werner/Saurwein, Karl-Heinz (Hrsg.): Gebrochene Identitäten. Zur Kontroverse um kollektive Identitäten in Deutschland, Israel, Südafrika, Europa und im Identitätskampf der Kulturen. Opladen 1999. S. 122/123

barer Muster, man kann auch „von Sinnkombinationen sprechen, die das Gedächtnis der Gesellschaft bilden und ihre sozialintegrativen Traditionen regenerieren.“[644] Dieses Gedächtnis[645] beruht als kommunikativ reproduzierbare Geschichten auf der konsistenzerzeugenden Rückprojektion aktueller Gemeinschaftlichkeit auf eine gemeinsame Vergangenheit. Durch die Rekonstruktion der Vergangenheit wird gemeinsame Identität verstärkt, indem die in die Vergangenheit projizierten Sinnlimitationen zu geltenden Unterscheidungskriterien der Gegenwart salientiert werden[646], indem an Vergangenes erinnert und Aktuelles darauf bezogen oder davon unterschieden werden kann. Für Norbert Elias [vgl. Kap. 1.2.] zeigt sich dies als „Bezugsrahmen der Wir-Identität“[647] eines Individuums:

> „Es gibt dem einzelnen Menschen eine Vergangenheit weit über die persönliche, individuelle Vergangenheit hinaus, und es lässt zugleich etwas von den vergangenen Menschen in den jeweils gegenwärtigen weiterleben. Einheiten wie Stämme und Staaten haben ja nicht nur eine Überlebensfunktion in dem offensichtlichsten Sinne des Wortes. Sie sind nicht nur Überlebenseinheiten, weil innerhalb ihrer den Menschen gewöhnlich ein vergleichsweise hohes Maß an physischer Sicherheit, an Schutz gegen Gewalttat oder auch an Schutz im Falle von Krankheit und Alter geboten wird, sondern auch deswegen, weil die Zugehörigkeit zu dieser Wir-Gruppe kraft der Kontinuität ihrer Tradition dem Einzelnen Chancen des Überlebens über die tatsächliche physische Existenz hinaus, des Überlebens in der Erinnerung der weiterlebenden Generationenkette gewährt. Die Kontinuität einer Überlebensgruppe, die unter anderem auch in der Kontinuität der Sprachentwicklung, in der Übermittlung der Legenden, der Geschichte, der Musik und vieler anderer Kulturgüter ihren Ausdruck findet, ist in der Tat eine der Überlebensfunktionen einer solchen Gruppe.“[648]

Diese „Kontinuität einer Überlebensgruppe“ wird als öffentliche Kultur[649] (nicht

---

[644] Tanner, Jakob: Nation, Kommunikation und Gedächtnis. Die Produktivkraft des Imaginären und die Aktualität Ernest Renans. In: Jureit, Ulrike (Hrsg.): Politische Kollektive. Die Konstruktion nationaler, rassischer und ethnischer Gemeinschaften. Münster 2001. S. 56

[645] Maurice Halbwachs (vgl. ders.: Das kollektive Gedächtnis. Frankfurt/Main 1985) prägte den Begriff des „kollektiven Gedächtnisses“. Dieses Gedächtnis wird individuell im Verlauf von Sozialisation durch die Teilnahme an kommunikativen Prozessen, durch Erzählungen, Erfahrungen und Erkenntnisse gebildet. So prägt dieses – strukturähnlich zu Mead – das Individuum, das in der vermeintlichen Perspektive seiner Einheit aufgeht

[646] eine generelle Funktion von Traditionen

[647] Elias, Norbert (Hrsg.: Schröter, Michael): Die Gesellschaft der Individuen. Frankfurt/Main 1987. S. 270

[648] a.a.O.: S. 297/298

[649] „Öffentliche Kultur wird durch Sozialisation in der Familie, der Gruppe der Gleichaltrigen und dem Erziehungssystem weitergegeben. Sie wird durch private Kommunikation und Debatte reproduziert. Sie wird außerdem in nichtdiskursiven Formen öffentlicher Kommunikation ausgedrückt und weitergegeben: in öffentlichen Ritualen, Literatur, den Künsten und der Pop- oder Unterhaltungskul-

nur, aber besonders sichtbar in Massenmedien[650]) als „ein bestimmtes Repertoire an Wissensbeständen, Normen und Werten, kollektiven Selbstdeutungen, das teils weithin geteilt wird, teils gruppenspezifisch differiert, teils öffentlich problematisiert und kontrovers debattiert wird“[651], reproduziert. Dabei existieren auch innerhalb eines nationalen Kollektivs selbstredend mehrere Gedächtnisse, die verschieden, konkurrierend aber auch kompatibel miteinander sein können, je nachdem von welchen Beobachtungsmöglichkeiten sie sich leiten lassen, repräsentiert kein psychisches System, aber auch kein System der Gesellschaft (wie das Politische) das Gedächtnis der Gesellschaft gleichsam exklusiv und umfassend. Daher hypostasiert Elias diese „Kontinuität“ eines kollektiven Verbandes. So tradieren bestimmte soziale Bewegungen ein anderes Gedächtnis als bestimmte Parteiideologen und ein anderes als Funktionssysteme. Gerade auch das Gedächtnis des politischen Systems muss durch die Struktur seiner Zweitcodierung die unterschiedlichen (Parteien-)Gedächtnisse limitativ aufeinander abstimmen[652], auf deren jeweilige Ausprägung sich jeweils auf psychischer als auch sozialer Ebene bezogen werden kann. So wird plausibel, wir auf sozialer Ebene nicht Relevantes kommunikativ vergessen werden, dabei aber durchaus im Gedächtnis von Bewusstseinen weiterhin aktualisiert werden kann, vice versa. Der Rekurs auf Vergangenheit limitiert dadurch gleichzeitig die Kontingenz der Zukunft, ist eine Investition[653] in diese durch Oszillation (und damit Limitie-

tur, in Monumenten und Museen. Schließlich wird öffentliche Kultur natürlich nicht nur von deliberativen Formen der diskursiven Kommunikation beeinflusst, sondern auch durch schlichte Tatsacheninformationen oder Nachrichten sowie durch *Erfahrung*.“ (Peters, Bernhard: Über öffentliche Deliberation und öffentliche Kultur. In: Ders.: Der Sinn von Öffentlichkeit (Hrsg.: Weßler, Hartmut). Frankfurt/Main 2007. S. 175)

650 s. zur Gedächtnisfunktion von Massenmedien für Gesellschaft. Luhmann, Niklas: Die Realität der Massenmedien. Opladen 1996². S. 179ff

651 Peters, Bernhard: Die Leistungsfähigkeit heutiger Öffentlichkeiten. In: Ders.: Der Sinn von Öffentlichkeit (Hrsg.: Weßler, Hartmut). Frankfurt/Main 2007. S. 202

652 vgl. die Ausführungen von Kastner, die dezidiert auf den Unterschied zwischen Halbwachs und Assmann auf der einen Seite, die kollektives Erinnern als Produkt einer gemeinsamen Vergangenheit begreifen und systemtheoretischen Auffassungen auf der anderen Seite hinweist, die konzedieren, dass in der Gesellschaft je nach Sinnlimitation unterschiedliche Semantiken der Erinnerung tradiert werden, die als Gegenseite unterschiedliches Vergessen – abhängig von der je herrschenden gegenwärtigen Perspektive mit sich führen. (Kastner, Fatima: Trojanische Pferde. Universalistische Normen und globaler Wahrheits- und Versöhnungsdiskurs. Zur Evolution der Weltgesellschaft. In: Brunkhorst, Hauke (Hrsg.): Demokratie in der Weltgesellschaft. Baden-Baden 2009. S. 268ff)

653 „Tatsächlich sind alle kulturellen Gruppen als Investorengemeinschaften zu verstehen, wenn man sich auf die Sprachregelung einlässt, dass sämtliche Tätigkeiten, in denen Gruppen ihre eigene Zukunft und ihren Fortbestand erwirken, als investive Praktiken zu bezeichnen seien. So wäre eine Ethnie, ein Stamm, ein Volk eine biologische Investitionslinie, die sich immer schon durch eine symbolische, eine rituelle und sprachliche Praxis ergänzen muss, um die Charakteristika ihrer Identität zu wahren; denn für jede Gruppe, die sich und das Ihre erhalten will, ist es unverzichtbar, in die Ohren der eigenen Nachkommen auch die akustischen Muster zu investieren, in denen letztlich allein

rung) zwischen möglichen, also aktualisierten Zukunftsprojektionen, da aus diesen Sinnbedürfnissen, die der Aktualisierung gemeinsamer Vergangenheit durch deren Reproduktion in der Gegenwart unter den Bedingungen und Notwendigkeiten dieser Gegenwart die Zukunft[654] erschlossen werden soll: „Da niemand für sich beanspruchen kann, die Zukunft zu kennen oder voraussehen zu können, kann man Formen entwickeln, welche die Zukunft binden, indem sie die Perspektive der anderen binden und umgekehrt – es handelt sich um Formen der Verknüpfung von zwei offenen Kontingenzen, die eine Orientierung bieten, ohne damit die Undeterminiertheit zu beseitigen."[655] Aus individueller Systemreferenz wird hier die Relevanz kollektiver Projektionen deutlich: Sie dienen der Selbsteinschränkung von Kontingenz, der aktuell gemeinsame Boden der Gegenwart bezieht seinen *Sinn* aus der Konstruktion einer gemeinsamen Vergangenheit, und dieser Sinnhorizont „formt"[656] die Aussichten auf eine unsichere Zukunft und schafft Sicherheit durch das anagogische „Aufgehen" in der Kollektivität: „Letztlich ist die Suche nach kollektiver Identität ein Versuch, dem individuellen Tod zu entkommen, sich ein Weiterleben im Kollektivum zu sichern: je größer und umfassender, aber auch je einheitlicher und sicherer dieses Kollektivum erscheint, je weiter es in die Vergangenheit zurückreicht und in die Zukunft auszugreifen verspricht, umso besser."[657]

---

unsere symbolische Form und unser melodisches Gehäuse bei späteren Generationen wiederkehren kann." (Sloterdijk, Peter: Der starke Grund, zusammen zu sein. Erinnerungen an die Erfindung des Volkes. Frankfurt/Main 1998. S. 46/47)

[654] vgl. auch: Bielefeld, Ulrich: Ethnizität und Gewalt. Kollektive Leidenschaft und die Existentialisierung von Ethnizität und Gewalt. In: Jureit, Ulrike (Hrsg.): Politische Kollektive. Die Konstruktion nationaler, rassischer und ethnischer Gemeinschaften. Münster 2001. S. 146

[655] Esposito, Elena: Soziales Vergessen. Formen und Medien des Gedächtnisses der Gesellschaft. Frankfurt/Main 2002. S. 360

[656] als Form, wie die Welt zu sehen ist, als Ordnungsschema; ein Gedanke, den bereits Ernest Renan 1882 formulierte: „Eine Nation ist eine Seele, ein geistiges Prinzip. Zwei Dinge, die in Wahrheit nur eins sind, machen diese Seele, dieses geistige Prinzip aus. Das eine liegt in der Vergangenheit, das andere in der Gegenwart. Das eine ist der gemeinsame Besitz eines reichen Erbes an Erinnerungen, das andere das gegenwärtige Einvernehmen, der Wunsch zusammenzuleben, der Wille, das Erbe hochzuhalten, welches man ungeteilt empfangen hat. ... Eine Nation ist also eine große Solidargemeinschaft, getragen von dem Gefühl der Opfer, die man gebracht hat, und der Opfer, die man noch zu bringen gewillt ist. Sie setzt eine Vergangenheit voraus und muss in der Gegenwart zu einem greifbaren Faktor zusammenzufassen sein: der Übereinkunft, dem deutlich ausgesprochenen Wunsch, das gemeinsame Leben fortzusetzen. Die Existenz einer Nation ist – erlauben Sie mir diese Metapher – ein Plebiszit, das sich jeden Tag wiederholt, so wie die Existenz eines Individuums eine dauernde Bestätigung des Lebensprinzips ist." (Renan, Ernest: Was ist eine Nation? Und andere politische Schriften. Wien/Bozen 1995. S. 56/57)

[657] Bühl, Walter L.: Das kollektive Unbewusste in der postmodernen Gesellschaft. Konstanz 2000. S. 173

2.2.3 Referenz von Interpenetration: soziale Systeme

Für Norbert Elias ist Bezugspunkt von „Wir-Identität" insb. die nationale Ebene:

> „Die Integrationsebene des Staates hat für das Bewusstsein der meisten zugehörigen Menschen mehr als irgendeine der anderen Schichten der Wir-Identität die Funktion einer Überlebenseinheit, einer Schutz- und Trutzeinheit, von der ihre physische und soziale Sicherheit in den Auseinandersetzungen menschlicher Gruppen und auch im Falle physischer Katastrophen abhängt. Wohlgemerkt: Sie hat diese Funktion nur für das *Bewusstsein* der meisten zugehörigen Menschen. Wie es sich damit in Wirklichkeit verhält, steht auf einem anderen Blatt."[658]

Elias rekurriert hier darauf, dass die Annahme von Integration nur für die Bewusstseinsebene von Individuen getroffen, damit nicht falsifizierungslos entsprechende Empirie antizipiert werden kann, und relativiert dies ja auch entsprechend, als dies nur für die „meisten zugehörigen Menschen" gelte. Soweit wäre ihm zuzustimmen. Es dürfte unmittelbar einleuchten, dass die Adressabilität von Individuen z.B. im Rahmen national codierter Kommunikation relativ problemlos erfolgt und erfolgen kann; mithin voraussetzbar ist[659]. Dies aber doch nur insofern, als „nationale Identität" eine dominante, vielfach reproduzierte, sogar vielen operativen Beobachtungen vorausgesetzte soziale Unterscheidung darstellt. Kollektive ergeben sich dann und insofern, als Personen als Kollektiv beobachtbar werden und dies als eben so kommuniziert wird. Theoretisch betrachtet: Was soll *Wirklichkeit* sein, wenn nicht gedankliche und/oder kommunikative Wirklichkeit, und aus welcher Perspektive würde sich diese „Wirklichkeit" festlegen? Wirklichkeit ergibt sich für psychische Systeme durch den operativen Anschluss (selektierter Form von Sinn) von Gedanken an Gedanken durch eine entsprechende Unterscheidung. Und Wirklichkeit ergibt sich für soziale Systeme durch den operativen Anschluss (selektierter Form von Sinn) von Kommunikation an Kommunikation durch eine entsprechende Unterscheidung. Nur ist dies kein Ordnungsfaktor, der gleichsam räumlich gedacht werden kann, also für die (meisten) Bewusstseine einer bestimmten Region vorausgesetzt werden könnte, da nicht in jedem Bewusstsein der gleiche Inhalt (in Form identischer Nutzung von „Sinn") aktualisiert ist. Elias *konzediert* mit dieser Aussage ja

---

[658] Elias, Norbert (Hrsg.: Schröter, Michael): Die Gesellschaft der Individuen. Frankfurt/Main 1987. S. 277

[659] Bielefeld weist (in: Bielefeld, Ulrich: Ethnizität und Gewalt. Kollektive Leidenschaft und die Existentialisierung von Ethnizität und Gewalt. In: Jureit, Ulrike (Hrsg.): Politische Kollektive. Die Konstruktion nationaler, rassischer und ethnischer Gemeinschaften. Münster 2001. S. 144-162) auf den Aspekt hin, dass im Alltag die mit der Semantik „Nation" verbundene Sinnlimitierung keine besondere Bedeutung aufweist. Erst in außerordentlichen Situationen, in denen alltägliche Handlungsmuster nicht zur Verfügung stehen, wird diese bedeutend

gerade die *Kontingenz* dieses Prozesses auf der Ebene des Bewusstseins, um die es ihm primär geht. Daher scheint es auch nicht stringent, diese (empirische) Kontingenz zu konzedieren, in der theoretischen Konstruktion aber zu marginalisieren; wie Bühl insinuiert, wenn er schreibt, dass es „nicht so sehr auf die Vollständigkeit dieser Merkmale, als vielmehr auf die *Substituierbarkeit* einzelner Merkmalsdimensionen und auf ihre Rekonfigurierbarkeit je nach den äußeren Umständen und dem inneren Entwicklungsstand“[660] ankommt. Demgegenüber ist es ja gerade der Clou (wenn man so will) der Theorie autopoietischer Systeme, die unreduzierbare Differenz zwischen Bewusstsein und Kommunikation *nicht* ineinander aufzulösen und aufzuheben, sondern diese als je emergentes System zu betrachten und damit die Frage *nach* einem Kollektivbewusstsein im Eliasschen Sinne[661] dahingehend zu reformulieren, *wie* sich eine entsprechende Vorstellung operativ reproduziert. Legt man insofern zugrunde, dass Gesellschaft nicht aus Menschen, sondern aus Kommunikation besteht[662], ist von Nation „in einem soziologischen Sinne allein im Sinne von Kommunikationen zu sprechen, die Nationalität thematisieren.“[663] Selbstredend können psychische und soziale Systeme – auf operativ irreduzibel unterschiedliche Weise[664] – „dasselbe

[660] Bühl, Walter L.: Das kollektive Unbewusste in der postmodernen Gesellschaft. Konstanz 2000. S. 174

[661] was auch Luhmann mit Bezug auf Durkheim kritisiert: „Es handelt sich um das „Kollektivbewusstsein“ selbst, das in den Köpfen der einzelnen Menschen seinen Platz hat und dort mehr oder weniger Raum gibt für die Entfaltung von Individualität. Das Kollektivbewusstsein wiederum ist die Gesellschaft – eine Konzeptualisierung, die es erlaubt, Soziales als Subjekt und als Objekt für sich selbst zu denken. Probleme der Selbstreferenz und der Selbstbegründung werden damit in den Begriff gebannt.“ (Luhmann, Niklas: Arbeitsteilung und Moral. Durkheims Theorie. In: Durkheim, Emile: Über soziale Arbeitsteilung. Studie über die Organisation höherer Gesellschaften. Frankfurt/Main 1988. S. 24)

[662] so auch Straub: „Kollektive Identitäten sind kommunikative Konstrukte.“ (Straub, Jürgen: Personale und kollektive Identität. Zur Analyse eines theoretischen Begriffs. In: Assmann, Aleida/Friese, Heidrun (Hrsg.): Identitäten. Erinnerung, Geschichte, Identität 3. Frankfurt/Main 1998. S. 104)

[663] Nassehi, Armin/Richter, Dirk: Die Form „Nation“ und der Einschluss durch Ausschluss. Beobachtungen zur Fremdenfeindlichkeit in Deutschland. In: Sociologia Internationalis. 34. Band 1996, Heft 2. Berlin 1996. S. 153

[664] „Das, was sich in unseren Gedanken und Vorstellungen abspielt, ist, so wie es sich abspielt, nicht der sprachlichen Wiedergabe fähig. Das Problem kann auch nicht dadurch gelöst werden, dass wir subjektiv ehrlich bemüht sind, verstanden zu werden. Zwischen unser Bewusstsein und dort aktualisierte Intentionen und das Verstehen ist stets die kommunikative Situation gesetzt. Wer verstanden sein will, muss folglich situativ kontrolliert, mit Rücksicht auf die gegebenen Rahmen und die unterstellten Kenntnisse, Absichten und Werte eines Publikums seine Mitteilungen wählen. ... Dies also gilt für den, der sich *verständlich machen* will. Analog ist auch derjenige, der *verstehen* will, auf Auswahl angewiesen. Niemals kann er hoffen, sein eigenes Bewusstsein sachlich und zeitlich dem des oder der anderen gleichsam parallel zu führen. Insofern gleicht der Verstehensprozess nicht zwei hell erleuchteten Zügen, die nebeneinander herfahren, sondern eher zwei einander begegnenden Fahrzeugen, die für einen Moment optisch verkoppelt sind, um dann wieder in entgegengesetzte Richtungen zu rasen. Jemanden zu verstehen, kann also nur heißen, nicht alles von ihm verstehen zu

Differenzschema verwenden, um Informationen zu verarbeiten"[665], psychische Systeme auf der Basis ihrer gedanklichen Sinnkombination Kommunikation entsprechende Sinnselektionen appräsentieren und entsprechend (appellative) Kommunikation sich entsprechende Bewusstseine hervorbringen[666], da erst die Adressierung die Ansprechbarkeit erzeugt, die sie selbst voraussetzt. „Nation" stellt, wie jede semantische Form[667] einen entlastenden Mechanismus zur Reduktion von Komplexität dar, mit dem im Medium Sinn Unterscheidungen *und* Kennzeichnungen vollzogen, also Beobachtungen strukturiert werden, die als kontingenzlimitierende *Bedeutung* die Vorstrukturierung von Anschlussoperationen ermöglichen, indem sie „Wahrnehmungserreichbarkeiten strukturieren und so unterschiedliche Erreichbarkeitsgrenzen, Horizonte und damit Welten erzeugen"[668], an die sich weiterführende sowie vertiefende Perspektiven anschließen (sich damit verbinden) lassen – solange sie mit anerkanntem sozialen Sinn belegt sind[669]. Die Präferenz durch Anschlussfähigkeit „lokalisiert den sozialen Sinn im kommunikativen Geschehen selbst, d.h. im Nacheinander kommunikativer Akte, deren Anschlussformen jene Struktur erzeugen, durch die sie sich selbst einschränken."[670] Eine Unterscheidung ist zunächst nur ein Einzelereignis. Erst ihre operative Reproduktion und Stabilisierung durch Repetition bestätigter Erwartungen als Sinneinschränkung stiftet ihre emergenten Eigenschaften, macht und festigt sie zu einem anhaltenden sozialen Unterschied –

wollen, sondern sich vielmehr ein Bild von ihm zu machen oder, wie man sich neuerdings wohl ausdrückt, eine Beschreibung. Diese aber ist auch eine Leistung des beschreibenden Bewusstseins." (Hahn, Alois: Partizipative Identitäten. In: Münkler, Herfried (Hrsg.): Furcht und Faszination. Facetten der Fremdheit. Berlin 1997. S. 136)

[665] Luhmann, Niklas: Soziale Systeme. Grundriss einer allgemeinen Theorie. Frankfurt/Main 1994[4]. S. 315

[666] so prägnant, Kaiser Wilhelm II in seiner Reichstagsrede am 04. August 1914: „Ich kenne keine Parteien mehr, ich kenne nur noch Deutsche!" Die Unterscheidung und Ansprache präferiert bereits Anschlüsse, so dass anders geartete Anschlüsse nur durch erhöhte Reflexions- und Aufwandsleistungen dagegen gesetzt werden können [vgl. Kap. 1.2.4]

[667] an dieser Stelle kann auch die 2-Seiten-Form noch einmal verdeutlicht werden: Jede Beobachtung als Unterscheidung eröffnet spezifische Horizonte: den beobachtbaren, die konstitutive Unterscheidung der in Frage stehenden Alternative (also Deutsch/Nicht-Deutsch) und allen anderen (unbeobachtbaren) Möglichkeiten (Frau – Mann, Blond – Dunkelhaarig, Arbeitender – Nichtarbeitender, Gebildeter – Ungebildeter …) der Unterscheidung der zwei Seiten der Alternative (Deutsch/Nicht-Deutsch). Der Kontext (die Außenseite) bestimmt die Bedeutung

[668] Nassehi, Armin: „Zutritt verboten!" Über die politische Formierung privater Räume und die Politik des Unpolitischen. In: Lamnek, Siegfried/Tinnefeld, Marie-Theres (Hrsg.): Privatheit, Garten und politische Kultur. Von kommunikativen Zwischenräumen. Opladen 2003. S. 35

[669] „Plausibel ist, was sagbar ist, und sagbar ist das, was eine soziale Anschlussfähigkeit hervorbringt und Unterscheidungen so etabliert, dass an ihnen ein Publikum gleich mitkondensiert." (Nassehi, Armin: Der soziologische Diskurs der Moderne. Frankfurt/Main 2006. S. 352/353)

[670] Nassehi, Armin: Sozialer Sinn. In: Nassehi, Armin/Nollmann, Gerd (Hrsg.): Bourdieu und Luhmann. Ein Theorienvergleich. Frankfurt/Main 2004. S. 172

erlangt sie durch Anschlussfähigkeit Geltung[671], gewinnt aus dieser Essentialisierung ihren Authentizitätscharakter, dessen Realität dann kommunikativ nur noch im Rahmen erhöhten Reflexionsaufwandes (durch Beobachtungen zweiter Ordnung) verhandel- und widerlegbar ist und als „Kollektivsubstanz" bis hin zu einer fundamentalistischen Weise gegen ebensolche abgegrenzt und abgeschottet werden kann. Für Niethammer entspricht die Behauptung homogener Kollektivstrukturen einer Hypostasierung von individueller und sozialer Vielfalt, einer Fest-Schreibung von etwas, das „man in seiner tatsächlichen Komplexität und Differenzierung nicht kennt. Das Bild, das der unbewussten Wirklichkeit des Kollektivs übergestülpt wird, gibt Sprach- und Handlungsfähigkeit zurück, und das ist in Zeiten heißer und kalter Kriege Gold wert."[672] Ein psychisches System befindet sich immer schon in einer präkonfigurierten Sinnwelt, findet im Rahmen seiner Selbstreproduktion und –konstitution durch kommunikativ vorhandene Formen sozialer Selbstbeschreibungen eine „bereits fertige, feste Welt" [vgl. FN[283]] vor, die es sich (um die Komplexität von Wahrnehmung, Kategorisierung und Beschreibung nicht immer neu reduzieren zu müssen) zu eigen macht. Bewusstsein ist daher „schlicht: konventionell und allgemein. Es realisiert eine singuläre Allgemeinheit. Es ist gerade nicht: individuell, sondern bezieht, worauf es sich einlässt, nicht von sich, sondern aus den an Zeichen gebundenen Sinnstreuungsmöglichkeiten sozialer Systeme."[673] Diese Sinnstreuungsmöglichkeiten werden primär prozessiert durch Sprache[674], die ihrerseits komplexitätsreduzierend[675] fungiert, „denn Sprache führt die Welt, die sie bezeichnet und über die sie spricht, nicht mit. Sie ist extrem *abstrakt* im genauesten Sinne des Wortes, insofern sie nichts enthält als Zeichen und sie wirkt ebenso extrem *de-individualisierend*, insofern sie niemals privat sein kann und über keinen originären Betreiber verfügt."[676] Dabei sind unterschiedliche „Sprachspiele"[677] mit

[671] vgl. Bielefeld, Ulrich: Ethnizität und Gewalt. Kollektive Leidenschaft und die Existentialisierung von Ethnizität und Gewalt. In: Jureit, Ulrike (Hrsg.): Politische Kollektive. Die Konstruktion nationaler, rassischer und ethnischer Gemeinschaften. Münster 2001. S. 150

[672] Niethammer, Lutz: Kollektive Identität. Heimliche Quellen einer unheimlichen Konjunktur. Reinbek 2000. S. 303/304

[673] Fuchs, Peter: Die Psyche. Studien zur Innenwelt der Außenwelt der Innenwelt. Weilerswist 2005. S. 69

[674] vgl. Tessarolo, Mariselda: Sprache als Element der Inklusion und Exklusion. In: Annali di Sociologia. Soziologisches Jahrbuch 16, 2002/2003. Berlin 2006. S. 226

[675] s. auch Roth, Gerhard: Das Gehirn und seine Wirklichkeit. Kognitive Neurobiologie und ihre philosophischen Konsequenzen. Frankfurt/Main 1997. S. 298

[676] Fuchs, Peter: Die Psyche. Studien zur Innenwelt der Außenwelt der Innenwelt. Weilerswist 2005. S. 72/73

[677] „Da Sprache als primäres Medium der Symbolisierung der eigentliche Träger von Kontingenz ist, ergeben sich Steigerungen von Kontingenz aus Steigerungen von Kommunikationsmöglichkeiten. Verdichtungen von Kommunikationsmöglichkeiten ergeben sich vermutlich aus vielen Gründen, besonders deutlich aber aus Prozessen sozialer Differenzierung. Schon elementare Formen der Diffe-

unterschiedlichen Perspektiven[678], also Realitäten verknüpft[679]. „Sprachliche oder begriffliche Einheit in vielsprachigen Räumen ist ein zentrales Muster kollektiver Identitäten, nicht zuletzt, weil sich in der Sprache und der Begrifflichkeit die grundlegend geteilten Werte und Normen manifestieren und abbilden.“[680] Die Kenntnis bestimmter Termini ermöglicht den Zugang zu symbolischen Sinnwelten einer bestimmten Kultur [vgl. Kap. 1.5.3] (so ist gerade auch politisch konnotierte Kommunikation (durch unterschiedliche Weltentwürfe) ideologisch geprägt). Sprache macht einen Unterschied[681], neben dem andere Unterschiede unsichtbar werden, unbeschadet der Frage, ob fremdreferentiell (in der Referenz des Bezeichneten) dieser Unterschied aktualisiert ist. Daher kann sinnlogisch nicht vorausgesetzt werden, dass Zeichen von unterschiedlichen psychischen Systemen identisch verwendet werden, da sich jeweilig psychische Sinnlimitationen unaufhebbar inkommensurabel generieren. Eine kommunikative Klärung jeweiliger Bedeutung (die dazu auch das Bewusstsein des verstehenden Systems in Anspruch nehmen muss) würde zu selbstregressiven kommunikativen Schleifen führen, weil zu dieser Klärung ihrerseits wieder Bedeutungen als identisch vorausgesetzt werden müssen, die wiederum geklärt werden müssten. Dies wäre aber immer nur rekursiv, nie aktual realisierbar und würde sich operativ nur durch Rekurs auf Zeit entparadoxieren lassen, worin sich die Habermassche kommunikative Rationalität exemplifizieren würde, allerdings unerreichbar in die Zukunft transzendiert[682]. Da sich reproduzierende soziale Syste-

renzierung in Geschlechterrollen, Gruppen oder Stämme sind von unterschiedlichen Sprachen und mithin unterschiedlichen Perspektiven begleitet.“ (Willke, Helmut: Ironie des Staates. Grundlinien einer Staatstheorie polyzentrischer Gesellschaft. Frankfurt/Main 1996. S. 40)

678 damit ist auch die Weltkonstituierung bestimmt, denn „der Grad der Unordnung oder Ordnung, der in einer Anordnung gesehen werden kann, hängt in ganz entscheidender Weise von der Wahl der Sprache (des Alphabets) ab, die für solche Operationen verwendet wird.“ (Foerster, Heinz von: Unordnung/Ordnung: Entdeckung oder Erfindung? In: Ders: (Hrsg.: Schmidt, Siegfried J.) Wissen und Gewissen. Versuch einer Brücke. Frankfurt/Main 1993. S. 144)

679 vgl. zu entsprechenden empirischen Untersuchungen: Boroditsky, Lera: Wie prägt die Sprache unser Denken? In: Brockman, Max (Hrsg.): Die Zukunftsmacher. Die Nobelpreisträger von morgen verraten, worüber sie forschen. Frankfurt/Main 2010. S. 134-149

680 Kaelble, Hartmut/Kirsch, Martin/Schmidt-Gernig, Alexander: Zur Entwicklung transnationaler Öffentlichkeiten und Identitäten im 20. Jahrhundert. Eine Einleitung. In: Dies. (Hrsg.): Transnationale Öffentlichkeiten und Identitäten im 20. Jahrhundert. Frankfurt/New York 2002. S. 18

681 vgl. Christakis, Nicolas A./Fowler, James H.: Connected! Die Macht sozialer Netzwerke und warum Glück ansteckend ist. Frankfurt/Main 2010. S. 320

682 Insofern ist Konsens nicht das Produkt von Kommunikation, sondern schlicht Ermöglichungsbedingung: „Jedes Bedeutungssystem, in dem diese Bedingungen für die Verknüpfung von Symbolen und Bedeutungen erfüllt sind, bleibt innerhalb des Spielraums der Logik. Dennoch ist damit nicht gewährleistet, dass zwei Personen, die beide in ihrem Sprachgebrauch diese Bedingungen erfüllen, auch nur mit einem einzigen Wort dieselbe Bedeutung verbinden“ (Simon, Fritz B.: Meine Psychose, mein Fahrrad und ich. Zur Selbstorganisation der Verrücktheit. Heidelberg 2009[12]. S. 114). „Der

me auf Anschluss in Echtzeit angewiesen sind, sind psychische Bedeutungen von Zeichen in der (Alltags-)Kommunikation selbst nicht hinterfragbar, da dies auf ständige Fraglichkeiten stoßen bzw. entsprechende Reflexionsleistungen voraussetzen würde, die psychisch mit verringerten Sicherheitsleistungen und sozial erhöhtem Kommunikationsaufwand[683] führen würde. „In die Kommunikation müssen *Nichtfraglichkeiten* eingebaut werden, die abgeschottet sind gegen die Beobachtungsmöglichkeiten zweiter Ordnung. Die Bezeichnung solcher Nichtfraglichkeiten muss massiv verdinglichend wirken, also einerseits situierbar in einer Unterscheidung sein (sonst würde es sich gar nicht um Beobachtung handeln), aber andererseits die Bezeichnung der Unterscheidung und die damit mögliche Konstruktion von Alternativen unterbinden."[684] *Überzeugen* dürften dabei Nichtfraglichkeiten, die die Welt auf bestimmte Auffassungsperspektiven reduzieren, die durch „unproblematische" Anschlussfähigkeit als geteilt vorausgesetzt werden[685]. Dies konzediert auch Bühl: „Diese Gemeinsamkeit der Sprache kann und muss nicht total, sie muss nur hinreichend für die angestrebten Handlungen oder Interaktionen sein."[686] Diese Annahmen bilden *„effiziente Fiktionen,* die sich in einer außerordentlich erfolgreichen Kommunikationskultur bewähren"[687], um „die Häufigkeit des Auftauchens hermeneutischer Probleme zu redu-

---

Konsens (die Übereinstimmung darüber, welcher [sic!] Sinn was zugeschrieben werden soll) ist die Voraussetzung des Verstehens" (a.a.O.: S. 66)

683 „Interpenetration setzt *relativ stabile Alternativität* voraus. Der Spielraum für Kontingenz muss beschränkt sein, sonst würde sich sowohl Bewusstsein als auch Kommunikation in gewisser Weise „dämonisieren". Wenn dieser Spielraum dadurch eingeschränkt wird, dass soziale Prozesse zunehmend Kontingenz verkraften müssen und den beteiligten Bewusstseinen damit Orientierungssicherheit nehmen, und wenn (im Zuge struktureller Kopplung) Bewusstseine sozialen Prozessen immer mehr kontingente Verhaltensmöglichkeiten offerieren, dann gerät Interpenetration unter den Druck (oder unter die Gefährdung) *haltloser* Kontingenz. Diese Kontingenz, die an die Form moderner Gesellschaft geknüpft ist, lässt sich auf der Ebene der Interpenetration nicht einfach stoppen, sie kann nur vorübergehend inhibiert oder „gesperrt" werden. Die Voraussetzung dafür wäre, dass die Sperre Momente der Unbestreitbarkeit einführt. Sie müsste kontingente Beobachtungsmöglichkeiten tilgen oder besser: vorübergehend aussetzen können. Das gelingt jedoch nur, wenn Informationen ins Spiel kommen, die einerseits bestimmt sind, andererseits aber Alternativität blockieren, insofern sie als Information nicht oder nur unter hohem Sonderaufwand negiert werden können. Es müsste sich um bestimmte Informationen über Unbestimmbarkeiten drehen." (Fuchs, Peter: Die Psyche. Studien zur Innenwelt der Außenwelt der Innenwelt. Weilerswist 2005. S. 97)

684 a.a.O.: S. 97/98

685 „Die Vieldeutigkeit des Sprachgebrauchs bedarf also weit weniger einer Erklärung, als die relative Eindeutigkeit, die unser alltägliches Sprechen und unser gegenseitiges Verstehen kennzeichnet." (Simon, Fritz B.: Meine Psychose, mein Fahrrad und ich. Zur Selbstorganisation der Verrücktheit. Heidelberg 2009[12]. S. 112/113)

686 Bühl, Walter L.: Das kollektive Unbewusste in der postmodernen Gesellschaft. Konstanz 2000. S. 127

687 Fuchs, Peter: Moderne Kommunikation. Zur Theorie des operativen Displacements. Frankfurt/Main 1993. S. 118

zieren und die Unsicherheit, die solche Probleme hervorrufen, zu verringern.“[688] Dabei spielen Verstehensannahmen[689] eine wesentliche Rolle, die einem beschreibenden System entspringen[690], mit anderen Worten von diesem jeweilig (in einem jeweiligen Kontext) als vertraut konstruiert werden[691]. Gesellschaft basiert „als Kommunikation eben auf dieser intersubjektiven Ignoranz. Das, was an Verstehen möglich ist, gründet auf Nicht-Wissen und insofern Nicht-Verstehen. ... Die Fremdheit zwischen ihnen wird gleichsam aufgehoben durch die Unkenntnis über ihre Unkenntnis.“[692] Durch diese Verstehensunterstellungen kann *Gleichheit*, die Identität eigener Selbstreproduktion und der Reproduktion anderer psychischer Systeme als ähnliche „Lagerung“ der Umwelten dieser Systeme [vgl. Kap. 1.5.2] imaginiert werden, in der die generalisierte Fremdheit der modernen Gesellschaft [vgl. Kap. 2.1.1] invisibilisiert, (bestimmte) Mitglieder eines als relevant erachteten Teils der Gesellschaft nicht als fremd oder unvertraut betrachtet werden; sich unhintergehbare Fundamentalalterität in handhabbare Gleichheit transformiert. „Die kommunikative Form, in der sich jene Berufung auf Vertrautsein realisiert, ist die des argumentum ad hominem, worunter hier die Inanspruchnahme semantischer Komplexe verstanden wird, die eben dies leisten: Motivverstärkung durch das Einklagen der Geltung des Vertrauten. Im Prinzip geht es um die Anzeige des Zuhause-seins in einer gemeinsamen Welt

688 Bauman, Zygmunt: Moderne und Ambivalenz. In: Bielefeld, Ulrich (Hrsg.): Das Eigene und das Fremde: neuer Rassismus in der alten Welt. Hamburg 1992². S. 27

689 „Wir unterstellen Gemeinsamkeiten des Erlebens und Urteilens, ohne diese Gemeinsamkeit jeweils ständig zu überprüfen. Der Grund für die Divergenz interindividuellen Erlebens, nämlich die Transzendenz fremden Bewusstseins und die Eigentümlichkeiten der Sinnhaftigkeit, sind zugleich auch die Basis für das Latentbleiben dieser Divergenzen. Unsere Verstehensfiktionen werden nicht sogleich falsifiziert, weil wir keine direkte Einsicht in den anderen haben. Das trifft insbesondere dann zu, wenn es sich um die Unterstellung von „inneren“ Gegebenheiten wie Gefühlen, Absichten, Überzeugungen, Vorlieben und Abneigungen handelt.“ (Hahn, Alois: Partizipative Identitäten. In: Münkler, Herfried (Hrsg.): Furcht und Faszination. Facetten der Fremdheit. Berlin 1997. S. 138)

690 man „schaut nach innen, um etwas über das Innere eines anderen da draußen zu erfahren“ (Simon, Fritz B.: Meine Psychose, mein Fahrrad und ich. Zur Selbstorganisation der Verrücktheit. Heidelberg 2009¹². S. 65). Diese Verstehensunterstellungen können zwar bezogen auf die Zeitdimension Veränderungen unterliegen, da sie Erwartungen in Hinblick auf weitere Kommunikation erzeugen. Werden diese Erwartungen enttäuscht, können sie korrigiert werden. Normalerweise werden dann aber eben die Erwartungen korrigiert und nicht die Annahme der Verstehensunterstellung

691 wer nicht verstanden wird, weil sich Kommunikationen als so absonderlich erweisen, dass Verstehensunterstellungen nicht mehr greifen, ist dann „verrückt“ (vgl. Simon, Fritz B.: Meine Psychose, mein Fahrrad und ich. Zur Selbstorganisation der Verrücktheit. Heidelberg 2009¹². S. 64). Dies erklärt auch Phänomene in gestörten oder „destruktiven“ Beziehungsmustern, denn auch Handlungen, die für einen äußeren Beobachter (z.B. einen Therapeuten) massiv im Widerspruch zu einer Verstehensunterstellung stehen, können von dem Betroffenen selbst durchaus als kompatibel in diesem Verstehensrahmen interpretiert werden

692 Hahn, Alois: Partizipative Identitäten. In: Münkler, Herfried (Hrsg.): Furcht und Faszination. Facetten der Fremdheit. Berlin 1997. S. 137

und um die implizite Drohung, dass derjenige, der bestimmte Offerten nicht übernimmt, sich aus dieser gemeinsamen und vertrauten Welt katapultiert oder zumindest so hohe Begründungslasten auf sich nimmt, dass in gerade laufender Kommunikation keine Zeit bleibt, sich auch noch damit zu befassen. Im Effekt führt auch das zur Ausgrenzung von Widersachern. Sie sind mit ihren Intentionen kommunikativ nicht repräsentiert, oder anders herum: Diese Intentionen erweisen sich kommunikativ als absonderlich, exotisch, esoterisch, querulatorisch, bizarr."[693] Diese semantisch selbsterfüllenden Prophezeiungen [vgl. Kap. 2.1] ermöglichen so die kommunikative Ordnung der sozialen Welt, indem psychische Systeme, die entsprechende Kommunikationsofferten und damit Sinnhorizonte nicht übernehmen, als Abweichler, als Anders und Fremd klassifiziert werden und diese Formen von Fremdheit in der Sozialdimension zur Konstruktion *sozialer Ungleichheit* und deren semantischen Legitimität genutzt werden können (s. Kap. 3.1.1]. Da eine Unterscheidung selbst, aus deren Sinnperspektive sich Gemeinsamkeiten und Unterschiedlichkeiten ergeben, den Raum des Unterschiedenen als selbstreferentielle Umweltkonstruktion erst eröffnet, diese der Raum dann *ist*, konnte noch Mead (ähnlich wie Elias) die ontologisierende Vorstellung realer Eigenschaften (als Ganzheiten oder Einheitssubsumierungen) als Faktizitäten (und nicht nur als semantische Konstruktionen) entwickeln: „Die organisierte Gemeinschaft oder gesellschaftliche Gruppe, die dem Einzelnen seine einheitliche Identität gibt, kann „der (das) verallgemeinerte Andere" genannt werden. Die Haltung dieses verallgemeinerten Anderen ist die der ganzen Gemeinschaft."[694] Diese angebliche „Haltung" des Einzelnen und der Gesellschaft als wechselseitige Antizipation (rollenspezifischer) Erwartungen, die die Selbstintrospektion determinieren und durch Internalisierung zu diese Erwartungen generalisierenden Normen führt, an denen sich Alle wechselseitig orientieren, mit dem Ergebnis koordinativ abgestimmter gemeinsamer Haltungen und Handlungen, einem Allgemeinen als Einheitsform, ist – theoretisch betrachtet – Ergebnis kommunikativer Reproduktion in der Form der Anschließbarkeit an erwartete und erwartbare Deutungsmöglichkeiten, die eben dadurch die Wahrscheinlichkeit von Repetitierbarkeit erhöht. „Die Präferenz liegt auf präpariertem Anschluss, das Nicht-Präparierte wird dezidiert ausgeschlossen. Dieser Ausschluss ist „pädagogisch" wirksam. Er erzeugt sich die Bewusstseine, die ihn erzeugen, und damit die Kommunikation, zu der sie passen und die sie passend

[693] Fuchs, Peter: Die Erreichbarkeit der Gesellschaft. Zur Konstruktion und Imagination gesellschaftlicher Einheit. Frankfurt/Main 1992. S. 128

[694] Mead, George H.: Geist, Identität und Gesellschaft aus der Sicht des Sozialbehaviorismus. (Hrsg.: Morris, Charles W.). Frankfurt/Main 1978^{3}. S. 196

macht."[695] Besonders plastisch und eindeutig sind dabei Verdichtungen zu kommunikativen Stereotypen[696]. „Mit Hilfe solcher Stereotype, die überall dort präsent sind, wo über andere „Nationen", „Völker" oder „Gruppen" kommuniziert wird, kann man sich orientieren, selbst wenn man Angehörige dieser Gruppen noch nie zu Gesicht bekommen hat."[697] Diese kommunikativen Konstrukte als Ausgang und Ergebnis *selbstreferentieller* Kommunikationsprozesse weisen als Referenz nicht das (den) Beobachteten[698], sondern das diesen als je Fremd beschreibende System[699] auf. Fremdheit ist ein kulturelles Konstrukt[700] [vgl. Kap. 1.5.3], das einen Fremden erst durch eine entsprechende – standortabhängige und damit immer kontingente – Beschreibung zu eben diesem (zu dem, der er *ist*) macht[701]. Doppelte Kontingenz [vgl. Kap. 1.2.4] im Aufeinandertreffen des Ei-

[695] Fuchs, Peter: Moderne Kommunikation. Zur Theorie des operativen Displacements. Frankfurt/Main 1993. S. 115

[696] wie z.B. Ausländer sind faul, Juden sind falsch oder, als aktuellere Bezüge: Ausländer sind Sozialparasiten, Araber sind Terroristen und/oder Islamisten oder, nicht-personbezogen: Sozialismus ist...; Kapitalismus ist...

[697] Richter, Dirk: Die zwei Seiten der Nation. Theoretische Betrachtungen und empirische Beispiele. In: Nassehi, Armin (Hrsg.): Nation, Ethnie, Minderheit. Beiträge zur Aktualität ethnischer Konflikte. Köln, Weimar, Wien 1997. S. 68

[698] „Der Grund liegt eben darin, dass die Etikettierungen mit Unterscheidungen arbeiten, deren Urheber sie selbst sind: ohne Moral keine Sünder, ohne Gesetze keine Verbrecher, ohne die Definition eines Unterschiedes zwischen „uns" und den „anderen" keine Fremden. Damit ist selbstredend nicht gesagt, dass solche Identifikationen *beliebig* vorgenommen werden können. Sie müssen plausibel und „anschließbar" sein. Und die Plausibilitätsvoraussetzungen ergeben sich ganz wesentlich aus den Strukturen und aus den lebendigen Traditionen der gemeinsamen Geschichte und aktuellen Krisen der beteiligten Gruppen. Gegeben ist stets eine Fülle von Gemeinsamkeiten und Verschiedenheiten. Fremdheit im emphatischen Sinne entspringt daraus, dass einige dieser Verschiedenheiten als Basis für die Selbstidentifikation eines Systems genutzt werden, so dass die Gemeinsamkeiten, die es mit den Fremden teilt, auf sozial verbindliche Weise unerheblich werden, obwohl diese Gemeinsamkeiten für viele Beteiligte viel gravierender sein mögen als die, die zur Definition des „Wir" ausgewählt wurden." (Hahn, Alois: Partizipative Identitäten. In: Münkler, Herfried (Hrsg.): Furcht und Faszination. Facetten der Fremdheit. Berlin 1997. S. 134/135)

[699] eine alltägliche Verfahrensweise, wie von Foerster ausführt: „Sie wollen ein für allemal die Eigenschaften feststellen, die einen obszönen Gegenstand oder eine obszöne Handlung definieren. Natürlich, „Obszönität" ist keine Eigenschaft, die den Dingen selbst angehört, sondern eine Subjekt-Objekt-Beziehung; denn wenn wir Herrn X ein Gemälde zeigen und er dieses obszön nennt, dann wissen wir eine Menge über Herrn X, aber sehr wenig über das Gemälde." (Ders.: Zukunft der Wahrnehmung: Wahrnehmung der Zukunft. In: Ders: (Hrsg.: Schmidt, Siegfried J.) Wissen und Gewissen. Versuch einer Brücke. Frankfurt/Main 1993. S. 197)

[700] vgl. Engel, Gisela: Einleitung: In: Bielefeld, Ulrich/Engel, Gisela (Hrsg.): Bilder der Nation. Kulturelle und politische Konstruktionen des Nationalen am Beginn der europäischen Moderne. Hamburg 1998. S. 18

[701] eine Referenz, die „gegen jede Plausibilität konstruiert werden kann. Zumindest gilt das dann, wenn ein „Bedarf" an Fremden entsteht und intellektuelle Konstruktionen in ein Sinngebungsvakuum einbrechen. Fremdheitsdefinitionen können dann auf latente Eigenschaften zielen, die Andersartigkeit postulieren. Diese Andersartigkeit kann als latente Schuld oder als latente Gefährlichkeit defi-

genen mit Formen des Fremden in unterschiedlichen Kontexten zwingt durch Kontingenz zu operativer Selbststabilität – kommunikativ als auch psychisch. Diese Selbststabilität ergibt sich aus der Generalisierung des je Fremden, entspricht dem „blinden Fleck" jener Unterscheidung, der von einem Beobachter erster Ordnung nicht gesehen werden kann und nicht gesehen wird, da sonst die gerade durch diese Unterscheidung gewonnene Identität wieder offen und uneindeutig zu werden droht. „Alle Identitäten und Gewissheiten bauen denn auch auf für sie unsichtbaren Differenzen auf. Das Identische hängt am Nicht-Identischen und läuft stets Gefahr, dessen gewahr zu werden."[702] Die Funktion der Generalisierung liegt in der Stabilisierung des Eigenen. Dazu muss nun aber nicht nur das Fremde simplifiziert, also verabsolutiert[703] werden, sondern zur Invisibilisierung der Unbestimmbarkeit auch des eigenen Selbstes dieses Eigene[704]. Dadurch wird „individuell das Erleben und überindividuell die Kommunikation von internen Konflikten befreit. Die logische Kohärenz der psychischen Prozesse wird ebenso bestätigt wie die Kohäsion der Gruppe."[705] Ohne diese Generalisierung könnte sich das Nicht-Identische immer auch durch eine andere Unterscheidung auch als anders Nicht-Identisch und damit auch als Identisch erfahren werden, wodurch sich, gewollt oder nicht, die Kontingenz wie Prekärenz der Perspektive beider

---

niert werden. Oft finden sich Kombinationen von beiden. Der wichtigste Grund dafür, dass solcher Bedarf an Fremden entsteht, liegt gewiss in ihrer Verwendbarkeit für die Ausgrenzung von Sündenböcken. Von den Hexen und den Zauberern bis zu den Juden, von den in schamanistischen Riten identifizierten Tabuverletzern bis zu den in Schauprozessen „entlarvten" Verrätern des Kommunismus führt dann eine blutige Linie. Die unterstellte Andersartigkeit des Sünders oder Fremden kann immer wieder zur „öffentlichen" Tatsache gemacht werden. Ein Teil der Kunst der Enthüllungsarbeit besteht gerade darin, dass der zunächst durch die „Enthüllung" Überraschte sich am Ende längerer ritueller Prozeduren zu seiner Andersartigkeit bekennt, von der er vorher selbst nichts wusste: Identifikation mit einem Fremdheitsstatus, der durch das Verfahren selbst erst konstruiert wird." (Hahn, Alois: Partizipative Identitäten. In: Münkler, Herfried (Hrsg.): Furcht und Faszination. Facetten der Fremdheit. Berlin 1997. S. 143)

[702] Nassehi, Armin: Geschlossenheit und Offenheit. Studien zur Theorie der modernen Gesellschaft. Frankfurt/Main 2003. S. 254

[703] vgl. Bielefeld, Ulrich: Ethnizität und Gewalt. Kollektive Leidenschaft und die Existentialisierung von Ethnizität und Gewalt. In: Jureit, Ulrike (Hrsg.): Politische Kollektive. Die Konstruktion nationaler, rassischer und ethnischer Gemeinschaften. Münster 2001. S. 147

[704] „Statt in der Umwelt nach Mechanismen zu suchen, die Organismen in triviale Maschinen verwandeln, müssen wir die Mechanismen innerhalb der Organismen feststellen, die diese in den Stand versetzen, ihre Umwelt zu einer trivialen Maschine zu machen. Nach dieser Formulierung des Problems scheint klar zu sein, dass ein Organismus für die Manipulation seiner Umwelt – irgendwie – eine interne Repräsentation all der Gesetzmäßigkeiten der Umwelt konstruieren muss, die er überhaupt erfassen kann." So Foerster, Heinz von: Molekular-Ethologie: ein unbescheidender Versuch semantischer Klärung. In: Ders: (Hrsg.: Schmidt, Siegfried J.) Wissen und Gewissen. Versuch einer Brücke. Frankfurt/Main 1993. S. 175/176

[705] Simon, Fritz B.: Tödliche Konflikte. Zur Selbstorganisation privater und öffentlicher Kriege. Heidelberg 2001. S. 166

Seiten zeigen würde. „Das Fremde konkretisiert sich im Eigenen. Verliert das Fremde seine Allgemeinheit, zeigen sich Kongruenzen zwischen beiden, und das Fremde verliert seinen ihm zugeschriebenen Charakter."[706] Diese – kommunikativ verhandel- und damit beobachtbaren – Beschreibungen können als Fremdbeschreibungen auch bei den so Bezeichneten verhandelt werden, so dass diese eine kommunikative Form bilden, in der die gezogene Differenz abhängig von je tradierten Semantiken und des fremdreferentiell gezogenen Unterschieds auf *beiden Seiten* Kommunikation strukturiert und die jeweilige Identität prägt. Diese sozial handhabbare Form von Beobachtung ist, wie auch Baumann ausführt „ein sehr wirkungsvoller Faktor ihrer Fortdauer und Reproduktion. Abgrenzung, die kontinuierlich und sorgfältig aufrechterhalten wird, lässt einer möglichen Verringerung von Missverständnissen (oder zumindest ihrer Antizipation) wenig Chancen. Andauernde und ständig aufbrechende hermeneutische Probleme können daher gleichzeitig als Motiv und Produkt des Bemühens, Grenzen zu ziehen, angesehen werden. Als solche haben sie eine inhärente Tendenz zur Selbsterhaltung."[707] Je uneindeutiger und orientierungsdestruierender sich die Selbstevidenz der modernen Gesellschaft zeigt, je gleicher (ähnlicher) unterschiedliche Menschen in ihren Formen der Multiinklusion werden und damit je Vertrauter auch das Fremde erscheint, desto mehr wird ein sich selbst im Augenblick der Unterscheidung als diese Unterscheidung überprüfender und in Frage stellender Blick auf diese vermieden[708], um Uneindeutigkeiten wieder in Eindeutigkeiten zu transformieren und voraussetzbare und auf diese generalisierten Einheiten „gründbare" Blicke aufrechtzuerhalten, denn das „Problem moderner Gesellschaften ist nicht, wie Fremde zu eliminieren sind, sondern wie man mit ihnen in ihrer ständigen Gesellschaft leben kann – d.h. unter der Bedingung kognitiven Mangels, kognitiver Unbestimmtheit und Ungewissheit."[709] Kollektivsemantiken invisibilisieren die Alterität eigener Selbstevidenz, die Kontextabhängigkeit jeder Form von Identität und deren Konstruiertheit, indem sie generalisierte Fremdheit und Unvertrautheit in der Sozialdimension ordnen in Fremd und Gleich, durch die die nun vertrauten Gleichen einem gemeinsamen „Zuhause in

[706] Bielefeld, Ulrich: Einleitung. In: Ders. (Hrsg.): Das Eigene und das Fremde: neuer Rassismus in der alten Welt. Hamburg 1992^2. S. 9

[707] Bauman, Zygmunt: Moderne und Ambivalenz. In: Bielefeld, Ulrich (Hrsg.): Das Eigene und das Fremde: neuer Rassismus in der alten Welt. Hamburg 1992^2. S. 27

[708] „Die kulturelle Vielfalt, die in multikulturellen Städten Amerikas wie etwa New York Fakt ist, wird nicht genutzt zum gegenseitigen Austausch, zur wirklichen Wahrnehmung des Anderen; vielmehr richtet man sich in kleinen Enklaven ein und vermeidet den Blick, der einen Kontakt zum Fremden herstellen könnte." (Schroer, Markus: Fremde, wenn wir uns begegnen. Von der Universalisierung der Fremdheit und der Sehnsucht nach Gemeinschaft. In: Nassehi, Armin (Hrsg.): Nation, Ethnie, Minderheit. Beiträge zur Aktualität ethnischer Konflikte. Köln, Weimar, Wien 1997. S. 26)

[709] Bauman, Zygmunt: Postmoderne Ethik, Hamburg 1995. S. 237

der Welt“ zugerechnet und dieses damit stabilisiert werden, kann eine gemeinsame Lebenswelt „als Teil einer Differenz, deren andere Seite das je Unselbstverständliche und orientierungsdestruierende ist“[710], auf die ja auch Habermas [vgl. Kap. 1.2.1] als gemeinsamer Horizont der individuell unmittelbar erschließbaren und zugänglichen sozialen Welt rekurriert[711], konstruiert werden: „Lebenswelt erscheint so als Refugium, in dem noch *Einheit* gedacht und die kritischen Potentiale kommunikativer Handlungen entfaltet werden können. Systemtheoretisch wird weniger voraussetzungsvoll angesetzt und mit der *Differenz* der Perspektiven gerechnet: Lebenswelten bezeichnen dann nichts anderes als die empirisch auffindbaren Orte, die vermittels der Unterscheidung vertraut/unvertraut gedacht werden können, und die sowohl innerhalb als auch außerhalb funktionaler Teilsysteme der Gesellschaft auffindbar sind.“[712] Dabei gelten für diese jeweilig als vertraut ausgewiesenen Lebenswelten ebenfalls Selbstkonstitutivität und Selbstreferenz, sind diese multiperspektivisch und kontingent, da „das lebensweltengenerierende Schema vertraut/unvertraut zwar überall fungiert und funktioniert, aber dass die je kondensierenden Lebenswelten im Blick auf das, was für sie vertraut bzw. unvertraut ist, sich nicht nur different, sondern *inkommensurabel* zueinander verhalten, inkommensurabel in dem Sinne, dass ein gesellschaftsweit gültiges tertium comparationis sich nicht findet, keine mit der Gesellschaft deckungsgleiche Lebenswelt, von der aus sich die differenten Lebenswelten vergleichen ließen. Anders formuliert: Es gibt nicht die durch alle evolutionären Transformationen des Gesellschaftssystems erhaltene Möglichkeit der Bezugnahme auf die *eine* vertraute Welt, auf *ein* wie immer verschüttetes, wie immer verlorenes Fundament vertrauten Sinns.“[713] In der modernen multiperspektivischen polykontexturalen Gesellschaft ist die Welt nicht mehr das, was sie *ist*, sondern kontingent, was gleichermaßen für individuelle Identität gilt, die ebenfalls nicht mehr *ist*, was sie ist, sondern in unterschiedlichen sozialen Kontexten unterschiedlich beobachtet werden kann [vgl. Kap. 1.3.1]. Kollektivschemen als „Dieses und Jenes“ bilden daher „*Relikte der Strata*“, als durch sie der „Last“ unterschiedlicher Sinnzumutungen begegnend ima-

---

[710] Fuchs, Peter: Die Erreichbarkeit der Gesellschaft. Zur Konstruktion und Imagination gesellschaftlicher Einheit. Frankfurt/Main 1992. S. 118

[711] auch wenn dessen Lebenswelt sich durch eine Vielfalt unterschiedlicher Menschen, die in unmittelbarer kommunikativen Teilnahme an Gesellschaft erfahren werden kann, auszeichnet und sich insofern zwar durchaus von der Idee „kollektiver Identitäten“ unterscheidet, dabei aber insofern Strukturähnlichkeit aufweist, als auch dort die Idee eines „Wir“ (wie unterschiedlich sich die dieses Wir bildende auch generieren) sich konstituiert, die sich als Einheit begreifen (lassen)

[712] Pasero, Ursula: Geschlechterforschung revisited: konstruktivistische und systemtheoretische Perspektiven. In: Wobbe, Theresa/Lindemann, Gesa (Hrsg.): Denkachsen. Zur theoretischen und institutionellen Rede vom Geschlecht. Frankfurt/Main 1994. S. 283

[713] Fuchs, Peter: Die Erreichbarkeit der Gesellschaft. Zur Konstruktion und Imagination gesellschaftlicher Einheit. Frankfurt/Main 1992. S. 124

giniert werden kann, dass auch heute noch Identität über Kontexten stehend, Sinn generalisierend limitierend generierbar und dadurch eine kontrafaktische Form von Gleichheit (die in der stratifizierten Gesellschaft die Mitglieder einer jeweiligen Schicht auszeichnete) stilisierbar wäre. In der stratifizierten Gesellschaft fielen Möglichkeiten der Identitätsgeneration [vgl. Kap. 2] „sparsam, das heißt normativ eingeschränkt, aus und der „generalisierte Andere" ist für jeden – wenn auch schichtspezifisch – derselbe. Es ist der moralisch integrierte Christenmensch etwa des europäischen Mittelalters, für den Adel wie für das Volk. Die Sozialisation der Person kommt mit wenigen typenfesten Schemata aus. Die Welt ist das, was sie ist, eine Welt erster Ordnung."[714] Die Kontingenz der modernen gegenbeobachtungsmöglichen Welt zweiter Ordnung wird auch (noch) in dieser durch typenfeste Fremdreferenz als Unhinterfragbarkeiten semantisch invisibilisiert, um sich selbst selbstsimplifizierend als „ganzer Mensch" zu behaupten, als vertraut behandeln zu können und zu invisibilisieren, dass „Personen" unentflechtbar (es sei denn, um den Preis von Kommunikabilität) in die Gesellschaftsstruktur einer Gesellschaft von Kontexten und deren Perspektivendifferenz inkludiert sind, in die der moderne Mensch, um Judith Butler kontextuell etwas entfremdet zu zitieren „immer schon drinnen ist"[715], und die ihrerseits durch ihre partiellen Adressierungsformen von strukturellen Komplettdeterminierungen, Kommunikation von Komplexität entlasten und damit Freiheitsgrade ermöglichen. Jedes „Wir" „ist stets nur eine phantasmatische Konstruktion, die zwar bestimmten Zwecken dient, aber zugleich die innere Vielschichtigkeit und Unbestimmtheit dieses „Wir" verleugnet und sich nur durch die Ausschließung eines Teils der Wählerschaft konstituiert, die sie zugleich zu repräsentieren sucht."[716] Empirisch und operativ sind die tatsächlichen Sinnverweisungs- und -erschließungsmöglichkeiten auf der Ebene des Bewusstseins wie in kommunikativen Interaktionen viel facettenreicher und deren Konvergenz nur annäherungs-, motivvorgebender- oder auch alteritativerweise denkbar; sind „diese ontologischen Orte grundsätzlich unbewohnbar."[717] Kollektivschemen als Einheitsimaginationen bleiben für einen Beobachter zweiter Ordnung sozial konstruiert und damit kontingent[718], denn wie immer Einheit beschrieben wird, ist beobachterabhängig und damit widerlegbar.

---

[714] Japp, Klaus P.: Politische Akteure. In: Soziale Systeme. Zeitschrift für soziologische Theorie. Jahrgang 12, Heft 2. Stuttgart 2006. S. 235

[715] Butler, Judith: Das Unbehagen der Geschlechter. Frankfurt/Main 1990. S. 217

[716] a.a.O.: S. 209

[717] a.a.O.: S. 215

[718] dabei „lässt gerade ein anti-essentialistisches, interaktionales Kultur- und Forschungskonzept den sozialen Tatbestand *essentialisierender* Deutungen und Selbstauslegungen, in denen Handelnde Welten entwerfen und in Projekte gießen (beispielsweise Gemeinschaftsideen wie Nation, Kaste, Klasse, Religion, Moderne), um so deutlicher hervortreten. Gerade ein reflexiver Ansatz macht

2.3 Die Reproduktion sozialer Formen als Limitationsstrukturen

Verlagert man den Blickwinkel als explizit soziologischem Blickwinkel vom Individuum auf die Gesellschaft, wird die Frage nach sozialer Ordnung evident. So betrachtet, führt die Frage, wie „Individuen in ihrer strukturell *atomistischen* sozialen Lagerung eine soziale *Aufhebung* erfahren“[719], nicht mehr zur Beantwortung durch Integration in eine Gemeinschaft, sondern zur soziologischen Relevanz und Funktion der Ordnung des Ungeordneten, theoretisch adäquat nicht begriffen als „konsensuelle Harmonie, sondern als ein wechselseitiges Hineinpressen von Limitierungen, als wechselseitige Beschränkung von Freiheitsgraden für selektive Operationen“[720], denn: Vergesellschaftung *ist* soziale Ordnung, die sich durch „sozial präformierte Beschreibungen“[721] in Form von Limitationen Individuen[722] „appräsentiert“, die Formen sozialer Ansprechbarkeit generieren. Individuelle Identität entspricht so einer sinnhaften Form von Selbstbeschreibung, die gesellschaftlich möglich, id est: anschlussfähig sein muss, da „*Subjekte* als Effekte von Kommunikation erst entstehen, als Adressen, die nicht vor der Adressierung schon da sind, sondern durch die Adressierung erst in der Kommunikation vorkommen.“[723] Diskursanalytische Positionen beschreiben daher Identitäten als Effekte bestimmter, sich reproduzierender und beobachtbarer praktischer Kommunikation: „Die Identität als *Praxis*, und zwar als *Bezeichnungspraxis* zu verstehen, bedeutet, die kulturell intelligiblen Subjekte als Effekte eines regelgebundenen Diskurses zu begreifen, der sich in die durchgängigen und mundanen Bezeichnungsakte des sprachlichen Lebens einschreibt. Abstrakt betrachtet bezieht sich die Sprache auf ein offenes Zeichensy-

---

deutlich, wie sehr Kultur doch auch immer wieder in einem ganz speziellen Sinne identifizierend, fixierend und vereinheitlichend wirkt, wie sie substantialisiert wird. Doch Essentialisierungen werden nun als *Produkte* sozialer Interaktion und Imagination durchschaubar.“ (Fuchs, Martin: Erkenntnispraxis und die Repräsentation von Differenz. In: Assmann, Aleida/Friese, Heidrun (Hrsg.): Identitäten. Erinnerung, Geschichte, Identität 3. Frankfurt/Main 1998. S. 118/119)

719 Nassehi, Armin: Überraschte Identitäten. Über die kommunikative Formierung von Identitäten und Differenzen nebst einigen Bemerkungen zu theoretischen Kontexturen. In: Straub, Jürgen/Renn, Joachim (Hrsg.): Transitorische Identität. Der Prozesscharakter des modernen Selbst. Frankfurt/Main 2002. S. 215

720 Luhmann, Niklas: Frauen, Männer und George Spencer Brown. In: Zeitschrift für Soziologie. Jahrgang 17, Heft 1. Februar. Stuttgart 1988. S. 61

721 Willems, Herbert/Hahn, Alois: Einleitung. Modernisierung, soziale Differenzierung und Identitätsbildung. In: Dies. (Hrsg.): Identität und Moderne. Frankfurt/Main 1999. S. 19

722 worin für den Liberalismus *die* die individuelle Freiheit bedrohende Gefahr besteht: „Identitätssuche droht die Widersprüche und Ambivalenzen der Freiheit zu beseitigen und in kollektiven Prozessen den Einzelnen sozialen Zwängen zur Adaption auszusetzen.“ (Beyme, Klaus von: Nationale Identität: Wieviel innere Geschlossenheit braucht der Nationalstaat? In: Voigt, Rüdiger (Hrsg.): Der neue Nationalstaat. Baden-Baden 1998. S. 87)

723 Nassehi, Armin: Der soziologische Diskurs der Moderne. Frankfurt/Main 2006. S. 289

stem, das die Intelligibilität fortwährend schafft und zugleich anficht. Als geschichtlich spezifische Organisationsformen der Sprache präsentieren sich die Diskurse im Plural, sofern sie im zeitlichen Rahmen koexisitieren und unprädizierbare und ungewollte Überschneidungen instruieren, aus denen spezifische Modalitäten diskursiver Möglichkeiten erzeugt werden.“[724] Diese diskursanalytische Position, derzufolge Gehalte und Identitäten sich durch diskursive Praxen und deren Regeln ergeben, die zu einer bestimmten Zeit bestimmte Beobachtungen und Generalisierungen evozieren, können differenztheoretisch (also hier: als Differenz von Bewusstsein und Kommunikation als Systeme vor dem Hintergrund ihrer jeweiligen gegenseitigen Umwelt und sich so gleichzeitig ergebender unterschiedlichen Ordnungen) so gewendet werden, dass die „Modalitäten diskursiver Möglichkeiten“ auf Anschlussfähigkeit angewiesen sind, da „Kommunikationsversuche sich im sozialen Raum *bewähren* müssen“[725], sich durch Repetition struktureller Kopplungen mit der sozialen Umwelt für ein System Möglichkeiten einschränken, Sinn sich aus Anschlussfähigkeit ergibt. Identitäten sind poststrukturalistisch betrachtet Effekte von Reproduktions- und Realisationsmöglichkeiten innerhalb sozialer Kontexte [vgl. Kap. 2.1]; „ist das Ich nicht einfach in einer Identität siutiert, weder autonom noch sein eigener Ausgangspunkt, sondern es ist konstituiert durch die diskursive Position, die es auswählt, um sich zu definieren, wie auch durch die gegebenen sozialen Beziehungen, die die Bildung dieses Ichs bedingen.“[726] Kollektivsemantiken limitieren, „in welches Register von Selbstbeschreibungen sich Menschen der modernen Weltgesellschaft einhängen können“[727], sind diese Register als „Linearität von Ereignisreihen, *in denen* sich soziale Strukturen nicht nur zeigen, sondern auch reproduzieren.“[728] Die bewusstseinsmäßige sowie kommunikative Orientierung an diesen Semantiken ermöglicht es individuell, den ungeordneten Möglichkeitsüberschuss sozialen Sinns in Formen sozialer Ordnung als relativ stabile, mithin *überzeugende Muster* zu transformieren, wodurch sich durch Einschränkung von Möglichkeiten operative Praxis aus der rekursiven Stabilisierung von Erwartungen [vgl. Kap. 1.2.4] zur Stabilisierung von Erwartungen ergibt, indem sie für Alter die Möglichkeit der Beobachtung entsprechend kommunikativer Ego-

---

[724] Butler, Judith: Das Unbehagen der Geschlechter. Frankfurt/Main 1990. S. 212

[725] Nassehi, Armin: Überraschte Identitäten. Über die kommunikative Formierung von Identitäten und Differenzen nebst einigen Bemerkungen zu theoretischen Kontexturen. In: Straub, Jürgen/Renn, Joachim (Hrsg.): Transitorische Identität. Der Prozesscharakter des modernen Selbst. Frankfurt/Main 2002. S. 232

[726] Bronfen, Elisabeth: Die Vorführung der Hysterie. In: Assmann, Aleida/Friese, Heidrun (Hrsg.): Identitäten. Erinnerung, Geschichte, Identität 3. Frankfurt/Main 1998. S. 256

[727] Fuchs, Peter: Moderne Identität – im Blick auf das europäische Mittelalter. In: Willems, Herbert/Hahn, Alois (Hrsg.): Identität und Moderne. Frankfurt/Main 1999. S. 273

[728] Nassehi, Armin: Der soziologische Diskurs der Moderne. Frankfurt/Main 2006. S. 251

Relevanz dieser Unterscheidung eröffnen; Ego somit an seine getroffene Unterscheidung (die Form) binden und für Alter durch diese In-Form-ation gleichzeitig Anschlussmöglichkeiten limitieren, da sie vorstrukturieren, was in der Zeitdimension als Rekurs auf diese Form-ation präferierbar ist, wie Fuchs im Zusammenhang mit der Geschlechterdifferenz[729] ausführt: Die „Markierung „Mann" ist schon ein Seperator im Moment, in dem sie vorgenommen wird. Sie versteht sich (wird verstanden) durch den nicht mitgenannten „Schied" zu „Frau". Die Gegenseite kann *ungeschrieben, unbezeichnet* bleiben. Im Moment, in dem die Operation der Beobachtung (Bezeichnung/Unterscheidung) im Einsatz ist, wird der Verweisungsreichtum des Mediums *Sinn* durch Reduktion auf spezifische Unterscheidungen heruntergetrimmt."[730] Als Relevant zeigen sich Kollektivsemantiken als Differenzschemen der Komplexitätsreduktion von Sinn insbesondere im Rahmen von Interpenetrationen im Interaktionskontext.

2.3.1 Die Hierarchie der Form – Asymmetrie und Repräsentation in der Sozialdimension

Jede Kollektivsemantik stellt eine relativ voraussetzungslose und logische Form sozialer Ordnung dar, weist durch die Präferenz einer Seite eine asymmetrische Struktur auf, die als Unterscheidung durch als wiederholt aneinander anschließende Operationen ihre eigene Realität entfaltet und dadurch Ungleichheiten „ganzer Menschen" pro- wie auch reproduziert[731]. Auch wenn konzediert werden kann, dass Kollektivsemantiken im Interaktionskontext informell und auf vielfältige Art und Weise, vielfach auch mehr oder weniger unreflektiert, gleichsam irritations- und harmlos Kommunikation strukturieren, zeigt ein zweiter Blick, „dass solche Ungleichheiten so „harmlos" wiederum nicht sind, dass sich im

[729] im Rahmen dieser Unterscheidung ist es relativ unwahrscheinlich (aber nicht ausgeschlossen und damit nie ganz von Unsicherheit absorbierbar), daran mit einer Unterscheidung von Deutsch und Russe anzuschließen

[730] Fuchs, Peter: Die Psyche. Studien zur Innenwelt der Außenwelt der Innenwelt. Weilerswist 2005. S. 89

[731] „Formal geht es um Oppositionen oder abstrakter: um Unterscheidungen, bei denen die Höherwertung der einen Seite nicht nur ihre Gegenstellung, sondern zugleich die Zugehörigkeit des Unterschiedenen zu einer hierarchischen Ordnung bestätigt. Die „bessere" Seite hat mithin eine Doppelfunktion in horizontaler und in vertikaler Richtung. Sie repräsentiert die Hierarchie in der Unterscheidung, und das wiederum begründet ihre Besserstellung. … Es kommt darauf an, aus einer Seite der Unterscheidung die andere, aus der Gattung die anderen, aus einer Bestimmung deren Gegenteil auszuschließen. Danach können die Barbaren nicht Hellenen sein und die Hellenen nicht Barbaren." (Luhmann, Niklas: Jenseits von Barbarei. In: Miller, Max/Soeffner, Hans-Georg (Hrsg.): Modernität und Barbarei. Soziologische Zeitdiagnose am Ende des 20. Jahrhunderts. Frankfurt/Main 1996. S. 220)

vermeintlich individuell selbstbestimmten und gesellschaftlich folgenlosen Geschmack, wie er sich u.a. in Freizeitaktivitäten, dem Sporttreiben oder den ästhetischen Vorlieben äußert, durchaus soziale Lagen widerspiegeln, dass Geschmackspräferenzen sogar ostentativ und aggressiv, wenngleich selten bewusst, zur Distinktion eingesetzt werden."[732] Diese Ungleichheitsasymmetrisierungen, die sich insbesondere in unstrukturierteren, „freieren" Interaktionssituationen gegenüber dem Rahmen formaler Organisationskontexte (in dem sie zwar durch formale und erwartbare Ungleichheitsverhältnisse unpersönlicher Rollenkonstellationen überlagert und determiniert werden, gleichzeitig aber „die Grobschlächtigkeit formaler Anordnungsungleichheit in einen Kosmos *symbolischer Praxisungleichheit* überführen"[733]) vervielfältigen, wirken nicht-formal, da nicht rollenspezifiziert und uneindeutiger in Beziehungen mit höheren Relevanzen für individuelle Persönlichkeitsmerkmale, in denen „die Kriterien der Strukturierung oft weniger in berufsklassenbezogenen Determinanten als vielmehr in situationslogischen Beziehungsfaktoren zu suchen sind. Der praktische Beziehungssinn, den die Akteure mit den dort anzutreffenden sozialen Ungleichheiten verbinden, ergibt sich dort nicht (primär) aus (Berufs-)Klassenrelationen, sondern aus der Situationslogik von Arbeitsteilung im Haushalt, Freizeit, Geselligkeit, Paarbeziehungen und Interaktionsnähe."[734] Gerade diese Asymmetrisierung[735] dürfte neben der Schlichtheit und Überzeugbarkeit dieser Formen den Grund für deren soziale Plausibilität und Relevanz darstellen, die die universale Gleichheitssemantik der funktional differenzierten Gesellschaft konterkariert[736]. Das soziale Problem der Einschränkung von Kontingenz „wird vermittels hierarchischer und asymmetrischer Ordnungsmuster einseitig – allerdings keinesfalls beliebig – gelöst. Die Asymmetrie geht mit der Repräsentation von Ordnung einher, und traditionelle – segmentäre oder stratifikatorische – Gesellschaften verfügen noch über Positionen mit unangefochtenen Möglichkeiten der Repräsentation durch

---

[732] Burzan, Nicole/Schimank, Uwe: Inklusionsprofile – Überlegungen zu einer differenzierungstheoretischen „Sozialstrukturanalyse". In: Schwinn, Thomas (Hrsg.): Differenzierung und soziale Ungleichheit. Die zwei Soziologien und ihre Verknüpfung. Frankfurt/Main 2004. S. 231

[733] Nollmann, Gerd/Strasser, Hermann: Soziale Ungleichheit und gesellschaftliche Differenzierung. In: Schwinn, Thomas (Hrsg.): Differenzierung und soziale Ungleichheit. Die zwei Soziologien und ihre Verknüpfung. Frankfurt/Main 2004. S. 310

[734] a.a.O.: S. 311

[735] vgl. auch Assmann, Jan: Das kulturelle Gedächtnis. Schrift, Erinnerung und politische Identität in frühen Hochkulturen. München 1999. S. 145-160

[736] das ist gesellschaftsstrukturell bedeutsam, weil, so betrachtet, dann funktional differenzierte Adressierungen einen „humanen Anstrich" bekommen, die je sachlich asymmetrisiert einen der heterarchischen Aspekte von Sozialität präferieren

herrschende Eliten, Klassen, Schichten, Zentren."[737] Konnten in früheren Gesellschaftsformen noch relativ eindeutige Repräsentationspositionen, die die Einheit dieser Gesellschaft symbolisierten [vgl. Kap. 1.3.1] gefunden und hierarchisch zwischen Hellenen und Barbaren unterschieden werden, wird in der modernen Gesellschaft diese Möglichkeit natürlicher Ungleichheit (die Natürlichkeit der Natürlichkeit des „Barbaren" durch Rückgriff auf „Natur" als Begründungsfigur) aufgrund der kontrakfaktischen Semantik von Gleichheit zunehmend unplausibel, was dazu nötigt, die jeweilige Asymmetrie jeweils selbstkonstitutiv für sich durch sich selbst zu legitimieren, indem unterschiedliche „Besserstellungen" mit dem Anspruch der Repräsentation der Gesellschaft verbunden und als je verbindlich und anerkennbar kommuniziert werden, um die (scheinbare) Ordnung der Gesellschaft zu repräsentieren. Da dieser „Rückgriff" unvermeidlich kontingent ist, zeigt sich, dass es „nicht die Unterschiede sind, die jemanden zum Fremden machen, sondern dass es die institutionalisierte Fremdheit ist, die zur Wahrnehmung und Dramatisierung von Unterschieden führt."[738] Durch die Asymmetrie jeder Unterscheidung [vgl. Kap. 1.2.3] dienen Kollektivsemantiken der Bezeichnung der Innenseite einer Form, die aber als Unterscheidung immer auch auf die andere Seite und somit auf die Kontingenz jeder (Kultur-)Konstruktion verweist. Entscheidend für den „Erfolg", also der sozialen Plausibilität bestimmter Unterscheidungen als relevante Kriterien ist operativ deren soziale Anschlussfähigkeit, denn relevant sind nicht nur „wahrgenommene oder unterstellte Unterschiede, ursächlich ist die Bedeutung, die ihnen gesellschaftlich zugeschrieben wird."[739] Relevante Unterscheidungen, mit deren Hilfe die Welt beschrieben (adäquater: hervorgebracht) wird und durch die in diese damit Ungleichwertigkeiten eingeschrieben werden können, können bei sozialer Plausibilität zu als natürlich beobachtbaren Ungleichheiten „ontologisiert" werden [vgl. Kap. 2.2.3], indem als Unhintergehbar stilisiert wird, was als „So-Sein" kommuniziert wird[740]. Dies geschieht *in* und *durch* „Praktiken, in denen jeweils eine

---

737 Pasero, Ursula: Geschlechterforschung revisited: konstruktivistische und systemtheoretische Perspektiven. In: Wobbe, Theresa/Lindemann, Gesa (Hrsg.): Denkachsen. Zur theoretischen und institutionellen Rede vom Geschlecht. Frankfurt/Main 1994. S. 285

738 Hahn, Alois: Die soziale Konstruktion des Fremden. In: Sprondel, Walter M. (Hrsg.): Die Objektivität der Ordnungen und ihre kommunikative Konstruktion. Frankfurt/Main 1994. S. 140

739 Stölting, Erhard: Die Mühen der Toleranz. In: Müller, Eva (Hrsg.): Entweder-Und-Oder. Vom Umgang mit Mehrfachidentitäten und kultureller Vielfalt. Wien 2000. S. 21

740 für Laclau: „Die Kluft zwischen dem Universellen und dem Partikularen ist unüberbrückbar – was darauf hinausläuft zu sagen, dass das Universelle nichts anderes ist als ein zu einem bestimmten Zeitpunkt dominant gewordenes Partikulares. Dass keine Möglichkeit besteht, eine versöhnte Gesellschaft zu errichten. Und tatsächlich scheint uns das Schauspiel der sozialen und politischen Kämpfe in den 1990ern … mit einer Ausweitung von Partikularismus zu konfrontieren, während der Gesichtspunkt von Universalität zunehmend als altmodischer totalitärer Traum beiseitegelegt wird" (Laclau, Ernest: Universalismus, Partikularismus und die Frage der Identität. In (Ders.:) Emanzipati-

bestimmte Sinnproduktion vollzogen wird. Für diese „Gesellschaft“ ist konstitutiv, dass sie beständig versucht, sich selbst als einen universalen und hegemonialen Horizont zu etablieren. Gesellschaft besteht in den ständigen Versuchen, partikulare kulturelle Codes zu universalisieren, eine kulturelle Hegemonie zu installieren – etwa im Modell eines moralischen oder eines selbstreflexiven Subjekts, in der Unterscheidung von „Nationen“, „Klassen“ oder „Kulturkreisen“, in einer bestimmten Geschlechterordnung, in einem Modell von sozialer Gerechtigkeit etc. – und diese Codes als einen notwendigen, unüberschreitbaren Kern gesellschaftlicher Identität zu präsentieren.“[741] Anschaulich wird dies unmittelbar anhand eines relativ einfachen Beispiels, der Geschlechterdifferenz: Diese Differenzierungsform erwies sich historisch-evolutionär als erfolgreich, da sie als relativ plausibel (und „natürlich“) scheinende Unterscheidung gesellschaftliche Kontingenz überschaubar und handhabbar, Individuen in Männer und Frauen unterscheidbar und dann durch entsprechende Erwartungs„Zettel“ Männer als Männer und Frauen als Frauen adressierbar macht(e)[742]. Gerade die Geschlechtsrolle ist „keine Teilrolle, sondern ein „master status“, der gegenüber den Teilinklusionen, über die die Individuen unter ganz spezifischen Aspekten für relevant genommen werden, rollenübergreifend und andauernd präsent ist.“[743] Trotz dieser vermeintlichen Augenfälligkeit stellt auch die Geschlechtsdifferenz keine natürlich gegebene Differenz dar, wird eine Frau erst durch die Beobachtung der Unterscheidung Mann/Frau zur Frau, erzeugt sich diese Differenz „in den Praktiken durchaus erwachsener Menschen, die sich in ihrem Alltagsleben kontinuierlich zu Frauen und Männern machen und machen lassen“[744], ergibt sich auf psychischer (wenn individuelle Selbstkonzepte geschlechtsspezifisch selektiert werden) und sozialer Ebene aus selektiver Sinnbildung, indem sie sich kommunikativ und dadurch erwartbar auch bewusstseinsmäßig bewährt. Dadurch bindet Kommunikation selbstkonstitutiv füreinander intransparente Bewusstseine an

on und Differenz. Wien 2007. S. 52). Auch Laclau benötigt für seine Konzeption – ähnlich wie der Habermassche, von Dolf Sternberger adaptierte Begriff des „Verfassungspatriotismus“ [vgl. FN 806] eine Überwölbung durch eine Einheitsform

741 Reckwitz Andreas: Die Krise der Repräsentation und das reflexive Kontingenzbewusstsein. In: Bonacker, Thorsten/Brodocz, André/Noetzel, Thomas (Hrsg.): Die Ironie der Politik. Über die Konstruktion politischer Wirklichkeiten. Frankfurt/Main 2003. S. 99

742 vgl. Pasero, Ursula: Geschlechterforschung revisited: konstruktivistische und systemtheoretische Perspektiven. In: Wobbe, Theresa/Lindemann, Gesa (Hrsg.): Denkachsen. Zur theoretischen und institutionellen Rede vom Geschlecht. Frankfurt/Main 1994. S. 269

743 Schwinn, Thomas: Institutionelle Differenzierung und soziale Ungleichheit. Die zwei Soziologien und ihre Verknüpfung. In: Ders. (Hrsg.): Differenzierung und soziale Ungleichheit. Die zwei Soziologien und ihre Verknüpfung. Frankfurt/Main 2004. S. 53

744 Hirschauer, Stefan: Dekonstruktion und Rekonstruktion: Plädoyer für die Erforschung des Bekannten. In: Pasero, Ursula/Braun, Friederike (Hrsg.): Konstruktion von Geschlecht. Pfaffenweiler 1996. S. 69

eine bestimmte Sinnform[745], evoziert Erwartbarkeiten und stellt diese als self fulfilling prophecy (durch Rekursionsmöglichkeiten) auf Dauer[746]: Strukturidentisch zu „ethnischen Schließungsprozessen handelt es sich bei den ... geschlechtsspezifischen um eine soziale und dadurch manipulierbare Konstruktion, die für männliche Privilegierung genutzt werden kann. Askriptive Kriterien mögen differenzierungstheoretisch ihre Bedeutung eingebüßt haben, für soziale Ungleichheitsprozesse gehören sie zu den wirksamsten Schließungsmechanismen und bleiben daher in hohem Maße „funktional" in Verteilungsauseinandersetzungen."[747] Insofern stellt die Geschlechterdifferenz auch entgegen der Auffassung von Giesen [vgl. FN[575]] keinen primordialen (natürlichen), sondern einen ebenfalls sozial konstruierten Code dar. Die Einteilung der Menschen (und der Welt) in die Kategorien „männlich" und „weiblich" ist ein kulturelles Konstrukt, das die biologische Zweigeschlechtlichkeit zum Vorwand nimmt, Machtasymmetrien zu etablieren, und gerade „der Rekurs auf Biologie lässt eher Zweifel an einer solchen Form von Rigorosität aufkommen."[748] Daher muss auch das Geschlechtsschema sozial nicht mehr notwendigerweise fremdreferentiell als „natürlich" hingenommen werden, denn wenn Geschlecht eine soziale Konstruktion ist, dann kann es auch sozial dekonstruiert und „rekonstruiert" werden, um kontingente Beobachtungsmöglichkeiten (wieder) zu gewinnen, ist der mit dieser Differenz verbundene Sinn kontingent, ist „je nach historischem und sozialem Kontext gleichzeitig und unausweichlich verknüpft mit anderen Unterscheidungsweisen und Ungleichheitsmustern. Was es also in einer bestimmten historischen Situation und in einer bestimmten sozialen Lage heißt, eine „Frau" zu sein, braucht unter anderen historischen, kulturellen und sozialen Umständen nicht zwangsläufig zu gelten."[749] Kollektivsemantiken sind immer abhängig von den jeweiligen (kulturellen) Sinnkombinationen und relevanten Selbstbeschreibungen (Repräsentatoren), der jeweiligen *operativen Praxis*, denn dem „Postulat einer sozialen interpretatorischen Beharrungskraft von Tropen, Repräsentationen oder Diskursen, die, wenn sie schon nicht eine Welt formen, so doch den Zugang zur Welt kanalisieren, steht die Frage gegenüber, *in welchem Ausmaß und in*

[745] die diese entsprechend form-atiert, selbst wenn ein beteiligtes Bewusstsein die Differenz zwischen individuellem und sozialem Sinn intern noch bemerkt

[746] vgl. Pasero, Ursula: Geschlechterforschung revisited: konstruktivistische und systemtheoretische Perspektiven. In: Wobbe, Theresa/Lindemann, Gesa (Hrsg.): Denkachsen. Zur theoretischen und institutionellen Rede vom Geschlecht. Frankfurt/Main 1994. S. 278

[747] Schwinn, Thomas: Institutionelle Differenzierung und soziale Ungleichheit. Die zwei Soziologien und ihre Verknüpfung. In: Ders. (Hrsg.): Differenzierung und soziale Ungleichheit. Die zwei Soziologien und ihre Verknüpfung. Frankfurt/Main 2004. S. 51

[748] Pasero, Ursula: Geschlechterforschung revisited: konstruktivistische und systemtheoretische Perspektiven. In: Wobbe, Theresa/Lindemann, Gesa (Hrsg.): Denkachsen. Zur theoretischen und institutionellen Rede vom Geschlecht. Frankfurt/Main 1994. S. 269

[749] Eickelpasch, Rolf/Rademacher, Claudia: Identität. Bielefeld 2004. S. 99

welcher Form in der sozialen Praxis auf Repräsentationen und Diskurse *Bezug* genommen wird und *wie* diese aufgegriffen werden“[750], denn auch „wenn sich alles Verhalten geschlechtsspezifisch indexieren lässt, ist nicht davon auszugehen, dass unter allen Bedingungen und in allen Kontexten Geschlecht als Orientierungsschema tatsächlich aktiviert wird.“[751] Gerade das Primat funktionaler Adressierungen der modernen Gesellschaft sowie die Dominanz deren Organisationskontexte, in denen Personen ihre Geschlechtszugehörigkeit eben nicht ständig thematisieren müssen[752], limitiert die Erwartbarkeit der Plausibilität (Anschlussfähigkeit) einer entsprechenden Semantik als relevante Unterscheidungen. In Interaktionskontexten hingegen herrscht größere Freiheit, mehr Kontingenz mit der Folge, dass die Wahrscheinlichkeit für eine geschlechterstereotype Wahrnehmung „als Entlastung von der Thematisierung der jeweiligen gesamten menschlichen Existenz der Beteiligten in jedem sozialen Kontext“[753] steigt. Soziale Kontingenz mündet aufgrund der Notwendigkeit von Ordnung in Wahrscheinlichkeitsfelder gesellschaftlicher Kontexturen, bedeutet operative kommunikative gesellschaftliche Reproduktion „faktisch, jederzeit und an jedem konkreten Detail – die Notwendigkeit sinnnhaft – selbstreferentieller (autopoietischer) Reproduktion, damit die Notwendigkeit sinnimmanenter Generalisierungen und damit die Notwendigkeit, solche Generalisierungen abzustützen, wo sie riskant und enttäuschungsanfällig werden“[754], die durch diese Abstützungen „*nolens volens* stabile Eigenverhaltensweisen ausbilden.“[755] Diese Generalisierungen als Härte dieser Unterscheidung [vgl. FN[443]] bilden – in der Terminologie Judith Butlers – „ontologische Orte“ [vgl. FN[717]], Orte, die die empirisch bewusstseinsmäßige Vielfalt und Rekombinationsmöglichkeit des je individuellen Sinns einer Unterscheidung mit einem enormen Form-, Regel-, Anstands- und Hierarchiebewusstsein vorstrukturieren, reduzieren, kontrollieren, disziplinieren,

[750] Fuchs, Martin: Erkenntnispraxis und die Repräsentation von Differenz. In: Assmann, Aleida/Friese, Heidrun (Hrsg.): Identitäten. Erinnerung, Geschichte, Identität 3. Frankfurt/Main 1998. S. 117/118

[751] Schwinn, Thomas: Institutionelle Differenzierung und soziale Ungleichheit. Die zwei Soziologien und ihre Verknüpfung. In: Ders. (Hrsg.): Differenzierung und soziale Ungleichheit. Die zwei Soziologien und ihre Verknüpfung. Frankfurt/Main 2004. S. 53

[752] vgl. Pasero, Ursula: Dethematisierung von Geschlecht. In: Pasero, Ursula/Braun, Friederike (Hrsg.): Konstruktion von Geschlecht. Pfaffenweiler 1996. S. 60

[753] Pasero, Ursula: Geschlechterforschung revisited: konstruktivistische und systemtheoretische Perspektiven. In: Wobbe, Theresa/Lindemann, Gesa (Hrsg.): Denkachsen. Zur theoretischen und institutionellen Rede vom Geschlecht. Frankfurt/Main 1994. S. 269

[754] Luhmann, Niklas: Soziale Systeme. Grundriss einer allgemeinen Theorie. Frankfurt/Main 1994[4]. S. 444

[755] Foerster, Heinz von: Epistemologie der Kommunikation. In: Ders: (Hrsg.: Schmidt, Siegfried J.) Wissen und Gewissen. Versuch einer Brücke. Frankfurt/Main 1993. S. 279

normalisieren[756]; in soziale Bahnen lenken. Da die „kulturelle Formation“[757] auch der dominanten Beobachtungsform des nationalen Raumes, eines Beobachtungscontainers, der als Container Beobachtungen gleichsam evoziert und geradezu verleitet, asymmetrisch zu beobachten und in der Sozialdimension auf Abweichungen abzustellen, nie eindeutig und einzigartig ist, sondern sich immer aufsplittert in vielschichtige und unterschiedliche Sub-Formationen, worin sich ja exakt die Kontingenz und Ungeordnetheit der modernen Gesellschaft zeigt, ist dies immer auch eine soziale Auseinandersetzung um geltende oder zu gelten habende[758] gesellschaftliche Beschreibungsformen als dominante Sinnformen, können „sich die Ressourcen kultureller Differenz als mögliche Instrumente der Mobilisierung durch Ausschließung für die unterschiedlichsten politischen und religiösen Akteure als eine fortwährende Versuchung für ihren Missbrauch zum Zwecke der Legitimation sozialer und politischer Machtinteressen“[759] erweisen.

2.3.2 Normalitätskonstruktionen

Die moderne soziale Adresse ist aufgrund multiperspektivischer Adressierung de facto in einem polykontexturalen Sinne super-individualisiert [vgl. Kap. 2.1] und benötigt daher zur Repräsentation ihrer eigenen Einheit (die sich sozial, wenn überhaupt, nur noch in ihrem Namen[760] spiegelt) Selbsthervorbringungsmöglichkeiten, „selbst Selbsthervorbringung freilich, die sich modernen Gesellschaftsstrukturen verdankt und die vom einzelnen vor allem die Unterwerfung – *Subjektivierung* (sic!) – unter universalistische Prinzipien verlangt. Diese *Inklusionsbedingung* bezeichnet in erster Linie eine *Exklusion* von Abweichungen, die Eta-

---

[756] vgl. Tschernokoshewa, Elka: Nachdenken über Zugehörigkeiten: Leben im Spagat. In: Müller, Eva (Hrsg.): Entweder-Und-Oder. Vom Umgang mit Mehrfachidentitäten und kultureller Vielfalt. Wien 2000. S. 119

[757] Assmann, Jan: Das kulturelle Gedächtnis. Schrift, Erinnerung und politische Identität in frühen Hochkulturen. München 1999. S. 139

[758] so auch Adorno: „Das vornehme Wort Kultur tritt anstelle des verpönten Ausdrucks Rasse, bleibt aber ein bloßes Deckbild für den brutalen Herrschaftsanspruch.“ (Adorno, Theodor W.: Schuld und Abwehr. In: Ders.: Gesammelte Schriften. Band 9.2. Frankfurt/Main 1986. S. 277)

[759] Meyer, Thomas: Identitätspolitik. Vom Missbrauch kultureller Unterschiede. Frankfurt/Main 2002. S. 13

[760] „Die Zuschreibung einer Identität, die sich auf einen Namen stützt, immunisiert die Kommunikation gegen die Überfülle komplexer Wirklichkeiten und Möglichkeiten meiner „empirischen“ raumzeitlichen Existenz.“ (Hahn, Alois: Identität und Selbstthematisierung. In: Hahn, Alois/Kapp, Volker (Hrsg.): Selbstthematisierung und Selbstzeugnis: Bekenntnis und Geständnis. Frankfurt/Main 1987. S. 14)

blierung relativ einheitlicher Muster.“[761] Ohne soziale – und damit kommunikative – Anerkennung ist Identität schwer konstruier- bzw. (dauerhaft) behauptbar. Die Geschlossenheit der innerpsychischen Wirklichkeit muss, um in der Umwelt anschlussfähig bleiben zu können, eine hinreichende Offenheit für verschiedene Situationen zeigen, oder eher phänomenologisch formuliert, nur „wer seinen Ort innerhalb eines bestimmten Rahmens, der die soziokulturellen und individuellen Möglichkeiten sinnvoller Handlungs- und Lebensorientierungen absteckt, einigermaßen kennt, kurz: nur wer sich zu orientieren vermag, hat die Empfindung und das Bewusstsein, mehr oder minder mit sich selbst identisch sein zu können.“[762] Um „durch die beständige Synthese der Erwartungen Anderer an die eigene Person und die Antizipation der Antwort Anderer auf die eigenen Handlungen ein einheitliches Selbstbild zu konstruieren“[763], zeigt sich Identität als Praxis von Adressabilität im (mehr oder weniger) problemlosen Zusammengreifen von Selbst- und Fremdbild (divergierender sozialer Adressierungen) innerhalb eines (mehr oder weniger) variationsreichen Rahmens, der Unterscheidungen kondensiert und damit Stabilität erzeugt und individuelle Orientierung ermöglicht, so dass die Frage nach Identität insbesondere bedeutsam wird, wenn kommunikative Anschlüsse problematisch werden, sie sich eben nicht bewähren, dem situativen Kontext oder dem kulturellen Bedeutungsüberschuss, der „Norm“ entgegenlaufen, die Differenz von Konformität und Abweichung (wiederum insb. in Interaktionssituationen) aktualisiert wird. „Normalisierung und Zivilisierung stehen als Chiffren der Modernisierung für eine Ordnung der sich selbst „in Ordnung“ denkenden Gesellschaft, die Gemeinschaft als normativ integrierten Handlungszusammenhang, ihre Mitglieder als „vernünftig“ und „normal“ “[764] konstituiert. Im Rahmen gesellschaftlicher Reproduktion (der Sozialdimension des (nationalen) Containers) bilden sich dominante und dominierende Sinnschemata und auf diese bezogene (auch divergente [vgl. Kap. 1.5.3]) Semantiken[765] heraus, die gesellschaftlich durch Reproduktion und Habitualisierung durch die Asymmetrie von Ordnung(en), also der Geordnetheit, welche Reproduktions-

[761] Nassehi, Armin: Inklusion, Exklusion, Ungleichheit. Eine kleine theoretische Skizze. In: Schwinn, Thomas (Hrsg.): Differenzierung und soziale Ungleichheit. Die zwei Soziologien und ihre Verknüpfung. Frankfurt/Main 2004. S. 324

[762] Straub, Jürgen: Personale und kollektive Identität. Zur Analyse eines theoretischen Begriffs. In: Assmann, Aleida/Friese, Heidrun (Hrsg.): Identitäten. Erinnerung, Geschichte, Identität 3. Frankfurt/Main 1998. S. 86

[763] Fuchs, Martin: Erkenntnispraxis und die Repräsentation von Differenz. In: Assmann, Aleida/Friese, Heidrun (Hrsg.): Identitäten. Erinnerung, Geschichte, Identität 3. Frankfurt/Main 1998. S. 125

[764] Reuter, Julia: Ordnungen des Anderen. Zum Problem des Eigenen in der Soziologie des Fremden. Bielefeld 2002. S. 225

[765] vgl. Busch, Thomas: Literatur zwischen den Kulturen. In: Müller, Eva (Hrsg.): Entweder-Und-Oder. Vom Umgang mit Mehrfachidentitäten und kultureller Vielfalt. Wien 2000. S. 103

formen sozialer Muster als legitim, normativ als Normalität beobachtet und verhandelt, der Innenseite der Form zugerechnet, mit *integriert* werden; sich die Ungeordnetheit der sozialen Welt ordnen soll zu generalisierten (und generalisierbaren) Erwartungen werden und bestimmte Muster präferieren, wie Emcke[766] darlegt: „Einerseits anerkennt das Subjekt die Praktiken und Bedeutungen sowie die normativen Standards seiner Sprech- und Handlungsgemeinschaft und richtet sich nach ihnen aus, andererseits und zugleich wird das einzelne Subjekt damit auch als vollwertiges und das heißt zurechnungsfähiges Mitglied dieser Gemeinschaft anerkannt.“[767] Diese Anerkennung durch Reproduktion jeweiliger Norm als sozial präferierte Seite lässt auch im Rahmen individueller Identitätskonstruktion eine entsprechende Präferierung von Mustern („Zettel“) erwarten, wodurch sich die Wahrscheinlichkeit mehr oder weniger problemloser Anschlussfähigkeit erhöht, sich die Gesellschaft durch Orientierung an „Normalität“ vor zu viel Kontingenz und Abweichung „schützt“. Sozialisation „ist unter diesen Voraussetzungen das *zettel(zeichen)förmige Erlernen von Lärmausnutzungsmöglichkeiten*“[768] und „beruht auf Kommunikation, das heißt auf Anweisungen, wie die Welt zu sehen ist.“[769] Je eindeutiger, unhinterfragbarer und unhinterfragter Anschlüsse als Ergebnis der Konstruktion von Wahrnehmungsperspektiven sozialer Muster[770] in einem sozialen Raum funktionieren, indem sich gegenseitige Erwartungen durch relativ problem- („geräuschlose“) individuelle Kompatibilisierung entsprechen, desto weniger Reflexionsleistungen im Hinblick auf Identität müssen erbracht werden, wie auch die Sozialpsychologie festhält: Im Rahmen von Identitätsgenerierung werden „zumindest „Normalformtypisierungen“ benötigt (Identifikationen), Normalitätshülsen oder Symbolisierungen von alternativen Optionen, Möglichkeitsräumen oder Utopien.“[771] Die Orientierung an kommuni-

---

[766] bezeichnenderweise unter der Verwendung des Begriffes der *Gemeinschaft* [vgl. dazu Kap. 2.1.1]

[767] Emcke, Carolin: Kollektive Identitäten. Sozialphilosophische Grundlagen. Frankfurt/Main 2000. S. 211

[768] Fuchs, Peter: Die Psyche. Studien zur Innenwelt der Außenwelt der Innenwelt. Weilerswist 2005. S. 71

[769] Watzlawick, Paul: Wirklichkeitsanpassung oder angepasste „Wirklichkeit“? Konstruktivismus und Psychotherapie. In: Gumin, Heinz/Meier, Heinrich (Hrsg.): Einführung in den Konstruktivismus. München 2005[8]. S. 95

[770] „Strukturelle Kopplung ermöglicht divergierende oder dislozierende Sinnarbeit. Sie ist, so gesehen, die Bedingung der Möglichkeit von Irritation und Innovation. Das System bleibt bei sich, es operiert auf seiner Seite, aber via Kopplung wird es konfrontiert mit Sinnkombinationen, die es als Störungen verkraften und bearbeiten muss, weil sie es nicht unter Kontrolle hat. Genau das ist: Reduktion von Komplexität, und genau das ist die Form der Reproduktion als Produktion aus Produkten mit der Außenseite des nicht Kontrollierten und des nicht Kontrollierbaren.“ (Fuchs, Peter: Die Psyche. Studien zur Innenwelt der Außenwelt der Innenwelt. Weilerswist 2005. S. 55)

[771] Heiner Keupp: Bedrohte und befreite Identitäten in der Risikogesellschaft. In: Barkhaus, Annette/Mayer, Matthias/Roughley, Neil/Thürnau, Donatus: Identität Leiblichkeit Normativität. Neue Horizonte anthropologischen Denkens. Frankfurt/Main 1996. S. 403

kativer Fremdbeobachtung und entsprechenden Erwartungen ermöglicht einem psychischen System die Unterscheidung von Einheit und Differenz – Einheit als Gegenstand von Erwartungen, und die Differenz, diese auch enttäuschen[772] zu können, sich nicht konform zu verhalten und sich anders zu beschreiben, denn ein Bewusstsein „hat, wenn man so will, massive Freiheitsgrade, die es – einmal entwickelt – im Eigenkontakt exerzieren kann. Noch immer gilt, dass es nur denken kann, wofür es Zettel zur Verfügung hat, aber wie es diese Zettel verknüpft, wo es Negativversionen aufbaut oder wie es welche Zettel zu welchen anderen in Differenz setzt, das ist nicht mehr vollständig sozial konditionierbar. Es ist *eigen-konditioniert*, wofür dann der deutlichste Beleg ist, dass das Bewusstsein seine Operationen auch in Abwesenheit jeglicher aktueller Kommunikation durchzuführen in der Lage ist.“[773] Erwartungen werden durch kulturelle Symbole zur Verfügung gestellt, die aktual nicht pro-, sondern reproduziert werden, aber differentiell sozial konditioniert sein können. Diese Differentialität kann (um einen situativen Kontext zu stabilisieren) für Asymmetrisierungen genutzt oder (um diesen zu destabilisieren) in Frage gestellt werden. Dabei sind auch „Normalformtypisierungen“ (als eine Seite) – wie jede Unterscheidung – nicht ohne die andere Seite zu haben, ist das „normale Eigene“ nicht denk- und konstruierbar, ohne dass damit gleichzeitig das „Fremde“ mit konstituiert wird [vgl. Kap. 2.2.3]. „Es ist die Dialektik von Normalität und Normativität, die dem „normalen“ Gang der Dinge eine Verbindlichkeit verleiht, in deren Zentrum die Etablierung einer sozialen Ordnung steht, deren „Außen“ das Fremde im Sinne des Normabweichers ist.“[774] Wurde (und wird auch oft noch heute) dieses „Außen“ primär auf die Form „Nation“ bezogen, scheint Gesellschaft inzwischen aufgrund der vervielfältigten Erfahrungen von Fremdheitsformen, der erfahrenen erhöhten Relevanz kultureller Differenzen, durch erhöhte Formen von Re-Symmetrisierungen und deren Sichtbarkeit; der Vervielfältigung sozialer Formkomplexe als Adressierungskonstellationen und den daraus sich ergebenden Individualisierungsbeschreibungen und damit der Vervielfältigung von Auffas-

[772] „nur über Sprache und über vorstellbare Sequenzstrukturen, die an sozialen Modellen orientiert sind, können psychische Systeme eigene Komplexität aufbauen. Insofern ist die Gesellschaft, obwohl Umwelt psychischer Systeme, Mitbedingung ihrer Systemkomplexität. Es kann also kein sich selbst verwirklichendes psychisches System ohne Sozialisation zustandekommen. Aber das heißt nicht, dass man Sozialisation als einfache Strukturübertragung aus der Gesellschaft in die psychischen Systeme begreifen könnte. Die psychische Autopoiesis kann sich auch dadurch strukturieren, dass sie nicht tut, was ihr gesagt wird, sondern soziale Muster konterkariert.“ (Luhmann, Niklas: Individuum, Individualität, Individualismus. In: Ders.: Gesellschaftsstruktur und Semantik. Studien zur Wissenssoziologie der modernen Gesellschaft. Band 3. Frankfurt/Main 1998². S.163)

[773] Fuchs, Peter: Die Psyche. Studien zur Innenwelt der Außenwelt der Innenwelt. Weilerswist 2005. S. 76

[774] Reuter, Julia: Ordnungen des Anderen. Zum Problem des Eigenen in der Soziologie des Fremden. Bielefeld 2002. S. 206

sungs- und Unterscheidungsperspektiven, der grundsätzlichen Erhöhung gesellschaftlicher Kontingenz mehrere Formen des „Anderen“ zulassen (zu müssen), so dass sich als „gültig“ generierende „Normalschemen“ zunehmender Begründungslast ausgesetzt sehen. Dies spiegelt sich im (nicht zufällig auch politisch relevantem) Begriffspaar von Mehrheit und Minderheit im Hinblick auf relevante Unterschiede in der Erzeugung sozialer Ordnung, worin sich politisch die „Spannung zwischen der Berufung auf Rechte und der auf Mehrheitsentscheidungen“[775] zeigt, in der sich die Auseinandersetzung um (durch entsprechend politische Entscheidung) gesellschaftlich verbindlich durchzusetzende Sinnstrukturen „individueller Selbstentfaltung im Kontext anderer Selbstentfaltungen“ [vgl. FN[17]] *unter der Folie des gesellschaftlichen Prinzips der Machbarkeit* [vgl. Kap. 1.5] materialisiert, werden innerhalb der kollektiven Form des Demos und der durch diese ermöglichten Beobachtungsverhältnisse Minderheiten als gesellschaftliche Akteure [vgl. FN[361]] „sozial erzeugt, hervorgebracht, konstituiert, indem eine Anzahl von Personen eben *als* Minderheit *behandelt* wird, also diskriminiert, benachteiligt, stigmatisiert oder umgekehrt als Gruppe mit bewahrens- oder schützenswerten Merkmalen ausgezeichnet wird.“[776] Sind diese „durch den Akt der Benennung konstituiert, fungieren Minderheiten als Zurechnungsfoki, denen Merkmale, Eigentümlichkeiten, Handlungsweisen usw. zu- oder abgesprochen werden können. Die Klassifizierung bzw. Benennung der Minderheit kann sowohl aus der Eigenperspektive als auch aus der Fremdperspektive erfolgen. “[777] Dabei gewinnen Selbstbeschreibungen durch kongruente Fremdbeschreibungen inhärente Stabilität. So ist Gesellschaft „durch eine spezifische Dynamik des Wandels und des permanenten Neuentwurfs von und des Konflikts um politisch relevante Zugehörigkeit zur Gemeinschaft geprägt.“[778] In der (Selbst-)Beobachtung des Demos als semantisch externe Referenz des politischen Systems wird die normative Verfasstheit der Gesellschaft als kollektive Modalität der Selbstgestaltung von Gesellschaft durch sich selbst aktualisiert (eine Beobachtungsform, die funktionssystemspezifische Strukturen gleichsam transzendiert). Dabei werden im Rahmen von Beobachtungen der Differenz von Konformität und Abweichung eher positiv konnotierte Muster, also als gültig

---

[775] Eisenstadt, Shmuel Noah: Barbarei und Moderne. In: Miller, Max/Soeffner, Hans-Georg (Hrsg.): Modernität und Barbarei. Soziologische Zeitdiagnose am Ende des 20. Jahrhunderts. Frankfurt/Main 1996. S. 111

[776] Kneer, Georg. Nationalstaat, Migration und Minderheiten. Ein Beitrag zur Soziogenese von ethnischen Minoritäten. In: Nassehi, Armin (Hrsg.): Nation, Ethnie, Minderheit. Beiträge zur Aktualität ethnischer Konflikte. Köln, Weimar, Wien 1997. S. 92

[777] a.a.O.: S. 92

[778] Kaelble, Hartmut/Kirsch, Martin/Schmidt-Gernig, Alexander: Zur Entwicklung transnationaler Öffentlichkeiten und Identitäten im 20. Jahrhundert. Eine Einleitung. In: Dies. (Hrsg.): Transnationale Öffentlichkeiten und Identitäten im 20. Jahrhundert. Frankfurt/New York 2002. S. 19

konstruierte Unterscheidungen der Gesellschaft mehr der Mehrheit zugerechnet, die die Gesellschaft repräsentiert und die Minderheit toleriert, so lange diese Bezeichnungsperspektiven von dieser akzeptiert wird und die je aktualisierte Ungleichheit marginalisiert (invisibilisiert) werden kann (auch durch Unsichtbarkeit entsprechender, die Identität der Minderheit repräsentierender Symbole). Dadurch werden bestimmte kollektive Identitätsformen „durch asymmetrische Deutungs- und Wertungsprozesse von außen, von einer das Definitionsmonopol behaupteten kulturellen Mehrheit“[779] geprägt. „Ganz deutlich ist das Verhältnis von Minderheit und Mehrheit damit als Herrschaftsverhältnis definiert. Die tolerierte Minderheit hat zwar ein Recht auf eigene und ungehinderte Entfaltung – aber nur, solange sie die ihr gesteckten Grenzen einhält. Die Minderheit muss sich nicht nur an Grenzen halten wollen, sie muss auch die begriffliche Welt der Mehrheit kennen, um sich zu ihr angemessen verhalten zu können.“[780] Dabei orientieren sich Minderheiten zwar an kulturell vorgegebenen Codes, deuten diese aber auch um und entwickeln eine eigene Weltsicht und Sprache [vgl. Kap. 2.2.3] und dadurch selbstkonstitutive Reproduktionsformen, eine eigene Ordnung [vgl. Kap. 1.1] in Relation zu anders strukturierten Ordnungen, was zu Beschreibungen führt, die als (intern) plausible Selbstbeschreibungsformen anschlussfähig für sich anschlussfähig generierende psychische Systeme sind, die sich so selbst entsprechend beschreiben. Diese internen Beschreibungen können durch rekursive Verschachtelungen von Selbst- und Fremdbeobachtungen extern zu einer anders konnotierten Beschreibung, die „transitiv erfolgt“[781] zur Abgrenzung, der Ausschluss von der Norm führen, wodurch sich intern „individuelle Personen aber auch ganze Gruppen an diesen Vorgaben und Klassifikationen orientieren (müssen).“[782] Innerhalb dieses Rahmens benötigt jede Selbstzuschreibung der Zugehörigkeit zu einer kollektiven Formation zur Anerkennung der je (kollektiven) Identität eine entsprechende Fremdbeobachtung von Außen; als Gruppe entsprechend wahrgenommen und anerkannt zu werden, die abhängig von den je herrschenden (positiv oder negativ konnotierten) Semantiken ist. Die so mögliche Divergenz zwischen Eigen- und Fremdbeschreibung als Wunsch und Forderung nach Berücksichtigung als individuelle Person und „ganzer Mensch“, die „zu einem substantiellen Bestandteil der eigenen kollektiven Identität werden *kann*“[783], kann so zur Entstehung sozialer Bewegungen [vgl. Kap.

---

[779] Emcke, Carolin: Kollektive Identitäten. Sozialphilosophische Grundlagen. Frankfurt/Main 2000. S. 193

[780] Stölting, Erhard: Die Mühen der Toleranz. In: Müller, Eva (Hrsg.): Entweder-Und-Oder. Vom Umgang mit Mehrfachidentitäten und kultureller Vielfalt. Wien 2000. S. 22

[781] Emcke, Carolin: Kollektive Identitäten. Sozialphilosophische Grundlagen. Frankfurt/Main 2000. S. 182

[782] a.a.O.: S. 249

[783] a.a.O.: S. 190

1.5.3] zur Erlangung gesellschaftlicher Anerkennung als Gleichheit der Sinnbedeutung der jeweiligen Perspektive führen und entsprechende Kommunikation eine dezidiert politische Codierung annehmen. Minderheiten müssen, um dieser asymmetrischen Struktur zu entkommen und ihre Gleichheit unter Beweis zu stellen[784], gegenüber der Mehrheitsgesellschaft um Anerkennung ihrer Lebensform und ihrer Bedeutungskonfiguration(en) werben oder ringen. Minderheiten müssen, um das Verhältnis zur Mehrheit zu re-symmetrisieren (auch um den Preis der Schädigung der eigenen sozialen Adresse[785] durch (vorübergehende?) Enttäuschung sozialer Erwartungen) durch die Initiierung öffentlicher Willensbildungsprozesse Habermasscher Manier gesellschaftliche Anerkennung für ihre Identitätsperspektive fordern. Diese Anerkennung basiert dabei sozial (sowohl in der Selbst- als auch Fremdbeobachtung) wiederum auf der Unterstellung identischer Sinnproduktion einer je kollektiven Identität, wie an Giesen abzulesen ist: „Die kollektive Identität der Gemeinschaft bot dem freigesetzten und unruhigen Selbst einen festen und unüberbietbaren Stand; erst auf dieser Grundlage konnte sich die individuelle Identität bilden und entfalten.“[786] Diese nimmt sich (als

[784] für Jürgen Straub ist es daher „nicht nur in normativer, moralischer oder politischer Hinsicht ein entscheidender Unterschied, ob über die Identität der Angehörigen eines Kollektivs *aus einer Außenperspektive* oder aber aus der *Innenperspektive* der betreffenden Personen selbst gesprochen wird, zumindest aber auf der Grundlage der Kenntnis dieser Binnensicht. Diese Unterscheidung markiert nämlich auch die Grenze zwischen wissenschaftlich-empirischen oder *rekonstruktiven* und bloß ideologisch-manipulativen oder *normierenden* Konstruktionen kollektiver Identitäten“ (Straub, Jürgen: Personale und kollektive Identität. Zur Analyse eines theoretischen Begriffs. In: Assmann, Aleida/Friese Heidrun (Hrsg.): Identitäten. Erinnerung, Geschichte, Identität 3. Frankfurt/Main 1998. S. 104). In die gleiche Richtung zielend argumentiert Emcke: „Hier bildet sich die kulturelle Identität des Einzelnen erst aus seinen Überzeugungen und werden die kulturellen Kollektive durch den Einzelnen erst hergestellt und dadurch auch wandelbar gehalten. Das Kollektiv wird hier durch den Einzelnen und seine Zustimmung oder Ablehnung, durch seine Mitgliedschaft oder seinen Austritt, konstruiert und bestimmt. Die Wirkungsrichtung und –dynamik wird von „unten“ nach „oben“ vom Einzelnen zum Kollektiv konzeptualisiert“ (Emcke, Carolin: Kollektive Identitäten. Sozialphilosophische Grundlagen. Frankfurt/Main 2000. S. 188). Dem ist aus einer *moralischen Perspektive* nichts hinzuzufügen. Dabei wird aber die Frage nach sozialer Ordnung nicht in ausreichendem Maße berücksichtigt, denn das imaginäre als auch wirklichkeitskonstruierende und –konstituierende dieser symbolischen Konstruktionen besteht ja gerade darin, dass sich aus ihnen und durch sie sozial Ordnung ergibt

[785] psychische Systeme werden durch das kommunikative Schema der Person und dessen eingrenzende Verhaltenserwartungen überformt, aber nicht determiniert, können sich auch nicht konform verhalten. Dabei ist allerdings im Rahmen der Präferenz sozialer Erwartungserfüllung darauf zu achten, dass der eigenen sozialen Adresse im Rahmen kontextdivergierender funktionssystemspezifischer Adressierungen (die durch ihre Adressierungsnivellierung selbst durch Abweichungsformen nur eingeschränkt irritierbar sind) durch entsprechende Sichtbarkeit von Abweichung kein Schaden zugefügt wird. Vgl. Luhmann, Niklas: Die Form „Person“. In: Ders.: Soziologische Aufklärung 6. Opladen 1995. S. 148

[786] Giesen, Bernhard: Kollektive Identität. Die Intellektuellen und die Nation 2. Frankfurt/Main 1999. S. 11.

ontologischer Ort) im Kampf um gesellschaftliche Anerkennung dann „wie ein Gebot zum öffentlichen Bekenntnis zu den unterschiedlichsten Partikularitäten aus, deren Inhalte durch ihre Unterordnung unter einen öffentlichen Deckbegriff ad libitum gestellt sind. Diese Verallgemeinerung, Abstraktion und Etablierung partikularer Differenz stellt zunächst für jede einzelne Minderheit einen großen Fortschritt dar, weil sie dadurch aus ihrer Vereinzelung und ihrem Legitimationsdefizit gegenüber herrschender Mehrheiten und deren „Normalität“ befreit wird. Sie beraubt sie aber zugleich der Besonderheit ihrer Differenz und bringt durch die Öffentlichkeit ihrer Selbstverständigung neue objektive Zuschreibungen, Stereotype, Symbolisierungen und auch innerhalb der einzelnen Minderheiten kulturelle Dominanz ins Spiel.“[787] Viele soziale Bewegungen müssen daher in Auseinandersetzung mit und der Abgrenzung von Perspektiven der Mehrheit auch ein verinnerlichtes Selbstbild ihrer eigenen angeblichen „Minderwertigkeit“ erst einmal überwinden[788]. Ein nochmaliger Bezug auf die Geschlechterdifferenz zeigt, dass diese, neben ihrer internen Asymmetrisierungsmöglichkeit auch im Hinblick auf in ihrer Beobachtung Unbeobachtbares produziert, das sich aus dem Schema selbst ergibt. In unserer „Region der Weltgesellschaft“ [s. FN[128]] wird die „Welt als Norm“ repräsentiert durch heterosexuelle weiße Männer[789] bzw. durch das, was in gesellschaftlichen Praktiken als Männlich tradiert und wiederum in Anerkennungsdiskursen erzeugt wurde. Frauen stellen als bestimmte Negation[790] im Rahmen dieser Beobachtungsform die bezeichnete; demgegenüber Schwarze[791] oder Homosexuelle die unbezeichnete Außenseite als unbestimmte Negation darstellen, wobei auch innerhalb der Innenseite durch entsprechende Asymmetrien und Hegemonitäten bestimmte Formen von Männlichkeiten als

[787] Niethammer, Lutz: Kollektive Identität. Heimliche Quellen einer unheimlichen Konjunktur. Reinbek 2000. S. 499

[788] was nur als kommunikativer Prozess möglich ist. Vgl. zur kommunikativen Macht von Minderheiten: Christakis, Nicolas A./Fowler, James H.: Connected! Die Macht sozialer Netzwerke und warum Glück ansteckend ist. Frankfurt/Main 2010. S. 219

[789] die als Norm auch ohne besonders forcierte und öffentlich legitimierte Anerkennung die dominierende Kultur darstellt. Vgl. dazu die allerdings (aufgrund der Fragestellung notwendigerweise) im Muster von Fremd- und Selbstwahrnehmung und daher im Kontext von „Anerkennung“ verhaftet bleibende Studie, die versucht, Modelle herauszukristallisieren, in der die Frage nach demokratischer Gemeinschaft trotz ethnischer Differenzen anhand unterschiedlicher normativer Prämissen und verschiedenen Politikmodellen korreliert werden: Schlenker-Fischer, Andrea: Demokratische Gemeinschaft trotz ethnischer Differenzen. Theorien, Institutionen und soziale Dynamiken. Wiesbaden 2009

[790] vgl. Nassehi, Armin: Inklusion, Exklusion, Ungleichheit. Eine kleine theoretische Skizze. In: Schwinn, Thomas (Hrsg.): Differenzierung und soziale Ungleichheit. Die zwei Soziologien und ihre Verknüpfung. Frankfurt/Main 2004. S. 333/334

[791] oder auch – kontextabhängig – dominanter: islamische Männer

„Norm" stilisiert[792] werden. Da z.B. Homosexualität im Rahmen funktionssystemspezifischer Adressierungen entsprechende Adressierungsformen nicht präformatieren dürfen, liegt es nahe, solange diese Form nicht entsprechende gesellschaftliche Akzeptanz aufweist, um sich sozialen Erwartungen gegenüber kohärent zu präsentieren, die eigene Homosexualität zu verbergen, um seine soziale Adresse nicht zu beschädigen. Gerade aber auch für die Außenseite des Homosexuellen bricht sich der ontologische Ort der Identitätsdefinition empirisch in die Besonderheit der Differenz, da „in *diesem* Fall es besonders schwierig zu sein scheint, genau zu wissen, was man sagt und wovon man spricht, da ja das definierende Kriterium für eine schwule oder homosexuelle Identität besonders schwer auszumachen ist."[793] Aufgrund dieser Unspezifizierbarkeit kann homosexuelle Identität als Beispiel dafür stehen, wie im Rahmen von Anerkennungsdiskursen die Eigenperspektive der Minderheit selbst wieder normbildend wird. Jede Kollektivitätsorientierung wird von ihrer selbstkonstitutiven Normproduktion eingeholt, da diese durch kommunikative Reproduktion im Schema identisch/nicht-identisch im Rahmen der Sozialdimension gültig, überwiegend akzeptiert sein muss, um die selbsterfüllende „Gleichheit" herzustellen, die gleichzeitig der Minderheit bezogen auf die Mehrheit als auch von den Mitgliedern der Minderheit bezogen auf die Form ihrer eigenen normabweichende Kommunikation produzierende Minderheiten die Möglichkeit (gewaltsamer) Abgrenzungen eröffnet. Auch Minderheiten duplizieren Schemen sozialdimensionierter Unterscheidungen in sich selbst und produzieren in und durch selbstbezügliche kommunikative Operationen Norm[794]. Dabei kann für (einen Teil der) Minderheiten die Reaktion auf die Norm der Mehrheit auch darin bestehen, sich dieser Norm anzugleichen, sich an gültige Sinnstrukturen zu adaptieren, bzw. von der Norm einvernommen zu werden, indem „die Subalternen in dem Moment, in dem sie sich innerhalb der dominanten Kultur zu repräsentieren versuchen, vom Mainstream vereinnahmt werden und sich so aus ihrem eigenen Kontext der Unterdrückung entfernen, so dass Entfremdung zum Preis ihrer Repräsentation wird."[795] Im erfolgreichen Falle von Anerkennungsdiskursen kann trotz den inhärenten Diskontinuitäten und Dekongruenzen die Identitäts

---

792 vgl. Connell, Robert W.: Der gemachte Mann. Konstruktion und Krise von Männlichkeiten. Opladen 1999

793 Düttmann, Alexander Garcia: Odd Moves. Ironisch politische Streifzüge. In: Bonacker, Thorsten/Brodocz, André/Noetzel, Thomas (Hrsg.): Die Ironie der Politik. Über die Konstruktion politischer Wirklichkeiten. Frankfurt/Main 2003. S. 49

794 auch Minderheiten reproduzieren „kommunikative Stereotype" – nur vielleicht anders konnotiert. Gerade das Zusammenspiel „nationaler", „kultureller" und „geschlechtlicher" Differenzierungen ermöglicht vielfältigste Distinktionskombinatoriken

795 Eickelpasch, Rolf/Rademacher, Claudia: Identität. Bielefeld 2004. S. 110

konstruktion in eine sprachlich gewendete[796] positiv konnotierte und durch immer wieder erfolgende Präferierung entsprechender Anschlüsse mit der Zeit wahrscheinlicher werdende von der Gesellschaft akzeptiert kommunizierte[797] Form umgedeutet werden. „Es ist die Form der Gründung durch Selbstthematisierung, die auch dann bestimmend wird, wenn, wie man es am Beispiel von Minderheitengruppen zeigen kann, es zunächst Fremdetikettierungen sind, die den spezifischen Status und die Bildung einer Gruppe beeinflussen. Dennoch ist es erst der Übergang zur Selbstthematisierung, der sich mit Anerkennungsforderungen oder einer weitergehenden Selbstbestimmung der Gruppe verbindet.“[798] Welche Folgen und Konsequenzen für Selbst- sowie Fremdbeschreibungen diese gesellschaftlichen Anerkennungs- und Erwartungswiderspruchdiskurse auch haben, um *sozial relevant* zu werden, muss dieser „Kampf um Anerkennung“ unterschiedlicher Ordnungsvorstellungen die interaktionelle Ebene übersteigen, ist auf gesellschaftliche *Sichtbarkeit* angewiesen [vgl. Kap. 1.5.2], wofür Massenmedien als Selbstbeobachtungseinrichtungen unverzichtbar sind, da „kollektive *Identitäten* vor allem über die verschiedenen Kanäle der Öffentlichkeiten manifest und schließlich handlungsleitend relevant werden. ... Im Hinblick auf politische Willensbildung bedürfen sie in offenen Gesellschaften der öffentlichen Artikulation“[799], durch die sich erst in relevantem Umfang Anschlussmöglichkeiten ergeben, ist „erst durch Massenkommunikation die für moderne Gesellschaften charakteristische Kopplung von Prozessen der Anonymisierung und Individualisierung bzw. Reflexivierung sozialer Lebenslagen“[800], die individuelle Imagination, dass die eigene Perspektive von anderen Mitgliedern der Gesellschaft geteilt wird, möglich, entsprechende Semantiken und deren soziale Plausibilität getestet werden können, Gesellschaft ihre (momentanen) Modi sozialen Sinns repräsentieren und mit dem Funktionssystem Politik koppeln kann, indem die diskriminatorischen Wirkungen und dadurch produzierbaren, produzierten

---

[796] vgl. Tessarolo, Mariselda: Sprache als Element der Inklusion und Exklusion. In: Annali di Sociologia. Soziologisches Jahrbuch 16, 2002/2003. Berlin 2006. S. 227

[797] dass hierfür nicht primär individuelle Überzeugungen, sondern kommunikative Unterscheidungen und entsprechende Reproduktion in Verbindung mit einer zunehmend erschwerten Aufrechterhaltung als „Fremd“ verantwortlich sind zeigt, bezogen auf die zunehmende Akzeptanz von Homosexualität: Christakis, Nicolas A./Fowler, James H.: Connected! Die Macht sozialer Netzwerke und warum Glück ansteckend ist. Frankfurt/Main 2010. S. 114

[798] Bielefeld, Ulrich: Ethnizität und Gewalt. Kollektive Leidenschaft und die Existentialisierung von Ethnizität und Gewalt. In: Jureit, Ulrike (Hrsg.): Politische Kollektive. Die Konstruktion nationaler, rassischer und ethnischer Gemeinschaften. Münster 2001. S. 146

[799] Kaelble, Hartmut/Kirsch, Martin/Schmidt-Gernig, Alexander: Zur Entwicklung transnationaler Öffentlichkeiten und Identitäten im 20. Jahrhundert. Eine Einleitung. In: Dies. (Hrsg.): Transnationale Öffentlichkeiten und Identitäten im 20. Jahrhundert. Frankfurt/New York 2002. S. 13

[800] Wehner, Josef: Interaktive Medien – Ende der Massenkommunikation? In: Zeitschrift für Soziologie. Stuttgart Jahrgang 26. Heft 2. April 1997. S. 104

und reproduzierten Ungleichheiten der Asymmetrisierung als Forderung gesellschaftsweiter Re-Symmetrisierung an dieses adressiert als auch bestimmten Formen von Minderheit Anerkennung sichtbar verweigert werden kann. Dabei präferieren Massenmedien ihrerseits (aufgrund des positiven Wertes von „Information") Abweichungen und können[801] dadurch zu deren Institutionalisierung beitragen, was entsprechende Bewegungen selbst wiederum verstärken kann. Damit können in der Gesellschaft aus vielfältigen Perspektiven heraus Forderungen nach Anerkennung gestellt und diese politisierbar gemacht werden, was auf individueller Ebene im Rahmen der Beobachtung von Gesellschaft die Notwendigkeit einer zunehmenden Ambiguitätstoleranz nach sich zieht, auf die auch mit „Alltagsfundamentalismus" [vgl. FN[563]] und dem Wunsch nach Einfachheit und Eindeutigkeit „bewährter Formen" [vgl. Kap. 2.2.3] reagiert werden kann[802]. Diese Anerkennungsdiskurse normativer Folien innerhalb sozialdimensionierten Sinns bleiben aber dem Dilemma verhaftet, dass sie sich auf die gesellschaftliche Akzeptanz individueller Selbstbeschreibungen, als das anerkannt zu werden, als was man sich individuell als adressabel als „ganzer Mensch" kreiert, beziehen und nicht im Rahmen kontextueller gesellschaftsstruktureller Erwartungsmöglichkeiten. Diese als funktionssystemspezifische Adressierungen sind für diese Muster kollektiver Identität, die sich zwar zur Kontingenzeinschränkung in Interaktionssituationen als relevant generieren, relativ „blind", und falls nicht, dann nur je realitätsspezifisch irritierbar; sind diese Muster (gesamt-)verbindlich nicht durchsetzbar. Diese Anerkennungsforderungen durch die Form des „Protestes" [vgl. Kap. 1.5] macht(en) allerdings, wie bereits dargelegt, einen nicht unwesentlichen Teil des bisher eigentlich als Politisch angesehenen der gesellschaftlichen Reproduktion aus. Dabei kann dieser gesellschaftliche Diskurs der Anerkennung von „ganzen Menschen" durch „ganze Menschen" schwerlich andere Gründe in Anspruch nehmen als moralisch codierte Kommunikation der Anerkennung des Anspruches entsprechender Formen; wie Habermas exemplarisch ausführt: „In multikulturellen Gesellschaften wird eine „Politik der Anerkennung" nötig, weil die Identität jedes einzelnen Bürgers mit kollektiven Identitäten verwoben und auf Stabilisierung in einem Netz gegenseitiger Anerkennung angewiesen ist. Der Umstand, dass der Einzelne von intersubjektiv geteilten Überlieferungen und identitätsprägenden Gemeinschaften existentiell abhängig ist, erklärt, warum in kulturell differenzierten Gesellschaften die Integrität der Rechtsperson nicht

---

801 vgl. Luhmann, Niklas: Die Gesellschaft der Gesellschaft. Frankfurt/Main 1997. S. 474. (Allerdings strukturieren sich diese entlang ihres eigenen internen Codes der Informativität)

802 die sich auf interaktioneller Ebene auch als Gewalt zeigen kann, die zurechnungsfähige Ursachen zurückbringt und die Komplexität der Welt reduziert, indem Sinnzuschreibungen gewaltförmige Handlungen zu dem machen, was sie sind, was die Anerkennungsspirale als politische Forderung ihrerseits verstärkt

ohne gleiche kulturelle Rechte gesichert werden kann.“[803] Diese „Politik der Anerkennung“ bezieht sich auf „Menschen“ der „Zivilgesellschaft“ (der „von sich aus gutes Verhalten“ apostrophiert wird), die auch je differierende Perspektiven anzuerkennen haben, um die in der Gesellschaft stattfindenden Interaktionen in toto sinnhaft zu strukturieren und „Jeden“ zu „integrieren“ (was selbstredend eine explizite Nähe zur Habermasschen „Lebenswelt“ impliziert, die sich allerdings nicht so eindeutig einfach und moralisch begrüßenswert darstellen dürfte[804], da die Kommunikation auch „guter Gründe“ psychische Bewusstseine nicht determinieren kann). Darüber hinaus strukturiert sich moralisch codierte Kommunikation [vgl. Kap. 1.5.3] selbst gleichsam außerhalb der sozialen Differenzierungsform der Gesellschaft: Sie ist binär eindeutig strukturiert in Richtig versus Falsch, wobei das Falsche und damit „Böse“ dieser (schon wieder: aus einer Perspektive) sich selbst absolut sicheren Zurechnung von Gut und Böse entspringt. Dabei würde gerade die Adressierung auch von Anerkennungsforderungen nicht an „den Menschen“, sondern an die Teilsysteme der anonymen funktional differenzierten Gesellschaft[805] mit deren (nivellierenden) Gewohnheit des Umgangs mit Kontingenz und Formen des Fremden eine zielorientiertere

[803] Habermas, Jürgen: Die postnationale Konstellation. Politische Essays. Frankfurt/Main 1998. S. 113

[804] da intrapsychische „Einstellungen“ als Prädisposition kommunikativem Verhaltens und dem in diese aktivierende Ereignissituationen nicht erwartungsgeneralisativ deckungsgleich gesetzt werden können [vgl. Kap. 1.2.2], „Personen“ immer auch Freiheitsgrade besitzen, um Sinn in konkreten Situationen zu aktualisieren. Vgl. Christakis, Nicolas A./Fowler, James H.: Connected! Die Macht sozialer Netzwerke und warum Glück ansteckend ist. Frankfurt/Main 2010. S. 112

[805] worin sich Laclau in seiner Insistenz auf Universalismus verheddert – auf den ersten Blick plausibel: „Ich kann die Rechte sexueller, „rassistischer“ und nationaler Minoritäten im Namen des Partikularismus verteidigen; aber wenn Partikularismus das einzig gültige Prinzip ist, dann muss ich genauso die Rechte auf Selbstbestimmung aller Sorten von reaktionären und in asoziale Praktiken involvierten Gruppen akzeptieren. Darüber hinaus: Da die Forderungen verschiedener Gruppen notwendigerweise miteinander kollidieren, müssen wir – es sei denn, wir unterstellten eine Art prästabilisierte Harmonie – an irgendwelche übergeordneten Prinzipien appellieren, um solche Zusammenstöße zu regulieren. In Wirklichkeit gibt es keinen Partikularismus, der sich in der Konstruktion seiner eigenen Identität nicht auf solche Prinzipien berufen würde“ (Laclau, Ernest: Universalismus, Partikularismus und die Frage der Identität. In (Ders.:) Emanzipation und Differenz. Wien 2007. S. 53). Seine Folgerung allerdings enthüllt ihn als Idealisten, der die Realität nicht entsprechend würdigt, denn „kann diese differentielle Identität innerhalb eines Kontextes – z.B. eines Nationalstaates – hergestellt werden, und der Preis, der für den totalen Sieg in diesem Kontext gezahlt werden muss, ist die totale Integration in ihn. Wenn es andererseits zur totalen Integration nicht kommt, dann weil diese Identität nicht vollständig konstituiert wurde – es gibt zum Beispiel unerfüllte Forderungen bezüglich des Zugangs zur Erziehung, Beschäftigung, Konsumgütern etc. Aber diese Forderungen können nicht in Begriffen von Differenz aufgestellt werden, sondern nur in jenen von universellen Prinzipien, welche die ethnische Minorität mit dem Rest der Gesellschaft teilt“ (a.a.O.: S. 55), eben an Inklusion an Funktionssystemen, die nicht übergreifend politisch gewährleistet werden können

„Adresse" bieten, da diese nicht in toto auf Moral[806] (einem einzigen, vermeintlich eindeutigen Schema) konditioniert und adressierbar sind. Dies kann aber nicht über die Anerkennung „ganzer Menschen", sondern nur (aber dies durchaus) innersystemspezifisch durch die Transferierung systemspezifisch reproduzierter Exklusions- in Inklusionsformen geschehen. Darüber hinaus kann gesellschaftlich „verbindliche" Anerkennung nur (über den „Umweg" von Entscheidungen des politischen Systems, innerhalb dessen (aber eben nur innerhalb dessen) Logik auch die Zurechnung zu Mehrheit und Minderheit agiert) innerhalb des Funktionssystems „Recht" in rechtlich legalisierte Formen, die wiederum nur innersystemisch greifen und zivilgesellschaftliche „Anerkennung" nur marginal determinieren können, gegossen werden sowie auf konkreter Ebene (und damit unmittelbar disziplinierend) durch Regelungen innerhalb von Organisationen hergestellt werden, worin sich zeigt, dass auch Anerkennung *operativ* nur im Rahmen der Gesellschaftsstruktur und nicht außerhalb erzeugt werden kann.

2.3.3 Sozialer Habitus als Praxis von Situationen

Auch wenn Einheitssemantiken soziologisch als kompensatorische Simulakren beschreibbar sind, ist Identität präkonfiguriert durch jeweilige Umweltkontakte Resultat von Adressierungen und deren individueller Kombination und somit darauf angewiesen, sich durch die Erzeugung angepasster Praxisformen anschlussfähig zu halten, ist unschwer „in der operativen Formierung von Personen nicht auch die Konstruktion sozial ungleicher Positionen und Konstellationen zu sehen, die kontextstabil kumulieren und damit als sozialer Ordnungsfaktor für erwartungsstabile Kommunikationsformen sorgen."[807] Zu diesen Konstellationen „gehören zum einen so genannte „vertikale" Ungleichheitsdimensionen, die soziale Schichten bestimmen: vor allem Einkommen, beruflicher Status und Bildung. Zum anderen bezieht die soziale Lage aber auch „horizontale" Ungleichheitsdimensionen mit ein – etwa Geschlecht, Alter, ethnische Zugehörig-

---

[806] man vergleiche nur Habermas: „Die zur nationalen Kultur aufgespreizte Mehrheitskultur muss sich aus ihrer geschichtlich begründeten Fusion mit der allgemeinen politischen Kultur lösen, wenn sich alle Bürger gleichermaßen mit der politischen Kultur ihres Landes sollen identifizieren können. In dem Maße, wie dieser Prozess der Entkoppelung der politischen Kultur von der Mehrheitskultur gelingt, stellt sich die Solidarität der Staatsbürger auf die abstraktere Grundlage eines „Verfassungspatriotismus" um. Misslingt er, lässt er das Gemeinwesen in Subkulturen zerfallen, die sich gegeneinander abschotten. In jedem Fall höhlt er aber die substantiellen Gemeinsamkeiten der Nation als einer Herkunftsgemeinschaft aus." (Habermas, Jürgen: Die postnationale Konstellation. Politische Essays. Frankfurt/Main 1998. S. 114)

[807] Nassehi, Armin: Inklusion, Exklusion, Ungleichheit. Eine kleine theoretische Skizze. In: Schwinn, Thomas (Hrsg.): Differenzierung und soziale Ungleichheit. Die zwei Soziologien und ihre Verknüpfung. Frankfurt/Main 2004. S. 335/336

keit oder Familienstand."[808] Da sich in diesen Mustern soziale Erwartungen individuell bündeln, reproduzieren und zeigen, wird plausibel, wie „die Zuweisung der Individuen zu ihren sozialen Positionen in einem auch heute noch überraschenden Ausmaß von ihrer klassenbedingten Herkunft abhängt. Die mit dem Individuum verbundenen Verhaltenserwartungen könnte man von hier aus als *stärkere Einheiten* ansehen als die differentiellen, *erworbenen* Merkmale *innerhalb* der eigenlogischen Felder."[809] Dadurch bestimmen (vertikale wie horizontale) Lagemerkmale die Aufrechterhaltung und Reproduktion sozialer Ungleichheit als *Ungleichheit der Lebensführung* mit, was exakt meint, was Bourdieu mit seinem Begriff des „sozialen Habitus"[810] umschrieb. Während Elias diesen Begriff rein deskriptiv als eine Art „Gattungsbegriff" [vgl. FN[658]] verwendet, um über Generationen hinweg (durchaus vielschichtige[811]) individuell internalisierte und reproduzierte soziale Muster als „einen integralen Bestandteil des sozialen Habitus eines Menschen"[812] zu beschreiben, um die Komplexität von Sinn und Vielfalt empirischer Möglichkeiten und deren *Koinzidenz* im Sinne eines je „spezifischen Gepräges"[813] zu fassen, ist für Bourdieu der soziale Habitus als „Erzeugungs- und Strukturierungsprinzip von Praxisformen und Repräsentationen, die objektiv „geregelt" und „regelmäßig" sein können, ohne im geringsten

[808] Burzan, Nicole/Schimank, Uwe: Inklusionsprofile – Überlegungen zu einer differenzierungstheoretischen „Sozialstrukturanalyse". In: Schwinn, Thomas (Hrsg.): Differenzierung und soziale Ungleichheit. Die zwei Soziologien und ihre Verknüpfung. Frankfurt/Main 2004. S. 209

[809] Nollmann, Gerd: Luhmann, Bourdieu und die Soziologie des Sinnverstehens. Zur Theorie und Empirie sozial geregelten Verstehens. In: Nassehi, Armin/Nollmann, Gerd (Hrsg.): Bourdieu und Luhmann. Ein Theorienvergleich. Frankfurt/Main 2004. S. 129

[810] vgl. Bourdieu, Pierre: Die feinen Unterschiede. Kritik der gesellschaftlichen Urteilskraft. Frankfurt/Main 1987

[811] „Man kann den Gedanken, dass der einzelne Mensch den Habitus einer Gruppe an sich trägt und dass es dieser soziale Habitus ist, den er oder sie im Heranwachsen mehr oder weniger individualisiert, noch etwas spezifizieren. Der soziale Habitus mag in wenig differenzierten Gesellschaften, also etwa bei den steinzeitlichen Jäger- und Sammlergruppen, einschichtig gewesen sein. In komplexeren Gesellschaften ist er vielschichtig. Jemand kann zum Beispiel Eigentümlichkeiten eines Liverpoolenglischen oder eines Schwarzwald-deutschen Europäers an sich tragen. Es hängt von der Anzahl der ineinander verschachtelten Integrationsebenen seiner Gesellschaft ab, wie viel Schichten im sozialen Habitus eines Menschen ineinander verwoben sind. Unter ihnen nimmt gewöhnlich eine bestimmte Schicht einen besonders prominenten Platz ein. Das ist die Schicht, die für die Zugehörigkeit eines Menschen zu einer bestimmten sozialen Überlebenseinheit, also zum Beispiel zu einem Stamm oder Staat charakteristisch ist" (Elias, Norbert (Hrsg.: Schröter, Michael): Die Gesellschaft der Individuen. Frankfurt/Main 1987. S. 245). Im Habitus äußert sich für ihn der spezifische Nationalcharakter [vgl. Kap. 2.2.3], da dieser mit der jeweiligen Staatsbildung korreliert

[812] a.a.O.: S. 245

[813] indem „jeder einzelne Mensch, verschieden wie er von allen anderen ist, ein spezifisches Gepräge an sich trägt, das er mit anderen Angehörigen seiner Gesellschaft teilt." (a.a.O.: S. 244)

ein Resultat einer gehorsamen Erfüllung von Regeln zu sein“[814], Produkt und Produzent von Haltungen und Praktiken[815] zur Orientierung im je sozialen Raum, der zeigt, wie „die in Dingen und natürlich auch Personen objektivierten gesellschaftlichen Verhältnisse von einem jeden unmerklich inkorporiert werden und dessen dauerhafte Beziehung zur Welt und zu den anderen ausbildet.“[816] Dieser Habitus wird erworben durch Internalisierung von Wahrnehmungs- und Verhaltensmustern in Sozialisations- und Lernprozessen im Kontext der Zeitdimension, durch die sich ein Individuum in der Welt ver-ortet (also mit in Bourdieuscher Terminologie ökonomischem, sozialem, symbolischem und kulturellem Kapital ausgestattet wird, die die systemtheoretische Terminologie als Geschlossenheit psychischer Systemreproduktion durch Offenheit im Rahmen kommunikativer Anschlüsse bezeichnet), durch den „das Bewusstsein seine Präferenzen kennenlernt und seine Schemata mobilisiert, indem es die eigenen Handlungen und die Reaktionen anderer beobachtet“[817] und durch Beobachtung dieser Fremdbeobachtungen[818] individuelle Adressabilität als Anpassung an (jeweilige) Dispositionserwartungen transformiert[819] und dadurch intern sozial konfigurierte generalisierte (also erwartungsstrukturierende) Schemen ausbildet. Entsprechendes Kapital bestimmt die Ausgestaltung eines Habitus je mit und wird seinerseits durch den Habitus beeinflusst, der Praxis als Ordnung sozialer Kontexte (Felder) durch Herkunftsmilieus, Klassenroutinen, ökonomische Erfüllungsmöglichkeiten sowie Geschlechtsstereotype, die rekursiv aufeinander einwirken[820], hervorbringt. Eine jeweilige Position (als *Praxis* einer *Situation*) wie-

---

[814] Bourdieu, Pierre: Entwurf einer Theorie der Praxis auf der ethnologischen Grundlage der kabylischen Gesellschaft. Frankfurt/Main 1976. S. 165

[815] die sich als Hexis auch im jeweiligen Körper manifestieren und reproduzieren. Vgl. z.B.: Bourdieu, Pierre: Die feinen Unterschiede. Kritik der gesellschaftlichen Urteilskraft. Frankfurt/Main 1987. S. 254

[816] a.a.O.: S. 138

[817] Japp, Klaus P.: Politische Akteure. In: Soziale Systeme. Zeitschrift für soziologische Theorie. Jahrgang 12, Heft 2. Stuttgart 2006. S. 233

[818] so Viktor Frankl: „Wir sehen uns selbst mit den Augen des Anderen.“ (Aus: Foerster, Heinz von: Mit den Augen des anderen. In: Ders: (Hrsg.: Schmidt, Siegfried J.) Wissen und Gewissen. Versuch einer Brücke. Frankfurt/Main 1993. S. 363)

[819] vgl. Japp, Klaus P.: Politische Akteure. In: Soziale Systeme. Zeitschrift für soziologische Theorie. Jahrgang 12, Heft 2. Stuttgart 2006. S. 228

[820] Jugendliche „konstruieren Geschlecht in einem Umfeld, das Vorgaben macht, bewegen sich in schon geschlechtlich strukturierten gesellschaftlichen Verhältnissen, Situationen und Institutionen. Ihre Geschlechterkonstruktionen sind eng mit ihrer Situation als Jugendliche mit Migrationshintergrund verbunden, die entscheidend ihre Lebenslage prägt. Rassismus wird in institutionellen und alltäglichen Zusammenhängen bedeutsam, betrifft oft unmittelbar oder indirekt ihr Geschlecht. Es zeigen sich Überkreuzungen der Kategorien „Ethnizität“ und Geschlecht, die mehrfach Macht produzieren und die Jugendlichen einordnen. Je mehr man über die Bedingungen dieser Jugendlichen erfährt, über die Umstände, unter denen sie aufwachsen, desto deutlicher zeichnen sich die Möglichkeiten und Grenzen von Geschlechterkonstruktionen und deren Ausgestaltungen ab und desto ver-

derum beeinflusst durch Selbsteinschränkung von Handlungsoptionen entsprechend internalisierter „Zitate" und „Zitierweisen" sowohl die Ausgestaltung eines jeweiligen Habitus[821] als bewahrenswerter Sinn der Reproduktion sozialer Formen wie auch die Möglichkeiten der Aneignung diverser Kapitalien je mit und wird ihrerseits durch den Habitus, der Grenzen jeweiliger Reproduktionsmöglichkeiten aufzeigt und damit die Praktiken (durch Unterscheidungsmuster, deren Aktivierung Realität als System/Umwelt-Differenzen sozialer Praxis und angepasstem Bewusstsein und damit als Praxis dieses Bewussteins als Differenz zu seiner Umwelt im Kontext nicht aktualisierter Möglichkeiten konstituiert) je mit erzeugt, die er selbst als begrenzter Selektionsraum von Anschlussmöglichkeiten voraussetzt. Der individuelle Denk-, Wahrnehmungs- und Handlungsspielraum des Habitus als Effekt erworbener und Effekte produzierender Erzeugungschemen kovariiert mit der sozialen Herkunft der Akteure, die durch erworbene Dispositionen als inkorporierte Schemen innerhalb der Grenzen ihrer eigenen Evozierung mit hervorbringen, also (unbewusst) limitieren, welche Unterscheidungen in Abhängigkeit des je sozialen Kontextes (den je aktualisierten Fremdbeobachtungen) (bewusst) in den Blick genommen werden (können) und welche nicht. Dieser erlaubt, „eine intelligible und notwendige Beziehung herzustellen zwischen Praktiken und einer Situation, deren Sinn er nach Wahrnehmungs- und Wertungskategorien produziert, die selbst wieder Produkt objektiv beobachtbarer Verhältnisse sind."[822] So erfährt und *generiert* sich ein psychisches System als Ansprechbar, schälen sich sozial durch rekursive Wahrscheinlichkeitserhöhung bestimmte Anschlussroutinen, „man kann ebenso an Schichtungsindices denken wie an ... Kleidung, Position, Geschlecht, Lebensalter"[823]

ständlicher werden ihre Verhaltensweisen. In den unterschiedlichen Biographien scheinen die Lebenswege der Jugendlichen zunächst noch relativ offen und verengen sich dann immer mehr. Zugänge zu Bildung, Arbeit oder zu anderen Milieus sind stark reduziert oder bleiben verwehrt, ihre Lebenswege spitzen sich immer weiter in kriminalisierte Milieus zu, bis in die Inhaftierung hinein." (Spindler, Susanne: Corpus Delicti. Männlichkeit, Rassismus und Kriminalisierung im Alltag jugendlicher Migranten. Münster 2006. S. 11/12)

821 nicht zu vernachlässigen ist in diesem Kontext auch die Frage, ob und wie die mit einer entsprechenden Unterscheidung einhergehenden durchschließenden und sozial anschlussfähigen Schemen (z.B. die moderne Rolle des „erfolgreichen" empathischen Mannes) dann individuelle Lebenslauferfahrungen, durch die diese Schemen operativ konterkariert werden, wieder traditionellere Männlichkeitsbilder individuell an Attraktivität gewinnen (können). Vgl. Anhut, Reimund/Heitmeyer, Wilhelm: Desintegration, Anerkennungsbilanzen und die Rolle sozialer Vergleichsprozesse für unterschiedliche Verarbeitungsmuster. In: Preyer, Gerhard (Hrsg.): Neuer Mensch und kollektive Identität in der Kommunikationsgesellschaft. Wiesbaden 2009. S. 217 (insb. FN 3)

822 Bourdieu, Pierre: Die feinen Unterschiede. Kritik der gesellschaftlichen Urteilskraft. Frankfurt/Main 1987. S. 174

823 Nassehi, Armin: Inklusion, Exklusion, Ungleichheit. Eine kleine theoretische Skizze. In: Schwinn, Thomas (Hrsg.): Differenzierung und soziale Ungleichheit. Die zwei Soziologien und ihre Verknüpfung. Frankfurt/Main 2004. S. 337

heraus. Habitus wie z.B. eine bestimmte Art, sich zu kleiden, ist so zwar individueller Identitätsausdruck, dessen Formen aber immer schon sozial präkonfiguriert innerhalb des sozialen Raumes sind. Daraus entwickeln sich im Horizont sich zeigender Perspektiven durch im bisherigen Sozialisationsverlauf erworbene Dispositionen und Kompetenzen (als Selbststabilisierung durch in diesem Raum erworbene rekursive Selbstdeterminationen autopoietischer Reproduktion) als Oszillation zwischen Selbstreproduktion und Umweltadressierungen adaptive Bedeutungs- und Handlungsroutinen, die als inkorporierte präreflexive Strukturen kommunikative Komplexität reduzieren, situativ die Wahrscheinlichkeit bestimmter und erwarteter Anschlüsse erhöhen[824] und exakt dadurch die Sozialstruktur (re)produzieren. Diese Sinnschemata ergeben sich – als distinkte „feine Unterschiede" – aus Hierarchien, Herrschaftsverhältnissen, Geschlechterkonventionen, ökonomischen und institutionellen Strukturen; gesellschaftlich überzeugenden Selbstbeschreibungen; Ungleichheiten und Asymmetrien, die eine „durch operative Praxis selbst erzeugte Form sozialer Ordnung"[825] hervorbringen. So betrachtet kommt auch in den Blick, „dass soziale Ordnung und Bedeutungen, Rollenkonzepte und Konventionen dem sozialen Handeln nicht prinzipiell vorgeordnet sind, sondern der Praxis selbst entstammen oder zumindest in der Praxis selbst modifiziert, stabilisiert oder sogar erzeugt werden müssen"[826], denn das „soziale, interaktive, organisatorische, gesellschaftliche Geschehen hat in seiner Zurechnungspraxis einen *Bedeutungsüberschuss gegenüber dem Mentalen.*"[827] Diese Praxis limitiert Verstehensleistungen im Hinblick auf Anschlussmöglichkeiten, die weniger individueller Selbstbestimmung, als vielmehr gesellschaftlichen Ordnungs- und Strukturprinzipien entspringen, so „dass in operativer Kommunikation eine spezifische Verkettung von utterances möglich war, an der nur partizipieren kann, wer sich dieser Verkettungsform anschließt, also in der Lage ist … in enger struktureller Kopplung mit entsprechender Kommunikation seine eigenen Operationen durchzuführen."[828] Im Unterschied zu Elias nimmt Bourdieu mit seinem sozialen Habitus *Praxis* in den Blick und weist dadurch auf soziale Ordnung hin. Diese Verkettungsformen von Komplexitätsre-

---

[824] vgl. Vester, Michael: Von der Integration zur sozialen Destabilisierung: Das Sozialmodell der Bundesrepublik und seine Krise. In: Leggewie, Claus/Münch, Richard (Hrsg.): Politik im 21. Jahrhundert. Frankfurt/Main 2001. S. 98

[825] Nassehi, Armin: Sozialer Sinn. In: Nassehi, Armin/Nollmann, Gerd (Hrsg.): Bourdieu und Luhmann. Ein Theorienvergleich. Frankfurt/Main 2004. S. 168/169

[826] Nassehi, Armin: Der soziologische Diskurs der Moderne. Frankfurt/Main 2006. S. 239/240

[827] Nollmann, Gerd: Luhmann, Bourdieu und die Soziologie des Sinnverstehens. Zur Theorie und Empirie sozial geregelten Verstehens. In: Nassehi, Armin/Nollmann, Gerd (Hrsg.): Bourdieu und Luhmann. Ein Theorienvergleich. Frankfurt/Main 2004. S. 121

[828] Fuchs, Peter: Moderne Kommunikation. Zur Theorie des operativen Displacements. Frankfurt/Main 1993. S. 143

duktion können auch Sinnlimitationen bezüglich der intrapsychischen Verarbeitung sozialer Adressierungen im Schema Erleben/Handeln, der Frage, ob die eigene individuelle Lage primär sich Selbst oder die Verantwortlichkeit für den individuellen Status (in toto) gesellschaftlichen Strukturen zugeschrieben werden[829] enthalten, die sich so psychisch als auch kommunikativ reproduzieren. Entsprechen sich Habitus und ein jeweiliger Ermöglichungsraum als Praxis spezifischer Verkettungsformen, in der jener ausgestaltet werden kann, ist ersterer als Reproduktionsform sozialer Ordnung ohne (größere) kommunikative Widersprechbarkeiten repetitierbar. Ist diese gegenseitige Ermöglichung nicht mehr aufrechterhaltbar, da soziale Strukturen mit diesem nicht mehr korrespondieren, der soziale Kontext nicht mehr als kongruent (als normal und damit als normal vorauszusetzend) erscheint[830], führt dies wiederum zur operativen Anpassung des Habitus (der jeweilig aktualisierbaren und aktualisierten Form „Person“) an die je praktische Situation und deren soziale Erwartungen und Erwartbarkeiten. Dabei werden diese Verknüpfungen von Merkmalen „objektiver“ Ungleichheit mit „subjektiven“ Mentalitäten heute selbst kontingenter, instabiler und erwartungsunsicherer und verändern sich im Zeitverlauf, so dass auch durch zunehmende (weltweite) Ausdifferenzierung von Lebensformen, -lagen und -stilen [s. Kap. 3.2] ein sozialer Habitus in sozialen „Räumen“ reproduziert wird, von denen entsprechende Praktiken in der Internalisierung nicht beeinflusst waren, die neue (je nach Praktik und Situation unterschiedliche) vielfältigere Formen von Habitus hervorbringen, durch die dieser sich Situationen schafft, an die er – durch Anschlussfähigkeit als Praxis – schon vorangepasst ist[831]. Auf diese Art und Weise reproduzieren sich (und reproduzieren dadurch soziale Ordnung) kollektiv beobachtbare Identitätsformen als psychische und soziale Zuschreibungen, die *operativ* gesellschaftlich beobachtbar sind, Formen, auf die der Begriff der kollektiven Identität theoretisch bislang nicht explizit bezogen wurde. Habitus stellt eine *implizite* Kollektivitätsform dar, die den entsprechend durch ihre operative Reproduktion zurechenbaren Kollektiven als gemeinsame Identität

[829] vgl. zur Nicht-Trivialität dieser Erlebensmöglichkeiten: Anhut, Reimund/Heitmeyer, Wilhelm: Desintegration, Anerkennungsbilanzen und die Rolle sozialer Vergleichsprozesse für unterschiedliche Verarbeitungsmuster. In: Preyer, Gerhard (Hrsg.): Neuer Mensch und kollektive Identität in der Kommunikationsgesellschaft. Wiesbaden 2009. S. 212. Die jeweilige Form der Wirklichkeitskonstruktion wird aber tendenziell als selbsterfüllende Prophezeiung Grundlage jeweiliger Realitätskonstitution werden

[830] Werner (Werner, Melanie: Ich kündige als Mutter. Soziale Lebenslagen allein erziehender Sozialhilfeempfängerinnen in Trier-West. Lage 2003. Insb. S. 126/127) zeigt z.B., wie Armut allein erziehender Frauen zu sozialer Ausgrenzung und zu einer diskursiven territorialen Festschreibung führt, die den gesamten Stadtteil diskreditiert. Dabei legt sie empirisch dar, dass diese Etikettierungen auch von Frauen, die es geschafft haben, den Stadtteil zu verlassen, selbst weiter fortgeschrieben werden

[831] vgl. Bourdieu, Pierre: Die feinen Unterschiede. Kritik der gesellschaftlichen Urteilskraft. Frankfurt/Main 1987. S. 285

nicht (da nur inkorporiert und nicht eigenkonditioniert „verarbeitet“) Selbstbewusst sein muss, aber diesen von einem Beobachter zugerechnet werden kann. Im Gegensatz zur sich introspektivisch selbsterzeugten Zurechnung zu kollektiven Identitätsformen, deren – nur paradox zu behauptende – individuelle Selbststilisierung als „Dieser und Jener!“ gleichsam den apodiktischen Anspruch inhärenter Authentizität (des ganzen „Menschen“) mit sich führt, einem Anspruch, auf den Straub und Emcke [vgl. FN[784]] ja auch explizit rekurrieren (und dem, wie angeführt, *moralisch* nicht zu widersprechen ist[832]), um eben diese Authentizität selbstbestimmter Individuen nicht ideologisch aus einer Außenperspektive zu manipulieren, diese Nichtwidersprechbarkeit aber als Perspektive durch divergierende, gleichzeitig reproduzierte mutualistische andere Perspektiven der Gesellschaft operativ unterlaufen wird, zeigen und reproduzieren sich diese impliziten Formen kollektiver Reproduktion als Resultate psychischer Beobachtungsverhältnisse sozialer Beobachtungsverhältnisse (und jetzt nicht mehr: psychischer Beobachtungsverhältnisse [vgl. FN[588]], da diese als Adressierungs- und Anschlussroutinen nicht mehr auf Selbst- *und* Fremdbeschreibungen angewiesen sind, sondern nur in der Form von Fremdbeschreibungen verfasst werden) gleichsam unsichtbarer – und entfalten vielleicht gerade deshalb durch ihre Prä-Formation sozialer Adressierungen eine unmittelbarere gesellschaftliche Wirksamkeit. Darüber hinaus liegt ein weiterer Unterschied zwischen expliziten und dieser impliziten Form[833] kollektiver Identität darin, dass die explizite individuelle Selbstbeschreibung Ergebnis der Reproduktion psychischer Systeme als selbstreferentielle Welterzeugung im Medium kommunizierter Gedanken ist, die sich nicht umstandslos in selbst- als auch fremdbeobachtbare operative Praxis niederschlagen muss, sogar mit dieser kollidieren kann, während der autologische Bourdieusche Habitus auf die Ebene sozialen Handelns als Zurechnung von Kommunikation abstellt und damit operativ *soziale Realität* bezeichnet.

[832] eine Nichtwidersprechbarkeit, die allerdings sehr schnell in die Falle ihrer eigenen Weltkonstitution tappt, sollte es um die (ja dann genauso notwendige) Anerkennung kollektiv behaupteter Formen terroristischer Selbst- und Weltvernichtung gehen [s. Kap. 3.4]

[833] auf den im Folgenden noch zurückzukommen sein wird [s. Kap. 3.1.1]

III. Die Struktur der Gesellschaft: Operative Unkoordinierbarkeit struktureller Desintegrativität

„Nach und nach hat sich die Welt der Politik in sich selbst zurückgezogen und abgekapselt, dreht sich nur noch um ihre internen Rivalitäten, eigenen Probleme und eigenen Interessen. Politiker, die noch in der Lage wären, die Erwartungen und Forderungen ihrer Wähler zu verstehen und auszudrücken, sind heute ebenso Mangelware wie die Volkstribunen von einst, und falls es sie doch noch gibt, sitzen sie bestimmt nicht in den ersten Reihen ihrer Fraktionen. Die politischen Führer von morgen bewähren sich vielmehr im Rahmen von Fernsehdebatten oder Konklaven ihrer Parteiapparate. Die Regierenden sind Geisel ihres sich aus Jungtechnokraten rekrutierenden Umfeldes, wo man so gut wie nichts vom Alltagsleben normaler Mitbürger weiß und wo nichts und niemand mehr diese Ignoranz ins Gedächtnis ruft."[834] An diese resignierende Anklage schließt Bourdieu mit der Forderung an, dass sich Politik „um den Menschen" zu kümmern habe, eine Forderung, deren moralische Adäquanz unbestreitbar sein dürfte, wie Luhmann konzediert: „Die Opfer der gesellschaftlichen Verhältnisse, die anderen zum Vorteil gereichen, verlangen Ausgleich, und dem kann man politisch kaum widersprechen."[835]

---

[834] Bourdieu, Pierre: Das Elend der Welt. Zeugnisse und Diagnosen alltäglichen Leidens an der Gesellschaft. Konstanz 1997. S. 823

[835] Luhmann, Niklas: Politische Theorie im Wohlfahrtsstaat. München/Wien 1981. S. 147/148

III Die Struktur der Gesellschaft: Operative Unkoordinierbarkeit, strukturelle Desintegrativität

3 Perspektiven der Gesellschaftsstruktur der Weltgesellschaft

Die umseitige Klage Bourdieus scheint heute zum basso continuo gesellschaftlicher Fremdbeschreibungen des politischen Systems zu gehören: Die Politik hat sich in sich selbst zurückgezogen, ist nicht mehr in der Lage oder Willens, ihrem Auftrage nachzukommen und den Erwartungen ihres konstitutiven Fundaments, ihrer Wähler, deren „um Selbsterhaltung und Selbstentfaltung bemühten Impulse und Bewegungen“ [vgl. FN[17]], die aus der Beobachtung gesellschaftlichen Geschehens und der daraus resultierenden Konstruktion von Problemlagen als beobachtbare und beobachtete Ungleichheiten gesellschaftsstruktureller Adressierungen und/oder der Selbstzurechnung zu bestimmten kollektivitätsorientierten Perspektiven und/oder individuellen Ansprüchen resultieren, zu entsprechen. So beobachtet scheint es folgerichtig, dass das sich abwendende Publikum angesichts der Unfähigkeit[836] oder Unmöglichkeit[837] der Politik, auf „reale“ Probleme gesellschaftlicher Verhältnisse zu reagieren, ratlos und/oder empört den Schluss zieht, dass Politiker vom „Alltagsleben normaler Mitbürger“ nichts wissen wollen und in der Politik „nichts und niemand diese Ignoranz ins Gedächtnis ruft“; „ist auch in der negativen Diagnose – Politik-, Staats-, Politiker- und Parteienverdrossenheit – unverdrossen jener Anspruch an die Politik aufbewahrt, der sich dann über die Enttäuschung bestätigt.“[838] Dabei exemplifiziert sich darin schlicht die Tradierung des „modernen“ Prinzips der Machbarkeit [vgl. Kap. 1.5], die Idee der Selbstgestaltung der Gesellschaft im Rahmen der „Logik der integrierbaren Kollektivität“ [vgl. FN[489]] durch die Imagination integrativer sozialer Räume *und* sozialer Lagen in Form kollektiver Identitäten in diesen Räumen; um deren Formen als *ordnende und geordnete Ordnung* innerhalb dieses symbolischen Rahmens legitim zu ringen sei. Exakt dies ist der „Aspekt, der paradoxer-

[836] der selbstreferentiellen Unterlassung von zu fordernden Entscheidungen (nicht nur, aber auch, um den sozial Benachteiligten Ausgleich zu verschaffen, Forderungen, die sich moralisch konnotiert gleichsam aus sich selbst heraus legitimieren)

[837] durch durchgriffssichere Entscheidungen zur Bindung und Domestizierung der fremdreferentiellen Umwelt

[838] Nassehi, Armin: Der Begriff des Politischen und die doppelte Normativität der „soziologischen“ Moderne. In: Nassehi, Armin/Schroer, Markus (Hrsg.): Der Begriff des Politischen. Baden-Baden 2003. S. 71

weise eine traditionelle Stärke der Politik bezeichnet, eine Stärke, die inzwischen irgendwie in den Ritzen und Falten des Systems verloren gegangen ist. Es ist die Thematik der Genese einer normativen symbolischen Ordnung, die sich als Einheit der Differenz von Ordnung und Unordnung versteht, also ausdrücklich Unordnung einschließt. Diese symbolische Ordnung dient dazu, die vielfältigen Anarchien der realen und der symbolischen Welten ... zu dissimulieren und aufzuheben."[839] Dabei entspricht es dem „blinden Fleck" dieser Diagnose, dass diese Perspektive auf Gesellschaft als einer politischen Gesellschaft, die sowohl die Möglichkeit gesamtgesellschaftlicher Steuerung als auch die Möglichkeit eines „telos" gesamtgesellschaftlicher Rationalität impliziert, an der Realität der funktional differenzierten Gesellschaft konsequent vorbeibeobachtet [vgl. Kap. 1.3.2].

3.1 Der Wohlfahrtsstaat als semantisches Integrationssystem

Wenn er anführt, dass sich „die Politik in sich selbst zurückgezogen" [vgl. FN[834]] habe, zeigt sich Bourdieu insofern als durchaus treffsicherer Beobachter, als er damit exakt die Geschlossenheit von Systemen bezeichnet, denn „*Differenzierung* meint die *gleichzeitige* Herausbildung und Entkoppelung von Kontexturen, die je eigene Perspektiven entwickeln, die sich der *Geschlossenheit* des je eigenen Unterscheidungsgebrauchs verdanken und damit ihre je eigene *Offenheit* erzeugen."[840] Politisch codierte Beobachtungen sind schlicht politisch codierte Beobachtungen im Kontext auch anders strukturierter Beobachtungen [vgl. Kap. 1.3.1] und überzeugen (im Sinne selbstreferentieller Anschlussfähigkeit) nur innerhalb ihres eigenen Kontextes, der nur dadurch Offenheit als Möglichkeit gegenseitiger Irritation unterschiedlich strukturierter Beobachtungen ermöglicht. Das politische System (wie jedes Funktionssystem) reproduziert sich [vgl. Kap. 1.3.3], indem es kommunizierte Folgen und Beobachtungen seiner Entscheidungen selbst wiederum beobachtet, daran anschließt, sich irritieren lässt, neue Entscheidungslagen konstruiert und weitere Entscheidungen fällt, die wiederum beobachtbar sind ... ad regressum (!), da „nur eine der Komplexität der Gesellschaft entsprechend komplex gebaute Steuerungsstruktur die Chance bietet, ohne Verlust an Autonomie der Operationsweise, an Freiheitlichkeit der Optionenwahl, insgesamt also an Selbstgestaltung und Selbststeuerung der Gesellschaft die Dynamik der Funktionssysteme mit den Restriktionen der Entwicklungsfä-

[839] Willke, Helmut: Heterotopia: Studien zur Krisis der Ordnung moderner Gesellschaften. Frankfurt/Main 2003. S. 21

[840] Nassehi, Armin: Geschlossenheit und Offenheit. Studien zur Theorie der modernen Gesellschaft. Frankfurt/Main 2003. S. 159

higkeit des Ganzen zu versöhnen."[841] Da ihr diese „Versöhnung" in den tatsächlichen Folgen und für die daran anschließenden Beobachtungen nie ganz (also inkontingent) gelingen wird, muss die strukturelle funktionssystemspezifische Inkommensurabilität sowie die Unmöglichkeit kausaler Durchgriffswirkungen invisibilisiert werden, sich Politik als „Steuermann der Gesellschaft" in den hohen Wogen der multiperspektivischen See gesellschaftlich funktional differenzierten Geschehens (die sich, um in diesem Bild zu bleiben, ja auch nicht mehr glätten (mithin: kompensieren lassen) wollen, sondern sich zu immer höheren und drohenderen disloziven und volatilen Wellen unprognostizierbarer Nichtlinearität aufzutürmen scheinen) zu kaprizieren, um den attributierten und auch selbst semantisch aufrechterhaltenen Steuerungsanspruch nicht zu konterkarieren, was wieder nur kontingenterweise durch kommunikative Appräsentation beobachtungsleitender Unterscheidungen im Rahmen jeweiliger politischer Selbstbeschreibungen (durch semantische Orientierung an Werten [vgl. Kap. 1.3.3]) geschehen kann. Gerade auch in dem, aus dem [vgl. Kap. 1.3.?] aus der Intransparenz und Unprognostizierbarkeit polykontexturaler Wirrnis [vgl. FN[483]] resultierenden individuellem Wunsch nach Ordnung (der Generierung übersichtlicher Beobachtungsperspektiven) und Kausalität, schlagkräftig insbesondere in Form der unmittelbaren (unwidersprechbaren) Überzeugungskraft moralischer Forderungen [vgl. zur entsprechenden Formierung sozialer Bewegungen Kap. 1.5.3] zeigt sich die strukturelle Diskrepanz[842] zwischen Anspruch und Realität (als disloziertes operatives Geschehen), denn die „Politik, die ein Publikum vorfindet, dass an die umfassende Durchsetzung ethischer Forderung in der Politik glaubt, wird populistisch die Lösung aller Probleme vorgaukeln, oder als Opposition das Scheitern der gegenwärtigen Regierung dabei anprangern. Das Publikum, das sich das unweigerliche Scheitern nur mit dem persönlichen Scheitern der jeweiligen Machthaber erklärt, wird ohne das Spiel wirklich zu durchschauen mit Politikverdrossenheit als Zynismus des Publikums reagieren."[843] Politikverdrossenheit ist (scheinbar konsequente[844]) Folge „der Auseinanderdifferenzie-

[841] Willke, Helmut: Ironie des Staates. Grundlinien einer Staatstheorie polyzentrischer Gesellschaft. Frankfurt/Main 1996. S. 360/361

[842] die sich auch aus der Differenz zwischen der semantischen Orientierung politischer Kommunikation „am Wähler" und der faktischen am politischen Code speist [vgl. Kap. 1.3.3]

[843] Kreische, Joachim: Die Ironie der politischen Kommunikation bei Luhmann und Habermas. In: Bonacker, Thorsten/Brodocz, André/Noetzel, Thomas (Hrsg.): Die Ironie der Politik. Über die Konstruktion politischer Wirklichkeiten. Frankfurt/Main 2003. S. 119

[844] die Weigerung von Personen, zu Wählen, sich also in das politische System zu inkludieren und systemspezifisch zu schweigen, wird von diesem ja durchaus als Kommunikation verstanden. S. dazu: Luhmann, Niklas: Reden und Schweigen. In: Luhmann, Niklas/Fuchs, Peter: Reden und Schweigen. Frankfurt/Main 1989. S. 7-20. Ob man abnehmende Wahlbeteiligungen aber mit Halfmann auch als erlernte Kompetenz des Publikums begreifen kann, das „in Distanz zu emphatischen Ideen von Nation und Demokratie den Staat als eine funktionierende Organisation wie viele andere

rung der Realitäten des politischen Systems und des Publikums. So beansprucht zwar die Politik eine universale Problemlösungskompetenz für sich; es wird aber immer deutlicher, dass dieser Kompetenz enge strukturelle Grenzen gesetzt sind. Systemtheoretisch ausgedrückt: die Autopoiesis des politischen Systems sorgt dafür, dass sich die Perspektive des Funktionssystems von der des Publikums entfernt.“[845] Gerade auch, als Politik im Rahmen individueller Selbstbeobachtungen von Gesellschaft vor dem Hintergrund moderner „Machbarkeit“ die „Schutzinstanz gegenüber den Statusbedrohungen des Publikums“[846] darstellt und Gleichheit durch ungleiche Inklusionen gesellschaftlicher Funktionssysteme strukturell nicht eingelöst werden *kann* [vgl. Kap. 1.5.1], sollten (und konnten) [vgl. Kap. 1.5] durch den Wohlfahrtsstaat[847] als Erfüllung adressierbarer und adressierter Ansprüche divergierende Inklusionserfahrungen sozial kompensiert und individuell Erwartungen generalisiert[848] werden. Der Wohlfahrtsstaat als operative Erfüllungsinstitution paradoxer Gesellschaftsbeschreibungen ist unmittelbares Resultat des kulturellen Programms der Moderne, der Herausbildung semantischer Kollektive als beobachtungsschematische Lagen der An-

auch behandelt“ (Halfmann, Jost: Der moderne Nationalstaat als Lösung und Problem der Inklusion in das politische System. In: Hellmann, Kai-Uwe/Schmalz-Bruhns, Rainer (Hrsg.): Theorie der Politik. Niklas Luhmanns politische Soziologie. Frankfurt/Main 2002. S. 276), erscheint zumindest zweifelhaft

845 Richter, Dirk: Nation als Form. Opladen 1996. S. 242

846 a.a.O.: S. 136

847 hier zeigt sich die Variabilität als auch Abhängigkeit politischer Selbstbeschreibungen von je segmentär dominierenden Selbstbeschreibungsformen, da „der Wohlfahrtsstaat nicht nur ein Arrangement von Leistungssystemen ist, die bestimmte soziale Risiken bearbeiten, sondern entwickelten Gesellschaften spezifische (vom jeweiligen nationalen „Wohlfahrtsregime“ abhängige) Sozial- und Ungleichheitsstrukturen aufprägt. Das deutsche „konservative“ Wohlfahrtsregime reproduziere und erzeuge durch das Sozialversicherungsprinzip korporatistisch-berufsständisch gestufte soziale Differenzierungen, während das US-amerikanische „liberale“ Wohlfahrtsregime mit seiner Sozialhilfezentrierung eine dualistische Sozialstruktur fördere, mit einer Spaltung zwischen primär wohlfahrtsstaatlich versorgten unteren Schichten und primär privatwirtschaftlich versorgten mittleren und oberen Schichten.“ (Leisering, Lutz: Desillusionierungen des modernen Fortschrittsglaubens. „Soziale Exklusion“ als gesellschaftliche Selbstbeschreibung und soziologisches Konzept. In: Schwinn, Thomas (Hrsg.): Differenzierung und soziale Ungleichheit. Die zwei Soziologien und ihre Verknüpfung. Frankfurt/Main 2004. S. 260)

848 „Der Anspruchsschematismus produziert die Differenz von Erfüllung und Enttäuschung und ermöglicht Informationsgewinnung, und, als Folge davon, Persönlichkeitsaufbau im Anschluss an diese Differenz. Man erklärt sich das Ergebnis, man rechnet Erfüllung und Enttäuschung zu (Erfüllung zumeist sich selbst und Enttäuschung anderen), man variiert das Anspruchsniveau, soweit man Anpassungsfähig ist, oder man behilft sich mit Ressentiments oder sucht nach Kompensationen.“ (Luhmann, Niklas: Anspruchsinflation im Krankheitssystem. Eine Stellungnahme aus gesellschaftstheoretischer Sicht. In: Herder-Dorneich, Phillip/Schuller, Alexander: Die Anspruchsspirale. Schicksal oder Systemdefekt. Stuttgart, Berlin, Köln, Mainz 1983. S. 35/36)

spruchsattribuierung[849], ist „ein Korrelat der Demokratisierung.“[850] Diese „realisierte politische Inklusion“[851] im Sinne kommunikativer Erwartungsgeltung ist operative Grundlage der Semantik von Solidarität, einer „Aufeinanderbezogenheit“; ihrerseits nur denkbar innerhalb eines bestimmten Raumes der Zugehörigkeit. Dies wird zirkulär dadurch verstärkt, als sich Entscheidungen des politischen Systems (die anderenfalls perpetuativen Rechtfertigungsschleifen unterliegen würden) als vermeintlich sichtbarer Ausdruck des Volkswillens [s. Kap. 1.4.2] eben diesem Demos zurechnen lassen können müssen. Damit konterkariert Politik semantisch die Struktur moderner Inklusion, die als Referenz nur funktionssystemspezifische Teilaspekte jeweiliger Personen [vgl. Kap. 2.1] aufweist[852] und eben nicht: ganze Menschen[853], während sich diese in ihrer Selbstbeschreibung (und dadurch –stabilisierung) und politischen Artikulation als eben ganze Menschen als Mitglied einer *politischen Gesellschaft* stilisieren, „hat sich jene fiktive Beschreibung der Gesamtgesellschaft herausgebildet, in der die Extrasozietalität des Individuums, die der Ausdifferenzierung von Funktionssystemen korrespondiert, aufgehoben zu sein scheint.“[854] Diese – psychisch dominante – Beobachtungsform von Gesellschaft als integrierbare Einheit sowie die in dieser Perspektive mitgeführte Fiktion (mehr oder weniger) inkontingenter „gesamtpersonrelevanter“ Mitgliedschaft wird durch die Idee von Demokratie als Selbst(be)gründung eines kollektiven Verbandes im Rahmen von Mehrheit und Minderheit durch das politische System insofern verstärkt, als dieses durch die Form der Staatsbürgerschaft selbst einen Mitgliedsstatus mit sich führt[855]. Da-

---

[849] Hahn weist darauf hin, dass sich Anspruchserweiterungen in funktionaler Hinsicht nur durchsetzen können, wenn sie segmentär, also territorial eingeschränkt werden. Vgl. Ders.: Identität und Nation in Europa. In: Berliner Journal für Soziologie 3, Heft 2. Berlin 1993. S. 199

[850] Wimmer, Hannes: Demokratie als Resultat politischer Evolution. In: Hellmann, Kai-Uwe/Schmalz-Bruhns, Rainer (Hrsg.): Theorie der Politik. Niklas Luhmanns politische Soziologie. Frankfurt/Main 2002. S. 254

[851] Luhmann, Niklas: Politische Theorie im Wohlfahrtsstaat. München/Wien 1981. S. 27

[852] auch Politik adressiert Personen nur rollenspezifisch im Rahmen von Teilhabeinklusionen (durch aktives und passives Wahlrecht) oder Anspruchsinklusionen (z.B. auf den Wohngeldempfänger)

[853] selbstredend können „ganze Menschen“ in der Gedankenwelt eines Politikers/Politikerin relevant und motivationsleitend sein (vgl. auch Japp, Klaus P.: Politische Akteure. In: Soziale Systeme. Zeitschrift für soziologische Theorie. Jahrgang 12, Heft 2. Stuttgart 2006. S. 243), dies lässt sich aber nicht ins Kommunikationssystem konvertieren, denn wie soll funktional ausgerichtete Kommunikation ganze Menschen berücksichtigen? Dies gelingt nur moralisch oder religiös strukturierten Kommunikationen, die in Politik als auch Wirtschaft insofern invisibel bleiben, als sie nicht anschlussfähig sind

[854] Bohn, Cornelia: Inklusions- und Exklusionsfiguren. In: Dies.: Inklusion, Exklusion und die Person. Konstanz 2006. S. 40

[855] vgl. Stichweh, Rudolf: Politik und Weltgesellschaft. In: Hellmann, Kai-Uwe/Schmalz-Bruhns, Rainer (Hrsg.): Theorie der Politik. Niklas Luhmanns politische Soziologie. Frankfurt/Main 2002. S. 292

durch wird die semantische Dominanz der Beschreibung von Gesellschaft als einer politischen Gesellschaft plausibel, da nur Politik diese Imagination aufrechterhalten kann und muss, weil diese in Demokratien auf innerpsychische Anschlussfähigkeit angewiesen ist, als diese politischen Selbstbeschreibungen es gestatten, sich aus psychischer Systemreferenz durch Selbstaffinität zu (einer dieser) sozialen Beschreibungen in Form individueller Selbstbeschreibung ansprechbar zu generieren und zu diesen Selbstbeschreibungen „passende" Anspruchshaltungen in Form von Protestthemen [vgl. Kap. 1.5.3] wie auch Anerkennungsforderungen [vgl. Kap. 2.3.2] zu entwickeln. „Mitgliedschaft setzt eine quasi-korporative Verfassung von Sozialsystemen voraus, und eine solche korporative Verfasstheit ist gerade jene Form der Konstitution von Sozialsystemen, die in der Moderne an Bedeutung verliert, die aber typischerweise vorausgesetzt wird, wenn man jemanden anderen als Fremden identifiziert."[856] Tatsächlich aber und operativ „entfernt sich die Gesellschaft von den Menschen, die weiterhin *glauben* können, sie gehörten zur Gesellschaft dazu. Denn *Glaube* ist eine perfekte Form struktureller Kopplung. Er fordert Imagination und lässt Realitäten bestehen, aber hinter sich."[857] Die immer weiter um sich greifenden Anspruchserfüllungen der Utopie des Sozialstaates [vgl. FN[225]] dienten dabei nicht nur der positiven Seite dieser Utopie, sondern systemimmanent auch der „Domestizierung" der Gesellschaft im Hinblick auf sozialrevolutionäre Tendenzen [vgl. Kap. 1.5] durch individuelle[858] Erfüllungsformen. „Der Wohlfahrtsstaat hat keinen utopischen Gehalt im engeren Sinne, er basiert schon programmatisch nicht auf Massenmobilisierung und Solidarität stiftenden charismatischen Begründungsfiguren, sondern auf *individueller Anspruchsberechtigung.*"[859] Diese Anspruchsberechtigung konnte „letztlich das Gemeinschaftshandeln politischer Kollektive durch das je individuelle Verhältnis des Anspruchsberechtigten zum

---

[856] Stichweh, Rudolf: Inklusion/Exklusion und die Soziologie des Fremden. In: Ders.: Inklusion und Exklusion. Studien zur Gesellschaftstheorie. Bielefeld 2005. S. 137

[857] Willke, Helmut: Heterotopia: Studien zur Krisis der Ordnung moderner Gesellschaften. Frankfurt/Main 2003. S. 175

[858] bereits Elias wies darauf hin, dass sich der Staat über egalistische individuelle Adressierungen mit den psychischen Systemen koppelt, sind es „nicht die Menschen als Schwestern oder Onkel, als Mitglieder eines Familienverbandes oder einer der anderen vorstaatlichen Integrationsformen, auf deren staatsbürgerliche Rechte und Pflichten sich die Organisation eines neuzeitlichen Staates bezieht, sondern die Menschen als Einzelne, als Individuen. Auf der bisher letzten Stufe der Entwicklung trägt der Prozess der Staatsbildung das Seine zu einem Schub der Massenindividualisierung bei." (Ders. (Hrsg.: Schröter, Michael): Die Gesellschaft der Individuen. Frankfurt/Main 1987. S. 242)

[859] Nassehi, Armin: Inklusion. Von der Ansprechbarkeit zur Anspruchsberechtigung. In: Lessenich, Stephan (Hrsg): Wohlfahrtsstaatliche Grundbegriffe. Historische und aktuelle Diskurse. Frankfurt/New York 2003. S. 350

Staat"[860] befrieden, so dass im Zuge individueller Inklusionsadressierungen des Staates sukzessive kollektive Identitätsfolien und deren normative „Aufgeladenheit" durch die Semantik der Individualität (primär verhandelt in der Form der Freiheit der Wahl [vgl. Kap. 2.1.1] überlagert wurden, ging damit ein Bedeutungsverlust „von „klassischen" Vertrauensnetzwerken (Arbeitervereine versus Parteien, Solidargemeinschaften versus Sozialversicherung, Parteibasis versus Massenmedien)"[861] einher. Da so aber durch die Machbarkeit des Protestes immer neue Ungleichheiten beobachtet werden und sich unterschiedlichste Ansprüchen zeigen konnten, der Wohlfahrtsstaat mit seinem Anspruch der Kompensation von Ungleichheit dadurch selbst Ungleichheiten und neue Ansprüche erzeugt, ist dieser Anspruchsberechtigung eine selbstverstärkende Tendenz inhärent, die letztlich in der Zumutung der „Lösbarkeit des Unlösbaren"[862], der Unmöglichkeit der Nichterfüllung attribuierter Ansprüche mündet, was bereits Luhmann veranlasste zu fragen, wie „das, auf Dauer gesehen, *möglich* sein"[863] soll?

3.1.1 Die abnehmende Kompetenzkompetenz von Politik und deren semantischen wie strukturellen Folgen für „den Menschen"

Vor inzwischen mehr als einer Dekade provozierte Francis Fukuyamas These vom vorgeblichen „Ende der Geschichte"[864] als den der Auflösung der politischen Dualität der Welt bedingten – vorläufigen (?) – Sieg des demokratisch-kapitalistischen Liberalismus (der ideellen Grundlage der modernen Gesellschaftsstruktur) als alleinig bestandhaftes Modell gesellschaftlicher Ordnung. So schnell auch diese These von der Geschichte selbst überholt wurde, markierte dies zumindest das Ende einer *bestimmten* Geschichte; der Geschichte wohlgeordneter Nationalstaaten als dominierende politische Struktur sozialer Ordnung. Im Rahmen dieser Geschichte fiel der Politik die „Kompetenzkompetenz der Macht"[865] zu, konnte, solange „die wirtschaftlichen Aktivitäten, der Brief- und Telefonverkehr, die Verschmutzung der Umwelt, die Herstellung und der Ge-

---

[860] a.a.O.: S. 352

[861] Japp, Klaus P.: Zur Bedeutung von Vertrauensnetzwerken für die Ausdifferenzierung politischer Kommunikation. In: Bommes, Michael/Tacke, Veronika: Netzwerke in der funktional differenzierten Gesellschaft. Wiesbaden 2011. S. 268

[862] Halfmann, Jost: Der moderne Nationalstaat als Lösung und Problem der Inklusion in das politische System. In: Hellmann, Kai-Uwe/Schmalz-Bruhns, Rainer (Hrsg.): Theorie der Politik. Niklas Luhmanns politische Soziologie. Frankfurt/Main 2002. S. 262

[863] Luhmann, Niklas: Theoretische Orientierung der Politik. In: Soziologische Aufklärung 3. Soziales System, Gesellschaft, Organisation. Opladen 1981. S. 289

[864] s. Fukujama, Francis: Das Ende der Geschichte. Wo stehen wir? München 1992

[865] Willke, Helmut: Heterotopia: Studien zur Krisis der Ordnung moderner Gesellschaften. Frankfurt/Main 2003. S. 154

brauch von Kultur sich größtenteils im Rahmen nationaler Grenzen vollzogen"[866], differierende Codierungen kompensieren sowie die Illusion von Gesellschaftssteuerung im Rahmen dieser Kompetenzkompetenz in ihrer operativen Reproduktion invisibilisieren. Zentrale Aufgabe war dabei „die Einbettung der Ökonomie in das Ensemble der Ordnungen, ihr gleichsam externe Rücksichtnahmen und nationale Solidaritätspflichten abzuringen"[867], also die Ökonomie in eine Struktur (Ordnung) zu integrieren, die als Struktur eben durch diese Ordnung wohlgeordnet erschien, als sie (auch) für das Wirtschaftssystem (das sich räumlich bis dato im wesentlichen auf die westliche (erste) Welt beschränkte[868]) Limitationen und Einschränkungen mit sich brachte. Dabei liegt die Brisanz des Endes dieser Geschichte in dieser Perspektive nicht in der Ausweitung integrierter Räume (oder im Rahmen der Dualität von Staat und Gesellschaft formuliert: in der Ausweitung von *Gesellschaft*, wodurch die Identität von Staat und Gesellschaft ihre bisher bemühte[869] Plausibilität verlor) als solche, sondern der De-Kongruenz zwischen dem Geltungsraum politisch bindender Entscheidungen und anderen Gesellschaftszusammenhängen[870]. Als Beobachtungsperspektive von Gesellschaft stellten Nationalstaaten Grundeinheiten sozial- und politikwissenschaftlicher Analysen[871] dar. *Politischen* Sinn gewann diese Komplexion aus der nur partikularen Realisierbarkeit universaler politischer Rechte, wie Habermas feststellt: „Wenn sich die Verantwortungen und Verpflichtungen der Individuen nicht mehr auf eine umgrenzte politische Ordnung beziehen lassen, ist die Möglichkeit von Politik selbst in Frage gestellt."[872] Diese Prämisse hatte auch sozialwissenschaftlich grundlegende Folgen, da dies die Möglichkeit bot, Gesell-

---

[866] Zürn, Michael: Regieren im Zeitalter der Denationalisierung. In: Leggewie, Claus/Münch, Richard (Hrsg.): Politik im 21. Jahrhundert. Frankfurt/Main 2001. S. 430

[867] Schwinn, Thomas: Institutionelle Differenzierung und soziale Ungleichheit. Die zwei Soziologien und ihre Verknüpfung. In: Ders. (Hrsg.): Differenzierung und soziale Ungleichheit. Die zwei Soziologien und ihre Verknüpfung. Frankfurt/Main 2004. S. 46

[868] die bis dahin auch deshalb als „in Ordnung" betrachtet wurde, weil die Welt anderswo in Unordnung war, aber was in diesen Gegenden des Erdballs vor sich ging, war kommunikativ nicht erreichbar und (zumindest dauerhaft) auch nicht relevant [vgl. Kap. 1.5.1]

[869] worauf auch Nassehi und Richter hinweisen: „Staatsgrenzen können kaum als Gesellschaftsgrenzen gedacht werden – diese politischen Grenzen fallen niemals mit den Grenzen anderer teilsystemspezifischer Regionalisierung ganz zusammen, ganz abgesehen davon, dass alle funktionsspezifischen Teilsysteme zu einer zunehmenden Internationalisierung neigen." (Nassehi, Armin/Richter, Dirk: Die Form „Nation" und der Einschluss durch Ausschluss. Beobachtungen zur Fremdenfeindlichkeit in Deutschland. In: Sociologia Internationalis. 34. Band 1996, Heft 2. Berlin 1996. S. 155)

[870] vgl. Beck, Ulrich: Was ist Globalisierung? Frankfurt/Main 1997[3]. S. 47

[871] vgl. a.a.O.: S. 46

[872] Habermas, Jürgen: Die postnationale Konstellation. Politische Essays. Frankfurt/Main 1998. S. 133

schaft als nationale Räume zu beschreiben[873], worin sich sowohl die Selbstbeschreibung einer Gesellschaft, die dem Politischen immer schon eine besondere Bedeutung im Rahmen der Konstruktion sozialer – und individueller – Wirklichkeit zusprach, als auch die Determinierung auch der Soziologie durch *politisch* strukturierte Beobachtungen, durch Beobachtung der Gesellschaft in der Sozialdimension sichtbarer und ansprechbarer Kollektive widerspiegelt. *Soziologischen* Sinn gewann diese Gleichsetzung aus der nur im Rahmen definierter Räume sinnvollen Möglichkeit des Vergleiches; also sinnvoller Forschungsparameter der soziologischen Ungleichheitsforschung als Wahrnehmungsraum [vgl. Kap. 1.5.1]. Diese Aufrechterhaltung bisheriger Ordnung gelingt Politik immer weniger, wie Zürn unter Rückgriff auf Elias ausführt: „Genauso wie die Ausdehnung sozialer Räume im 19. Jahrhundert zur Auflösung dörflicher Gemeinschaften (gleichsam zur Nationalisierung) geführt hat, überschreiten die verdichteten Handlungszusammenhänge … in beschleunigter Form die nationalen Grenzen“[874]; „werden die Menschen nicht aus ständischen, religiös-transzendentalen Sicherheiten *in* die Welt der Industriegesellschaft entlassen, sondern *aus* der Industriegesellschaft in die Turbulenzen der Weltrisikogesellschaft.“[875] Dabei ist diese Entwicklung von politischer Seite selbst durchaus auch im Namen der Freiheit[876] vorangetrieben worden, die nur übersah[877], dass diese Freiheit daraufhin omniterritorial ihren Ausdruck forderte. Diese De-Kongruenz, die sich sowohl auf (nur teilweise neuartige) evolutionäre Entwicklungen gesellschaftlicher Funktionssysteme als auch auf soziale Ordnung im Zusammenspiel, oder (gar): Nicht-Zusammenspiel dieser Systeme bezieht, steht als Globalisierung (die, als zentrales Charakteristikum der heutigen (Welt-)Gesellschaft apostrophiert, eine große Bandbreite von Entwicklungen und Prozessen bezeichnet) auch jenseits

---

[873] wie dargelegt, setzen sowohl Norbert Elias als auch Jürgen Habermas Staat und Gesellschaft gleich. Beide bleiben dabei (und daher) dem alteuropäischen Denken der Dualität von Staat und Gesellschaft als verschiedene Teile einer Einheit verhaftet [vgl. Kap. 1.4.2]. Diese Gleichsetzung von Staat und Gesellschaft ist für die habermassche Theorie gleichsam konstituierend, da dessen Imagination eines konsensuellen kommunikativen Diskurses der Selbststeuerung nur innerhalb segmentärer Differenzierung denkbar ist

[874] Zürn, Michael: Regieren jenseits des Nationalstaates. Globalisierung und Denationalisierung als Chance. Frankfurt/Main 1998. S. 13/14

[875] Beck, Ulrich: Die Erfindung des Politischen. Frankfurt/Main 1993. S. 39

[876] s. z.B. zu den Auswirkungen der vier europäischen Grundfreiheiten des Art. 14 II EGV auf nationale Sozialpolitik: Leibfried, Stefan: Nationale Wohlfahrtsstaaten, Europäische Integration und Globalisierung. Perspektiven für den westeuropäischen Wohlfahrtsstaat. In: Leggewie, Claus/Münch, Richard (Hrsg.): Politik im 21. Jahrhundert. Frankfurt/Main 2001. S. 205ff

[877] mutmaßlich aufgrund der prägenden Kraft der Ereignisse in der ersten Hälfte des letzten Jahrhunderts und weiter nicht sah, dass der wohlfahrtsstaatsverwöhnte „Mensch“ dies vielleicht durch die ihn betreffenden Folgen nicht goutieren würde

ökonomisch codierter Beobachtungsschemata[878] für als soziologisch relevant beobachtbare Entwicklungen einer Neustrukturierung sozialer Ordnung bzw. einer beobachtbaren Unordnung von Ordnung globalen Ausmaßes. Diese – selbstredend nicht als ausschließliche und sehr wohl disparate Entwicklung zu betrachtende – veränderten Strukturverhältnisse werden besonders sichtbar im Zusammenhang mit dem Arbeitsmarkt (als entscheidendem Strukturfaktor individueller Lebenslagen und –chancen)[879], indem diese Veränderungen aus der Perspektive der vormaligen Ersten Welt durch Ausweitung ökonomischer Möglichkeitsräume als „Globalisierungsfalle"[880] wahrgenommen werden, da vormalige Arbeitnehmer nur noch als Konsumenten relevant sind, als Arbeitende haben sie „jegliches Machtpotential eingebüßt, da sie nicht mehr gebraucht werden."[881] Von daher konzediert Habermas Weltgesellschaft, „weil Kommunikationssysteme und Märkte einen globalen Zusammenhang gestiftet haben; aber von „stratifizierter" Weltgesellschaft muss die Rede sein, weil der Mechanismus des Weltmarktes fortschreitende Produktivität mit wachsender Verelendung, überhaupt Entwicklungs- mit Unterentwicklungsprozessen verkoppelt."[882] Die Möglichkeit weltgesellschaftlicher Transferierbarkeit ökonomischer Ressourcen schlägt sich politisch in abnehmender „Kompetenzkompetenz der Macht" [vgl. FN[865]] der westlichen Staaten nieder, als durch den weltgesellschaftlichen Wettbewerb dort jede Steuer oder jeder regulierende Eingriff zu einem argumentativen „Standortnachteil"[883] wird. Dies führt zu einer zunehmenden weltgesell-

---

[878] durch die Auflösung dieser bisherig dominanten Ordnung konnte sich insb. ökonomisch codierte Kommunikation (die alle im heutigen Ausmaß global konvertier- und transferierbare Produktionsfaktoren betrifft) weltweit ausweiten (vgl. Engelhard, Johann/Hein, Silvia: Globale Unternehmungen. In: Leggewie, Claus/Münch, Richard (Hrsg.): Politik im 21. Jahrhundert. Frankfurt/Main 2001. S. 33). Insofern ist auch der Begriff „Weltgesellschaft" diesbezüglich am unmittelbarsten einleuchtend. Versah sich vor 100 Jahren der Sozialismus mit einer internationalen Semantik und wurde die Arbeiterbewegung als „vaterlandslose Gesellen" klassifiziert (auch wenn der Kampf der Gewerkschaften um Gleichheit an einer „natürlichen" Grenze; der des Nationalstaates endete), ist es nun die Ökonomie, die (auch bedingt durch computer- und informationstechnologische Entwicklungen, die Raumdifferenzen und zeitliche Inkongruenzen (a.a.O.: S. 34) durch globale *Anschluss*möglichkeiten trivialisierte und dadurch Anschluss*möglichkeiten* exponentierte (vgl. Castells, Manuel: Die Macht der Identität. Teil 2 der Trilogie. Das Informationszeitalter. Opladen 2002. S. 1, der dies mit dem Begriff „Netzwerkgesellschaft" [s. Kap. 3.2.1] charakterisiert)) dafür zu sorgen scheint, dass sich die Forderung nach gleichem Lohn für gleiche Arbeit nun weltweit durchsetzt

[879] vgl. Steingart, Gabor: Weltkrieg um Wohlstand. Wie Macht und Reichtum neu verteilt werden. München 2006

[880] Martin, Hans-Peter/Schumann, Harald: Die Globalisierungsfalle. Reinbek 1996. S. 18-23

[881] Beck, Ulrich: Was ist Globalisierung? Frankfurt/Main 1997^3. S. 166

[882] Habermas, Jürgen: Die Einbeziehung des Anderen. Studien zur politischen Theorie. Frankfurt/Main 1999. S. 214

[883] dies rechtfertigend: Weizsäcker, Carl Christian von: Der kapitalistische Wachstumsprozess der Weltwirtschaft. In: Leggewie, Claus/Münch, Richard (Hrsg.): Politik im 21. Jahrhundert. Frankfurt/Main 2001. S. 21

schaftlichen Konkurrenz der Staaten zum Schutze nationaler Interessen untereinander[884], weil dies unmittelbar die Leistungsfähigkeit des Wohlfahrtsstaates tangiert, in dem der erzielte und an den Staat abgegoltene Mehrwert im Rahmen der Utopie des Sozialstaats auch an die Bürger verteilt werden konnte, die an der Wertschöpfungskette nicht (mehr) beteiligt sind[885]. Ist dies aufgrund sinkender Einnahmen des Staates nicht mehr in ausreichendem Maße möglich, „schlägt mit dem wachsenden Druck des Weltmarktes die Stunde der Bewährung, ob die sozialen Netze halten und finanzierbar sind, andererseits schlägt zugleich die Stunde der Wahrheit, da die Kostenexplosion zusammenfällt mit der Verringerung der Steuereinnahmen aus Erwerbsarbeit und der Globalisierung der Gewinne transnationaler Unternehmen."[886] Wie Zürn[887] auf diesen Sachverhalt folgert, nimmt der Ruf nach staatlichem Schutz in einer rauen Welt daher zu, die Fähigkeit des Staates, diesen Schutz bereitzustellen, aber ab, weshalb er auf der Kongruenz regelungsbedürftiger Räume funktionssystemspezifischen Geschehens und regelungsfähiger Politik beharrt, wie auch Abromeit diagnostiziert, denn auch „das supranationale Regieren steckt in einer Falle. Es ist insofern zahnlos, als es bestenfalls Staaten sanktionieren kann und nicht die eigentlichen Problemverursacher, nämlich die einzel-rational handelnden wirtschaftlichen Akteure, die ihrerseits aber … Staaten sanktionieren können."[888] Unmittelbare raumzeitliche weltgesellschaftliche Anschlussmöglichkeiten ökonomischer Codierung in Echtzeit zeigen deutlich die Inkongruenzen funktional divergierender Logiken, denen die – wie immer auch rudimentäre – Beständigkeit politischer Ordnung im standortpolitischen Wettbewerb um ökonomische Ressourcen wirkungs- und befriedungsloser gegenübersteht, politische Perspektiven die unmittelbare ökonomische Dominanz gesellschaftlichen Geschehens durch eine übergeordnete stabile und kohärente Ordnung nicht (mehr) domestizieren können, wie sie, noch im Rahmen der Perspektive einer politischen Steuerungskompetenz auch resi-

[884] da der Staat „eine Standortpolitik für private Investitionen durch Investitionsanreize, Forschungsinfrastruktur, Technologieentwicklung, Qualifizierung der Beschäftigten und Deregulierung zur Wettbewerbsförderung zu gewährleisten hat." (Preyer, Gerhard: Soziologische Theorie der Gegenwartsgesellschaft 1. Mitgliedschaftstheoretische Untersuchungen. Wiesbaden 2006. S. 246)

[885] und hier irrt von Weizsäcker, wenn er meint, dass das durch Kapital und Humankapitalbesitzer erzielte höhere Einkommen gleichermaßen zu höheren Leistungen an den Staat und damit zu höheren sozialstaatlichen Transferleistungen führen. Vgl. Weizsäcker, Carl Christian von: Der kapitalistische Wachstumsprozess der Weltwirtschaft. In: Leggewie, Claus/Münch, Richard (Hrsg.): Politik im 21. Jahrhundert. Frankfurt/Main 2001. S. 20

[886] Beck, Ulrich: Was ist Globalisierung? Frankfurt/Main 1997³. S. 165/166

[887] vgl. Zürn, Michael: Regieren jenseits des Nationalstaates. Globalisierung und Denationalisierung als Chance. Frankfurt/Main 1998. S. 267

[888] Abromeit, Heidrun: Gesellschaften ohne Alternativen. Zur Zukunftsunfähigkeit kapitalistischer Demokratien. In: Brunkhorst, Hauke (Hrsg.): Demokratie in der Weltgesellschaft. Baden-Baden 2009. S. 53

gnierend anführt: „Jeder, der sich gemeinwohl- bzw. zukunftsorientiert verhält, hat in der Jetztzeit erst einmal einen Wettbewerbs*nachteil*, und der Wettbewerb funktioniert eben in der Weise, dass er solche Nachteile bestraft.“[889] Durch den abnehmenden Möglichkeitsspielraum des Wohlfahrtsstaates werden im Rahmen nun dominierender politischer Semantiken individuelle Folgeabschätzungen und Risikovorsorge als nicht mehr als vom Staat zu gewährende (da nicht mehr erbringbare[890]) Güter postuliert, sondern re-individualisiert[891]. Der (nicht mehr nur marginale) Ausschluss von Personen aus der Teilhabe am wirtschaftlichen Reproduktionsprozess wie auch Diskontinuitäten moderner Arbeitsbiographien[892] sowie reduzierte staatliche Kompensationsleistungen führen nun individuell zu Ungewissheiten und Unsicherheiten, bedeuten so nicht nur biographische Synchronisierung differenter gesellschaftlicher Adressierungszugriffe [vgl. Kap. 2.1.2], sondern nun auch von Nichtadressierung; Identitätsbehauptung ohne – oder mit reduzierten – Biographiegeneratoren [vgl. FN[536]]. Damit verliert die eigene soziale Position im Sinne einer eintreffsreduzierten Erwartbarkeit eigenen Lebenslaufes der Selbstverwirklichung durch die nun real drohende Möglichkeit der Enttäuschung von (durch die europäische Selbstbeschreibung auch erwartbaren[893]) Erwartungen durch Verringerung politischer Substitutionsleistungen ihre „ontologische Sicherheit“[894], was zur „Drohung der Sinnlosigkeit des eigenen Daseins“ [vgl. FN[500]], zur Gefahr der Exklusion aus der Gesellschaft führen kann. „Exklusionsvermeidung, nicht mehr Statuserhalt bestimme in Zukunft die staatlichen Unterstützungsmaßnahmen“[895], so dass „soziale Ungleichheit, ihre

[889] a.a.O.: S. 54

[890] so dass die Lösbarkeit vom politischen System selbst zunehmend an Leistungen des ökonomischen Systems geknüpft wird: „Die Finanzierung umfassender wohlfahrtsstaatlicher Leistungen hängt von einer hohen Erwerbsbeteiligung ab (oder aber, bei niedriger Erwerbsbeteiligung, von hohen Wachstumsraten und einer starken Bereitschaft zur Umverteilung zwischen Erwerbstätigen und Nicht-Erwerbstätigen).“ (Kronauer, Martin: „Exklusion“ als Kategorie einer kritischen Gesellschaftsanalyse. Vorschläge für eine anstehende Debatte. In: Bude, Heinz/Willisch, Andreas (Hrsg.): Das Problem der Exklusion. Ausgegrenzte, Entbehrliche, Überflüssige. Hamburg 2006. S. 32)

[891] hier kann mit Klages (vgl. Klages, Helmut: Herausforderungen im Globalisierungsschub – das Individuum als Verantwortungs- und Risikoträger. In: Drepper, Thomas/Göbel, Andreas/Nokielski, Hans (Hrsg.): Sozialer Wandel und kulturelle Innovation. Historische und systematische Perspektiven. Berlin 2005. S. 344) von einer grundsätzlichen Entwicklung der Verlagerung gesellschaftlicher Risiken zurück von der Gesellschaft auf Individuen gesprochen werden

[892] vgl. Vester, Michael: Die Gesellschaft als mehrdimensionales Kräftefeld. In: Schwinn, Thomas (Hrsg.): Differenzierung und soziale Ungleichheit. Die zwei Soziologien und ihre Verknüpfung. Frankfurt/Main 2004. S. 164

[893] a.a.O.: S. 68

[894] Giddens, Anthony: Konsequenzen der Moderne. Frankfurt/Main 1995. S. 118

[895] Böhnke, Petra: Marginalisierung und Verunsicherung. Ein empirischer Beitrag zur Exklusionsdebatte. In: Bude, Heinz/Willisch, Andreas (Hrsg.): Das Problem der Exklusion. Ausgegrenzte, Entbehrliche, Überflüssige. Hamburg 2006. S. 99

Entwicklung und Struktur, nicht mehr nur von der Arbeitswelt, sondern auch von der staatlichen (und nichtstaatlichen) Wohlfahrtsproduktion her“[896] gedacht wird. Vester[897] definiert zusammenfassend vier dieser Sinnlosigkeitsformen: Diskriminierung, Diskontinuität, Prekarität[898] und Exklusion, wobei er den Begriff der Exklusion nur auf den ökonomischen Funktionsbereich bezieht, auf diskontive Arbeitsmärkte des „*prekären Wohlstands*, des *Wohlstands auf Widerruf*.“[899] Die kommunikative Orientierung an semantischer Höchstrelevanz des „Menschen“ und des Anspruchs der Selbstverwirklichung jedes Mitglieds der Gesellschaft, die Imagination von Integration korreliert aufgrund des „Glücksversprechens der Machbarkeit“ mit persönlichen Erwartungssicherheiten und Zukunftsaussichten, mit sozialer Anerkennung innerhalb eines als relevant empfundenen Sozialverbands und muss operativ offensichtlicher als in früheren Zeiten die Paradoxie aushalten, dass dieser Anspruch durch ihre eigenen funktionalen Strukturen in toto nicht einlösbar ist. In dieser Perspektive werden die Nichterfüllung von Erwartungen der Solidarität und Gerechtigkeit, die in diesen Selbstbeschreibungen von Exklusion als Entfremdung zum Ausdruck kommen, zumindest verständlich, „weil Armut selbstverständlich Teilhabemöglichkeiten vielerlei Art beschneidet und Integration behindert.“[900] Da diese Beobachtungsform von Gesellschaft als politischer Gesellschaft [vgl. Kap. 1.3.3] und damit von Politik als gesamtinklusionsvermittelndes System[901] zu entsprechenden Erwartungsenttäu-

---

[896] Vogel, Berthold: Soziale Verwundbarkeit und prekärer Wohlstand. Für ein verändertes Vokabular sozialer Ungleichheit. In: Bude, Heinz/Willisch, Andreas (Hrsg.): Das Problem der Exklusion. Ausgegrenzte, Entbehrliche, Überflüssige. Hamburg 2006. S. 354

[897] vgl. Vester, Michael: Von der Integration zur sozialen Destabilisierung: Das Sozialmodell der Bundesrepublik und seine Krise. In: Leggewie, Claus/Münch, Richard (Hrsg.): Politik im 21. Jahrhundert. Frankfurt/Main 2001. S. 88-92

[898] vgl. auch Bohn, Cornelia: Inklusion und Exklusion: Theorien und Befunde. In: Dies.: Inklusion, Exklusion und die Person. Konstanz 2006. S. 7ff

[899] Vester, Michael: Von der Integration zur sozialen Destabilisierung: Das Sozialmodell der Bundesrepublik und seine Krise. In: Leggewie, Claus/Münch, Richard (Hrsg.): Politik im 21. Jahrhundert. Frankfurt/Main 2001. S. 91

[900] Böhnke, Petra: Marginalisierung und Verunsicherung. Ein empirischer Beitrag zur Exklusionsdebatte. In: Bude, Heinz/Willisch, Andreas (Hrsg.): Das Problem der Exklusion. Ausgegrenzte, Entbehrliche, Überflüssige. Hamburg 2006. S. 101

[901] s. zu Überlegungen, diese Konklusion durch einen exterritorialen Ansatz als eine „ausschließlich rechtliche Kategorie, es bezeichnete eine bloße *Rechtsgemeinschaft*. Es bestünde aus den an einem bestimmten Ort Anwesenden“ (Buckel, Sonja/Wissel, Jens: Entgrenzung der europäischen Migrationskontrolle – Zur Produktion ex-territorialer Rechtsverhältnisse. In: Brunkhorst, Hauke (Hrsg.): Demokratie in der Weltgesellschaft. Baden-Baden 2009. S. 400) zu umgehen. Damit könnte auch der normativen „Aufgeladenheit“ kollektiver Identitäten entgangen werden, denn „handelt es sich um Rechtssubjekte, so wäre kollektive Identität gar nicht nötig oder tautologisch.“ (Niethammer, Lutz: Kollektive Identität. Heimliche Quellen einer unheimlichen Konjunktur. Reinbek 2000. S. 625)

schungen führen (können), haben diese unmittelbare Auswirkungen[902] auf die individuelle Identifikation mit dem jeweilig politischen „Mitgliedsverband“: „Wo die einzelnen Menschen oder die Netze der Milieus überfordert sind, blikken sie auf die Ebene der Gesellschaftspolitik und klagen Ansprüche der sozialen Gerechtigkeit, das heißt politische Regulierungen der sozialen Bedingungen und der Beziehungen zwischen den Milieus, ein.“[903] Damit werden die Grundantinomien moderner Individualität deutlich(er) sichtbar: Individuelle Optionssteigerungen im Rahmen strikter Selbstzurechnung der Synchronisation nun unerwartbarerer disloziver Adressierungen. „Verlustängste und Verunsicherungen reichen bis in mittlere Gesellschaftsschichten hinein. Im Laufe der 1990er Jahre nehmen Konfliktwahrnehmungen zu, die Angst vor Arbeitslosigkeit steigt, eine allgemeine Orientierungslosigkeit wächst. Zwar bleibt der Trend bestehen, dass solche negativen Einschätzungen stark einkommens- und schichtspezifisch verteilt sind und sich untere Statuslagen nach wie vor deutlich skeptischer als privilegierte Schichten zeigen. Nur die oberen Statuslagen sind jedoch von einer zunehmenden Verunsicherung ausgenommen.“[904] Dabei ist dieser Exklusionsbegriff aus einer systemtheoretischen Perspektive nicht haltbar, da sich dieser nicht auf die Ebene der Adressabilität, also der individuellen Bezeichnung oder Nichtbezeichnung im Rahmen je funktionssystemspezifischer Rollen einer Person bezieht und kann daher auf „diese Prekären“ theoretisch nicht angewandt werden: „*Exkludierte* sind sie damit allerdings noch lange nicht, denn zum einen sind sie über die Sozialsysteme, staatliche und nicht-staatliche Hilfsangebote und/oder arbeitsmarktpolitischen Institutionen, auch weiterhin Bestandteil unserer Gesellschaft. Zu anderen werden sie über den gesellschaftlichen Diskurs partiell integriert – man redet zumindest über sie und ist bereit, Milliarden von Euro für sie auszugeben.“[905] Auch wer wenig finanzielle Mittel zu Verfügung hat, wird (oft gerade erst dann) in Form funktionaler Partialadressierungen divergenter Rollen (zwar als Arbeitnehmer nur noch in prekärer Form oder gar nicht, als Konsument und in anderen Zahlungsbezügen allerdings durchaus weiterhin) vom Wirtschaftssystem, vom Politiksystem, von der Gesellschaft adres-

---

[902] vgl. Hitzler, Ronald: Der unberechenbare Bürger. Über einige Konsequenzen der Emanzipation der Untertanen. In: Beck, Ulrich (Hrsg.): Kinder der Freiheit. Frankfurt/Main 1997². S. 184/185

[903] Vester, Michael: Der Kampf um soziale Gerechtigkeit. Zumutungen und Bewältigungsstrategien in der Krise des deutschen Sozialmodells. In: Bude, Heinz/Willisch, Andreas (Hrsg.): Das Problem der Exklusion. Ausgegrenzte, Entbehrliche, Überflüssige. Hamburg 2006. S. 251

[904] Böhnke, Petra: Marginalisierung und Verunsicherung. Ein empirischer Beitrag zur Exklusionsdebatte. In: Bude, Heinz/Willisch, Andreas (Hrsg.): Das Problem der Exklusion. Ausgegrenzte, Entbehrliche, Überflüssige. Hamburg 2006. S. 119

[905] Solga, Heike: Ausbildungslose und die Radikalisierung ihrer sozialen Ausgrenzung. In: Bude, Heinz/Willisch, Andreas (Hrsg.): Das Problem der Exklusion. Ausgegrenzte, Entbehrliche, Überflüssige. Hamburg 2006. S. 145

siert; eine Adressierung, „die die aus Sicht des ersten Arbeitsmarktes überflüssig gewordene Erwerbsbevölkerung in Bindung an die Gesellschaft hält, allerdings in einer anderen Art von Bindung, die mit Blick auf die normativen Voraussetzungen moderner Gesellschaften – Menschenrechte, Freiheit, Selbstbestimmung, Subsidiarität, Gleichheit, „freie Entwicklung der Individualität eines jeden" – negative Merkmale aufweist."[906] Diese differierenden Exklusionsbegriffe verweisen auf differente Hintergründe, worin das Fatum kollektivitätsorientierter Gesellschaftsbeobachtung im Rahmen der Form „Mitgliedschaft" sichtbar wird: Es geht im Rahmen der Frage nach und Formen von Exklusion nicht um kommunikative Nichtbezeichnung und die Auflösung sozialer Erwartungen, sondern um normative Postulate und dem je individuell relationär beobachtbar angemessenen Status innerhalb „einer" Gesellschaft, den diese nicht – mehr – gewährt[907], ob sich diese also in ihrer Selbstbeobachtung[908] als „exkludiert, überflüssig, hoffnungslos, ausgegrenzt beschreiben."[909] Inkommensurabilitäten der Sachdimension werden im Rahmen dieses Blicks semantisch weiterhin als durch Asymmetrisierungen ermöglichende Ordnung kohärenter Räumlichkeit als Probleme der Sozialdimension trivialisiert, um Komplexität zu invisibilisieren; wird übersehen, dass kollektiv einheitliche Formen ihre Selbstplausibilität mehr und mehr verlieren, da innerhalb wie außerhalb dieser Formen Differenzen emergieren, die als Unordnung nur noch vermeintlich deliberativ zu ordnen sind: „Zur Konfrontation kommt es dann entweder zwischen essentialistischen Formen von Identifikation oder zwischen nicht verhandelbaren moralischen Werten. Wenn die politischen Grenzen verwischt werden, entsteht Unzufriedenheit mit den politischen Parteien, und es erstarken andere Formen kollektiver Identitäten, etwa im Bereich nationalistischer, religiöser oder ethnischer Identifikationsformen – Antagonismen äußern sich auf verschiedenste Weise, und es ist illusorisch

---

906 Land, Rainer/Willisch, Andreas: Die Probleme mit der Integration. Das Konzept des „sekundären Integrationsmodus". In: Bude, Heinz/Willisch, Andreas (Hrsg.): Das Problem der Exklusion. Ausgegrenzte, Entbehrliche, Überflüssige. Hamburg 2006. S. 76

907 vgl. Vester, Michael: Von der Integration zur sozialen Destabilisierung: Das Sozialmodell der Bundesrepublik und seine Krise. In: Leggewie, Claus/Münch, Richard (Hrsg.): Politik im 21. Jahrhundert. Frankfurt/Main 2001. S. 95

908 „Aus der Perspektive der Individuen stellt sich die Frage, ob Personen als mitwirkungsrelevant oder als nicht mitwirkungsrelevant bezeichnet werden, ob sie als Einzelne oder in Gruppen in der gesellschaftlichen Kommunikation berücksichtigt werden und adressierbar sind" (Bohn, Cornelia: Inklusion und Exklusion: Theorien und Befunde. In: Dies.: Inklusion, Exklusion und die Person. Konstanz 2006. S. 7). Aber auch diese Definition geht am Kern vorbei, denn gerade auch wenn über und mit entsprechenden Personen kommuniziert wird, entspricht das nicht dem individuellen Anspruch (materieller) Teilhabe. Damit verbunden ist auch Bohns Definition von Exklusion als „Ausschluss aus gesellschaftlichen Anerkennungsverhältnissen." (Vgl. a.a.O.: S. 15)

909 Nassehi, Armin: Inklusion, Exklusion, Ungleichheit. Eine kleine theoretische Skizze. In: Schwinn, Thomas (Hrsg.): Differenzierung und soziale Ungleichheit. Die zwei Soziologien und ihre Verknüpfung. Frankfurt/Main 2004. S. 348

zu glauben, sie könnten je aus der Welt geschaffen werden. Daher muss ihnen in Gestalt des pluralistischen demokratischen Systems unbedingt eine agonistische Ausdrucksmöglichkeit gegeben werden.“[910] Dabei ist Mouffe insofern zuzustimmen, als soziale Perspektivendifferenz unhintergeh- und unaufhebbar ist. In sozialer Sinndimension erlaubt die Interpenetration von Bewusstseinen durch rekursive kommunikative Anschlüsse, die Bewusstseine kommunikativ in Anspruch nehmen und an diese binden, gerade durch die Differenz von Bewusstsein und Kommunikation als selbstreferentielle Systeme die Imagination einer gegenseitigen Annäherung von Bewusstseinen. Durch Kommunikation und sich aufzeigende andere Perspektiven (weil Kommunikation autopoietisch emergiert (sozialer Sinn nicht durch individuellen Sinn determiniert ist) und sich in Echtzeit anschlussfähig erweisen muss) scheinen als Verstehensunterstellungen und Konsensfiktionen imaginäre Ähnlichkeiten auf, zeigen sich Grenzen als übertretbar und fluider, werden Expeditionen auf Außenseiten als Innenseite als Imagination kommunikativen Austausches möglich. Darüber hinaus ermöglichen nur kommunikative Adressierungen bei den je Adressierten die individuelle Imagination von „Relevanz“ für die Gesellschaft, eine Imagination, deren Bedeutung umso größer wird, je geringer diese „Relevanz“ im Rahmen der operativen teilsystemspezifischen Reproduktion von Gesellschaft wird. Dass sich diese allerdings in und durch eine „politische“ Gesellschaft des agonalen Raumes sachlich befrieden, aufeinander beziehen und „aufheben“ lässt, erscheint nun allerdings *sachlich* als Illusion. Sachlich kommt in dieser agonistischen Ausdrucksmöglichkeit als Befriedungsvehikel psychischer Bewusstseine „jene *Theodizee durch Zukunft* zur Anwendung, die der politisierten, an Kollektivitäten orientierten Vorstellung einer ansprechbaren Gesellschaft entgegenkam und tatsächlich jenes Organisationsarrangement stabilisieren konnte, das als Nations- und Wohlfahrtsstaat zum grundbegrifflichen Normalbild der soziologischen wie der politischen Selbstbeschreibung der Gesellschaft geworden ist. Diese Kompensationserfahrung scheint nicht mehr gedeckt zu sein – und deshalb erscheinen Komplexitätserfahrungen als Steuerungsprobleme.“[911] Die Anarchien von Gesellschaft als Diskrepanzen der Ordnung des (scheinbar bisher) Geordneten zeigen sich dabei nicht nur in den Selbstproblematisierungsperspektiven des demos, auch die politiksysteminterne sich sichtbarer generierende Eigengesetzlichkeit durch Veränderungen und Erweiterungen der Koordination und Gültigkeit politischer Regelungen als Reaktionen auf weltgesellschaftliche Entwicklungen verstärkt die De-Kongruenz von Politik und (nationaler) Gesellschaft.

---

[910] Mouffe, Chantal: Über das Politische. Wider die kosmopolitische Illusion. Frankfurt/Main 2007. S. 43

[911] Nassehi, Armin: Der soziologische Diskurs der Moderne. Frankfurt/Main 2006. S. 443

3.1.2 Dekongruenzen zwischen politischen Entscheidungen und der durch diese gebundenen Nation

Die Rückbindung politischer Entscheidungen an das dadurch gebundene resp. sich-selbst-bindende Volk vollzieht sich demokratietheoretischer Lesart zufolge in den Parlamenten als zentralen Orten repräsentativer Demokratie[912]. Diese Konstruktion, die ja nicht nur eine *selbst*tragende, sondern auch eine selbst*tragende* sein soll [vgl. FN[271]], erweist sich nun nicht nur als sich der „Demos" als kollektive Formation selbst problematisch geworden ist, sondern auch da sich die bindende Entscheidungen treffenden Exekutivgewalten deutlicher als früher der Kontrolle nationaler Parlamente entziehen, zunehmend als prekär. „Wo die Französische Revolution das Volk zum Souverän machte und dadurch den Unterschied zwischen dem Volk und den Herrschern, der frühere Zeitalter dominiert hatte, aufhob, vergrößern die heutigen Trends diese Distanz wieder aufs neue."[913] Der „Funktionsverlust der Legislative und der Funktions- und Machtzuwachs der staatlichen Exekutive"[914] stellt die demokratische Legitimität dieser Entscheidungen[915] vor dem Hintergrund der Idee von Machbarkeit als Selbstgestaltung der Gesellschaft in Frage, denn „je mehr Regierungen in Kooperation mit gesellschaftlichen Organisationen und mit Regierungen anderer Staaten eingebunden sind, desto mehr würden sie sich der Kontrolle durch die Parlamente entziehen."[916] Diese Entwicklung, die einerseits der Globalisierungsdekongruenz differierender Perspektiven, gleichwohl aber auch der erhöhten Komplexität dieser Differenzierungsstruktur geschuldet ist, durch die Entscheidungen vor dem Hintergrund fundamentaler Perspektivendifferenz [vgl. Kap. 1.3] getroffen werden (müssen), zwingt zu einer verstärkten Berücksichtigung dieser Inkompatibilität, auch um selbstkonstitutiv Begründungs- und Legitimationsfolien für diese Entscheidungen als Imagination der Koordination dieser Perspektiven zu generieren, ist Politik „konstitutiv auf einen neuen Typus kognitiver Fundierung angewiesen, auf ein spezialisiertes Wissen, das unter der Bedingung dispersiver Funktionalisierung steht und in einer Pluralität von gegeneinander abgegrenzten

---

[912] vgl. Benz, Arthur: Postparlamentarische Demokratie und kooperativer Staat. In: Leggewie, Claus/Münch, Richard (Hrsg.): Politik im 21. Jahrhundert. Frankfurt/Main 2001. S. 277

[913] Sassen, Saskia: Das Paradox des Nationalen. Territorium, Autorität und Rechte im globalen Zeitalter. Frankfurt/Main 2008. S. 511

[914] a.a.O.: S. 616

[915] vgl. zu einer materialreichen Studie über die konzeptionellen Grundlinien profilierter Vertreter des entsprechenden politisch-philosophischen Diskurses im Spannungsfeld von Globalisierung und Demokratie: Weisensee, Hanne: Demokratie, Staat und Gesellschaft in der Globalisierung. Baden-Baden 2005

[916] Benz, Arthur: Postparlamentarische Demokratie und kooperativer Staat. In: Leggewie, Claus/Münch, Richard (Hrsg.): Politik im 21. Jahrhundert. Frankfurt/Main 2001. S. 264

Experten-Sprachspielen organisiert ist.“[917] Auch zur Folgenantizipation von zu treffenden Entscheidungen (um den intendierten Folgen zumindest der Absicht nach [vgl. FN[172]] zu entsprechen) sind in Entscheidungsbildungsprozesse Expertenzirkel sowie nicht-öffentliche[918] „„funktionale“ Netzwerke der Risikoabsorption wie Policy-, Wissenschafts- und Innovationsnetzwerke“[919] eingebunden[920], auf deren Informationskompetenzen Politik in der „Wissensgesellschaft“[921] nicht mehr verzichten kann, werden Entscheidungen „weniger durch demokratisch-partizipatorische Verständigungsprozesse der Gesellschaftsmitglieder legitimiert als faktisch durch arkanisierte Diskurse der Expertenkultur herbeigeführt.“[922] Damit verbunden ist eine (nicht nur im politischen System anzutreffende) Be-

---

[917] Jäger, Ludwig: Sprache als Medium politischer Kommunikation. Anmerkungen zur Transkriptivität kultureller und politischer Semantik. In: Frevert, Ute/Braungart, Wolfgang (Hrsg.): Sprachen des Politischen. Medien und Medialität in der Geschichte. Göttingen 2004. S. 348

[918] s. zur These, dass die Effektivität von Verhandlungen ohne öffentliche Darstellung höher ist: Benz, Arthur: Kooperativer Staat? Gesellschaftliche Einflussnahme auf staatliche Steuerung. In: Klein, Ansgar/Schmalz-Bruhns, Rainer (Hrsg.): Politische Beteiligung und Bürgerengagement in Deutschland. Bonn 1997. S. 95ff

[919] Japp, Klaus P.: Zur Bedeutung von Vertrauensnetzwerken für die Ausdifferenzierung politischer Kommunikation. In: Bommes, Michael/Tacke, Veronika: Netzwerke in der funktional differenzierten Gesellschaft. Wiesbaden 2011. S. 268

[920] „Das gilt nicht nur für den Bereich der strategischen Auseinandersetzung mit äußeren und inneren Feinden (Staatsgeheimnisse, Geheimdienste usw.), sondern auch für weite Bereiche der Tätigkeiten der Verwaltungen, für Verhandlungen und Beratungen hinter verschlossenen Türen und ähnliches. Die Grenzen dieser Ausnahmen vom Publizitätsgebot sind jedoch umkämpft: Geheime staatliche Operationen werden regelmäßig zum Gegenstand öffentlicher Besorgnis. Auch die Informationsrechte der Bürger gegenüber öffentlichen Verwaltungen sind ein häufiger Konfliktgegenstand. Andererseits ist die Besorgnis um den Schutz von Privatheit und Vertraulichkeit gegen unwillkommene Beobachtung, Informationsweitergabe oder Publizität erheblich gestiegen“ (Peters, Bernhard: Der Sinn von Öffentlichkeit. In: Ders.: Der Sinn von Öffentlichkeit (Hrsg.: Weßler, Hartmut). Frankfurt/Main 2007. S. 58). „Damit verändert sich auch die kognitive Infrastruktur des Rechts. Das heißt, neuen Strategien des Staates, die Herausbildung privater Organisationen und Verbände sowie korporatistische privat-öffentliche Form der Kooperation steigern die Möglichkeiten innerhalb des Variationspools der Gesellschaft. Die spontane distribuierte gesellschaftliche Erfahrung, an der eine Vielzahl von Akteuren beteiligt ist, wird mehr und mehr infolge einer Dynamisierung der Wissensproduktion durch das Expertenwissen überlagert, das systematisch in Organisationen (und nicht mehr spontan in der Gesellschaft) erzeugt wird.“ (Ladeur, Karl-Heinz: Die Netzwerke des Rechts. In: Bommes, Michael/Tacke, Veronika: Netzwerke in der funktional differenzierten Gesellschaft. Wiesbaden 2011. S. 147)

[921] in der nicht nur wenig Raum für Diskurse im Habermasschen Sinne, sondern auch wenig Bedarf besteht, da Entscheidungslagen selbst kontingent sind, eine Kontingenz, die sich durch die Demokratisierung von Wissen potentiert, so dass auch Akteure an der Peripherie des politischen Systems [vgl. Kap. 1.5.3] ihr spezifisches Wissen (unterschiedlichster Perspektiven) öffentlich sichtbar werden lassen können, um auf der Basis dieses Wissens Steuerungsvorschläge zu unterbreiten. Vgl. dazu: Willke, Helmut: Einführung in das systemische Wissensmanagement. Heidelberg 2004. Insb. S. 113

[922] Jäger, Ludwig: Sprache als Medium politischer Kommunikation. Anmerkungen zur Transkriptivität kultureller und politischer Semantik. In: Frevert, Ute/Braungart, Wolfgang (Hrsg.): Sprachen des Politischen. Medien und Medialität in der Geschichte. Göttingen 2004. S. 348

deutungszunahme der Sachdimension[923]. Durch Reflexion in der Sachdimension, der Verarbeitung von Irritationen als Informationen in unterschiedlichen Perspektiven *vor der Folie je systeminterner Perspektiven* und damit Reflexion von Divergenz und De-Substituierbarkeit dieser Perspektiven zur Selbstkonditionierung dieser Entscheidungen auch als Kontingenz von Entscheidungen im Sinne von Lernfähigkeit nicht mehr primär in der Sozialdimension (des durch Parteien ins System transformierten Wählerwillens sowie der primären Zurechenbarkeit von Mitteilungshandlungen auf bezeichenbare *Personen* (deren jeweilig antizipierbare kommunikative Vergangenheit Erwartungen limitieren und strukturieren)), sondern als näherungsweise bestimmbare Kommunikationsmöglichkeiten zurechenbaren *Positionen* vor dem Hintergrund unhintergehbarer Informationsunvollständigkeit, können als Wissen produzierte Informationen nicht mehr als „richtig" und Entscheidungslagen als „gleich" (im Sinne gemeinsamer Verbindlichkeit der Sinnkonstitution „verallgemeinerungsfähiger Interessen") behandelt werden. Daher produziert Politik (auch aufgrund der Latenz der Inkongruenz je kommunikativ vorgebrachter Motive in der Sozialdimension[924] zur jeweils strukturierenden Systemmotivation in der Sachdimension) durch Verfahren Plausibilität für in diesen getroffene Entscheidungen für sich selbst als auch ihre Umwelt, um ihrem (attribuierten) Steuerungsanspruch gerecht zu werden[925] und um eine operative Abstützung zu erzielen. Wenn Peters dagegen einwendet, dass Verfahren alleine „nicht die einzige Basis für Legitimität sein"[926] können, dann

[923] vgl. Stichweh, Rudolf: Inklusion/Exklusion und die Soziologie des Fremden. In: Ders.: Inklusion und Exklusion. Studien zur Gesellschaftstheorie. Bielefeld 2005. S. 135

[924] während die politische Auseinandersetzung im Rahmen der massenmedialen Arena exakt auf dieser Kongruenz beruht und damit Motive oder „gute Gründe" der Rückversicherung und Stabilisierung von Perspektiven benötigt

[925] „Eine pluralistische Wertstruktur ist nur durch eine pluralistische Machtstruktur lebendig zu halten. Sie setzt voraus, dass jedes Interesse, das als Wert formuliert werden kann, im Prozess der politischen Informationsverarbeitung seinen Sprecher findet. Sowenig wie abweisende, zurückstellende oder nur teilbefriedigte Programmentscheidungen den betroffenen Wert selbst negieren, sowenig nehmen sie seinen Sprechern die Möglichkeit, erneut vorzusprechen, wenn die Konstellation sich geändert hat und die Umstände glücklicher erscheinen. Der Pluralismus der Wertordnungen kann nicht allein durch die politischen Parteien garantiert werden, denen die Funktion der Generalisierung und der Integration zufällt. Nur ein vielfältiges, politisch nicht ignorierbares System von frei zusammengeschlossenen Interessensverbänden vermag eine laufende Beobachtung und Analyse des Prozesses der Programmierung unter sehr spezifischen Wertaspekten zu gewährleisten und zugleich genügend Macht, Erfahrung und Beziehung zu akkumulieren, um im Einzelfall mit Nachdruck bestimmte Werte ins Gespräch bringen zu können. *Nur unter dieser Voraussetzung können die politischen Zentralen sich die Szene durch Annahme vereinfachen, dass alles in Ordnung ist, wenn sich niemand meldet.* Nur unter diesen Voraussetzungen ist „Warten auf Protest" eine sinnvolle politische Maxime." (Luhmann, Niklas (Hrsg.: Kieserling, André): Politische Soziologie. Frankfurt/Main 2010. S. 235/236)

[926] Peters, Bernhard: Segmentierte Europäisierung. In: Ders.: Der Sinn von Öffentlichkeit (Hrsg.: Weßler, Hartmut). Frankfurt/Main 2007. S. 347

schwingt in dieser Skepsis (neben der aus einer deliberativen Perspektive berechtigten Skepsis) zumindest auch die dunkle Ahnung mit, dass auch durch Verfahren „Wahrheit“ im Sinne gesamtgesellschaftlicher Rationalität strukturell nicht mehr erzielbar ist, jede Entscheidung kontingent, abhängig von dem für diese genutzten wiederum kontingenten Wissens ist, das durch diese Nutzung als *Wissen* erst konstruiert wird, denn „es bedarf einer Auswahl und Interpretation unter entsprechenden Relevanzen, um es erst dann in ein kommunikationsrelevantes Wissen überführen und anwenden zu können“[927], „dessen Geltung sich nicht … in einer sozial geteilten Commonsense-Kompetenz zu fundieren vermag. Es kann sich nicht mehr an der handlungsleitenden Verbindlichkeit eines normativ wirksamen kulturellen Gedächtnisses orientieren“[928], das ja selbst als (insbesondere durch Massenmedien, wiederum strukturiert durch deren interne Differenzierung) produziertes und reproduziertes kulturelles Gedächtnis [vgl. Kap. 2.2.2] Formen der – je perspektivenabhängigen – Einschränkung von Kontingenz moderner Gesellschaft auf das, was sie – je – *ist*, und mitnichten eine kontextübergreifende gesamtverbindlich normative Sinnlimitation darstellt. Daher stellen auch Entscheidungen des Volkes (als verallgemeinerungsfähige Interessen [vgl. FN[91]]) kein Argument (mehr) für gleichsam selbstüberzeugende „Wahrheit“ dar[929]. Aus individueller Sicht aber können Perspektivendifferenz; komplexe Entscheidungs- und Lebenslagen und deren Dekohärenzen zu „Alltagsfundamentalismus“ [vgl. FN[563]] führen, worin die individuellen Ansprüche an die Gestaltung von Gesellschaft, die individuelle Sicht auf „die Welt“ als ganzer Mensch, durch die sich Politik (je nach intrautiner Perspektive) um diese individuellen Sinnperspektiven, auf jeden Fall aber um „ganze Menschen“[930] zu kümmern habe, bei den an die Gestaltung des eigenen Containers glaubenden Wählern zum Ausdruck kommen. Daher weisen politische Entscheidungen, die ihre eigene

[927] Preyer, Gerhard: Soziologische Theorie der Gegenwartsgesellschaft 1. Mitgliedschaftstheoretische Untersuchungen. Wiesbaden 2006. S. 214

[928] Jäger, Ludwig: Sprache als Medium politischer Kommunikation. Anmerkungen zur Transkriptivität kultureller und politischer Semantik. In: Frevert, Ute/Braungart, Wolfgang (Hrsg.): Sprachen des Politischen. Medien und Medialität in der Geschichte. Göttingen 2004. S. 347

[929] „Wenn das demokratische System lediglich von den Qualifikationen des einzelnen Wählers abhinge, dann wäre es bemerkenswert, dass Demokratien Jahrhunderte überdauert haben. … Wo der vernünftig(e) entscheidende Bürger offenbar abdankt, scheinen Engel an seine Stelle zu treten. Die Empirie hat gesprochen, alle Fragen bleiben offen. Wenn man es sich versagt, an Engel zu glauben, dann bleibt als Erklärung, dass sich, wiederum „hinter dem Rücken der Akteure“, die Rationalität i.S. der autonomen Operationsweise demokratisch-politischer Organisationen und ihrer Verfahren durchsetzt, im Zweifel auch gegen die beschränkten Kalküle und Absichten personaler Kommunikation.“ (Willke, Helmut: Ironie des Staates. Grundlinien einer Staatstheorie polyzentrischer Gesellschaft. Frankfurt/Main 1996. S. 325)

[930] wie im Zuge der Rettung „systemrelevanter“ Einrichtungen der kürzlichen Krisen im Rahmen der Kommentierung entsprechender Artikel in deutschen Online-Publikationen vielfach zu lesen war: „Ich bin auch systemrelevant!“

Kontingenz durch Multiperspektivität in sich selbst mit einbeziehen, sich selbst dadurch als immer auch anders beobachtbar konstituieren, als uneindeutig, unübersichtlich, nicht unmittelbar erfahrbar, nur noch in geringerem Maße als in früheren Zeiten (und deren Übersichtlichkeit der vermeintlich „guten Sache") kollektive Mobilisierungsfähigkeit[931] auf. Dadurch und da in der Sachdimension mehr oder weniger von allen Regierenden (auch durch innersystemische Bindung durch inter- und supranationaler Verträge) die gleichen Entscheidungen getroffen werden müssen, verlieren auch politische Parteien „an Prestige und die harten Kerne ihrer Wähler lösen sich auf. Zudem gewinnen Nichtregierungsorganisationen und Bürgerinitiativen an Bedeutung, die gegenüber den Parteiorganisationen in ihrer Interessenverfolgung flexibler sind."[932] Parteien als korporative Akteure unterschiedlicher Ausprägungen der Idee der Selbststeuerung von Gesellschaft durch Genese normativer (und durchaus: divergierender, normativ und agonal kritikabler) Ordnung sind heute selbst funktional gefährdet, als deren Aufgabe, differierende Repräsentationsformen von Gesellschaft in das politische System einzuspeisen und zu duplizieren [vgl. Kap. 1.3.3], zunehmend obsolet wird[933]: „Unter Verzicht auf ihre Funktionalität, die man nur brauchte, solange man kritikfest sein musste, retten sie ihre Autonomie aus der modernen Gesellschaft in die Netzwerke und Projekte der nächsten Gesellschaft."[934] Politik behandelt kollektive Problemlagen in ihren Netzwerken und Projekten im Rahmen der Kontingenz des für diese genutzten Wissens sowie der Latenz von Entscheidungen, so „dass der Staat nicht mehr von einem privilegierten Beobachterpunkt aus „das Gemeinwohl" definieren kann, sondern dass es nur noch um eine „Art Gemeinwohl" geht, das strategisch, in Abhängigkeit von den Bedingungen, die durch private Unternehmen gesetzt werden, unter Ungewissheit und unter dem Zwang zur Selbstrevision einzelner Kriterien … definiert wird."[935] Da dieser selbstreferentielle politische Prozess aber in der Umwelt des politischen Systems für diese Umwelt weiterhin anschlussfähig gehalten werden muss, da Politik den

---

[931] im Gegensatz zur sich aus politischen Entscheidungen ergebenden Möglichkeit des Protestes gegen diese Entscheidungen [vgl. die Ausführungen in Kap. 1.5.3], der Kontingenz radikal reduziert und sich als unmittelbar plausibel und anschlussfähig generiert

[932] Preyer, Gerhard: Soziologische Theorie der Gegenwartsgesellschaft 1. Mitgliedschaftstheoretische Untersuchungen. Wiesbaden 2006. S. 246

[933] dies zeigt sich auch darin, dass die normativen Rückbezüge von Parteien selbst nicht mehr selbststabilisierend wirken, kontingent behandelt und revidierbar werden, je nach Anforderungen jeweiliger Entscheidungslagen (die semantisch mit der Ausrichtung an der „Mitte" der Gesellschaft legitimiert wurden), was sich für den Wähler als weiteres Auftreten von Uneindeutigkeit, der Verzerrung von Grenzen, zeigen kann

[934] Baecker, Dirk: Was hält Gesellschaften zusammen? In: Ders.: Studien zur nächsten Gesellschaft. Frankfurt/Main 2007. S. 170

[935] Ladeur, Karl-Heinz: Die Netzwerke des Rechts. In: Bommes, Michael/Tacke, Veronika: Netzwerke in der funktional differenzierten Gesellschaft. Wiesbaden 2011. S. 161

semantischen Rückgriff auf (parteipolitische) normative Bindungen aufgrund der Erwartungen ihrer Wähler, die beobachten, wie sich diese im Rahmen dieser Beobachtungen verhält, nicht aufgeben kann, wird entscheidend, wie die Ergebnisse der weitgehend unvermeidlich verhandlungsdemokratischen Arrangements der Problembearbeitung in der Form der Beobachtung zweiter Ordnung massenmedial vermittelt werden, durch die Entscheidungen (auch durch Bezug auf – „alternativlose“[936] Sachzwänge) sichtbar gemacht, in die laufende gesellschaftliche Kommunikation eingespeist, der Öffentlichkeit (unbeschadet ihrer tatsächlichen Folgen und Konsequenzen) als effektive Lösung (als gleichsam gesamtgesellschaftlich überzeugend) dargestellt werden, um zumindest den kommunikativen Eindruck zu erwecken, dass Gesellschaft gesteuert wird, mithin steuerbar ist, um die Erwartbarkeit von Widerspruch zu verringern. Und schlicht im Erfolg, im Eintreffen (oder Nicht-Eintreffen) dieser Erwartbarkeit durch positive Anschlüsse in der Gesellschaft zeigt sich „die Legitimität des politischen Körpers an der erfolgreichen Performanz der Techniken seiner imaginären Institution.“[937] Damit „verschiebt sich aber der Sinn der politischen Kontingenzformel auf das allgemeine Prinzip der Legitimität im Sinne einer öffentlichen Darstellbarkeit von Präferenzen, für die man sich politisch einsetzt.“[938] Grundlage effektiver Politik ist eine entsprechende Kommunikationskompetenz, die diese gewissermaßen didaktisch (so orientiert an zu erwartenden Sinnkonstitutionen des Publikums, dass Perspektiven anschlussfähig werden) erläutert: „An die Stelle politischer Öffentlichkeit und ihrer konsensorientierten Diskursformen, die freilich als kontrafaktische Idee demokratischer Willensbildung nach wie vor in Geltung sind, tritt zumindest teilweise ein System massenmedialer Repräsentation politischen Handelns, das faktisch Legitimitätsaufgaben übernimmt und dessen diskursive Logik einem Prinzip folgt, das ich – und damit bin ich beim kommunikativen Funktionsbereich des Politischen – Legitimation durch Darstellung nennen möchte.“[939] Die Legitimität moderner Politik resultiert nicht primär aus ihrer demokratischen Konstitution, sondern beruht auf operativer Funktionalität (als widerspruchsmarginalisierende Effektivität durch anschlussfähige Vermittlung). Auf dieser Funktionalität beruht gerade auch der Erfolg der Europäischen Uni-

[936] bezeichnenderweise von einer Jury der Frankfurter Universität zum deutschen „Unwort des Jahres“ 2010 gekürt. Empörend ist dieser Begriff in diesem Kontext aber nur, solange man an Politik als Umsetzung des im agonalen Raum „Gewollten“ glaubt

[937] Koschorke, Albrecht: Des Kaisers neue Kleider. Frankfurt/Main 2002. S. 150

[938] Luhmann, Niklas (Hrsg.: Kieserling, André): Die Politik der Gesellschaft. Frankfurt/Main 2002. S. 122

[939] Jäger, Ludwig: Sprache als Medium politischer Kommunikation. Anmerkungen zur Transkriptivität kultureller und politischer Semantik. In: Frevert, Ute/Braungart, Wolfgang (Hrsg.): Sprachen des Politischen. Medien und Medialität in der Geschichte. Göttingen 2004. S. 351

on[940], deren Delegitimität durch deren Demokratie- und Öffentlichkeitsdefizit[941] vielfach beklagt wird, eine Klage, die mit ihrer wachsenden Bedeutung, die ihr *Entscheidungs*politisch nicht abzusprechen ist, immer drängender zu werden scheint. „Internationale Vereinbarungen, welche die nationale Rechtsordnung berühren, werden regelmäßig von den Parlamenten ratifiziert. Die Drohung, die Zustimmung zu verweigern, gibt nationalen Parlamenten einen wirksamen Einfluss auf internationale Verhandlungen. In der EU hingegen werden Rechtsnormen, die vom Ministerrat (unter beratender oder mitentscheidender Beteiligung des europäischen Parlaments) beschlossen werden, ohne Ratifizierung der nationalen Parlamente verbindlich.“[942] Vielfach wird daher[943] zur Perforation dieses demokratietheoretischen „Un-Zustandes“[944] eine konstitutive Verankerung dieser durch die Exekutiven der Nationalstaaten dominierten Politik in einer Inauguration einer europäischen Identität gefordert[945]. Wie könnte durch die Imagination von Integration nun bezogen auf den Kosmos „Europa“ als semantische self-fulfilling-prophecy eine belastbare Konstruktion für eine europäische Kollektivitätsfolie konstruiert werden, eine Forderung, für die sich dieser neue Demos aber selbst erst einmal als Demos begreifen müsste? Da sich die (soziologische, kulturwissenschaftliche und politische Debatte) um kollektive Identität in der Weltgesellschaft weitgehend immer noch innerhalb des Gedankens der Subordination des Besonderen unter ein Allgemeines bewegt [vgl. Kap. 1.4.2], verbleibt auch der Diskurs um die Integration Europas, der auf Differenz des Besonderen mit Identität des Allgemeinen reagiert, im alteuropäischen Denken. Dass dabei die je nationalen Identitäten (als ontologische Orte [vgl. FN[717]]) eine Gleichachtung erfahren müssen, scheint dabei außer Frage zu stehen: „Kosmopolitismus erfordert deshalb einen neuen Integrations- und Identitätsbegriff, der ein Zusammenleben über Grenzen hinweg ermöglicht, bejaht, ohne dass die Eigenheit und Differenz auf dem Altar der unterstellten (nationalen) Gleichheit geopfert wer-

---

[940] vgl. Wolf, Klaus Dieter: Entdemokratisierung durch Selbstbindung der Europäischen Union. In: Ders. (Hrsg.): Projekt Europa im Übergang? Probleme, Modelle und Strategien des Regierens in der Europäischen Union. Baden-Baden 1997. S. 271-294

[941] vgl. Lübbe, Hermann: Politische Organisation in Modernisierungsprozessen. Verfassungspolitische Aspekte. In: Leggewie, Claus/Münch, Richard (Hrsg.): Politik im 21. Jahrhundert. Frankfurt/Main 2001. S. 411ff

[942] Benz, Arthur: Postparlamentarische Demokratie und kooperativer Staat. In: Leggewie, Claus/Münch, Richard (Hrsg.): Politik im 21. Jahrhundert. Frankfurt/Main 2001. S. 268

[943] vgl. nochmals: Weisensee, Hanne: Demokratie, Staat und Gesellschaft in der Globalisierung. Baden-Baden 2005

[944] wobei diesbezügliche „Blicke“ an der Auflösung der politiktheoretischen Triade von Exekutive, Legislative und Demos auch auf nationaler Ebene vorbei beobachten

[945] Beck, Ulrich/Grande, Edgar: Das kosmopolitische Europa. Gesellschaft und Politik in der Zweiten Moderne. Frankfurt/Main 2004. S. 15

den müssen."[946] Dabei macht gerade die Subordination des Differenten unter eine Einheit die Differenz, die *andere Seite* (erst) sichtbar [vgl. dazu zum nationalen Raum nochmals Kap. 3.1.1]; produziert „fast zwangsläufig einen *kosmopolitischen* Blick, einen Blick auf Kollektivitäten, auf den *Anderen*, den man anerkennen muss, auf Unterschiedlichkeit und Differenz."[947] Gerade in der Proklamation einer europäischen Identität zur Behebung des europäischen Demokratiedefizites liegt die *Gefahr*[948], dass durch die Imagination von Mitgliedschaft „ganzer Menschen" diese darauf in der Sozialdimension auch als „ganze Menschen" reagieren[949]. Habermas als – wieder einmal – einer der reflektiertesten Vertreter dieser Perspektive ist sich dieser Gefahr bewusst und stellt daher entschieden hohe normative Ansprüche an eine europäische Identität: Jede kollektive Identität in Form einer „inhaltlich kaum präjudizierten, von bestimmten Organisationen unabhängigen Identität einer Gemeinschaft derer, die ihr identitätsbezogenes Wissen über konkurrierende Identitätsprojektionen ... diskursiv und experimentell ausbilden"[950] bildet sich durch die gleichberechtigte Teilhabe an wert- und normbildenden Lernprozessen, da der „demokratische Prozess zugleich die Ausfallbürgschaft für die soziale Integration einer immer weiter ausdifferenzierten Gesellschaft übernimmt."[951] Da diese „Ausfallbürgschaft" aber, wie dargelegt, bereits auf nationalstaatlicher Ebene zunehmend prekär wird, scheint es nicht besonders erwartbar, darauf nun bezogen auf Europa große Hoffnungen setzen zu können. Zuzustimmen ist, dass kollektive Imaginationen

[946] a.a.O.: S. 28

[947] Nassehi, Armin: Der soziologische Diskurs der Moderne. Frankfurt/Main 2006. S. 436

[948] so Gerhards bereits 2002: „Eine Demokratisierung der EU bedeutet u.a. die Institutionalisierung demokratisch legitimierter Mehrheitsentscheide. Dies setzt aber voraus, dass Mehrheitsentscheide von den Minderheiten übernommen und akzeptiert werden. Manche Autoren sehen diese Bereitschaft nur dann als gegeben an, wenn es zwischen den Völkern Europas ein Minimum an Wir-Bewusstsein, eine europäische Identität gibt. Gerade dafür sind die Bedingungen aber nicht in einem hinreichenden Maße gegeben und werden sich mit der Osterweiterung der EU aufgrund der Heterogenität der neuen Mitgliedsländer wahrscheinlich eher verschlimmern als verbessern. Eine Auflösung des Dilemmas – das Öffentlichkeitsdefizit der EU kann vor allem und in erster Linie durch eine Demokratisierung der EU erreicht werden, einer Demokratisierung sind aber enge Grenzen gesetzt – ist dabei nicht in Sicht." (Gerhards, Jürgen: Das Öffentlichkeitsdefizit der EU im Horizont normativer Öffentlichkeitstheorien. In: Kaelble, Hartmut/Kirsch, Martin/Schmidt-Gernig, Alexander (Hrsg.): Transnationale Öffentlichkeiten und Identitäten im 20. Jahrhundert. Frankfurt/New York 2002. S. 154)

[949] man betrachte dazu nur die Foren-Beitrage (auch in sog. „Qualitätsmedien") zu einem Online-Artikel im Zusammenhang mit der Euro-Krise, um sich von der Heftigkeit der Ressentiments und der Proklamation von Re-Nationalisierung erstaunen zu lassen (selbstredend (endlich) unter Berücksichtigung des Wählerwillens der „ganzen Menschen", die dort ihrem Widerstand gegen „die Gesellschaft" Ausdruck verleihen)

[950] Habermas, Jürgen: Können komplexe Gesellschaften eine vernünftige Identität ausbilden? In: Ders.: Zur Rekonstruktion des historischen Materialismus. Frankfurt/Main 1990^5. S. 121

[951] Habermas, Jürgen: Die Einbeziehung des Anderen. Studien zur politischen Theorie. Frankfurt/Main 1999. S. 142

nur im Rahmen kommunikativer Prozesse, wenn entsprechende Adressierungen (in der Zeitdimension) sich durch entsprechende Appellationen (zunehmend) anschlussfähig generieren, eine „vorgestellten Gemeinschaft" [vgl. FN[6]] generieren. Dass diese Forderung nach der Identität nun einer europäischen Gemeinschaft aber im wesentlichen bezogen wird auf „ganze Menschen" als entsprechende Adressaten zeigt sich auch darin, dass die Bürger Europas ja durchaus bereits politisch kollektiv, aber eben nur politisch codiert adressiert werden, eben in Form von europaweit verbindlichen Regelungen. Bejahenswert wäre weiter eine europäische Öffentlichkeit als kommunikativer Anschlussraum der Bezeichnung gleichzeitigen relevanten Geschehens gesellschaftlicher Reproduktion räumlicher Differenz[952]. Bezweifelt werden darf aber auch unter Berücksichtigung der historischen Folgen nationaler Identitätskonstruktionen[953], dass hierfür eine aktive Proklamation in der Sozialdimension eine hilfreiche Unterstützung darstellt. So ist es auch bezeichnend, dass gerade Deliberationstheoretiker im Zusammenhang mit der europäischen Einigung einiges an Skepsis in Bezug auf mehr Partizipation vorzubringen haben[954]. Gerade derzeit ist auch (im Zusammenhang mit der monetären Krise der EU und damit erstmals der Zurechnung der Tragung von „Lasten") eine Sehnsucht nach Rückzug in die vermeintlich sicheren, bekannten und überschaubaren Häfen des Nationalen zu beobachten, die ihre Sicherheit und Funktionalität im Rahmen dieses Geschehens aber längst verloren haben. Von daher ist die Gefahr nicht von der Hand zu weisen, dass sich durch mehr Bürgerbeteiligung, mehr Mitsprache und plebiszitäre Elemente, durch die sich diese europäische Identität entwickeln sollte, für den europäischen

---

[952] so findet sich seit Mai 2004 in der Süddeutschen Zeitung eine wöchentliche Beilage der wichtigsten Artikel der New York Times, was für Habermas Anlass war, dies im Rahmen seiner Insistenz auf eine europäische Öffentlichkeit zu kritisieren, da sich *europäische* Medien füreinander zu öffnen und relevante Themen anderer europäischer Nationen sichtbar zu machen hätten. (vgl. Süddeutsche Zeitung vom 18.06.2004. S. 15)

[953] Niethammer kritisiert – zu Recht – Habermas Analogie zwischen dem – teils gewaltsamen [vgl. Kap. 1.4.3] – Prozess der Nationenbildung und der heute aktuell in Frage stehenden europäischen Identität, da dieser die Verwerfungen und Abschottungen nur historisierend anerkennt, dies, wie auch die darin mitgeführte Möglichkeit der Hypostasierung im Rahmen der europäischen Problemlage aber ignoriert. Vgl. Niethammer, Lutz: Kollektive Identität. Heimliche Quellen einer unheimlichen Konjunktur. Reinbek 2000. S. 542

[954] „Auch kann zunehmender kommunikativer Austausch zwischen den Mitgliedsländern erst einmal die Wahrnehmung von Unterschieden schärfen und den Wunsch stärken, diese zu erhalten oder eine gesunde Distanz zu wahren. Und am wichtigsten ist, dass die Wirkung einer lebhafteren und offeneren Debatte auf das gesamte EU-Projekt in der Tat nicht vorhersehbar ist. Vielleicht gefällt „dem Volk" – im Gegensatz zu den meisten politischen, wirtschaftlichen und wohl auch akademischen Eliten – die Idee fortgesetzter politisch-administrativer Zentralisierung nicht so gut." (Peters, Bernhard: Segmentierte Europäisierung. In: Ders.: Der Sinn von Öffentlichkeit (Hrsg.: Weßler, Hartmut). Frankfurt/Main 2007. S. 366)

Einigungsprozess[955] unabsehbare Folgen ergeben können. Über diese hehre, normativ konnotierte Ebene der Sozialdimension hinaus zeigt sich operativ im Rahmen politischer Entscheidungsfindungsprozesse der EU noch virulenter als auf nationalstaatlicher Ebene die (insb. im übergeordneten Europäischen Rat) Multiperspektivität von Entscheidungsgrundlagen zur Koordination von Entscheidungen, wodurch sich die Frage aufdrängt, ob diese Form einer sich in der Sachdimension komplex generierenden, durch Laien nicht mehr überschaubaren Politik, deren Effektivität auch gerade auch in ihrem nur noch mittelbaren Bezug zum Wähler begründet liegt, strukturell in der Lage ist, Interesse[956] oder Protest[957] zu bündeln[958]. Betrachtet man dies allerdings aus der bisher entfalteten Perspektive, stellt sich die Frage, ob die attribuierten Defizite der Europäischen Union wirklich so verschieden sind „vom Öffentlichkeitsdefizit nationaler Politiken, bezogen auf die gleichen Materien? Finden wir nicht auch auf der nationalen Ebene eine erhebliche Verselbständigung der staatlichen Administration und der Judikative gegenüber Parlamenten und öffentlicher Kontrolle?“[959] Hier schließt sich der Kreis – der rekursiven Adressierungen von nationaler Gestaltungsohnmacht auf der einen und demokratieferner Gestaltung auf der anderen Seite, von Forderungen (basisdemokratischer) Beteiligung versus institutionelle Transzendation eines eigenrationalen Systems – durch das Aufscheinen eines Blickes, der politische Deliberation als Imagination der Anschlussfähigkeit öffentlicher Darstellung selbstinduzierter Entscheidungen des politischen Systems betrachtet. Auch die Legitimität der EU speist sich primär selbstreproduktiv aus der Darstellung ihrer Effektivität, wie Oeter ausführt: „Worauf es dabei entscheidend ankommen wird, sind in erster Linie möglichst klare Zurechnungsstränge politischer Verantwortung, tagtäglich im Versuch der öffentlichen Rechtfertigung aktualisierte Verantwortlichkeit der politisch Handelnden gegenüber den Bürgern, deren Wohl von den getroffenen Entscheidungen abhängt.“[960] Diese Verlagerung der Legitimitätsfolien politischer Entscheidungen von demokratischer Partizipation hin zu Funktionalität „ist in der internationalen Politik und in internationalen Organisationen generell festzustellen und nimmt im Prozess der

[955] der im Rahmen heutiger Weltgesellschaft eher zu intensivieren als zurückzunehmen ist, eine Notwendigkeit, die schon Renan erkannte: „Die Nationen sind nichts Ewiges. Sie haben einmal begonnen, sie werden einmal enden. Die europäische Konförderation wird sie wahrscheinlich ablösen.“ (Renan, Ernest: Was ist eine Nation? Und andere politische Schriften. Wien/Bozen 1995. S. 57)
[956] was eher weniger erwartbar sein dürfte
[957] was eher mehr erwartbar sein dürfte
[958] vgl. Peters, Bernhard: Nationale und transnationale Öffentlichkeiten. In: Ders.: Der Sinn von Öffentlichkeit (Hrsg.: Weßler, Hartmut). Frankfurt/Main 2007. S. 297
[959] a.a.O.: S. 297
[960] Oeter, Stefan: Die Europäische Union zwischen organisierter Verantwortungslosigkeit und föderaler Konkordanzdemokratie. In: Brunkhorst, Hauke (Hrsg.): Demokratie in der Weltgesellschaft. Baden-Baden 2009. S. 423

Globalisierung neue Dimensionen an."[961] Diese Dimensionen liegen in der der Dekongruenz unterschiedlich codierter Räume geschuldeten zunehmenden Interdependenz und (Notwendigkeit der) Kooperation differenter nationaler politischer Systeme, diese durch eine entsprechende Ausdehnung der „Gültigkeitsreichweite politischer Regelungen"[962] wieder zu verringern, um die Kompetenzkompetenz der Macht [vgl. FN[865]] in Form einer durch staatliche Strukturen dominierten, sich darin aber nicht erschöpfenden internationalen Politik wieder zu erlangen, „ist hinsichtlich einer Reihe von Problemen, die auch Bezugspunkte sozialer Bewegungen darstellen, die Einsicht gewachsen, dass nationale Alleingänge keine Lösung versprechen"[963], da es „in transnationalen sozialen Räumen keine „inneren Angelegenheiten" mehr gibt"[964]. Diese „Form der kooperativen Rechtsetzung"[965] führt zu einer gewissen Homogenisierung der Ausprägung von Staatlichkeit und politischen Entscheidungen[966]. Viele heutige politische Entscheidungen beziehen sich de facto nicht mehr (nur) auf die im eigenen Staat lebende Bevölkerung, sondern auf die Beziehung von Staaten untereinander (was sich auch darin zeigt, dass sich die operative Legitimität von Staaten innerhalb der politischen Logik selbst aus der Quelle internationaler Anerkennung[967] speist) und werden nicht mehr unmittelbar und ausschließlich auf der Basis eines symbolischen Volkswillens getroffen, beziehen sich operativ im relationalen

961 Benz, Arthur: Ansatzpunkte für ein europäisches Demokratiekonzept. In: Kohler-Koch, Beate (Hrsg.): Regieren in entgrenzten Räumen. Opladen/Wiesbaden 1998. S. 345

962 Zürn, Michael: Regieren im Zeitalter der Denationalisierung. In: Leggewie, Claus/Münch, Richard (Hrsg.): Politik im 21. Jahrhundert. Frankfurt/Main 2001. S. 434

963 Rucht, Dieter: Transnationale Öffentlichkeiten und Identitäten in neuen sozialen Bewegungen. In: Kaelble, Hartmut/Kirsch, Martin/Schmidt-Gernig, Alexander (Hrsg.): Transnationale Öffentlichkeiten und Identitäten im 20. Jahrhundert. Frankfurt/New York 2002. S. 343

964 Leggewie, Claus: Das Erasmus-Programm. Gibt es eine transnationale Bürgergesellschaft? In: Leggewie, Claus/Münch, Richard (Hrsg.): Politik im 21. Jahrhundert. Frankfurt/Main 2001. S. 476

965 Benz, Arthur: Postparlamentarische Demokratie und kooperativer Staat. In: Leggewie, Claus/Münch, Richard (Hrsg.): Politik im 21. Jahrhundert. Frankfurt/Main 2001. S. 266

966 dabei generiert sich Politik zunehmend auch als effizienzorientiert durch Deregulierung und Privatisierung, der „Einführung von Wettbewerbs- und Wirtschaftlichkeitskriterien, die Dezentralisierung von Kompetenzen und Verantwortung und die Entwicklung von Controlling-Instrumenten" (Heinze, Rolf G.: Modernisierung durch oder gegen die organisierten Interessen? Zur Reformfähigkeit des korporatistischen deutschen Sozialmodells. In: Drepper, Thomas/Göbel, Andreas/Nokielski, Hans (Hrsg.): Sozialer Wandel und kulturelle Innovation. Historische und systematische Perspektiven. Berlin 2005. S. 397). Dies führt seinerseits zu einer weiteren Homogenisierung politischer Entscheidungen durch privat festgelegte Standards, die für viele Staaten gleichermaßen gelten, sich aber andererseits ursprünglich in staatlicher Abhängigkeit gegründete private oder internationale Institutionen allmählich dessen kontrollierendem Zugriff, der „weiterhin eine wichtige Rolle spielen wird, aber eher als Aktivator und Regulator, der zudem die Infrastruktur zur Nutzung von mehr eigeninitiierten und selbstorganisierten Spielräumen bereithält." (a.a.O.: S. 402)

967 vgl. Luhmann, Niklas (Hrsg.: Kieserling, André): Die Politik der Gesellschaft. Frankfurt/Main 2002. S. 225

Spannungsfeld nationaler Verfassungen, des Völkerrechts oder auch der europäischen Menschenrechtskonvention, die aufeinander aufbauen, sich teilweise ergänzen, gegenseitig tragen oder auch miteinander konkurrieren sowie auch multilaterale Weltvereinbarungen (wobei hier aufgrund divergierender nationaler Interessen die Erfolgsquote (noch) relativ gering ist) als Ausdruck eines sich selbst reproduzierenden und stabilisierenden Systems der Weltgesellschaft aufeinander. Dabei sind Staaten sowohl Rechtsquelle und Initiatoren der Schaffung internationaler Institutionen, unterliegen diesen gleichzeitig rückgekoppelt durch europäische und internationale Rechtsetzung, die die Hegemonie der Nationalstaaten einschränkt, „verstärken manche dieser Instrumente eine nicht-nationale Organisationslogik“[968], selbst wenn entsprechende Regelungen mit „nationalen Interessen“ kollidieren[969].

3.2 Ordnung der Weltgesellschaft als entkoppelte Unordnung

Saskia Sassen ordnet ihre Beobachtungen der weltgesellschaftlichen Entwicklungen, indem sie diese primär als Form der Herausbildung dreier (noch relativ diffus sich zeigender) globaler Klassen (theoretisch adäquater: gesellschaftlich wahrnehmbare und als kongruent erscheinende kumulative soziale Adressierungsereignisse vor dem Hintergrund entsprechender Unterscheidungen, die sich in dieser Unterscheidungsaktualisierung zu Klassen simplifizieren lassen) beschreibt[970]. Gleichermaßen kennzeichnend für all diese Erscheinungsformen ist die Entdominierung eines statischen territorialen Bezuges[971] sowie eine – je

968 Sassen, Saskia: Das Paradox des Nationalen. Territorium, Autorität und Rechte im globalen Zeitalter. Frankfurt/Main 2008. S. 623

969 worin sich für Stichweg Weltgesellschaft ausdrückt, weil staatliche Souveränität für alle Staaten auf die gleiche Weise und gleich geltend entzehrt wird. Vgl. Stichweh, Rudolf: Differenz und Integration in der Weltgesellschaft. In: Giegel, Hans-Joachim (Hrsg.): Konflikt in modernen Gesellschaften. Frankfurt/Main 1998. S. 184

970 „Die erste entsteht durch die starke Zunahme transnationaler Netzwerke von Regierungsbeamten. Hierzu gehören jene Netzwerke, die von Experten zahlreicher, für eine Ökonomie globaler Unternehmen wesentlicher Themenbereiche gegründet worden sind – von Richtern, die mit immer mehr internationalen Regelungen und Verboten umgehen müssen und dazu ein Mindestmaß grenzüberschreitender Standardisierungen benötigen, von den Beamten der Ausländerbehörden, die über die Koordination der Grenzkontrollen wachen, von Polizeibeamten, die internationale Kapitalströme zur Finanzierung des Terrorismus aufdecken sollen. Zu der zweiten aufkommenden Klasse zähle ich politische Aktivisten sowie Schlüsselbereiche der globalen Zivilgesellschaft und bestimmte Formen von Diaspora-Netzwerken. … Und die dritte neue globale Klasse besteht aus zumeist benachteiligten Arbeitern im Niedriglohnsektor, einschließlich der Angehörigen von transnationalen Immigrationsgemeinschaften und –haushalten.“ (Sassen, Saskia: Das Paradox des Nationalen. Territorium, Autorität und Rechte im globalen Zeitalter. Frankfurt/Main 2008. S. 476/477)

971 vgl. Massey, Douglas S. (Hrsg.): Worlds in Motion. Oxford 1998

unterschiedliche – Kombination räumlicher Nähe unterschiedlicher Orte dieses Globusses. „So werden etwa Immigranten dazu neigen, Teil eines grenzübergreifenden Netzwerks zu werden, das bestimmte Orte – ihre neuen Gemeinschaften und ihre Herkunftsorte in den Heimatländern – verbindet. Auch wenn sie sich in gewisser Weise von den Leuten aus der Finanzbranche unterscheiden, teilen sie dennoch die Erfahrung deterritorialisierter lokaler Kulturen, die nicht auf räumliche Nähe gründen. Beide Arten von Arbeitskräften agieren auf Arbeitsmärkten, die lokal, aber nicht benachbart sind; dies sind polyzentrische Netzwerke von Orten."[972] Für die beteiligten Individuen dieser sich je bildenden Netzwerke von Orten ist durch deren deterritorialer Struktur konstitutiv, dass die Unterscheidung von Heimat und Fremde, und zwar sowohl aus der Perspektive von Selbst- als auch Fremdbeschreibung; wer wen wann und wo als „Einheimischen" beobachtet, kontingent wird. „Vielfach handelt es sich um Transitexistenzen, um Pendler, die allerdings nicht zwischen Vorstadt und City, sondern zwischen verschiedenen Staaten pendeln und ihren Lebensmittelpunkt je nach Bedarfslage wechseln und einzelne Mitglieder ihrer Netzwerke so platzieren, dass die wechselnden Optionsstrukturen der erreichbaren Staaten vorteilhaft genutzt werden können."[973] Jedes dieser deterritorialen Netzwerke bildet dabei unterschiedliche und unterschiedlich intensive Formalisierungen und Institutionalisierungen aus, indem Handlungen als kommunikative Zurechnungen je entsprechende Anschlussfähigkeiten einschränken und generieren bzw. durch entsprechende Erwartungen eingeschränkt und generiert werden. Dabei lösen sich all diese Klassen oder Netzwerke nicht von der nationalstaatlichen Ordnung des jeweiligen Ortes, an dem sie sich befinden. „Jede von ihnen bleibt – oft auf ganz unerwartete Weise – in dichte, örtlich begrenzte Umgebungen eingebettet: Finanz- und Geschäftszentren, nationale Regierungen, die lokal fixierten Makrostrukturen des täglichen Lebens der Bürger und ihrer Kämpfe sowie die translokalen Verankerungen von Immigranten."[974] Über diese Ordnung hinaus entwickelt aber jede dieser Klassen neben und abgehoben von den je geltenden nationalen Regelungen ihre je eigene Ordnung, die nur spezielle Gültigkeit für sich selbst aufweist. Die Gültigkeit bzw. Grenze dieser je (nur) für sich selbst geltenden Ordnungen resp. Orientierungen, die Unterscheidung der Trennung und Verbindung als je spezifische Sinnproduktion strukturiert sich nicht mehr nur in der räumlichen Dimension, sondern kann sich auch auf andere Formen des Sozialen beziehen:

972 Sassen, Saskia: Das Paradox des Nationalen. Territorium, Autorität und Rechte im globalen Zeitalter. Frankfurt/Main 2008. S. 635

973 Oswald, Ingrid: Neue Migrationsmuster. Flucht aus oder in „Überflüssigkeit"? In: Bude, Heinz/Willisch, Andreas (Hrsg.): Das Problem der Exklusion. Ausgegrenzte, Entbehrliche, Überflüssige. Hamburg 2006. S. 220

974 Sassen, Saskia: Das Paradox des Nationalen. Territorium, Autorität und Rechte im globalen Zeitalter. Frankfurt/Main 2008. S. 478

„Die eine ist diejenige, wonach die Grenze in das Produkt, die Person und das Instrument eingebettet ist: ein mobiler Akteur verinnerlicht entscheidende Charakteristika der Grenze. Die andere ist diejenige, wonach es verschiedene Orte der Grenze gibt – sei es innerhalb von Unternehmen oder aber in langen transnationalen Ketten von Schauplätzen, die sich tief in nationale territoriale und institutionelle Bereiche hineinziehen können. Auf globale Städte entfallen überproportionale Konzentrationen solcher Grenz-Schauplätze; letztere sind zumeist institutionelle Schauplätze, die sich ein territoriales Korrelat zu eigen machen – so zum Beispiel die enorme Konzentration internationaler Finanzeinrichtungen in New York."[975] Insbesondere in den globalen Städten ist eine Bündelung dieser verschiedenen Ordnungslogiken als „Neuentdeckung mannigfaltiger paralleler Gegenwarten in dieser Landschaft"[976] zu beobachten. Diese Bündelung definiert Sassen als spezielle Assemblagen, da diese gerade nicht auf eine einheitliche, überall gleich geltende Art, sondern selbstkonstitutiv und paradox (als jede Verbindung trennt und jede Trennung verbindet) und dies je über, unter oder auch quer zur nationalstaatlichen Ordnung geschieht. „Assemblagen entbündeln allmählich die traditionelle Territorialität des Nationalen, wenn auch in partieller und hochspezialisierter Weise."[977] Ordnungen beziehen sich je nur auf ihre eigene Praxis, die als Praxen nicht mehr kompatibel und aufeinander beziehbar sind. Sie sind Different und füreinander Indifferent. „Wir erleben den Übergang von einer Form zentripetaler, nationalstaatlicher Verknüpfung zu einer zentrifugalen Vervielfältigung spezialisierter Assemblagen"[978], die wenig Kohärenz aufweisen. Es sind die Bezüge und Verdichtungen von Zeiten und Räumen, aus deren Zusammenspiel sich Formen von Ordnungen ergeben. Zeitlich verweist Ungleichheit auf Ungleichzeitigkeiten, das heißt auf Zeitzonen von Orten und lokalen Akteuren und deren Divergenz zu unterschiedlichen Kohärenzen von Zeitbündelungen globaler Standards und räumlich verweist Ungleichheit auf Ungleichartigkeiten, auf Räume als Raum und Räume als Raumzonen. Daraus ergeben sich Zeitinkongruenzen innerhalb von Raumkongruenzen und Rauminkongruenzen innerhalb von Zeitkongruenzen. Diese gleichzeitige Entbündelung als auch spezielle Re-Bündelung ist so „sowohl durch die Möglichkeit gekennzeichnet sich von den heute noch immer geltenden normativen Orientierungen zu verabschieden, als auch – was vielleicht noch wichtiger ist – durch die Möglichkeit, partikulare neuartige normative Ordnungen im Innern jeder dieser Assemblagen zu konstituieren."[979] Gesellschaft stellt sich durch differenziertere Beob-

[975] a.a.O.: S. 668
[976] a.a.O.: S. 505
[977] a.a.O.: S. 626
[978] a.a.O.: S. 678
[979] a.a.O.: S. 676

achtungspositionen und damit vervielfältigte Beschreibungsmöglichkeiten (als jede Beschreibung einen Beobachter voraussetzt) unaufhebbar als Different, als je nach Perspektive und Blick divergierend dar, wie auch Appadurai[980] ausführt, indem die jeweilige Perspektive gleichermaßen die Beobachtung und das Resultat bestimmen. Diese Assemblagordnungen sind sowohl national als auch global, als sie sich an Orten, also innerhalb Nationen entfalten, dies aber unterschiedlich je nach Reichweite und Geschwindigkeit, so dass sie punktuell als Ereignisse mit anderen Ordnungen sowohl kongruent als auch inkongruent (zeitlich und räumlich) zusammenfallen können, und sich so neue – spezielle – Ordnungen als Praxen – ohne verbindliche gültige Regeln im Sinne von gemeinsamer und voraussetzbarer Erwartungssicherheit – entfalten. Perspektiven auf Gesellschaft emergieren nicht mehr dauerhaft und identitätsprägend, sondern temporär und fragil, abhängig von kommunikativen Einzelereignissen in der Koexistenz divergent realitätskonstruierender Assemblagen als punktuelle Kopplungsversuche entbündelter Ordnungen, die diese als anschlussfähige Muster je relativ zueinander unprognostizierbarer zu beziehen versuchen unter Kollateration dadurch gleichzeitiger Entbündelung je relativer anderer Bündelungen. Dieser Modus der selbstbeobachtenden Selbstanpassung[981] aktualer Reproduktionsformen von Gesellschaft auf der Basis wie auch Zukunftsprojektionen dieser Formen, der als Modus dann wieder Reproduktionsmöglichkeiten limitiert, verdankt sich weniger einer prästabilisierenden Ordnung der Domestizierung und Kompensation (wie Gesellschaft als politische Gesellschaft im kohärent sozialen Raum noch imaginieren konnte), weist nicht mehr die bisher gewohnte Verbindlichkeit als identisch konstruierbare Beobachtungsmöglichkeiten im Sinne von Erwartungs- und Orientierungssicherheiten auf.

3.2.1 Formen partizipativer Identitäten in der Weltgesellschaft

Eine weitere Dimension von Globalisierung bezieht sich auf den sozio-kulturellen Symbolbereich, also das v.a. interaktionistisch geprägte Lebensumfeld, innerhalb dessen struktureller Kontexte sich individuelle „Karrieren“ und ein je-

---

[980] vgl. Appadurai, Arjun: Globale ethnische Räume. In: Beck, Ulrich (Hrsg.): Perspektiven der Weltgesellschaft. Frankfurt/Main 1998. S. 11

[981] und diese Ordnungsbildung wird erwartbar nicht im Sinne einer neuen je lebensweltverhafteten selbstbestimmten Orientierung code-überschreitender und kommunitaristische Züge tragender Neujustierung des staatlichen Leviathan im Sinne der Möglichkeit gesellschaftlicher vernünftiger; id est: humaner Selbststeuerung erfolgen. Vgl. zu einer entsprechend „naiven“ Auffassung: Donati, Pierpaolo: Welche soziale Inklusion? „Lib/lab´sches Neo-Panopticon“ und sozietale Staatsbürgerschaft: zwei verschiedene sozialpolitische Strategien. In: Annali di Sociologia. Soziologisches Jahrbuch 16, 2002/2003. Berlin 2006. S. 392-424

weiliger Habitus entfalten, der nach Richter „aus der frappierenden weltweiten Angleichung von Lebensformen und Kulturmustern, aber auch in der Nivellierung von Wahrnehmungsschemata, von individueller und kollektiver Bewusstseinsbildung und von Verhaltensnormen“[982] besteht. Bedingt und begünstigt durch (welt-)gesellschaftliche Ausweitung und Vernetzung von Kommunikation, der informativ wie visuellen Wahrnehmung unterschiedlicher Lebensformen in der berichtbaren, berichteten und registrierbaren Welt[983] kann mit Stichweh zu Recht von einer „Weltöffentlichkeit“[984] gesprochen werden. Die Möglichkeit globaler Beobachtung durch Ausweitung von Beobachtungsmöglichkeiten und „Orientierung an übergreifenden Vergleichshorizonten“[985] ermöglicht vervielfachte Identitätsbezüge im Rahmen informaler Beziehungen, die sich aus verschiedenartigsten sozioökonomischen und -kulturellen Mustern ergeben: *sozialen* Konstitutionsmöglichkeiten individueller Konstruktionen partizipativer Identitäten. Normalformkonstruktionen, wie sie durch den Container des „Nationalen“ noch limitiert werden konnten, können so immer seltener als „Normal“ vorausgesetzt werden, wodurch auch dadurch die prägende Kraft einer prästabilisierenden sozialen Ordnung unplausibler wird, wie es auf nationalstaatlicher Ebene durch Politik, Medien und deren Diskurse durch Verweise auf gemeinsame Herkunft, Geschichte und politische Organisation oder eine geteilte soziale Lage und daraus folgende Interessen noch erwartbar war[986]. Identitätsgeneratoren und deren individuelle Ausgestaltung „kann das Individuum in einem viel größeren Ausmaß Identität wählen und wechseln. Das reicht vom Wechsel zwischen der Konsumenten- und der Produzentenrolle bis hin zur Wahl der geschlechtlichen (gender) Identität. Rollen und Identitäten sind nicht mehr durch stabile Zuschreibungen definiert, sondern unterliegen der Definition durch ihre Träger und der Empathie, nur durch role-taking ist Kooperation möglich. Wenn

---

982 Richter, Emanuel: Kosmopolitischer Patriotismus? Die deutsche Nation im Prozess der Globalisierung. In: Voigt, Rüdiger (Hrsg.): Der neue Nationalstaat. Baden-Baden 1998. S. 306. Auch wenn konzediert werden kann, dass sich einheitliche Muster kultureller Reproduktion imperialer Art (wie CNN oder MTV als Ausdruck des westlichen Way of Live) im Zuge der Globalisierung weltweit ausdehnten, muss ein heutiger Blick wenn nicht gegenläufige Tendenzen, so zumindest differenziertere Muster berücksichtigen

983 mit der unvermeidlich damit einhergehenden nochmaligen Zunahme von Kontingenz. Selbstevidente Wahrheiten (wie Ideologien oder Religionen) verlieren ihre Evidenz, müssen um Aufmerksamkeit und Anerkennung kämpfen

984 vgl. Stichweh, Rudolf: Die Entstehung einer Weltöffentlichkeit. In: Kaelble, Hartmut/Kirsch, Martin/Schmidt-Gernig, Alexander (Hrsg.): Transnationale Öffentlichkeiten und Identitäten im 20. Jahrhundert. Frankfurt/New York 2002. S. 57-66

985 Werron, Tobias: Publika. Zur Globalisierungsdynamik von Funktionssystemen. In: Soziale Systeme. Zeitschrift für soziologische Theorie. Jahrgang 13, Heft 1 + 2. Stuttgart 2007. S. 392

986 vgl. Reuter, Julia: Ordnungen des Anderen. Zum Problem des Eigenen in der Soziologie des Fremden. Bielefeld 2002. S. 231

die Diagnose von der zunehmenden „Lebensstilisierung" der modernen Gesellschaft zutrifft, dann bedeutet das, dass die Identitätsfindung immer mehr über Lebensstilenklaven gelingt oder nicht gelingen wird – wenigstens wird es immer mehr versucht werden."[987] Diese Entwicklung auf individueller Ebene fällt sozial zusammen mit einer zunehmenden „Konkurrenz von Deutungsangeboten, die zu immer neuen Differenzerfahrungen führen. Kulturprodukte werden dadurch einem immer größeren Ausschnitt der Bevölkerung zugänglich. Es entsteht ein globaler Markt von kulturellen Vereinigungen, die mit ihren Erlösungsversprechen um Mitglieder konkurrieren."[988] Dabei entsteht keine globale kulturell homogene Identität im Sinne von Einheitlichkeit und Verbindlichkeit in der Form der (und damit auch der Möglichkeit der Limitierung durch) Subordination unter ein Allgemeines, sondern heterogene Möglichkeiten der Antizipation und Transformation globaler Kulturmuster im Rahmen hegemonialer kultureller Deutungsrahmen (wie Richter kulturkritisch geprägt bemängelt [vgl. FN[982]]) innerhalb von Interdependenzen verschiedener kultureller Biasse, die sich eben auch aus dem Umstand ergeben, „dass die Grenzpotentiale des Staates, die an den geographischen Auffassungen der Grenze im Stile des 19. und 20. Jahrhunderts orientiert waren, in nicht-geographische Grenzziehungspotentiale übergehen könnten, die sowohl transnational als auch subnational wirksam sind."[989] Der Übergreifung nationaler Identitäten stehen, als weitere Ausprägung von Unübersichtlichkeit regionale kollektive Identitäten durch (und vielleicht an manchen Orten der Welt in erst heutiger Ausprägung[990]) lokale Traditionen und Sinnbezüge gegenüber, die ihre Sinnfälligkeit insb. aus ihrer Überschaubarkeit und Unmittelbarkeit gewinnen. So entstehen „durch das Prinzip kultureller Diversität bei gleichzeitiger zunehmender Interdependenz verschiedener kultu-

[987] Heinrich, Georg: Das Ende der Multikulturalität. Multikulturalität, Multiidentitäten und gesellschaftliche Evolution. In: Müller, Eva (Hrsg.): Entweder-Und-Oder. Vom Umgang mit Mehrfachidentitäten und kultureller Vielfalt. Wien 2000. S. 60

[988] Preyer, Gerhard: Soziologische Theorie der Gegenwartsgesellschaft I. Mitgliedschaftstheoretische Untersuchungen. Wiesbaden 2006. S. 185

[989] Sassen, Saskia: Das Paradox des Nationalen. Territorium, Autorität und Rechte im globalen Zeitalter. Frankfurt/Main 2008. S. 668

[990] „Während die Weißen ihre Traditionen weitgehend aufgegeben und damit ihre ethnischen und kulturellen Merkmale der Besonderung hinter sich gelassen haben, machen sich Gruppen, denen unter den Bedingungen fortgesetzter Vernichtung, Ausbeutung und Diskriminierung die Pflege kultureller Traditionen abgesprochen war, allererst auf die Suche nach ihren Traditionen, nicht zuletzt, um überhaupt ein Verhandlungsmandat zur Aushandlung globaler Prozesse zu gewinnen. Für diese Gruppen gilt: man kann nicht ablegen, was man nie besaß; man kann jedoch entwickeln und kultivieren, was Jahrhunderte weißer Herrschaft unterdrückt haben." (Assmann, Aleida: Die Gleichzeitigkeit des Ungleichzeitigen. Nationale Diskurse zwischen Ethnisierung und Universalisierung. In: Bielefeld, Ulrich/Engel, Gisela (Hrsg.): Bilder der Nation. Kulturelle und politische Konstruktionen des Nationalen am Beginn der europäischen Moderne. Hamburg 1998. S. 395)

reller Systeme"[991] vor dem Horizont der Möglichkeit des Vergleiches vielfach kulturelle Diffussionserscheinungen (wenn „fremde Muster" durch Kumulation von Beobachtungen vertraut werden oder globale Muster lokale Formen mit aufnehmen und so das Globale Lokal und das Lokale Global verglichen wird[992]). Globale Orientierung bedeutet gleichzeitig Vereinheitlichung *und* Differenzierung, neue Raumbeziehungen und symbolische Deutungsmuster zwischen globalen und lokalen bzw. regionalen Orientierungen. „Je bewusster wir uns der globalen Zusammenhänge werden, desto eifriger sind wir dabei, unsere regionale Identität zu wahren – daher das Paradoxe am globalen Dorf."[993] Konkrete Globalisierung manifestiert sich vor allem vor Ort[994], einem Ort, der nicht mehr ursächlich räumlich zu denken ist, sondern im Rahmen der Unterscheidung von Vertraut und Unvertraut das fluide Vertraute bezeichnet [vgl. Kap. 2.2.3] und selbstredend auch globalisierungskritisch Vertrautes bezeichnen kann. Kollektive Identitäten stellen so keine ontologischen Orte allgemeingültiger Unterscheidungen mehr dar, sondern sind, in der Terminologie von Eickelpasch, hybride; „aller Sicherungen durch Tradition und Herkunft beraubt und radikal *dezentriert.* Sie folgen keinen vorgegebenen, historisch verankerten Mustern mehr, vielmehr entstehen ihre Bedeutungsfragmente immer erst im Moment ihrer Aushandlung, Übersetzung und „Hybridisierung"."[995] Identitäten als Effekte sozialer Kontexte reproduzieren sich in Form eines Habitus [vgl. Kap. 2.3.3], der sich im Rahmen der Transformation des Erlebens unterschiedlicher sozialer Adressierungen in anschlussfähige Handlungsformen als internalisiertes Repertoire in heterogenen Kontexten entwickelt, die sich aufgrund dieser Adressierungsheterogenität sogar

---

991 Stichweh, Rudolf: Differenz und Integration in der Weltgesellschaft. In: Giegel, Hans-Joachim (Hrsg.): Konflikt in modernen Gesellschaften. Frankfurt/Main 1998. S. 185

992 zu beobachten bei „widersprüchlichen oder schwankenden territorialen Zugehörigkeiten: Grenzbevölkerungen, Migranten, Menschen in der Diaspora, solche mit mehrfacher Staatsbürgerschaft und solche in bi-nationalen oder bi-ethnischen Ehen. In solchen – heute stark im Zunehmen begriffenen – Situationen kann man von „transnationalen Gemeinschaften", „transnationalen Kulturen" oder *ethnoscapes* sprechen – Identitätslandschaften, die nicht mehr an ein bestimmtes Territorium gebunden sind." (Kohli, Martin: Die Entstehung einer europäischen Identität: Konflikte und Potentiale. In: Kaelble, Hartmut/Kirsch, Martin/Schmidt-Gernig, Alexander (Hrsg.): Transnationale Öffentlichkeiten und Identitäten im 20. Jahrhundert. Frankfurt/New York 2002. S. 129)

993 Kerckhove, Derrick de: Jenseits des Globalen Dorfes. Infragestellen der Öffentlichkeit. In: Maresch, Rudolf (Hrsg.): Medien und Öffentlichkeit. Positionierungen. Symptome. Simulationsbrüche. München 1996. S. 137

994 „Und tatsächlich ist das globale Dorf ja auch in Bayern längst Wirklichkeit. Heute kann man Ökobauer sein und für die CSU im Gemeinderat sitzen, man kann sich gleichzeitig in der Anti-Mobilfunk-Initiative engagieren und im Katholischen Jungfrauenbund. Ein Jugendlicher auf dem Land ist tagsüber vielleicht als Grufti unterwegs oder hört Death Metal, er ist aber auch Mitglied im Burschenverein, und zum Maibaumaufstellen erscheint er ganz selbstverständlich in der heimischen Tracht. Wenn auch mit Augenbrauen-Piercing." (Aus: SZ-Magazin Nr. 18. 04.05.2007. S. 21)

995 Eickelpasch, Rolf/Rademacher, Claudia: Identität. Bielefeld 2004. S. 107

als widersprüchlich in differierenden Kontexten generieren können. Im Gegensatz zu diesen, sich praktisch entfaltenden Identitätsformen stellen semantisch tradierte kollektive Formen von Identität fremdreferentielle „ontologische" Muster der Sinnlimitierung und der Imagination „gleicher" Gleichheit zur Reduktion von Komplexität auf einheitliche verbindliche Muster dar. Dies ermöglichte *sozial* Ordnung und limitierte *individuell* Erwartungen, da durch Orientierung an diesen Ordnungskontexten Verhaltens- und Entscheidungsunsicherheiten durch kontextunabhängige Adressierungserwartungen kompensiert werden konnten. Eine „hybride" konstruierte Identität limitiert nun die Erwartbarkeit dieser kollektiven Formen und ermöglicht durch ihre Dezentrierung und situativen Konstruktion einen „privilegierten Blick"[996], der nur im Rahmen einer aktual getroffenen Unterscheidung als individuelle Konstruktion Geltung erlangt. Hybride Identität als Form sozialer Ansprechbarkeit, die sich in der Praxis durch diese Praxis selbst ergibt, stellt heute Formen des Habitus dar, der, als Original in bestimmten Kontexten entwickelt in seiner Aushandlung und Übersetzung auch in Kontexten zur Anwendung kommt, die dem Entwicklungsbezug nicht (oder nicht ganz) entsprechen, weisen diese komplexere und keine allgemeinverbindlichen, aber sich relativ ähnlich generierende Muster auf; Ausprägungen spezifisch individueller Unterscheidbarkeiten durch adaptierte sozial appräsentierte „Zettel" an jedem Ort dieses Globusses. „Improvisation findet nicht mehr länger innerhalb einer relativ festgelegten Menge von denkbaren Handlungen statt, sondern ist allgegenwärtig und allesdurchdringend, angetrieben von den in massenmedialen Meistererzählungen verbreiteten imaginierten Bildern."[997] Da individuelle Reproduktionsmuster nicht ohne „Zettel" (auch als Basis entsprechender Parodien) auskommen, stellt jede dieser Improvisationen eine Form der Imitation dar: „Kern dieser Imitationsdynamik ist in der Informationsgesellschaft ausschließlich die informationelle Spannung von Unterscheidung und Ähnlichkeit."[998] Diese Improvisationen sind adaptive soziale Zettel, die, transformiert und reformuliert als jeweilige Imitationsform Kommunikation und Wahrnehmung strukturell aufeinander beziehen, stellen selbstkonstitutive Formen der Schließung von Unbestimmbarkeit von Einheit wie auch Differenz durch individualisierte Beobachtungspositionen dar. „Die Erscheinungsform kollektiver Handlungsformationen lässt demzufolge keine eindeutigen Rückschlüsse auf den sozialen Status ihrer Träger oder ihre sozial-moralische Herkunft mehr zu."[999]

[996] a.a.O.: S. 107

[997] Appadurai, Arjun: Globale ethnische Räume. In: Beck, Ulrich (Hrsg.): Perspektiven der Weltgesellschaft. Frankfurt/Main 1998. S. 25

[998] a.a.O.: S. 161

[999] Thiedeke, Udo: Stilisierung als Möglichkeit der Inklusion. In: Ders.: Medien, Kommunikation und Komplexität. Vorstudien zur Informationsgesellschaft. Wiesbaden 1997. S. 158

Dadurch entstehen individuell „*Freiheitsgrade* durch Entlastung (*Freisetzung*) aus eindeutigen Zugehörigkeiten einerseits sowie als nun stärker am Selbst orientierte *Einschränkung* dieser Freiheitsgrade andererseits.“[1000] Individuelle Selbsterzeugung und Weltvergewisserung exemplifizieren sich so weniger als Limitierung von Freiheitsgraden durch einen Habitus kollektiv beobachtbarer Lagen, wird im Rahmen geringerer Rückversicherung durch die je soziale Umwelt, die sich zwar weiterhin, aber unkohärenter „Zettelhaft“ [vgl. FN[581]], sowie mit geringerer Verbindlichkeit dieser Zettel (da Adressabilitätsformen in bestimmten Kontexten als Habitus selbstreferentieller Limititation individuell „kreativer“ – und damit relativer – mit anderen Kontextbedingungen verknüpft (oder eben dies unterlassen) werden können) generiert und so unverbindlicher strukturiert, welcher Habitus als Erwartungserwartung (auch kontextübergreifend) kommunikativ anschlussfähig ist, stellen sich Individuum wie auch Gesellschaft– rekursiv – mehr (und damit Kommunikationsmöglichkeiten als auch – bedarf exponierend) auf Erwartungsnegation durch Abweichungserwartungen und Unprognostizitäten (die kommunikativ nicht stillschweigend voraussetzbar sind) wie auch permanenten Revisionsbedarf generalisierter Erwartungen (der ebenfalls Kommunikation bedarf) ein. Kommunikation „wird immer weniger durch traditionale Zugehörigkeiten bestimmt, da sich mittlerweile ein Weltmarkt von Gruppenvereinigungen gebildet hat. Sie konkurrieren auf dem Vereinigungsmarkt um Mitglieder und ihre Konkurrenz führt in der Regel dazu, dass sie mehr an in Aussicht gestellter Geborgenheit versprechen, als sie in der Ausgestaltung des Gruppenlebens im Fortgang dann auch halten können. Dies führt zu Enttäuschungen. In dem Ausmaß, in dem die Gruppenkommunikation mobilisiert wird, entsteht gleichzeitig eine Nachfrage nach Orientierungen für Einschätzungen, die es erlauben, möglichst ohne großen Aufwand andere einzuordnen.“[1001] Sinn ist nun, um die Kontingenz von Selbstreferenz sozial wieder einzuschränken, nur in der und durch die Kommunikation selbst als aktuale und temporale Verstehensform des Verstehens begreifbar, ergibt sich Wirklichkeit je nur aus der situativen Aktualisierung als ereignisbasierte Ontologie im Kontext anderer gleichzeitiger Wirklichkeiten anderer kommunikativer Einzelereignisse. Damit vervielfachen sich Möglichkeiten potentieller Ansprechbarkeit und verringern sich Möglichkeiten operativer Ansprechbarkeit durch abnehmende Antizipationsmöglichkeiten; „während bislang die Tradition der Einheit der Personen, der Familien, der Religionen, der Parteien oder der Gesellschaften sich

[1000] Nassehi, Armin: Die paradoxe Einheit von Inklusion und Exklusion. Ein systemtheoretischer Blick auf die „Phänomene“. In: Bude, Heinz/Willisch, Andreas (Hrsg.): Das Problem der Exklusion. Ausgegrenzte, Entbehrliche, Überflüssige. Hamburg 2006. S. 49

[1001] Preyer, Gerhard: Soziologische Theorie der Gegenwartsgesellschaft 1. Mitgliedschaftstheoretische Untersuchungen. Wiesbaden 2006. S. 213

immer wieder gegenüber den Kräften der Differenzierung und Dissipation behaupten konnten, und sei es nur aus schierer Angst vor der Anarchie unbeherrschter Komplexität, neigt sich nun die Balance zugunsten der Vielfalt."[1002] Die Substitution einheitlich beobachtbarer sozialer Muster durch entkoppelte Beobachtungsverhältnisse raumzeitlicher Art entbündelter Assemblagen marginalisieren kollektive Identitätsimaginationen in Form kollektiver Lagen als soziale Ordnungsfaktoren identisch konstruierbarer Ansprechbarkeit (wie dies auch im Rahmen funktionaler Differenzierung durch die Beobachtungsform der Klassengesellschaft noch überzeugen konnte), was zur Inkonsistenz von Verhaltenserwartungen führt. Dies erschwert die Aufrechterhaltung der Imagination kollektiver Identität, da sich nur noch bemüht sozial andere Ereignisreproduktionsformen finden lassen, denen Identität mit eigener Selbstreproduktion als „kollektive Gleichheit" unterstellt werden könnte. Der für bisherige Identitätskonstruktionen vorgängige Sinngehalt gesellschaftlicher Adressierungen wird nun (auch) in sein Gegenteil tranformiert: „Individuelle Vorstellungen werden dabei zur Basis der sozialen Realitätskonstruktion. Nur so lässt sich die Kommunikationskomplexität von einem relativ sicheren Orientierungspunkt aus durchdringen. Soziale Identität wird zu einer Chiffre individueller Vorstellungen, die sich darin sozial einordnet, dass sie sozial wahrnehmbar, um nicht zu sagen „auffällig" wird."[1003] Relativiert sich aufgrund dekohärenter und unprognostizierbarerer Strukturierung der sozialen Umwelt diese durch operative Individualadressierungen selbstkonstitutiver Partialordnungen und verringert sich individuell die Möglichkeit (in intern ausreichendem Maße), diese, wenn aus eigenen Unterscheidungen als Adressierungsstilisierungen wie aus fremden Unterscheidungen als Adressierungen immer weniger Orientierungen zu gewinnen sind, für sich selbst sinnhaft zu kombinieren und zu reorganisieren, ist Sinnkonstitution als individueller Stil zunehmend nur noch selbstreferentiell möglich, werden auch vermeintlich eindeutig frendreferentielle Beschreibungen als selbstreferentielle Konstruktion erfahrbar. „Stil ist insofern radikal beobachterabhängig, und zwar auf selbstreferentielle und fremdreferentielle Weise. Der Stilträger reflektiert sich selbst als Beobachter, der abschätzt, welche Wirkung seine Stilisierung in bezug auf die gewünschte Identitätsvermittlung erzeugt. Fremdreferentiell ist die Stilwahrnehmung dadurch, das sich die soziale Einordnung der Stilisierung nur in der Fremd-Beobachtung des Habitus erschließt, aus dem sich alleine ableiten lässt,

---

[1002] Abromeit, Heidrun/Schmidt, Thomas: Grenzprobleme der Demokratie: konzeptionelle Überlegungen. In: Kohler-Koch, Beate (Hrsg.): Regieren in entgrenzten Räumen. Opladen/Wiesbaden 1998. S. 302

[1003] Thiedeke, Udo: Stilisierung als Möglichkeit der Inklusion. In: Ders.: Medien, Kommunikation und Komplexität. Vorstudien zur Informationsgesellschaft. Wiesbaden 1997. S. 119

was der Stilträger „sein will“.“[1004] Gesellschaftliche Reproduktion benötigt zur Einschränkung doppelter Kontingenz [vgl. Kap. 1.2.4] Formen dieser Eingrenzung (wodurch als Formen dieser Reduktion Funktionssysteme wie auch soziale Gedächtnisse emergieren), erinnern Massenmedien[1005] (selektiv, aber bislang relativ verbindlich) daran, durch welche (auch normativen) Limitationen als Ordnungsformen dies in der Vergangenheit geschah, aktuell geschieht und in Zukunft zu geschehen habe [vgl. Kap. 2.2.2]. Diese Verbindlichkeit repräsentabler Kollektivität reduziert sich und damit auch die Imagination einer einheitlichen gemeinsamen Geschichte der Anerkennung eigener in der Auseinandersetzung beobacht- und zurechenbarer anderer Reproduktionsformen, die (politikaffinbeobachtbare) Geschichte „der“ Gesellschaft, die das Geschehen der „Gesellschaft der Gegenwarten“ [vgl. FN[451]] bündelt und mit sozialdimensioniertem Sinn versieht und diese als umfassende Einheit der Einheit wie auch der Einheit des Differenten [vgl. Kap. 1.4.3] wahrzunehmen sucht. Gerade auch in der (nicht nur) von Manuel Castells postulierten heutigen Netzwerkgesellschaft (antihierarchischer) Ordnungsmuster zeigt sich die grundlegende Divergenz zwischen Globalisierung und nationalstaatlichen Beobachtungsformen; ist „die Kontinuität zwischen der Logik der Schaffung von Macht im globalen Netzwerk und der Logik der Assoziation und Repräsentation in den spezifischen Gesellschaften und Kulturen … jetzt entfallen.“[1006] Diese Logik der Schaffung von Macht[1007] ergibt sich nicht mehr primär durch voneinander einheitsverbindlich abgrenzbare Entitäten (mit den damit verbunden vorausgesetzten und voraussetzbaren erwartbaren Verhaltenserwartungen repräsentabler Assoziative), sondern entspringt der heterarchischen Struktur divergent funktionaler Relevanzen und kontextabhängigen Formen von Netzwerken, die die Dominanz und Eindeutigkeit der Adressa-

[1004] a.a.O.: S. 120

[1005] Bergsdorf sieht gerade hierin die – unter diesen Bedingungen – gesteigerte Relevanz des Journalismus, Informationen zu filtern und zu transportieren, damit „die Wirklichkeit möglichst unentstellt und möglichst unverkürzt zu Wort kommt.“ (Bergsdorf, Wolfgang: Die Wissensgesellschaft und ihr Ethikbedarf. In: Rauscher, Anton (Hrsg.): Nationale und kulturelle Identität im Zeitalter der Globalisierung. Berlin 2006. S. 359) Offen bleibt hier freilich wiederum, welche Wirklichkeit gemeint ist

[1006] Castells, Manuel: Die Macht der Identität. Teil 2 der Trilogie. Das Informationszeitalter. Opladen 2002. S. 13

[1007] Castells klassifiziert verschiedene Formen und Funktionen kollektiver Identitäten und diagnostiziert den zunehmenden Funktionsverlust von „legitimierender Identität“ klassischer nationalstaatlicher Ausprägung. Diese wird überlagert durch die Bedeutung von Projektidentitäten, die die primäre Referenz sozialen Wandels in der Netzwerkgesellschaft bilden, in der und durch die sich verbindliche und sichtbare Identitäten auflösen in je nur selbstkonstitutiv geltende selbstbestimmte und – bestimmende Identitätsformen. Gleichzeitig bilden sich als Reaktanzformen auf diese Entwicklung weltweit fundamentale „Widerstands-Identitäten“ heraus, die sich gegen Uneindeutigkeiten und Diffussionen wehren und durch *„den Ausschluss der Ausschließenden durch die Ausgeschlossenen“* (a.a.O.: S. 10) auf Eindeutigkeiten bestehen und den „Himmel von Kommunen in himmlische Höllen verwandeln“ (a.a.O.: S. 73) könnten [s. Kap. 3.4]

bilität von Personen in funktionssystemspezifischen Adressierungen (Inklusion) oder Nichtadressierungen (Exklusion) durch generalisierten Sinn (als Prozession eindeutiger System/Umweltgrenzen) unbestimmbarer werden lassen, indem sie „*Heterogenes* – also in unterschiedlichen Kontexten von Sinn erzeugte Möglichkeiten – partikular aufeinander beziehen.“[1008] Netzwerke reproduzieren sich nicht in Form der Adressierung komplettpersonimaginierender Identitäten, sondern produzieren Adressabilität durch relationale Verknüpfung persönlicher Kontakte[1009]. Personen als (partielle) soziale Adressen bilden als „Knoten“[1010] spezifisch strukturierter Erwartungen polykontexturaler Inklusions-/Exklusionsprofile die Konvergenzpunkte von Netzwerken. Netzwerke als soziale Ordnungsformen bestehen aus der Verknüpfung der als soziale Systeme produzierten und stabilisierten Kontakte, ergibt sich Sinn auch in diesen kommunikativ. Adressen „informieren darüber, mit wem Kommunikation möglich und erfolgversprechend ist. Sie werden operativ genutzt in *Beziehungen* und dadurch zu verfügbaren *Kontakten*“[1011] und verweisen auf weitere kontaktierbare Adressen, um die Potentialität[1012] neuer Kontaktmöglichkeiten aus der Aktualität gegebener Kontakte emergieren lassen zu können, denn mit „einer Adresse sind vielmehr auch Erwartungen darüber verknüpft, inwieweit Erreichbarkeit in *Zugänglichkeit bzw. Verfügbarkeit* transformiert werden kann.“[1013] Netzwerke ermöglichen sich gerade durch die individuell mutualistische Eingebundenheit in differierende Kontexte und deren Kombination, eröffnen durch Kontakte den Zugang zu und damit die Partizipation an Ressourcen funktionssystemspezifi-

---

[1008] Bommes, Michael/Tacke, Veronika: Das Allgemeine und das Besondere des Netzwerkes. In: Dies.: Netzwerke in der funktional differenzierten Gesellschaft. Wiesbaden 2011. S. 33

[1009] vgl. zum Begriff des „Netzwerks“ aus systemtheoretischer Perspektive: Bommes, Michael/Tacke, Veronika: Netzwerke in der *Gesellschaft der Gesellschaft*. Funktionen und Folgen einer doppelten Begriffsverwendung. In: Soziale Systeme. Zeitschrift für soziologische Theorie. Jahrgang 13, Heft 1 + 2. Stuttgart 2007. S. 9-20. Sinnstrukturen in Netzwerken entstehen selbstinauguriert, indem sich in der Zeitdimension durch individuelle Beobachtungen rekursive Erwartungen aufeinander bezogenes Verhaltens Kommunikation anschlussprogrammatisch einschränkt. Dadurch konstruiert Kommunikation Mitteilende und Verstehende als im Laufe des Kommunikationsprozesses stabiler (also erwartungssicherer) werdende reziproke Strukturrekursivitäten, die mehrere Interaktionsepisoden überspannen. Damit differenziert sich ein Netzwerk als Sinnstruktur der Verknüpfung von Akteuren von seiner Umwelt aus und beobachtet diese wie auch sich selbst in repetitiven Interaktionen

[1010] vgl. Christakis, Nicolas A./Fowler, James H.: Connected! Die Macht sozialer Netzwerke und warum Glück ansteckend ist. Frankfurt/Main 2010. S. 14

[1011] Holzer, Boris: Netzwerke und Systeme. Zum Verhältnis von Vernetzung und Differenzierung. In: Stegbauer, Christian (Hrsg.): Netzwerkanalyse und Netzwerktheorie. Ein neues Paradigma in den Sozialwissenschaften. Wiesbaden 2010². S. 156

[1012] vgl. Tacke, Veronika: Netzwerk und Adresse. In: Soziale Systeme. Zeitschrift für soziologische Theorie. Jahrgang 6, Heft 2. Stuttgart 2000. S. 306

[1013] Holzer, Boris: Netzwerke und Systeme. Zum Verhältnis von Vernetzung und Differenzierung. In: Stegbauer, Christian (Hrsg.): Netzwerkanalyse und Netzwerktheorie. Ein neues Paradigma in den Sozialwissenschaften. Wiesbaden 2010². S. 161

scher Leistungen und transformieren potentielle Möglichkeiten kommunikativ erzeugter Leistungserwartungen in aktualisierbare Realisierbarkeit[1014]. Im Rahmen der Aktualisierung der Identität einer Person (als entsprechende Erwartung) können polykontexturale Adressen über die reflexive Kombination der mit ihnen verbundenen Möglichkeiten[1015] unterschiedlicher Systemkontexte so verknüpft werden, dass sie „im Normalfall richtig zugeordnet und entsprechend kontaktiert werden“[1016], gibt es verschieden (relevante?) Kontexte, und also auch Netzwerke, in denen man sich je netzwerkspezifisch individuell positioniert; mithin auch funktionsinklusionsspezifisch[1017] als adressabel generieren muss; Kontexte, „mit denen gleichzeitig zu rechnen ist“ [vgl. FN[154]], die als soziale Strukturen um System/Umwelt-Differenzen formaler Strukturen gesellschaftlicher Differenzierung ändern, an deren Institutionen sie parasitieren, können Netzwerkgrenzen „innerhalb von Funktionssystemen oder quer zu deren Grenzen entstehen.“[1018] Dabei reüssieren[1019] gerade auch Netzwerke über Qualifikation, Mobilität und Flexibilität[1020] Deren Konstitutivität als Kompatibilität von Heterogenem und die sich je spezifisch differierende Partialordnung von Netzwerken steht zwar der individuellen Imagination von Homogenität kollektiver Identität durch polykon-

[1014] vgl. Werron, Tobias: Versteckte Netze. Netzwerke im Licht der Unterscheidung öffentlich/geheim. In: Bommes, Michael/Tacke, Veronika: Netzwerke in der funktional differenzierten Gesellschaft. Wiesbaden 2011. S. 229

[1015] vgl. Tacke, Veronika: Netzwerk und Adresse. In: Soziale Systeme. Zeitschrift für soziologische Theorie. Jahrgang 6, Heft 2. Stuttgart 2000. S. 293

[1016] Holzer, Boris: Netzwerke und Systeme. Zum Verhältnis von Vernetzung und Differenzierung. In: Stegbauer, Christian (Hrsg.): Netzwerkanalyse und Netzwerktheorie. Ein neues Paradigma in den Sozialwissenschaften. Wiesbaden 2010². S. 162

[1017] siehe zur (nicht neuen) These, dass (individuell betrachtet) die Stärke von Netzwerken gerade in der Form „schwacher Bindungen“ liegt, da diese im Hinblick auf Funktionssysteme anschlussfähiger sind als sich stärker intern schließende Kommunikation „starker Beziehungen“ und daher über ein erhöhten „Informationspotential“ verfügen. Entsprechende Personen verfügen noch über Informationen mit „Überraschungspotential“. Vgl. Christakis, Nicolas A./Fowler, James H.: Connected! Die Macht sozialer Netzwerke und warum Glück ansteckend ist. Frankfurt/Main 2010. S. 206ff

[1018] Holzer, Boris: Netzwerke und Systeme. Zum Verhältnis von Vernetzung und Differenzierung. In: Stegbauer, Christian (Hrsg.): Netzwerkanalyse und Netzwerktheorie. Ein neues Paradigma in den Sozialwissenschaften. Wiesbaden 2010². S. 155

[1019] vgl. Klages, Helmut: Herausforderungen im Globalisierungsschub – das Individuum als Verantwortungs- und Risikoträger. In: Drepper, Thomas/Göbel, Andreas/Nokielski, Hans (Hrsg.): Sozialer Wandel und kulturelle Innovation. Historische und systematische Perspektiven. Berlin 2005. S. 339

[1020] womit eine neue (alte) Differenzierung sichtbar(er) wird: „Mit diesen strukturellen Veränderungen wird eine Differenzierung zwischen den Orientierungen der Modernisierungseliten und den benachteiligten Routinebeschäftigten herbeigeführt. Die Eliten sind europäisch und global orientiert, während die Benachteiligten in einen Nationalismus der Rückständigen zurückfallen. Die empirische Sozialforschung hat gut belegt, dass bei dieser Differenzierung das Bildungsgefälle (Schulabschluss, gelernter Beruf, Universitätsabschluss) der entscheidende Einflussfaktor ist.“ (Preyer, Gerhard: Soziologische Theorie der Gegenwartsgesellschaft 1. Mitgliedschaftstheoretische Untersuchungen. Wiesbaden 2006. S. 252)

texturale Adressabilität (auch im Sinne eines Meadschen „generalisierten Anderen“ [vgl. Kap. 2.2.3]) entgegen, kann aber durch deren operative Erwartungsbildungen einen Sinnlieferanten und die Möglichkeit der „Sinnverortung in der Gesellschaft“ durch soziale Anerkennung[1021] bieten. Diese Anerkennung wird gerade durch personalisiertes Vertrauen in die Erfüllung reziproker Erwartungen ermöglicht. Dabei müssen Netzwerke, „deren Grenzen eher diffus sind, und zwar wegen ihrer eigentümlichen Verknüpfung, Überlappung, jedenfalls nicht Trennung von spezifischen Sinnhorizonten und wegen des Fehlens eindeutiger Regeln der Mitgliedschaft“[1022] für ihre gerade nicht-generalisierte, also unwahrscheinlichere Form ihrer Reproduktion durch kommunikative Selbststabilisierung selbst sorgen[1023]. Die jeweilige Struktur der Schließung und damit jeweilige Grenzsetzung eines Netzwerkes ergibt sich (als Antonym stratifikatorischer Bedingungen, deren Struktur eindeutig determinierte, welche Vernetzungen, damit kollektive Identitätsgenerationen und Anerkennungsformen etablierbar waren) selbstkonstitutiv *sozial* aus der selektiven Kombination reflexiver kommunikativer Verknüpfungen und *individuell* aus der Kombination möglicher Kontakte im Rahmen der Erwartung entsprechender Repetitierbarkeit, so „dass jedes Netzwerk nichts anderes als eine Grenze ist. Netzwerke haben keine Grenzen, sie *sind* Grenzen.“[1024] Durch die Multiplikation der Verknüpfungsmöglichkeiten divergierender Beziehungen und Grenzziehungen exponiert sich die Komplexität von Ordnungsformen der Gesellschaft. Bereits Simmel wies (noch im Rahmen der Plausibilität räumlich kongruent geltender Ordnungen) auf die soziale Bedeutung von Grenzen hin, die für ihn nicht in deren Objektivität liegt, sondern sich im Rahmen des durch diese präkonfigurierten Bewusstseins der

---

[1021] vgl. Eickelpasch, Rolf/Rademacher, Claudia: Identität. Bielefeld 2004. S. 117/118

[1022] Japp, Klaus P.: Zur Bedeutung von Vertrauensnetzwerken für die Ausdifferenzierung politischer Kommunikation. In: Bommes, Michael/Tacke, Veronika: Netzwerke in der funktional differenzierten Gesellschaft. Wiesbaden 2011. S. 263

[1023] „Das einzelne Interaktionssystem kann nun, sei es in den Kontextzwängen der Funktionssysteme, sei es aus sich selbst heraus, gleichgültiger werden gegenüber seiner innergesellschaftlichen Umwelt. Oft weiß man gar nicht, an welchen anderen Interaktionen die Teilnehmer, mit denen man es zu tun hat, sonst noch beteiligt sind. Während in älteren Gesellschaften (und das gilt auch noch für die Oberschichten stratifizierter Gesellschaften) der Zusammenhang zwischen Interaktion und innergesellschaftlicher Umwelt eng gewoben war, so dass man immer damit rechnen musste, diejenigen, mit denen man in Konkurrenz oder Konflikt lebte, in anderen Zusammenhängen doch noch brauchen zu können oder gar von ihnen abhängig zu sein, lockert sich dieses Netzwerk in komplexeren Gesellschaften. Und jetzt erst können Tausch und Konkurrenz, Kooperation und Konflikt auf Interaktionsbasis getrennt und zu sozial relativ rücksichtslosen Verhältnissen ausgebaut werden. In den Funktionssystemen können nun die für sie spezifischen Rollenasymmetrien verstärkt werden, weil sie andere Rollen nicht mehr mitzuberücksichtigen haben.“ (Luhmann, Niklas: Die Gesellschaft der Gesellschaft. Frankfurt/Main 1997. S. 825/826)

[1024] Karafillidis, Athanasios: Wie die Netzwerktheorie zur Bestimmung sozialer Grenzen beitragen kann. In: Häußling, Roger (Hrsg.): Grenzen von Netzwerken. Wiesbaden 2009. S. 106

durch Wechselwirkungen vergesellschafteten Subjekte herstellt: „So ist eine Gesellschaft dadurch, dass ihr Existenzraum von scharf bewussten Grenzen eingefasst ist, als eine auch innerlich zusammengehörige charakterisiert"[1025], und zwar in dem Sinne, dass Grenze „nicht eine räumliche Tatsache mit soziologischen Wirkungen, sondern eine soziologische Tatsache, die sich räumlich formt"[1026], ist. Heutige Grenzen von Ordnungsformen (Assemblagen wie Netzwerke) zeigen sich nicht mehr in Form dominant räumlicher Kongruenzen [vgl. Kap. 3.?], sondern als Formen im Sinne Spencer-Browns und damit der Frage des Beobachtungsfokus: Blickt man auf (sich kommunikativ schließende) konstruierte Innenseiten, werden Ordnungen (Selbstbestimmungen von Unbestimmbarkeiten durch Relationen und Kopplungen) von anderen Ordnungen divergierend sichtbar. Beobachtet man die Form der Form, also Entkopplungen (Unterschiede) durch die Grenze dieser Form, werden offene Unbestimmbarkeiten potentiell möglicher und unmöglicher Kopplungen unbezeichneter Relationalität im Raum des Möglichen sichtbar. „Soziologisch ausgedrückt: Grenzen sind Produkt und Produzent spezifischer institutioneller Ordnungsmuster der Gesellschaft.“[1027] Auf diese Weise koppeln sich soziale und psychische Reproduktion durch gegenseitige Koordination und Konditionierung als soziale Einschränkungen, da auch innerhalb von Netzwerkstrukturen Verhaltensmöglichkeiten durch Kopplungen mit anderen (Netzwerk)Kontexten limitiert werden, realisierbare soziale Adressen auf Realisierungskontexte anderer Netzwerke Rücksicht nehmen müssen, spielt sich durch divergente Verweisungshorizonte von Sinn, die auch in umliegende Netzwerke[1028] diffundieren (Zentren von Netzwerken stärker determinierend[1029] als dessen Peripherien, die sich für auch anders konnotierte Sinnstrukturen empfänglicher generieren) sozial – auch netzwerkübergreifend – Ordnung ein.

[1025] Simmel, Georg: Soziologie. Untersuchungen über die Formen der Vergesellschaftung. Leipzig 1908. S. 621

[1026] a.a.O.: S. 623

[1027] Karafillidis, Athanasios: Wie die Netzwerktheorie zur Bestimmung sozialer Grenzen beitragen kann. In: Häußling, Roger (Hrsg.): Grenzen von Netzwerken. Wiesbaden 2009. S. 114

[1028] vgl. Christakis, Nicolas A./Fowler, James H.: Connected! Die Macht sozialer Netzwerke und warum Glück ansteckend ist. Frankfurt/Main 2010. S. 157

[1029] vgl. dazu, wie Nachahmung und die Orientierung an Normen in Netzwerken sozialer Relevanz zukommt: a.a.O.: S. 153ff

3.2.2 *Weltgesellschaftliche Desintegration durch die Auflösung einheitlicher Beobachtungsperspektiven*

Die Ungleichheit der Globalisierung, verstärkt durch diese Netzwerkstruktur, nimmt sozialräumliche Formen von Segregation, von spezifischen Entbündelungen verschiedener Assemblagen an, die sich nicht mehr unter voraussetzbare raumzeitliche normative Ordnungen subsumieren lassen. Dies findet sich beispielsweise – in numerisch weit geringerem Maße als im Rahmen der weltgesellschaftlichen Flexibilität von Wirtschaftsmigranten – auch bei transnationalen Ruhestandsmigranten, die für diese Form der Migration einerseits mit ausreichend materiellen Ressourcen ausgestattet sein müssen, andererseits aber auch dadurch, dass die Lebenshaltungskosten am Ort des bisherigen (Arbeits-)Lebens in Relation zur eigenen Rente zu hoch sind oder gesundheitliche Gründe dazu zwingen[1030], diese Lebensform wählen. Auch für diese ist ein nur noch geringer Bezug räumlicher Konstanz konstitutiv, denn ein großer Teil wechselt „regelmäßig auch physisch derart häufig zwischen den Orten und Räumen, dass kaum noch feststellbar ist, an welchem der Orte der Schwerpunkt der Lebensführung liegt."[1031] Soziologisch relevant daran ist, dass sich – egal an welchem Ort (wenn auch wahrscheinlich am Herkunftsort in geringerem Ausmaße) – kein kommunikativer Bezugspunkt zu den sich dort befindlichen Mitmenschen ergibt, der die Imagination eines gemeinsamen Sozialraumes, die Imagination von „Sofort-Integration" [vgl. FN[185], aber auch die Ausführungen von Habermas in Kap. 1.2.1] noch ermöglichen würde; Ruhestandsmigranten leben „in einer eigenen, von der der „Einheimischen" deutlich getrennten Welt."[1032] Diese Form sozialer Ordnung zielt nicht mehr auf die Bildung dauerhafter und enttäuschungsresistenter Erwartungsstrukturen, sondern „interessiert sich statt dessen für das Ereignis, das seine eigene Raumzeit schafft und hat und das nur relativ zu anderen Ereignissen und nur in der Form eines eigenen Ereignisses bestimmt werden kann."[1033] Die Ordnung dieser jeweiligen Ordnungen kann daher „nicht vorempirisch, d.h. quasi-transzendental als Bedingung der Möglichkeit von Ordnung vorausgesetzt werden, sondern muss dem empirischen Kontext selbst entnommen werden."[1034] Dieser Umgang mit Regellosigkeit und damit Erwartungsunsicherheit setzt individuell entsprechende Differenzierungsfähigkeit und Ambigui-

[1030] vgl. Nokielski; Hans: Transnationale Ruhestandsmigration. In: Drepper, Thomas/Göbel, Andreas/Nokielski, Hans (Hrsg.): Sozialer Wandel und kulturelle Innovation. Historische und systematische Perspektiven. Berlin 2005. S. 315

[1031] a.a.O.: S. 327

[1032] a.a.O.: S. 322

[1033] Baecker, Dirk: Das Relativitätsprinzip. In: Ders.: Studien zur nächsten Gesellschaft. Frankfurt/Main 2007. S. 206

[1034] Nassehi, Armin: Der soziologische Diskurs der Moderne. Frankfurt/Main 2006. S. 456

tätstoleranz[1035] voraus, wie für die der Globalisierungselite, „die zahlenmäßig begrenzt, aber strategisch bedeutsam ist und weltweit als Rollenmodell gilt, ein lockeres Konglomerat aus Managern, Beratern, Dienstleistern, die sich ... stärker mit Firmen oder Konzepten assoziieren als mit Vaterland und Muttersprache und patriotische Gefühle eher einem nostalgisch verklärten Ort der Kindheit oder Sportvereinen widmen, in denen ähnlich gut bezahlte Nomaden antreten."[1036] Selbst wenn und da sich die Mitglieder dieser Netzwerke und die immobileren Mitglieder eines Staates durchaus, vergleichbar mit konzentrischen Kreisen, kommunikativ begegnen, als „Klasse hat sie eine andere Position innerhalb des Systems als die nationale Gemeinschaft der Geschäftsleute eines Landes, auch wenn bestimmte Individuen in beiden Kreisen verkehren dürften."[1037] Globale Klassen oder Netzwerke und deren Logiken entkoppeln sich so vom Rest der Bevölkerung national strukturierter Räume, werden sich durch kommunikative Segregation und der evolutiven (also nicht gesteuerten, sondern sich aus operativer Anschlussfähigkeit ergebenen) Herausbildung kommunikativer Grenzen je gegenseitig zu intransparenten Umwelten (zumindest in der Beobachtung dieses, sich weiterhin als nationale Einheit wahrnehmenden Restes), die, räumlich gebunden, entsprechenden staatlichen Regelungen weiterhin unterworfen sind. Das (nicht mehr überraschende) Auftreten von Fremden unterschiedlichster Art in assortimenter Anzahl[1038] an unterschiedlichen Orten, die (insb. als Wirtschaftsimmigranten) gleichermaßen wie die einheimische Bevölkerung um dauerhafte und gleiche Inklusionsformen funktionssystemspezifischer Adressierungen kämpfen[1039], *de-plausibilisiert* nicht nur die Auffassung von Gesellschaft einer sich auf sich selbst beziehenden und beziehbaren Arena der Kollektivität, eines Containers der Bündelung von Sinnstrukturen als kohärente und legitime

---

[1035] was von von Beyme (vgl. Beyme, Klaus von: Nationale Identität: Wieviel innere Geschlossenheit braucht der Nationalstaat? In: Voigt, Rüdiger (Hrsg.): Der neue Nationalstaat. Baden-Baden 1998. S. 87) tendenziell optimistischer betrachtet wird als von Zürn (vgl. Zürn, Michael: Regieren jenseits des Nationalstaates. Globalisierung und Denationalisierung als Chance. Frankfurt/Main 1998. S. 274), der – zutreffend – betont, dass Differenzen ausgehalten und kognitiv, also durch Lernen verarbeitet werden müssen

[1036] Leggewie, Claus: Das Erasmus-Programm. Gibt es eine transnationale Bürgergesellschaft? In: Leggewie, Claus/Münch, Richard (Hrsg.): Politik im 21. Jahrhundert. Frankfurt/Main 2001. S. 462

[1037] Sassen, Saskia: Das Paradox des Nationalen. Territorium, Autorität und Rechte im globalen Zeitalter. Frankfurt/Main 2008. S. 480

[1038] als Simmelscher Fremder, „der heute kommt und morgen bleibt" (Simmel, Georg: Soziologie. Untersuchungen über die Formen der Vergesellschaftung. Leipzig 1908. S. 685), wie auch von mannigfachen Touristen, die heute kommen und morgen gehen (und sich in einer völlig differenten „Realität" bewegen als die einheimische Bevölkerung), aber als gesellschaftliche Akteure dauerhaft beobachtbar sind, also „bleiben"

[1039] vgl. Halfmann, Jost: Der moderne Nationalstaat als Lösung und Problem der Inklusion in das politische System. In: Hellmann, Kai-Uwe/Schmalz-Bruhns, Rainer (Hrsg.): Theorie der Politik. Niklas Luhmanns politische Soziologie. Frankfurt/Main 2002. S. 273

Ordnung des Ungeordneten, sondern reduziert die Erwartungsstabilität bisheriger Beobachtungsverhältnisse (die als Beobachtung bestimmter sich als Habitus praktisch reproduzierender sozialer Reproduktionsformen auf eine zumindest rudimentäre Beständigkeit und Stabilität angewiesen ist, um Repetitierbarkeit zu ermöglichen) durch empirisch uneinheitliche Differentialität. Für das sich (weiterhin) als einheimische Bevölkerung beobachtende „nationale Kollektiv" macht dies Differenzen gerade erfahr- sowie im Rahmen einer Sinnperspektive von „Mitgliedschaft" verarbeitbar, eröffnet (da eine Unterscheidung die Welt erst hervorbringt, die sie voraussetzt [vgl. Kap. 1.1]) damit den Blick auf „diese Fremden" als Fremde[1040]. Gerade da an Politik Ansprüche attribuiert werden können, ziehen relationäre Beobachtungsverhältnisse in der Sozialdimension durch das „stahlharte Gehäuse der Zugehörigkeit" [vg. FN[445]] die Einklagung privilegierter Behandlung zur Aufrechterhaltung von Asymmetrisierungsformen [vgl. Kap. 2.3] als Substitution des Bezugs auf Systeme durch den Bezug auf „Menschen", die zu Tätern stilisierbar sind, gleichsam fast von selbst an. So stellt Ausländerfeindlichkeit nach Luhmann eine soziale Bewegung der dritten Generation dar, deren Motive (also leitende Unterscheidungen) in der Voraussetzung der Annahme, dass die Ansicht, Fremde würden die dieser Beobachtung zugrunde liegende nationale Idee[1041] konterkarieren, von den anderen Mitgliedern der Gesellschaft mehr oder weniger (heimlich) geteilt [s. Kap. 3.4] werden würde, unverhüllt als geltende Perspektive kommuniziert werden[1042]. Diese Form der Ordnungssegregation manifestiert sich zwar besonders augenfällig in globalen Netzwerken oder Klassen in der Denkrichtung Sassens, darüber hinaus aber auch innerhalb der herkömmlichen räumlichen Nahstruktur, in der sich die

[1040] die sich als dominante Beobachtungsform dadurch herausheben, „dass sie ihre Herkunft in Gesellschaften haben, die nicht zu den Mitgliedsstaaten der europäischen Union gehören und aus unterschiedlichen Gründen voraussichtlich auch nicht so bald oder überhaupt niemals zur EU gehören werden, so dass sie, solange sie nicht die Staatsangehörigkeit eines EU-angehörigen Landes erworben haben, deshalb auch nicht an den EU-europäischen Freizügigkeits- und politischen Beteiligungsrechten teilhaben können. Und sie heben sich im übrigen nur heraus, sofern sie Verhaltensweisen zeigen, die den in Deutschland dominanten Kulturmustern unvertraut sind oder mit diesen zunächst einmal schwieriger vereinbar zu sein scheinen." (Fijalkowski, Jürgen: Die neuen Minderheiten und das Multikulturalitätsproblem. In: Voigt, Rüdiger (Hrsg.): Der neue Nationalstaat. Baden-Baden 1998. S. 175)

[1041] wobei politische Entscheidungen durchaus auf die Plausibilität psychischer Beobachtungsmöglichkeiten einwirken, im Rahmen der Zeitdimension irritieren und zum „Lernen" anregen können, mit bedingt durch sich ändernde, wiederum die Möglichkeit der Irritation psychischer Systeme ermöglichende Selbstbeschreibungen medialer Art, wie das Beispiel des EU-Wahlrechts zeigt, das in den letzten Jahren durchaus auch Folgen für die individuell empfundene Legitimität der Anwesenheit von EU-Bürgern zeitigte und gleichzeitig das europäische Ausland als nicht mehr so fremd empfunden wird

[1042] vgl. Luhmann, Niklas (Hrsg.: Kieserling, André): Die Politik der Gesellschaft. Frankfurt/Main 2002. S. 317

Etablierung je unterschiedlicher Ordnungsmuster partikularer Formen von Codierungen als soziale Verdichtungen durch kommunikative Anschlussfähigkeit (Formen von Segregation[1043] als soziale System/Umwelt-Abgrenzung, die sich (kulturell determiniert) vielleicht noch am auffälligsten – aber nicht mehr nur – in Stadtteilen mit einem hohen Migrantenanteil finden lassen) vor dem Hintergrund der weiterhin geltenden Regeln eines Staates vollzieht. Hier gelten durch gleichzeitig geltende differierende Formen von Ordnung differente Realitäten raumzeitlicher Gleichzeitigkeit, die sich – auch kommunikativ – nicht mehr aufeinander beziehen. Diese „Entbündelungen" und damit die Auflösung des „Arena-Modells"[1044] von Gesellschaft spiegeln sich darüber hinaus auch in nur noch partiellen gegenseitigen (auch massenmedialen) Beobachtungsverhältnissen, was (noch[1045]) in besonderem Maße für Migranten als auch Eliten gilt. Durch Beobachtung der Gleichzeitigkeit dieser Ungleichzeitigkeiten durch die (noch weitgehend durch die nationalstaatlich determinierte und geprägte) „Normalbevölkerung" marginalisiert sich die in der funktional differenzierten Gesellschaft bereits prekär gewordenen Annahme von Solidarität[1046]. Da Netzwerke (globaler Klassen) durch ihre Struktur selektiv sind, können sie auf kollektiver Ebene nicht gemeinschaftsbildend wirken. Die Gleichzeitigkeit dieser erfahrbaren Ungleichzeitigkeiten erschwert die Annahme prästabilisierender Ordnung durch die räumliche Imagination von Gleichheit[1047] zur Konstruktion (einheitlicher) Ungleichheit. Da es die heutige Gesellschaft aufgrund dieser Entwicklungen „mit Nachbarschaftsverhältnissen zwischen heterogenen Ordnungen zu tun

[1043] vgl. Bohn, Cornelia: Inklusion und Exklusion: Theorien und Befunde. In: Dies.: Inklusion, Exklusion und die Person. Konstanz 2006. S. 8

[1044] Nassehi, Armin: Der soziologische Diskurs der Moderne. Frankfurt/Main 2006. S. 419/420

[1045] vgl. Sassen, Saskia: Das Paradox des Nationalen. Territorium, Autorität und Rechte im globalen Zeitalter. Frankfurt/Main 2008. S. 477

[1046] der Begriff verliert „seinen Sinn, wenn es auf die funktional differenzierte Gesellschaft angewandt werden soll, deren Vielheit sich nur paradox auf Einheit hin formulieren lässt. Weder die Gesellschaft noch die Funktionssysteme in sich oder untereinander lassen sich solidarisieren, oder anders gesagt: als handlungsfähige Kollektive begreifen." (Fuchs, Peter: Die Erreichbarkeit der Gesellschaft. Zur Konstruktion und Imagination gesellschaftlicher Einheit. Frankfurt/Main 1992. S. 229)

[1047] „Die Wirtschaftseliten haben ihre Geschäftspartner in allen Regionen des globalen Weltsystems. Die solidarischen Bindungen zu den Beschäftigten im eigenen Land werden immer mehr zurückgedrängt. Vergleichbares gilt für die humanitären Eliten. Sie engagieren sich für Afrika, Südamerika und nicht für die Rentner und sozial Schwachen. Das schließt zwar oft eine andere Rhetorik nicht aus, das entsprechende Verhalten spricht in diesem Fall aber für sich. Die Annahmen gehen mittlerweile dahin, dass die globalen Arbeitsmärkte fortlaufend einer solidarischen Integration entgegenwirken werden. Das heißt aber, dass das Gefälle zwischen Arm und Reich im globalen Maßstab weiter erheblich auseinanderdriften wird. Es ist hierbei nicht damit zu rechnen, dass diese Eliten eine Verantwortung für die Unterstützung von Leistungsschwachen ausbilden werden." (Preyer, Gerhard: Soziologische Theorie der Gegenwartsgesellschaft 1. Mitgliedschaftstheoretische Untersuchungen. Wiesbaden 2006. S. 252/253)

bekommt, denen es an jedem prästabilisierten Zusammenhang, an jeder übergreifenden Ordnung, ja jedem Gesamtsinn fehlt“[1048], dürfte Solidarität durch entsprechend affektive Appellation[1049] im Rahmen kollektiver Identitätsformen zunehmend schwieriger aufrechterhalten zu sein, „wird die mit dem System der Nationalstaaten verbundene Differenzierung zwischen Binnen- und Außenmoral – große Gleichheit nach innen, große Ungleichheit nach außen – aufgehoben und durch eine einheitliche grenzüberschreitende Moral ersetzt, freilich auf Kosten ihrer Umstellung von materialer Gerechtigkeit in formale Rechtlichkeit, von Gerechtigkeit als Gleichheit der Lebensbedingungen auf Gerechtigkeit als Fairness.“[1050] Damit verringert sich Erwartungssicherheit, erhöhen sich Unbestimmtheit und Unbestimmbarkeit, „weil Macht und Erfahrung hier jeweils unterschiedlichen zeiträumlichen Bezugsrahmen zugeordnet sind. Aus diesem Grund wird reflexive Lebensplanung unmöglich, außer für die Elite, die den zeitlosen Raum der Ströme der globalen Netzwerke und die ihnen untergeordneten Örtlichkeiten bewohnt.“[1051] Dieser Aussage von Castells wäre zuzustimmen, wenn man die Konstitutionsbedingung reflexiver Lebensplanung auf entsprechend ökonomische Mittel reduziert (die selbstredend davon nicht unwesentlich beeinflusst wird). Tatsächlich dürfte dies aufgrund der innerpsychischen Notwendigkeit einer je sinnvollen „Welterrechnung“ der hyperkomplexen, je individuell divergierenden Umwelt als Verarbeitung je individualisierter sozialer Adressierungen sowie adressabler Selbstgenerierung im Rahmen der Unterscheidung von Sinnvoll und Sinnlos (welche Adressierungen oder Nichtadressierungen wann unter welchen strukturellen und individuellen Bedingungen wie als Sinnvoll (als kompatibel mit der aktual reproduzierten „authentischen“ Identitätsproklamation verarbeitet) oder Sinnlos (eine Unterscheidung, die sich zwar in der ökonomischen Dimension entfalten kann, aber nicht ausschließlich entfalten muss) beobachtet wird) für jedes psychische System gelten und aufgrund der Freisetzung von (und gerade Determinierung durch) unüberblickbaren partiell greifenden sozialen Restriktionen als Freiheit konstruktivistisch-imaginärer Realitätskonstruktion gerade auch für die sich als „Exkludiert“ beschreibenden [vgl. Kap.

[1048] Baecker, Dirk: Vorwort. In: Ders.: Studien zur nächsten Gesellschaft. Frankfurt/Main 2007. S. 8

[1049] so „wird die emotionale und geographische Entfernung zwischen Individuen als wesentliches Kriterium für die Akzeptanz sozialer Ungleichheit gesehen: Je näher uns jemand steht und je mehr wir von einem Menschen wissen, desto eher sind wir dazu bereit, zu dessen Wohlergehen beizutragen.“ (Helm, Carsten/Simonis, Udo E.: Verteilungsgerechtigkeit in der Internationalen Umweltpolitik. Theoretische Fundierung und exemplarische Formulierung. In: Leggewie, Claus/Münch, Richard (Hrsg.): Politik im 21. Jahrhundert. Frankfurt/Main 2001. S. 211)

[1050] Münch, Richard: Die neue Arbeitsgesellschaft. In: Leggewie, Claus/Münch, Richard (Hrsg.): Politik im 21. Jahrhundert. Frankfurt/Main 2001. S. 71

[1051] Castells, Manuel: Die Macht der Identität. Teil 2 der Trilogie. Das Informationszeitalter. Opladen 2002. S. 13

3.1.1] als Lebensplanung individualisierter Differenz des Erwünschten und Realisierbaren notwendig werden[1052]. Wenn das Signum der heutigen Gesellschaft nicht mehr die Bündelung und „Versöhnung" von Perspektiven in der Sozialdimension des agonalen nationalen Raumes, des gesellschaftssteuernden und – entwickelnden Ausgleiches zwischen den verschiedenen Positionen und Perspektiven in dieser Gesellschaft durch das politische System, sondern die Dekongruenz und Dekonstruktion von Raum und Zeit, sozialkulturelle Entgrenzung und Lokalisierung; die De-Kongruenz und Fragmentierung unterschiedlicher sozialer Kommunikationsräume ist, so dass Gesellschaft sich mit einer exponentierten Form von Kontingenz (oder genauer: inkongruenten Formen von Kontingenz, deren „Gleichzeitigkeit" sich nicht mehr aufeinander beziehen und kombinieren und damit „aussöhnen" lassen), auseinandersetzen muss, bleibt, da die bisher prägenden „Normalformhülsen" kollektiver Identitätsformen immer weniger greifen und Lebensverläufe stabilisieren, individuell nur noch die selbstreferentielle Verarbeitung gesellschaftlicher Inklusionen – so lange man noch „im Spiel" ist; „nicht mehr im Spiel sind diejenigen, deren Ressourcenausstattung so gering ist, dass sie sich nicht einmal mehr in die Migrantennetzwerke einbringen können, um an den Rändern der globalen Zentren auf ein Leben in bescheidenem Wohlstand zu hoffen. Dass es sich bei dieser Gruppe um die absolute Mehrheit der Menschheit handelt, sollte dabei nicht vergessen werden, auch wenn die Kategorie der Überflüssigen auf sie, die schon immer Armen und oft nur durch zunehmend unwilliger geleistete Transferzahlungen am Leben Erhaltenen in den globalen Peripherien, konzeptionell nicht angewandt wird. In die Überflüssigen-Kategorie fallen im Gegenteil die ehemals an den Gewinnen der globalen Zentren Partizipierenden, denen inzwischen jedoch die Ressourcen der potentiellen Gewinner fehlen, gleichzeitig aber eine individualisierte Lebensführung die Eingliederung in funktionstüchtige und mobile Netzwerke verwehrt: die sesshaften Mittelschichtsangehörigen der westlichen Welt, die gewissermaßen in eine

[1052] indem „selbst die mittelmäßigste oder hoffnungsloseste Existenz, dass selbst die brutalsten und unmenschlichen Umstände, die schlimmste erfahrene und gelebte Ungleichheit heute dem Spiel der Imaginationen offen stehen. Politische Gefangene, arbeitende Kinder, Frauen, die sich auf den Feldern und in den Firmen dieser Welt abplacken, alle Menschen, denen ein harsches Leben beschieden ist, sie sehen ihr Leben nicht mehr länger als unmittelbares Resultat der Gegebenheiten, sondern als einen ironischen Kompromiss zwischen dem, was sie sich vorstellen könnten, und dem, was die Gesellschaft zulässt. Die Biographien gewöhnlicher Menschen werden auf diese Weise zu Konstruktionen, bei denen die Imagination eine bedeutende Rolle spielt. Man kann diese Funktion der Imagination nicht auf bloße Flucht vor der Wirklichkeit zurückführen (denn an den anderen sozialen Konventionen wird immerhin festgehalten). Vielmehr bildet sich die Vielfalt der „vorgestellten Gemeinschaften" im knirschenden Getriebe zwischen sich entfaltenden Lebensformen und deren imaginierten Gegenüber." (Appadurai, Arjun: Globale ethnische Räume. In: Beck, Ulrich (Hrsg.): Perspektiven der Weltgesellschaft. Frankfurt/Main 1998. S. 22)

innere Peripherie abgedrängt werden.“[1053] Dabei stellen Migranten weltgesellschaftlich zwar den zahlenmäßig größten Anteil dieser Überflüssigen insb. am Herkunftsort, die aber durch ihre Anwesenheit am Zielort ihrerseits dazu beitragen, dass in der „Normalbevölkerung“ der jeweiligen Zielorte immer mehr das selbe Schicksal erleiden, weshalb bereits vor einiger Zeit Daniel Cohen wachsende Ungleichheit als „die große Frage des ausgehenden 20. Jahrhunderts“[1054] bezeichnet hat. Nicht mehr nur Migranten könnten daher heute „eine Sozialfigur darstellen, die sich explizit mit dem Überflüssigwerden in einer Gesellschaft – sei es die Herkunfts-, sei es die Zielgesellschaft – auseinander setzen muss.“[1055] Dies stellt sich ebenso für die Überflüssigen in diesen Zielgesellschaften: „Eine verschärfte soziale Stratifikation und Exklusionsproblematik quer zu territorialen Grenzverläufen tritt in Spannung zur wenig konfliktbeladenen politischen Inklusion als Nationalstaat. Die Spannungen zwischen Arm und Reich, die sich bislang vornehmlich als globale Hierarchie zwischen einzelnen Nationen und Regionen niedergeschlagen haben, drohen sich in jenem Hoheitsgebiet auszubreiten, das bislang als nationales Ganzes zu den „global winners“ gehörte.“[1056] Auch die vormalige „erste Welt“ ist zunehmend charakterisiert durch eine „Kultur, die von der Spaltung *winner/loser* durchzogen“[1057] wird[1058].

3.3 Beobachtungen (in) der „virtuellen“ Gesellschaft

Der Raum des Öffentlichen sowie dessen „dispersed publics“[1059] als Konstitutionsbedingung differierend strukturierter rekursiver Beobachtungsverhältnisse unterschiedlicher Systeme wurde sowohl theoretisch als auch praktisch bislang

[1053] Oswald, Ingrid: Neue Migrationsmuster. Flucht aus oder in „Überflüssigkeit“? In: Bude, Heinz/Willisch, Andreas (Hrsg.): Das Problem der Exklusion. Ausgegrenzte, Entbehrliche, Überflüssige. Hamburg 2006. S. 221/222

[1054] Cohen, Daniel: Fehldiagnose Globalisierung. Die Neuverteilung des Wohlstands nach der dritten industriellen Revolution. Frankfurt/New York 1997. S. 81

[1055] Oswald, Ingrid: Neue Migrationsmuster. Flucht aus oder in „Überflüssigkeit“? In: Bude, Heinz/Willisch, Andreas (Hrsg.): Das Problem der Exklusion. Ausgegrenzte, Entbehrliche, Überflüssige. Hamburg 2006. S. 203

[1056] Richter, Emanuel: Kosmopolitischer Patriotismus? Die deutsche Nation im Prozess der Globalisierung. In: Voigt, Rüdiger (Hrsg.): Der neue Nationalstaat. Baden-Baden 1998. S. 322

[1057] Wieviorka, Michel: Kulturelle Differenzen und kollektive Identitäten. Hamburg 2003. S. 47

[1058] In einer prägnanten Formulierung Becks: „Die Herr-Knecht-Dialektik zerfällt; mehr noch: Das Band zerreißt, das Solidarität nicht nur nötig, sondern möglich machte. Diese bislang allen historischen Ungleichheitsformen zugrunde liegende Abhängigkeits- oder wenigstens Mitleidsbeziehung entfällt im neuen Nirgendwo der Weltgesellschaft.“ (Beck, Ulrich: Was ist Globalisierung? Frankfurt/Main 1997[3]. S. 105)

[1059] Peters, Bernhard: Nationale und transnationale Öffentlichkeiten. In: Ders.: Der Sinn von Öffentlichkeit (Hrsg.: Weßler, Hartmut). Frankfurt/Main 2007. S. 283

weitgehend gleichgesetzt mit dem Raum der „Nation“ [vgl. Kap. 1.3.2]. Neben der historischen Faktizität dürfte dies mit durch sprachliche Unterschiede als Kommunikationsbarrieren bedingt worden sein, die auch heute noch greifen, denn auch „die Entwicklung von Englisch als allgemeiner Zweitsprache im Bereich der EU, aber natürlich auch anderswo, hat bisher nur in Grenzen zur Internationalisierung von Öffentlichkeit beigetragen.“[1060] Trotzdem löst sich diese Restriktion der Kongruenz von „Öffentlichkeit“ und je politischem Raum zunehmend auf, „emergiert eine öffentliche „Informationswelt“, die im Satellitenzeitalter transkontinentale Dimensionen erreicht. Mehr noch als Zeitungen und Radio ist das Fernsehen beteiligt an der Aufhebung physischer und sozialer Grenzen, die die fernsehlose Gesellschaft in unterschiedliche Orte und Kulturen aufteilten.“[1061] Dabei waren auf Seiten der Rezipienten die Möglichkeitsbedingungen einer Imagination von „Sofort-Integration“ [vgl. FN[185]] durch massenmediale Kommunikation die Ausrichtung an ein nicht näher spezifiziertes, aber einigermaßen umrissenes Publikum sowie dessen Passivität (durch die größtenteils strukturelle Unmöglichkeit von Reziprozität), durch die „der Rezipient zum vereinzelten, kommunikationsunfähigen „Empfänger“ degradiert wird und keinen Spielraum für die Entfaltung seiner persönlichen Informations- und Unterhaltungsbedürfnisse erhält.“[1062] Exakt darin liegt ja für deliberative Kritiker der Grund einer sich von der Lebenswelt entfernenden „vermachteten, massenmedial beherrschten Öffentlichkeit“[1063], eine Kritik, die in der Gesellschaft durch Symptome wie Parteienverdrossenheit, abnehmender Beteiligung bei Abstimmungen wie Wahlen sowie Protestbewegungen und Bürgerinitiativen in zunehmender Anzahl als Reaktion auf diese doppelte Mediatisierung[1064] [vgl. FN[191]] widerzu-

[1060] a.a.O.: S. 294

[1061] Wehner, Josef: Interaktive Medien – Ende der Massenkommunikation? In: Zeitschrift für Soziologie. Jahrgang 26, Heft 2. April. Stuttgart 1997. S. 101

[1062] a.a.O.: S. 99

[1063] Habermas, Jürgen: Zivilgesellschaftliche Aktoren, öffentliche Meinung und kommunikative Macht. In: Ders.: Faktizität und Geltung. Beiträge zur Diskurstheorie des Rechts und des demokratischen Rechtsstaats. Frankfurt/Main 1998. S. 458

[1064] „Eine autonome politische Öffentlichkeit der Bürger einer demokratischen Republik wird in einem zweiten Sinne mediatisiert, wenn das Verständigungsmedium der Sprache immer mehr durch visuelle und elektronische Kommunikationsmedien verdrängt wird. Die ständig gesteigerten technischen Potenzen der Kommunikationsmedien, die Quantität der erzeugten, übermittelten und abrufbaren Zeichen, Töne und Bilder zu erhöhen, die mit der Kommerzialisierung der Kommunikationsmedien verbundene Verwischung der Grenzen zwischen Information und Desinformation, Werbung, Unterhaltung und Fiktion lassen die Bürger zu Konsumenten der Produkte der Kommunikationsmedien werden, die sich über den Realitätsbezug der Zeichen, Töne und Bilder und damit über die Realität ihrer Gesellschaft selbst immer weniger ein eigenes Urteil zu bilden vermögen.“ (Rödel, Ulrich: Mediatisierte Öffentlichkeiten – Ist die Zivilgesellschaft noch zu retten? In: Maresch, Rudolf (Hrsg.): Medien und Öffentlichkeit. Positionierungen. Symptome. Simulationsbrüche. München 1996. S. 67)

hallen scheint[1065]. In dieser Situation scheint nun das Kommunikationsmedium Internet die Möglichkeit zu bieten, diese strukturelle Passivität der Rezipienten zu überwinden, „Öffentlichkeit“ wieder zu Re-Symmetrisieren und zu De-Mediatisieren, durch Egalität und thematische Unabgeschlossenheit „die Schwächen des anonymen und asymmetrischen Charakters der Massenkommunikation auszugleichen, indem es den Wiedereinzug interaktiver und deliberativer Elemente in einen unreglementierten Austausch zwischen Partnern zulässt, die virtuell, aber auf gleicher Ebene miteinander kommunizieren“[1066], denn durch die Reziprozität des Internets verfügt „jeder Nutzer über einen Rückkanal; dies erweitert die Chance auf Partizipation an Öffentlichkeit.“[1067] Dieses Medium soll(te) „Gemeinschaft“ wieder ermöglichen als Gegenentwurf zu einer Gesellschaft, „die auf Unpersönlichkeit, rationalem Kalkül und funktionaler Ausdifferenzierung beruht, mit der Folge einer zunehmenden Entfremdung zwischen der Lebenswelt der Individuen und den verselbstständigten ökonomischen und politischen Institutionen, die nach eigenen Gesetzen operieren, und sich individuellen Eingriffen weitgehend entziehen. Nur vor dem Hintergrund eines solchen Sequenzmodells macht die in Internetkreisen prominente These einer „Rückkehr von Gemeinschaft“ Sinn: Online-Beziehungen ermöglichen jene Nähe, die realweltlich unwiderruflich verloren ist“[1068]; sollte eine an den Habermasschen Prinzipien orientierte (virtuelle) Öffentlichkeit (wieder) emergieren, wie Sassen exemplarisch noch im Jahr 2000 hoffnungsvoll anführte: Das Netz „wird ein demokratischer Raum für viele widerstreitende Ansichten und Kräfte werden“[1069], „an dem wir das Entstehen einer gerechten und breiten bürgerlichen Gesellschaft im elektronischen Raum beobachten können.“[1070] Dadurch schien die Möglichkeit der Entstehung transgeographischer und translingualer[1071] Gemeinschaft, der Austausch unterschiedlicher Perspektiven und Sinnstrukturierungen, die in diesem Medium Sichtbarkeit und weltgesellschaftliche Anschlusspotentialität er-

---

1065 vgl. Rucht, Dieter: Soziale Bewegungen als Signum demokratischer Bürgergesellschaft. In: Leggewie, Claus/Münch, Richard (Hrsg.): Politik im 21. Jahrhundert. Frankfurt/Main 2001. S. 324

1066 Habermas, Jürgen: Hat die Demokratie noch eine epistemische Dimension? Empirische Forschung und normative Theorie. In: Ders.: Ach, Europa. Kleine politische Schriften XI. Frankfurt/Main 2008. S. 161

1067 Neuberger, Christoph: Interaktivität, Interaktion, Internet. Eine Begriffsklärung. In: Publizistik. Jahrgang 52, Heft 1. Wiesbaden 2007. S. 43

1068 Heintz, Bettina: Gemeinschaft ohne Nähe? Virtuelle Gruppen und reale Netze. In: Thiedeke, Udo: Virtuelle Gruppen. Charakteristika und Problemdimensionen. Wiesbaden 2003². S. 182

1069 Sassen, Saskia: Machtbeben. Wohin führt die Globalisierung? Stuttgart/München 2000. S. 163

1070 a.a.O.: S. 164

1071 s. Poster, Mark: Elektronische Identitäten und Demokratie. In: Münkler, Stefan/Roesler, Alexander (Hrsg.): Mythos Internet. Frankfurt/Main 1997. S. 156

langen und damit kommunikative Verhandlung ermöglichen, greifbar[1072]. Dies gilt zum einen für Ausprägungen sozialer Bewegungen[1073], „deren Mitglieder sich nach besonderen Interessen organisieren“[1074] als auch globale Bewegungen, denn einmal „nimmt im Durchschnitt die Zahl der Protestierenden in derartigen Kampagnen zu. Zum zweiten werden die bislang überwiegend getrennt vorgetragenen Anliegen der Ökologie, der Menschen– und Bürgerrechte, der Armut in der Dritten Welt, der Demokratisierung internationaler Finanzinstitutionen usw. enger miteinander verknüpft. ... Zum dritten ziehen derartige Kampagnen Gruppen aus immer mehr Ländern an, wobei auch die südliche Hemisphäre zunehmend vertreten ist.“[1075] Dies verweist individuell bei den sich diesen sozialen Bewegungen zurechnenden Mitgliedern auf Loyalitäten, die „weiter gestreut sind als diejenigen des typischen Bürgers – auf die Entstehung informeller politischer Akteure, die auch dann jenseits der Kanäle des offiziellen politischen Systems operieren, wenn sie Staatsbürger sind -, und auf die Vervielfältigung der politischen Vokabularien über die beiden großen formalen Pfade hinaus, die den Bürgern offen stehen: zu wählen und die eigene Regierung vor Gericht zu bringen.“[1076] Dabei lag und liegt der Schwerpunkt entsprechender Hoffnungen nicht nur in der (Wieder-)Eröffnung thematischer Vielfalt, nicht eingeschränkt durch die Selektionskriterien der klassischen Massenmedien, sondern vor allem in der gemeinschaftsbildenden und solidarisierenden *transkulturellen* Dimension des Internets durch barrierelose Partizipations- und Interaktionsmöglichkeiten einer flexibel zusammengesetzten und sich zusammensetzenden[1077] raum- und zeitunabhängigen Welt-Öffentlichkeit, die die bisherigen Restriktionen für Interaktionen hinter sich lässt: „Interaktionssysteme auf der Basis digitaler Netzwerke erfordern für ihr Zustandekommen, ihre Gestaltung und Temporalisierung keine

[1072] vgl. Sassen, Saskia: Das Paradox des Nationalen. Territorium, Autorität und Rechte im globalen Zeitalter. Frankfurt/Main 2008. S. 541

[1073] dabei werden selbst globalisierungskritische Bewegungen mit Hilfe dieses Mediums erst durch die Struktur der Gesellschaft möglich, ist Differenzlosigkeit auf Differenz angewiesen, „da alle Abwehr und Grenzziehungen, Partikularisierung und Abschottung eben in diesem Weltsystem stattfinden und durch seine Operationsweise bedingt sind. Auch die Globalisierungsgegner, die Non-Government-Organisationen und Rechtsradikale organisieren sich über das Internet. Sie sind in ihrer Art von Organisation und Einflussnahme selbst ein Produkt von Globalisierung.“ (Preyer, Gerhard: Soziologische Theorie der Gegenwartsgesellschaft 1. Mitgliedschaftstheoretische Untersuchungen. Wiesbaden 2006. S. 204)

[1074] a.a.O.: S. 257

[1075] Rucht, Dieter: Transnationale Öffentlichkeiten und Identitäten in neuen sozialen Bewegungen. In: Kaelble, Hartmut/Kirsch, Martin/Schmidt-Gernig, Alexander (Hrsg.): Transnationale Öffentlichkeiten und Identitäten im 20. Jahrhundert. Frankfurt/New York 2002. S. 342

[1076] Sassen, Saskia: Das Paradox des Nationalen. Territorium, Autorität und Rechte im globalen Zeitalter. Frankfurt/Main 2008. S. 513

[1077] vgl. dazu: Roesler, Alexander: Bequeme Einmischung. Internet und Öffentlichkeit. In: Münkler, Stefan/Roesler, Alexander (Hrsg.): Mythos Internet. Frankfurt/Main 1997. Insb. S. 182ff

direkte Anwesenheit mehr, sondern sie erfordern eine *operative* und *virtuelle* Anwesenheit in einem Medienverbund.“[1078] Das Internet ermöglicht die Auflösung räumlicher Beobachtungsrestriktionen, „sind Entfernungen zu geringen Kosten überwindbar, es ermöglicht eine schnelle, wie auch immer selektive, Verbreitung von Informationen, es erlaubt Mitgliedschaft in einer Vielzahl von Gruppen.“[1079] Computervermittelte Kommunikation trägt zur Dekongruenz von „Nation“ und „Öffentlichkeit“ bei, da „ein deutlicher Zuwachs an medienwirksamen Instanzen, die die Weltpolitik beobachten (internationale (Nicht-) Regierungsorganisationen, internationale Konferenzen, Versammlungen, Protestbewegungen usw.), konstatiert werden kann.“[1080] Bezüglich der Hoffnungen auf eine (basis-)demokratische Dimension des Internets, der Ermöglichung einer deliberativen Öffentlichkeit und diesbezüglich „politischere“ Welt ist allerdings mittlerweile Ernüchterung eingetreten, da „die neuen Kommunikationsbedingungen allein nicht zur Aufhebung der Machtverhältnisse gereichen, die für persönliche Interaktionen und herkömmliche Massenmedien charakteristisch sind.“[1081] Das Internet bietet sich zwar durch die unmittelbar gegebene Anschlussmöglichkeit sowie die jedem offen stehende Form, als Sender zu fungieren, zur Verbreitung von Protestperspektiven an und ermöglicht Mobilisierung durch entsprechende Sichtbarkeit dieser Formen, darüber hinaus aber zeigt nicht nur die Unzugänglichkeit[1082] weiter Teile des WWW, sondern auch die zu beobachtende Ökonomisierung[1083], die Einschränkung der vormaligen Offenheit der Inhalte durch je funktionssystemspezifische Limitationen, dass auch im Hinblick auf dieses Medium die Konzeption einer sich selbst (in einem klassisch europäischem Sinne: politisch) deliberativ steuernden Weltgesellschaft eine Utopie[1084] bleibt, die darüber hinaus durch die Struktur virtueller Kommunikation selbst verstärkt wird.

1078 Preyer, Gerhard: Soziologische Theorie der Gegenwartsgesellschaft 1. Mitgliedschaftstheoretische Untersuchungen. Wiesbaden 2006. S. 207

1079 a.a.O.: S. 234

1080 Kaelble, Hartmut/Kirsch, Martin/Schmidt-Gernig, Alexander: Zur Entwicklung transnationaler Öffentlichkeiten und Identitäten im 20. Jahrhundert. Eine Einleitung. In: Dies. (Hrsg.): Transnationale Öffentlichkeiten und Identitäten im 20. Jahrhundert. Frankfurt/New York 2002. S. 28

1081 Poster, Mark: Elektronische Identitäten und Demokratie. In: Münkler, Stefan/Roesler, Alexander (Hrsg.): Mythos Internet. Frankfurt/Main 1997. S. 153

1082 vgl. Sassen, Saskia: Das Paradox des Nationalen. Territorium, Autorität und Rechte im globalen Zeitalter. Frankfurt/Main 2008. S. 527

1083 vgl. Runkehl, Jens/Schlobinski, Peter/Siever, Thorsten: Sprache und Kommunikation im Internet. Überblick und Analysen. Opladen 1998. S. 207ff

1084 vgl. auch Christakis, Nicolas A./Fowler, James H.: Connected! Die Macht sozialer Netzwerke und warum Glück ansteckend ist. Frankfurt/Main 2010. S. 266

3.3.1 Die abnehmende Verbindlichkeit von Sinnstrukturierungen durch Bedingungen virtueller Kommunikation

Der Sinn von Kommunikation ergibt sich aus dem Verstehen einer Information vor dem Hintergrund der Mitteilungsabsicht [vgl. Kap. 1.2.4], da sich durch das Wissen, wer etwas mitteilt[1085], die Kontingenz von Sinnkonstruktion einschränkt. Darüber hinaus kann im Rahmen massenmedialer Kommunikation durch deren Restriktionen eine „Reflexivität des Wissens" [vgl. FN[182]] vorausgesetzt werden. Beides ist nun im Rahmen von Online-Kommunikation nicht mehr gegeben: „Mitteilung und Verstehen werden jetzt nicht nur unter zeitlichen und räumlichen, sondern auch unter sachlichen Gesichtspunkten auseinandergerissen."[1086] Im Rahmen computervermittelter Kommunikation bezieht sich ein Benutzer auf ein fiktives oder virtuelles Alter Ego, den Computer: „Kommunikation mit dem Computer lässt sich deshalb zwar durchaus als interaktiv beschreiben, ohne dass hierbei jedoch davon ausgegangen werden muss, dass eine Angleichung an natürliche Interaktionen bzw. Dialoge stattfindet. ... Durch die maschinelle Vermittlung bleibt die Interaktion anonym. Ob jemand mit einem Menschen vermittels der Maschine oder doch nur mit einer Maschine kommuniziert habe, bleibt für ihn als Nutzer unerfindlich. Allerdings hat das (Nicht-)Wissen um diese Differenz für das Gelingen der Kommunikation auch keinerlei Bedeutung."[1087] Während in den klassischen Medien „der Output mit dem Input möglichst identisch sein soll, bearbeiten und verändern Maschinen den Input. Computer haben sowohl den Charakter einer Maschine als auch den eines Mediums. Computer zählen zu den nicht-trivialen, lernfähigen Maschinen, die auf den gleichen Input unterschiedlich reagieren können."[1088] Wer Informationen in den Computer eingibt, kann nicht mehr wissen, von wem diese Information wie verstanden wird und wer dem Computer Informationen entnimmt, weiß nicht, mit welcher Absicht diese eingegeben wurden[1089], was dazu führt, „dass auch der Sinn der Information von dem entkoppelt ist, was der Mitteilende im Kopf hatte und eine Potentialität entfaltet, die nur in der laufenden Kommunikation verwirklicht werden kann. Was aufgegeben wird, ist die Vorannahme der Sinneinheit von

[1085] dies gilt nicht nur auf interaktioneller Ebene, sondern – eingeschränkter – auch für Massenmedien, da durch die tendenzielle Bekanntheit deren jeweiliger Ausrichtung (z.B. SZ oder FAZ) eine Mitteilung einordnungsbar(er) ist, für das Fernsehen übernehmen dessen Sprecher entsprechende Ordnungsfunktionen

[1086] Wehner, Josef: Interaktive Medien – Ende der Massenkommunikation? In: Zeitschrift für Soziologie. Jahrgang 26, Heft 2. April. Stuttgart 1997. S. 106

[1087] a.a.O.: S. 107

[1088] Neuberger, Christoph: Interaktivität, Interaktion, Internet. Eine Begriffsklärung. In: Publizistik. Jahrgang 52, Heft 1. Wiesbaden 2007. S. 45

[1089] vgl. Luhmann, Niklas: Die Gesellschaft der Gesellschaft. Frankfurt/Main 1997. S. 309

Kommunikation, die Vorstellung, dass in Anbetracht einer Vielzahl von Interpretationen nur dann ein wahres Verständnis gegeben ist, wenn die unterschiedlichen Interpreten sich auf einen Text beziehen, der immer gleich bleibt.“[1090] Da durch diese Kontingenzsteigerung die durch klassische Medien noch gegebene Orientierungssicherheit durch das Verstehen der Mitteilungsabsicht schwindet, bleibt zur Eigenstabilisierung des Verstehens nur der Verstehende selbst übrig: „Diejenige Interpretation ist korrekt, die für den, der die Kommunikation versteht, Sinn hat, ohne jeden Bezug auf das, was der Mitteilende meint.“[1091] Dies führt, so Esposito, zu einer Steigerung von Kontingenz; „allerdings nicht, weil die Zirkularität der doppelten Kontingenz in einer wirklichen Kommunikation mit der Maschine (als eines Bewusstseins) erzeugt wird, sondern weil das Bewusstsein des Nutzers (Ego) verdoppelt wird, der sich einer Projektion seiner eigenen Unvorhersehbarkeit gegenübergestellt sieht und dies nicht erkennt – oder jedenfalls neue Informationen daraus zieht.“[1092] Für Stichweh ist diese Steigerung von Kontingenz computerbasierter Kommunikation nur ein Präludium der generellen Charakteristika der, in seiner Terminologie, nächsten Gesellschaft: „Auf den Bildschirmen der Computer werden die Bilder zum Medium der Beobachtung einer undurchschaubaren Wirklichkeit, einer Unberechenbarkeit und Intransparenz, die mit jedem Rechenschritt, mit jeder Information eher zunehmen als abnehmen. Und jedes einzelne Bild muss jetzt leisten, worauf es in der nächsten Gesellschaft auch insgesamt ankommt: Es muss kopräsent machen, dass es konstruiert ist und doch nicht konstruieren kann, was es zeigt. Es muss sich die Wirklichkeit als Überraschung ereignen lassen, und doch zeigen, welchen Anteil es an der Genese der Überraschung hat, die ohne eine auf sie zielende, paradox mit ihr rechnende Erwartung nicht möglich wäre.“[1093] Ein Rezipient muss Mitteilungen suchen und/oder finden, wodurch der Sinn einer Information abhängig von individuellen Prämissen wird, wird immer wichtiger, „ob eine Aussage den Geschmack, das ästhetische Empfinden der Rezipienten trifft. Der Wert einer Aussage bemisst sich nun stärker an dem subjektiven Erleben ihrer Empfänger“[1094], die so individuell spezifischere Informationsbedürfnisse befriedigt als die generalisierten Informationen der klassischen Medien, in denen erst

[1090] Esposito, Elena: Soziales Vergessen. Formen und Medien des Gedächtnisses der Gesellschaft. Frankfurt/Main 2002. S. 338/339

[1091] Esposito, Elena: Der Computer als Medium und Maschine. In: Zeitschrift für Soziologie. Jahrgang 22, Heft 5. Oktober. Stuttgart 1993. S. 352

[1092] Esposito, Elena: Soziales Vergessen. Formen und Medien des Gedächtnisses der Gesellschaft. Frankfurt/Main 2002. S. 302

[1093] Baecker, Dirk: Bilderzauber. In: Ders.: Studien zur nächsten Gesellschaft. Frankfurt/Main 2007. S. 189

[1094] Wehner, Josef: Interaktive Medien – Ende der Massenkommunikation? In: Zeitschrift für Soziologie. Jahrgang 26, Heft 2. April. Stuttgart 1997. S. 109

gefiltert und dann veröffentlicht wird[1095]. „Wenn jeder aus einer unbegrenzten Menge von Bildern, Tönen und Texten sein persönliches Medienmenue zusammenstellen muss, die Selektionslast folglich nicht mehr auf der Sender-, sondern auf der Empfängerseite liegt“[1096], verliert eine Information ihre Verbindlichkeit und vermeintliche Inkontingenz. Da virtuelle Informationen unselektiert in unüberschaubarer Menge, teils veraltet und breit gestreut mit nicht immer transparenten Herkünften und häufig nur schwer erschließbaren Zurechenbarkeiten vorhanden sind, erhöht sich Unsicherheit bezüglich Unvorhersagbarkeiten des Informationswertes – von Seiten der Informierenden als auch der sich Informierenden. „Das Problem besteht gerade im „egalitären“ Charakter des Internets, dem einfachen Zugang. Daraus folgt ein Mangel an Selektivität, an sozialer Kontrolle, Orientierung und Führung für Nutzer (in interaktiven wie nichtinteraktiven Gebrauchsformen). Es gibt bislang nicht genügend Auswahlinstanzen. Das Ergebnis ist zu viel Rauschen und Überfrachtung, zu viel herumfliegender Müll, ein Mangel an Orientierung beim Auffinden nützlicher Materialien.“[1097] Nicht nur der Sinn einer Information, sondern bereits die Entscheidung, ob eine Information als Information behandelt wird, wird selbstkonstitutiv: „Im Vergleich zur Information, die selbst eine Einschränkung von Möglichkeiten darstellt, ist eine Entscheidung eine Selektion zweiter Ordnung – eine Selektion von Selektionen, die nicht darin besteht, eine Wahl treffen zu können, sondern darin, zu wissen, wann man eine Wahl treffen muss und wann man diese Entscheidung anderen (selbst dem Computer) überlassen sollte.“[1098] Die Referenz von Informationen ist nicht mehr „eine prä-digitale Außenwelt, sondern die Erwartungsstruktur, die Beobachter aufgrund der von ihnen gesammelten Daten ausgebildet haben. Simulationen verändern die Sicht auf vermeintlich fixe Daten, sie ermöglichen den Vergleich bekannter mit unbekannten Konstellationen, die von der gleichen Datenmenge gebildet werden können.“[1099] Die Folge ist eine inhaltliche Verfügbarkeit als Summe aller wie auch immer gearteter Angebote, das nicht mit einem

[1095] vgl. Bergsdorf, Wolfgang: Im Spannungsverhältnis zwischen Wissenschaft und Öffentlichkeit: die Informationsgesellschaft und ihr wachsender Ethikbedarf. In: Musikforum. Jahrgang 38, Heft 96. Mainz 2002. S. 8

[1096] Wehner, Josef: Interaktive Medien – Ende der Massenkommunikation? In: Zeitschrift für Soziologie. Jahrgang 26, Heft 2. April. Stuttgart 1997. S. 107

[1097] Peters, Bernhard: Über öffentliche Deliberation und öffentliche Kultur. In: Ders.: Der Sinn von Öffentlichkeit (Hrsg.: Weßler, Hartmut). Frankfurt/Main 2007. S. 134

[1098] Esposito, Elena: Soziales Vergessen. Formen und Medien des Gedächtnisses der Gesellschaft. Frankfurt/Main 2002. S. 344/345

[1099] Ellrich, Lutz: Cyber-Zeit. Bemerkungen zur Veränderungen des Zeitbegriffs durch die Computertechnik. In: Funken, Christiane/Löw, Martina (Hrsg.): Raum – Zeit – Medialität. Interdisziplinäre Studien zu neuen Kommunikationstechnologien. Opladen 2003. S. 45

„Maßstab des Wissenswerten“[1100] genutzt werden kann. Im Gegensatz zum sozialen Gedächtnis [vgl. Kap. 1.3.2], in dem die Gegenwart einschränkt, an was erinnert wird (und durch diese Einschränkung die Imagination von „Sofort-Integration“ ermöglicht) ist das Archiv von Internet-Mitteilungen aktual komplett, da bisherige Kommunikationen durch die Speichermöglichkeit von Daten, die auch von Dritten sowie zu späteren Zeitpunkten aktualisiert werden können, technisch verfügbar bleiben und nicht kondensieren. Computerbasierte Kommunikation macht im Gegensatz zu „beidseitig bewusste Kommunikation, die es mit der Flüchtigkeit, Irritabilität und Gedächtnisschwäche von Bewusstseinen zu tun hat“ [1101] soziales Vergessen strukturell unmöglich, außer durch bewusste Eingriffe in die Datenstruktur[1102]. Durch den Modus der Verknüpfung erhält ein Nutzer eine große Anzahl von Möglichkeiten der als nächstes zu erhaltenden Informationen, eine Sinngenerierung, die durch den Nutzer und dessen je aktualisierte Links weiter individualisiert wird, da Informationen nach individuellen Selektionskriterien, also selbstreflexiv und selbstkonstitutiv gewonnen werden: „Je fortgeschrittener die Möglichkeiten einer individuellen Einmischung in das mediale Geschehen sein werden und je mehr Such- und Erreichbarkeitsmanagement-Systeme die Angebote in den Netzen auf persönliche Interessen durchforsten und filtern, desto unwahrscheinlicher wird, dass zwei Rezipienten dasselbe sehen. Zwar kann jeder – vorausgesetzt, er wird durch keine Zugangskontrollen daran gehindert – alles sehen und lesen, aber jeder sieht oder liest etwas anderes. Interaktive Medien können deshalb nicht wie Massenmedien funktionieren, selbst wenn sie massenhaft genutzt würden.“[1103] Dadurch erweitern sich individuelle oder kommunikationskontextabhängige Beobachtungsmöglichkeiten der Welt und damit individuelle Möglichkeiten konstitutiver Sinngeneration als interaktives Resultat, entstehen „Formen von Kommunikation, deren Verlauf geprägt ist durch einen (tatsächlichen oder möglichen oder als Möglichkeit wirksamen) Dauerabgleich jeder Information, die in die Kommunikation eingespeist wird, mit Informationen, deren Selektivität sich aus dem Horizont gespeicherter Informationen heraus jederzeit *rekonstruieren*, *überprüfen*, *korrigieren* lässt und im Moment der Rekonstruktion, Überprüfung, Korrektur genau dies wieder als

[1100] Zingerle, Arnold: Der Hypertext – kultursoziologisch betrachtet. In: Drepper, Thomas/Göbel, Andreas/Nokielski, Hans (Hrsg.): Sozialer Wandel und kulturelle Innovation. Historische und systematische Perspektiven. Berlin 2005. S. 134

[1101] Fuchs, Peter: Kommunikation mit Computern? Zur Korrektur einer Fragestellung. In: Sociologia Internationalis. 29. Band, Heft 2. Berlin 1991. S. 24

[1102] vgl. Ellrich, Lutz: Cyber-Zeit. Bemerkungen zur Veränderungen des Zeitbegriffs durch die Computertechnik. In: Funken, Christiane/Löw, Martina (Hrsg.): Raum – Zeit – Medialität. Interdisziplinäre Studien zu neuen Kommunikationstechnologien. Opladen 2003. S. 41

[1103] Wehner, Josef: Interaktive Medien – Ende der Massenkommunikation? In: Zeitschrift für Soziologie. Jahrgang 26, Heft 2. April. Stuttgart 1997. S. 108

Information behandelt, die sich dem Horizont als ebenfalls verfügbar einschreibt."[1104] Waren bisher Informationen (durch die Annahme, dass diese Informationen selbst „ontologisch" sind, für alle das Gleiche besagen) auch im Rahmen von Massenmedien Grundlage der Imagination einer gemeinsamen Realität, wird nun die Vorstellung „aufgegeben, dass der Text an sich Informationen „enthält" und dass es die Informationen sind, die in den Archiven und Bibliotheken aufbewahrt werden."[1105] Realität im Sinne einer Voraussetzbarkeit gemeinsamer Sinnkonstitution „hört auf, sich im herkömmlichen Sinne zu *ereignen*, sobald der Computer das zentrale Medium wird, in dem Bewusstsein und Kommunikation Formen bilden"[1106], verlieren Wirklichkeitskonstruktionen ihre soziale Kohärenz. Durch die geringere Relevanz sozialer Selektionsmechanismen wird „eine auf Information basierende Gesellschaft immer von einem Übermaß an virtueller Information bedrängt werden, gleichzeitig wird sie jedoch immer auch an chronischer Desinformation leiden und sich ständig auf der Suche nach Informationen befinden, welche diejenigen ersetzen sollen, die sich in dem Moment vernichten, in dem sie kommuniziert werden."[1107] Dies führt nicht nur zu einer erhöhten Kontingenz des Wissens, sondern ebenfalls zu einer Kontingenz des NichtWissens: „Wer mit dem Computer arbeitet, wird schneller, als ihm lieb ist, vor allem darin zum Experten, den unzureichenden Expertenstatus aller anderen zu durchschauen."[1108] Online gewonnene Informationen sind herabgestuft von *dem* zu *einem* Modus der aktualitätsbezogenen Selbstwahrnehmung der Gesellschaft. Interaktive Medien „kommunizieren ihre Konstruktivität. Sie denunzieren das für die „alten Medien" noch gültige Kriterium der Realitätsangemessenheit und markieren – überspitzt formuliert – den Wandel von einem „ontologischen" zu einem „konstruktivistischen" Verständnis medial inszenierter Wirklichkeit."[1109] Im Rahmen virtueller Kommunikation kommt Realität oder adäquater: Realitätskonstruktion ohne einen (konstitutiven) Bezug zur dinglichen, gemeinsamen Welt aus (die dadurch bisher fiktiert und diese Fiktion invisibilisiert werden konnte), benötigt als Basis ihrer Weltkonstruktion

---

1104 Fuchs, Peter: Kommunikation mit Computern? Zur Korrektur einer Fragestellung. In: Sociologia Internationalis. 29. Band, Heft 2. Berlin 1991. S. 25

1105 Esposito, Elena: Soziales Vergessen. Formen und Medien des Gedächtnisses der Gesellschaft. Frankfurt/Main 2002. S. 339

1106 Ellrich, Lutz: Cyber-Zeit. Bemerkungen zur Veränderungen des Zeitbegriffs durch die Computertechnik. In: Funken, Christiane/Löw, Martina (Hrsg.): Raum – Zeit – Medialität. Interdisziplinäre Studien zu neuen Kommunikationstechnologien. Opladen 2003. S. 45

1107 Esposito, Elena: Soziales Vergessen. Formen und Medien des Gedächtnisses der Gesellschaft. Frankfurt/Main 2002. S. 345

1108 Baecker, Dirk: Arbeiten ist gefährlich. In: Ders.: Studien zur nächsten Gesellschaft. Frankfurt/Main 2007. S. 70

1109 Wehner, Josef: Interaktive Medien – Ende der Massenkommunikation? In: Zeitschrift für Soziologie. Jahrgang 26, Heft 2. April. Stuttgart 1997. S. 108

nur noch ihre je eigene kommunikative Reproduktion. Realität exponiert sich dadurch auf individuelle oder zumindest noch kommunikative Realitäten je Interagierender. „Dadurch wird das Modell der Bibliothek obsolet, das an dem Ideal eines einheitlichen und konvergenten Wissens ausgerichtet war; stattdessen setzt sich ein performativer Ansatz durch, der eher danach ausgerichtet ist, Verknüpfungen aufrechtzuerhalten, als Inhalte zu bewahren – eher die Potentialität zur Produktion neuer Informationen fördert als im Voraus festgelegte Informationen."[1110] Durch die Selbstkonstitutivität von Informationen lösen sich diese vom Kontext des Mitteilenden, durch den sich Verstehensselektionen für alle Empfänger gleich generieren konnten, Da Themen nach individuellen Prämissen verfolgt werden, man bereits wissen muss, was man wissen möchte und Informationen selbstreferentiell generiert werden, „erlischt der Anspruch, etwas Allgemeines mit der Botschaft zu verbinden. Botschaften im Netz sind zwangsläufig als Mitteilung aufzufassen und somit partikular und zurechenbar auf konkrete Mitteilungsabsichten. Sie sind ebenso zwangsläufig immer nur für spezielle Interessensgruppen und Nutzerkollektive interessant, jedoch nicht im Sinne verallgemeinerungsfähiger Themen öffentlich."[1111] Die Kontingenz auswählbarer Informationen ist weit weniger eingeschränkt, wodurch auch Sinneinschränkungsmöglichkeiten unverbindlicher werden. „Je mehr Teilnehmer kommunizieren, desto geringer ist die Wahrscheinlichkeit, dass sie rezipiert werden und sich aufeinander beziehen."[1112] Damit vernichtet Online-Kommunikation die (imaginierte) Einheit des Publikums, das „im virtuellen Raum in eine riesige Anzahl von zersplitterten, durch Spezialinteressen zusammengehaltene Zufallsgruppen"[1113] zerfällt, so dass „die eigentliche Herausforderung medialer Interaktion aber wohl *in dem Fehlen einer gemeinsamen thematischen Referenz und Bündelung gesellschaftlicher Aufmerksamkeit zu sehen*"[1114] ist. Online-Kommunikation macht eine Reflexivität des Wissens um eine Zugehörigkeit zu einem Publikum, das mit dem der Massenmedien vergleichbar wäre, indem es seine Einheit aus der Einheit der Mitteilung (und damit auch die Fiktion einer gemeinsamen Realität) bezieht, unmöglich und damit, da sich die Gleichzeitigkeit der Informiertheit

[1110] Esposito, Elena: Soziales Vergessen. Formen und Medien des Gedächtnisses der Gesellschaft. Frankfurt/Main 2002. S. 339/340

[1111] Wehner, Josef: Interaktive Medien – Ende der Massenkommunikation? In: Zeitschrift für Soziologie. Jahrgang 26, Heft 2. April. Stuttgart 1997. S. 108

[1112] Neuberger, Christoph: Interaktivität, Interaktion, Internet. Eine Begriffsklärung. In: Publizistik. Jahrgang 52, Heft 1. Wiesbaden 2007. S. 43

[1113] Habermas, Jürgen: Hat die Demokratie noch eine epistemische Dimension? Empirische Forschung und normative Theorie. In: Ders.: Ach, Europa. Kleine politische Schriften XI. Frankfurt/Main 2008. S. 162

[1114] Wehner, Josef: Interaktive Medien – Ende der Massenkommunikation? In: Zeitschrift für Soziologie. Jahrgang 26, Heft 2. April. Stuttgart 1997. S. 107

nicht mehr gesamtverbindlich, sondern sich je differierend exemplifiziert und sich diese divergenten Sinnkonstruktionen nicht mehr aufeinander beziehen lassen, sich selbst als Einheit, die ja gerade auf der Fiktion beruht, dass die eigene Realitätskonstruktion mit den Realitätskonstruktionen anderer psychischer Systeme übereinstimmt, unplausibel.

3.3.2 Virtuelle Identitätsgeneration

Online-Medien suggerieren durch weltweite Beobachtungsmöglichkeiten die Ermöglichung globaler Sinnmuster eigener Virtualisierung, die nicht mehr an je konkrete Adressierungsbedingungen der realen sozialen Welt gebunden sind. Im Rahmen von Online-Kommunikation konstruierte Identitäten konstituieren sich dabei selbstreferentiell im Rahmen operativer Kommunikationsprozesse[1115], abhängig von diesen als Identität eigenoperativen Verhaltens. Da computervermittelte Mitteilungen nicht mehr auf einen „wahrhaften" Adressaten zurückgerechnet werden können, hierfür aber auch kein Bedarf besteht, stellen „die Teilnehmer an den sozialen Beziehungen Imagoidentitäten, d.h. virtuelle Personen, künstliche Umwelten für das soziale System"[1116] dar. Durch diese virtuelle Welterzeugung wird aus „einem ohnehin widersprüchlichen, disparaten Möglichkeitsraum ... die eigene Persönlichkeit auch mit Blick auf ihre Kompatibilität mit dem jeweils anderen neu erfunden und etabliert"[1117], sind jeweilige Identitätsbehauptungen „ein *Produkt* von interaktiven Vorgängen"[1118], denn das „Vermittelnde, die Tatsache, *dass* Sender/Empfänger und Empfänger/Sender kommunizieren, lässt sich jetzt nicht länger ignorieren, ja, macht den eigentlichen Reiz der neuen Medien aus."[1119] Virtuelle Identität beruht nicht mehr auf bestimmten (relativ starren und gültigen) Eigenschaften: „Das Modell des „dichten" und sich selbst gewärtigen Individuums scheint bereits durch fungible und flexible Identitätsformen ersetzt worden zu sein, die keine Voraussetzungen mehr darstellen,

---

[1115] vgl. Poster, Mark: Elektronische Identitäten und Demokratie. In: Münkler, Stefan/Roesler, Alexander (Hrsg.): Mythos Internet. Frankfurt/Main 1997. S. 151

[1116] Thiedeke, Udo: Stilisierung als Möglichkeit der Inklusion. In: Ders.: Medien, Kommunikation und Komplexität. Vorstudien zur Informationsgesellschaft. Wiesbaden 1997. S. 134

[1117] Beher, Stefan/Hilgert, Christian/Mämecke, Thorben: Netz-Werke. Funktionale Differenzierung, Selbstdarstellung und Beziehungspflege auf Social Networking Platforms. In: Bommes, Michael/ Tacke, Veronika: Netzwerke in der funktional differenzierten Gesellschaft. Wiesbaden 2011. S. 302

[1118] Ayaß Ruth: Interaktion ohne Gegenüber? In: Jäckel, Michael/Mai, Manfred (Hrsg.): Online-Vergesellschaftung? Mediensoziologische Perspektiven auf neue Kommunikationstechnologien. Wiesbaden 2005. S. 47

[1119] Wehner, Josef: Interaktive Medien – Ende der Massenkommunikation? In: Zeitschrift für Soziologie. Jahrgang 26, Heft 2. April. Stuttgart 1997. S. 109

sondern Ergebnis von Operationen sind"[1120], da User nicht mit Personen als anderen Usern interagieren, sondern mit (deren) Texten (sprachlichen Zeichen) und dabei selbst nur Texte[1121] (sprachliche Zeichen) „sind". Dabei sind die realen Bedingungen und Lagerungen der Eingebundenheit in mutualistische soziale Kontexte deren, die ihre virtuelle Identität über ihre Kommunikationsprozesse und deren Anschlussfähigkeit generieren, relativ irrelevant. Auf entsprechende Konstruktionen und potentiell daraus folgende Diskongruenzen (der Erwartungsenttäuschung) ergeben sich im Rahmen von Computervermittlung erwartbar keine Konsequenzen, ist die Notwendigkeit, spätere Kommunikation auf eigenes Handeln zurückzurechnen, nur noch eingeschränkt gegeben. Daher können Identitäten auch „frei erfunden und können jederzeit gewechselt werden; die Teilnehmer entwerfen ihre Selbstdarstellungen in kunstvollem Detail und richten sich in textuell gestalteten Domizilen ein, so dass die Interaktion zum unterhaltsamen Selbstzweck wird."[1122] Die Einschränkung der Potentialität von Kontingenz ergibt sich durch Virtualisierung und Gruppenbildung über Beziehungen je aktual realisierter Kommunikation operativ nur noch durch diese selbst. „Das Novum an den virtuellen Gruppierungen ist also die paradoxe soziale Interaktion, die *persönliche Kenntnis mittelbar* anwesender, teilweise sogar *fiktiver* Personen (Imagoidentitäten)."[1123] Daher können aus diesen Interaktionen nur erschwert belastbare Verpflichtungen reziproker Erwartungen generiert werden. „Schweigende Beobachter fungieren dabei als Publikum von Selbstdarstellungen, dessen antizipierbare Beobachtung psychisch die Reflexion von Selbstdarstellungen und sozial eine Konditionierung und Zivilisierung der Kommunikation implementiert."[1124] Dabei konstruieren Computer selbst durch je eingegebene Nutzerdaten und kommunikative Beiträge für die Maschine errechenbaren[1125] individuellen Präferenzen eine gleichsam prozessförmige Identität eines Nutzers, können diese „ihr Angebot auf die Bedürfnisse einstellen, nachdem sie das Ver-

---

[1120] Esposito, Elena: Soziales Vergessen. Formen und Medien des Gedächtnisses der Gesellschaft. Frankfurt/Main 2002. S. 322

[1121] vgl. Sutter Tilmann: Vergesellschaftung durch Medienkommunikation als Inklusionsprozess. In: Jäckel, Michael/Mai, Manfred (Hrsg.): Online-Vergesellschaftung? Mediensoziologische Perspektiven auf neue Kommunikationstechnologien. Wiesbaden 2005. S. 27

[1122] Poster, Mark: Elektronische Identitäten und Demokratie. In: Münkler, Stefan/Roesler, Alexander (Hrsg.): Mythos Internet. Frankfurt/Main 1997. S. 155

[1123] Thiedeke, Udo: Stilisierung als Möglichkeit der Inklusion. In: Ders.: Medien, Kommunikation und Komplexität. Vorstudien zur Informationsgesellschaft. Wiesbaden 1997. S. 163

[1124] Beher, Stefan/Hilgert, Christian/Mämecke, Thorben: Netz-Werke. Funktionale Differenzierung, Selbstdarstellung und Beziehungspflege auf Social Networking Platforms. In: Bommes, Michael/ Tacke, Veronika: Netzwerke in der funktional differenzierten Gesellschaft. Wiesbaden 2011. S. 302

[1125] vgl. Christakis, Nicolas A./Fowler, James H.: Connected! Die Macht sozialer Netzwerke und warum Glück ansteckend ist. Frankfurt/Main 2010. S. 347

halten eines oder vieler Nutzer beobachtet haben."[1126] So liefern Suchmaschinen auf vermeintlich identische Requests durch selbstprognostizierende Filter-Mechanismen rekursiver Anpassung an vergangene individuelle Verknüpfungen auch divergente Resultate als individuell relevante Informationen und produzieren, statt auf Ordnung (Limitationen) abzuzielen, Chaos[1127] im Sinne iterativer selbstbezüglicher Unordnung. Dieses ergibt sich aus der alleinigen jeweiligen Selbstreferenz der Komplexitätsreduktion durch die Form dieser Selbstreferenz, beziehen sich Mitteilungen auf Mitteilungen der Selbstähnlichkeit, da „Personen vor allem solche Alteri als Adressaten freundschaftlicher Gefühle in Betracht ziehen, die ihnen selber ähnlich sind. Wie auch immer – „Gleichgesinnte" lassen sich heute schnell in den verschiedensten Diskussionsforen, *Online*-Spielewelten und *Chats* kennen lernen."[1128] Daher tendieren unterschiedliche virtuelle Interaktionszonen dazu, sich nicht an thematischer Vielfalt und Breite, sondern spezifischer Thematik und Tiefe zu orientieren, differenzieren sich Online-Communities immer spezieller (auch in differenziertere Untergruppen[1129]) aus. Dadurch können Nutzer mit entsprechend identisch errechenbaren Präferenzen als Community angesprochen und als Community versammelt sowie weitere Inhalte aus dieser Community selbst für diese Community generiert werden[1130], indem die Nutzer online eigene Inhalte produzieren und der Maschine damit weitere Möglichkeiten eigener Errechnung ihrer Identität geben, wobei aufgrund der sozialen Unsichtbarkeit der Nutzer (oft) nicht mehr mit anderen Kontexten gerechnet werden muss, so dass Online-Communities als computervermittelte Sozialität vorrangig auf reduzierten partiellen sozialen Rollenfunktionen individueller Präferenzen (weltweiter) Akteure beruhen. „Viele Plattformen privilegieren also mindestens in ihren Selbstbeschreibungen ganz offensichtlich einzelne Rollenkontexte – mit Konsequenzen für die Erfordernisse eigener Inszenierung, die nunmehr differenzierte Selbstreferenzen und die selektive Enthüllung verschiedener Persönlichkeitsmerkmale erfordert."[1131] Dabei fallen die Abnahme

[1126] Neuberger, Christoph: Interaktivität, Interaktion, Internet. Eine Begriffsklärung. In: Publizistik. Jahrgang 52, Heft 1. Wiesbaden 2007. S. 45

[1127] vgl. Esposito, Elena: Soziales Vergessen. Formen und Medien des Gedächtnisses der Gesellschaft. Frankfurt/Main 2002. S. 330

[1128] Mewes, Jan: Die räumlichen Grenzen persönlicher Netzwerke. In: Häußling, Roger (Hrsg.): Grenzen von Netzwerken. Wiesbaden 2009. S. 36

[1129] dass die sich über spezielle Interessen strukturierenden Online-Communities auch Paradiese für die Werbeindustrie sind, wird die Entwicklung nur beschleunigen

[1130] vgl. Stichweh, Rudolf: Die Entstehung einer Weltöffentlichkeit. In: Kaelble, Hartmut/Kirsch, Martin/Schmidt-Gernig, Alexander (Hrsg.): Transnationale Öffentlichkeiten und Identitäten im 20. Jahrhundert. Frankfurt/New York 2002. S. 65

[1131] Beher, Stefan/Hilgert, Christian/Mämecke, Thorben: Netz-Werke. Funktionale Differenzierung, Selbstdarstellung und Beziehungspflege auf Social Networking Platforms. In: Bommes, Micha-

eines gemeinsamen, kohärenten verbindlichen Sinns der Informativität und die Zunahme individueller Ausdrucksformen als Mitteilungen eigener Individualität als Adaption an soziale „Zettel“ ineinander. In der Expressivität der Online-Welt geht es „um das Experimentieren mit ungewöhnlichen Formen der Selbstinszenierung und um die Erfahrung neuartiger Kommunikations- und Erlebnisqualitäten. Der für die Massenkommunikation charakteristische Weltbezug tritt hier zurück hinter das Ausnutzen der ungewöhnlichen Formbarkeit des neuen Mediums, das Experimentieren mit medialen Inszenierungsritualen und Spielen mit brüchig gewordenen Unterscheidungen wie Subjekt und Objekt, Sein und Schein, Realität und Fiktion.“[1132] Diese Stilisierung verringert Verbindlichkeit: „Die offensichtliche Ereignishaftigkeit und Fiktionalität von Sinnangeboten führt zu einer Schwächung diskursiver Potentiale der Kommunikation und im Gegenzug zu einer Aufwertung narrativer Formen der Kommunikation.“[1133] Die Komplexität der „Welt“ schränkt sich sinnkonstitutiv so nur durch und als persönlich bevorzugte Themen – je individuell – ein, „lässt die eindringliche mediale Präsenz expressive Selbstvermittlungen als Teilhabemodell an der dynamisierten sozialen Realität erscheinen. Im Gegensatz zum Wertkonsens müssen diese nicht unbedingt auf positiven Orientierungen der Zugehörigkeit oder des Zusammenlebens beruhen, wenn sich etwa ähnliche Stile zu kollektiven Lebensweisen (Lebensstilen) verbinden. Ihnen liegt nicht zwangsläufig die positive Utopie der Gemeinsamkeit oder Vorbildlichkeit der Verhaltensorientierung zugrunde. Unterscheidungswert (Sichtbarkeit) und Integrationswert (Anschlussfähigkeit) können ebenso durch negative Inhalte vermittelt werden. Auf diese Weise kann sich die Handlungsformierung auch in Abgrenzung zu einer erfolgreichen Stilisierung entwickeln. Sogar die generelle Ablehnung stilistischer Selbstvermittlung kann als Kristallisationspunkt für kollektives Verhalten dienen.“[1134] Dabei kann diese partiale Identität radikal individuell und diese Individualität als radikal *bedeutend* stilisiert werden, „bietet Stilisierung der sozialen Identität die Möglichkeit, heterogene Sinnorientierungen in die alltägliche Kommunikation so einzubinden, dass Individualität unterscheidungsfähig wird. Zugleich erlaubt die Stilisierung nicht nur Distinktion, sondern ebenso die Präsentation von Zugehörigkeit zu angebbaren sozialen Systemen wie Gruppen oder Organisationen.“[1135] Identitätskonstruktion ist nicht mehr an verbindliche, überprüfbare und in verschiede-

el/Tacke, Veronika: Netzwerke in der funktional differenzierten Gesellschaft. Wiesbaden 2011. S. 292

[1132] Wehner, Josef: Interaktive Medien – Ende der Massenkommunikation? In: Zeitschrift für Soziologie. Jahrgang 26, Heft 2. April. Stuttgart 1997. S. 110

[1133] Thiedeke, Udo: Stilisierung als Möglichkeit der Inklusion. In: Ders.: Medien, Kommunikation und Komplexität. Vorstudien zur Informationsgesellschaft. Wiesbaden 1997. S. 117

[1134] a.a.O.: S. 155

[1135] a.a.O.: S. 121

nen Kontexten anschlussfähige Sinnkonstitutionen gebunden, ergibt sich Sozialität aus der Anschlusspotentialität individueller Stilisierungen oder zumindest aus der gegenseitigen Attraktivität entsprechender Stilisierung. Dabei ist diese Konstruktion abhängig von der je gegebenen informalen Kommunikationsbeziehung, in denen sich durch „Koordination" und Selbstschließung aktualer Beziehungen in der Kommunikation und in den Bewusstseinen der an diesen Kommunikationen beteiligten psychischen Systeme Sinnformkomplexe wie z.B. bestimmte – intern anschlussfähige – Stilisierungen herausbilden, die sich, mitunter auch deutlich, von Konstruktionsmöglichkeiten in anderen Beziehungen unterscheiden, dort differierende Bedeutungen haben, durch deren unterschiedliche Bedeutungen sich diese Beziehungen unterscheiden lassen. Aufgrund dieser Bedingungen muss eine virtuelle Gruppe, wie auch Netzwerke „ihre Kommunikationsgrenzen durch eine hoch spezifische Kommunikation stabilisieren und sie muss diese aufgrund der virtuellen Kommunikationsbedingungen permanent für den allgemeinen Austausch geöffnet halten."[1136] Dabei „ist ein Strukturierungsmechanismus notwendig, der positive Erwartungen festlegt, obwohl vollständiges Wissen oder strukturelle Absicherung nicht möglich sind. Die Stabilisierung virtueller Gruppen basiert daher in hohem Maße auf Vertrauen. Vertrauen als Projektion positiver Erwartungen, als riskante Vorleistung, kann sich im Kontext virtueller Gruppen jedoch auf wenig mehr, als die Stetigkeit emotionaler Äußerungen stützen."[1137] Online-Communities zeichnen sich durch hohe Vertraulichkeit unter Fremden durch rekursive selbstverstärkende Anschlussmöglichkeiten und emotionale Expressivität zur Selbststabilisierung aus. „So kann man in der virtuellen Demonstration von Freunden und Bekannten eine Art symbolisches Kapital sehen, das seinen Inhaber als kontaktfähig, jedenfalls als sozial validiert erscheinen lässt – wenn auch die Kriterien im Kontext unterschiedlicher Plattformen verschieden ausfallen können."[1138] Dies führt zur Segregation divergenter kommunikativer Ordnungen der Selbstähnlichkeit und Selbstkonstitutivität ohne die Notwendigkeit gegenseitiger Einschränkungen und Limitierungen durch mehr oder weniger verbindliche gesellschaftlich sinnlimitierende Restriktionen. Aufgrund fehlender sachlicher Kohärenz, der momenthaften und situativen Gültigkeit von je kommunikativer Sinnkonstitution marginalisiert sich dadurch die Möglichkeit der Generierung allgemein verbindlich sichtbarer und sich aufeinander beziehender Sinnstrukturen, so „dass dieser zusätzliche Individuali-

---

[1136] Thiedeke, Udo: Virtuelle Gruppen: Begriff und Charakteristik: In: Ders.: Virtuelle Gruppen. Charakteristika und Problemdimensionen. Wiesbaden 2003². S. 54

[1137] a.a.O.: S. 47

[1138] Beher, Stefan/Hilgert, Christian/Mämecke, Thorben: Netz-Werke. Funktionale Differenzierung, Selbstdarstellung und Beziehungspflege auf Social Networking Platforms. In: Bommes, Michael/ Tacke, Veronika: Netzwerke in der funktional differenzierten Gesellschaft. Wiesbaden 2011. S. 299

sierungsschub durch virtuelle Beziehungsmöglichkeiten zu einer erhöhten Instabilität der Zugehörigkeit und zu einer wachsenden Diffusität von Beziehungsstrukturen, vor allem bei den virtuellen Beziehungen selbst, führt.“[1139] Da fremdreferentieller Sinn durch die Gesellschaft nicht zum Tragen kommt, mit weniger Restriktionen und Erwartungsnegationen zu rechnen ist, erhöht sich die Wahrscheinlichkeit der Orientierung an der virtuellen Welt, denn dort „sind quantitative Ressourcen oder Kompetenzen, die an Lebenslagen gebunden sind, weniger ausschlaggebend. Statt dessen ist es wichtiger, dass man mit Mitteilungsmedien umgehen kann, oder in der Lage ist, Informationen zu eigenen Gunsten kreativ zu arrangieren.“[1140] Dies ist gesellschaftlich nicht marginal, denn die „Produktion von Alltagserfahrung und Gestaltung von Lebenszusammenhängen (Sprache, Triebstrukturen usw.) geschieht zunehmend technisch, wie Computerkids täglich beweisen.“[1141] Die Expressivität dieser Identität verzichtet auf soziale kohärente und verbindliche Sinnkonstitutionen. „Die Nutzer interaktiver Medien bewegen sich in symbolischen Welten, in denen sie ohne Rückhalt einer (fiktiv unterstellten) objektiven Außenwelt und auch ohne die Sicherheit einer von allen Teilnehmern geteilten Sicht der Welt auszukommen haben.“[1142] Die in der virtuellen Welt vorweggenommene De-Kohärenz von Zurechenbarkeit und damit sozial durch die als identisch voraussetzbare und vorausgesetzte Sinnproduktion ermöglichte erwartbare Adressabilität sowie individuelle Orientierung für Jeden auf sozialstrukturell identische Art neigt sich nun zu individueller Sinnproduktion, da Online-Kommunikation Information individualisiert, nun dies für Jeden auf identische Art. „Was eine verborgene Paradoxie der Massemedien darstellte (die Suche nach der Individualität in der Generalisierung – die Elite für alle), wird zu einem offenen und emphatisierten Aspekt der „new media“ – und dies wiederum, ohne dass die paradoxe Seite zum Problem wird.“[1143] Diese in der Virtualität entdeckten und erfahrenen unverbindlicheren Strukturen, generiert in operativen Kommunikationsprozessen im Spannungsfeld individueller Stilisierung und Anschlussfähigkeit, verstärkt durch die diese Schließung unterstützende Iterationsarbeit der Computerprogramme ermöglichen partiale Gemeinsamkeiten, die selbstkonstitutiv konstruiert werden können, generieren fragilere und

[1139] Thiedeke, Udo: Virtuelle Gruppen: Begriff und Charakteristik: In: Ders.: Virtuelle Gruppen. Charakteristika und Problemdimensionen. Wiesbaden 2003[2]. S. 33

[1140] Thiedeke, Udo: Stilisierung als Möglichkeit der Inklusion. In: Ders.: Medien, Kommunikation und Komplexität. Vorstudien zur Informationsgesellschaft. Wiesbaden 1997. S. 123

[1141] Maresch, Rudolf: Mediatisierung: Dispositiv der Öffentlichkeit 1800/2000. In: Ders. (Hrsg.): Medien und Öffentlichkeit. Positionierungen. Symptome. Simulationsbrüche. München 1996. S. 12

[1142] Wehner, Josef: Interaktive Medien – Ende der Massenkommunikation? In: Zeitschrift für Soziologie. Jahrgang 26, Heft 2. April. Stuttgart 1997. S. 109

[1143] Esposito, Elena: Soziales Vergessen. Formen und Medien des Gedächtnisses der Gesellschaft. Frankfurt/Main 2002. S. 301

unsichere Zugehörigkeiten, besitzen expressive Identitäten wenig Verbindlichkeit. Werden diese Konstitutionsbedingungen übertragen auf die soziale Welt, die ihrerseits virtuell überlagert wird[1144], führt dies mit dazu, dass kohärente und legitime Ordnungen der Ordnung des Ungeordneten sich im Sinne stabiler Erwartbarkeiten zunehmend als Unkoordinierbar generieren werden, und die Kohärenz der Gesellschaft (ihre Ordnung) zerfällt. „Während die Gesellschaft der Moderne bestrebt war, rationale, selbstständige und ausgeglichene Individuen herauszubilden (vernunftorientierte Anwälte der Rechtsordnung und demokratisch gesinnte Bildungsbürger, besonnene Verwalter des Kapitals und strebsame Gymnasiasten), entsteht mit der Postmoderne nun ein gesellschaftliches Klima, in dem sich andere, zum Teil vollkommen gegensätzliche Identitäten entfalten können."[1145] Eine je beobachtbare Auffälligkeit als individueller Stil lässt sich dabei sozial nur noch erschwert, da unprognostizierbarer mit als bekannt und verbindlich voraussetzbaren Limitationsmustern generalisierter und generalisierbarer Erwartungen der Umwelt antizipierbar als sozial eindeutig konditionierte und damit auch erwartbare Formen verstehen, auch wenn sich operativ Habitus als beobachtbare Konklusionsform nun eher individualisierter Stilisierung weiter reproduziert. Diese, in computervermittelter Kommunikation präludierte multiplizierte Unmöglichkeit der Einordenbarkeit „besteht über den Computer hinaus darin, dass man allerorten, in den Ökosystemen der Natur wie in den Netzwerken der Gesellschaft, anfängt, damit zu rechnen, dass nicht nur die Dinge andere Seiten haben, als man bisher vermutete, und die Individuen andere Interessen (oder auch: gar keine) haben, als man ihnen bisher unterstellte, sondern dass jede ihrer Vernetzungen Formkomplexe generiert, die prinzipiell und damit unreduzierbar das Verständnis jedes Beobachters überfordern."[1146] Diese erhöht selbstkonstitutive Einschränkung der Manifestationen stilisierter Identität individueller Freiheitsgrade finden ihre soziale Entsprechung zunehmend auch in der struktureller Auflösung von Eindeutigkeiten und gesamtverbindlichen Ordnungsreduktionen einer sinnkonstitutiv undurchdringbareren sozialen Umwelt, denn „alles ist anders möglich, und es scheint, dass unter dieser Voraussetzung Ideologien, Fundamentalismen, Prätentionen auf Eindeutigkeit und sichere Orientierung ihre Karriere beginnen, und parallel dazu: die *Individualisierung von Weltbeobachtungsverhältnissen*, die letztlich darauf hinausläuft, dass Individuen sich die

[1144] der Schein der Mühelosigkeit, den multimediale Bilder vermitteln sowie die Virtualität von Computer- und Videospielen ermöglichen die Abstraktion von individuellen Leistungsanforderungen der realen Gesellschaft

[1145] Poster, Mark: Elektronische Identitäten und Demokratie. In: Münkler, Stefan/Roesler, Alexander (Hrsg.): Mythos Internet. Frankfurt/Main 1997. S. 148

[1146] Baecker, Dirk: Was hält Gesellschaften zusammen? In: Ders.: Studien zur nächsten Gesellschaft. Frankfurt/Main 2007. S. 169

Welt, in der sie leben, gleichsam selbst garantieren und dieses Erleben dann aber mühsam gegen andere Einschätzungen dieses Erlebens stabilisieren müssen."[1147]

3.4 Gegenreaktionen – anschlussfähige Externalisierungsformen von Selbstreferenz

Kollektive Identitätsfolien dienten der Gesellschaft der Selbstbeobachtung ihrer Reproduktion sowie der Operationalisierung gesellschaftlicher Ideologien, die innerhalb des Beobachtungsrahmens der Machbarkeit zu erreichender Zukunftszustände zur Selbstgesichtswerdung ihrer Operationen über Sichtbarkeit und Anschlussfähigkeit in die Selbstreproduktion der Gesellschaft eingespeist werden konnten [vgl. Kap. 1.5]. Dies ermöglichte nicht nur individuelle Ansprechbarkeit und Identifikation als Idee von sich selbst durch Imagination der Zugehörigkeit zu einem Kollektiv, sondern auch die eines kritikfähigen und kritikablen kollektiven Gegenübers, gegen dessen Interessen man (die eigene Perspektive im Rahmen dieser Auseinandersetzungen als Sinnlieferant selbststabilisierend) kämpfen konnte, strukturierten diese Folien durch soziale Adressierung Ansprechbarkeit und dienten (allerdings in historisch abnehmendem Maße [vgl. Kap. 1.5.3]) auch der Bündelung und Limitierung von Perspektiven. Durch die heute exponierte Uneindeutigkeit der sozialen Welt[1148], der Hyperkomplexität disloziierter Adressierungen mutualistischer Zugriffs- oder Nichtzugriffsoperationen divergenter Funktionssysteme im Rahmen raumzeitlicher Diskongruenzen der Weltgesellschaft als individuelles Verstehen transzendierendes, im kausalen Rahmen von Ursache und Wirkung nicht prognostizier-, unbeeinfluss- und unzurechenbares diabolisches gesellschaftliches Geschehen und dem daraus resultierenden Gefühl individueller Ohnmacht „können Ausgrenzungserfahrungen immer schwerer in kollektiven Identitäten verarbeitet werden. Damit wird die Formulierung eines sozialen Konflikts schwieriger."[1149] Die Komplexität der Gesell-

[1147] Fuchs, Peter: Wie man die Welt am Einheitshaken aufhängen kann – Magische Beobachtungen in der Moderne am Beispiel der Frühromantik und der Systemtheorie. In: Drepper, Thomas/Göbel, Andreas/Nokielski, Hans (Hrsg.): Sozialer Wandel und kulturelle Innovation. Historische und systematische Perspektiven. Berlin 2005. S. 191

[1148] vgl. auch Rehberg, für den die „Allgegenwart" von Massenarbeitslosigkeit mit deren „Unsichtbarkeit" als Massenproblem aufgrund von Individualisierung einhergeht: Rehberg, Karl-Siegbert: Die „gesichtslose" Masse und das „Ende der Persönlichkeit". In: Drepper, Thomas/Göbel, Andreas/Nokielski, Hans (Hrsg.): Sozialer Wandel und kulturelle Innovation. Historische und systematische Perspektiven. Berlin 2005. S. 108. So erscheinen moderne Massenphänomene als „Massen, die nun auch noch ihre Gesichtslosigkeit verloren haben." (a.a.O.: S. 107)

[1149] Tietze, Nikola: Ausgrenzung als Erfahrung. Islamisierung des Selbst als Sinnkonstruktion in der Prekarität. In: Bude, Heinz/Willisch, Andreas (Hrsg.): Das Problem der Exklusion. Ausgegrenzte, Entbehrliche, Überflüssige. Hamburg 2006. S. 170

schaft als nicht mehr schließbare Kontingenz-Büchse der Pandora führt zum erleben- wie handelndem Ausfall kollektiver Adressierungsfähigkeit, denn an welche Adresse sollte (bisher mit guten Gründen an den Staat attribuierter) Protest adressiert werden, wenn sich der vormals personalisier- und adressierbare Gegner ausdifferenziert in eine Vielzahl unidentifizierbar- und unüberschaubarer Akteure, die schlicht innersystemlogisch agieren; „Gesellschaft" inadressabel und nicht steuerbar ist, gesamtgesellschaftliche Rationalität durch mutualistische spezifische Realitäten transzendiert wird und damit Konflikte in der Sozialdimension als Ausdruck von Selbstgestaltung sinnlos werden. „Der Protest gegen die eigene Situation kann nicht mehr formuliert werden, sondern verliert sich in sinnloser Zerstörungswut, weil die Herrschaftsverhältnisse nicht benannt werden können beziehungsweise sich in ihrer Übermacht jeglicher Bestimmung entziehen."[1150] Verliert die gegenseitig wechselseitige Bindung und damit auch Selbstbindung aufeinander bezogener und beziehbarer Akteure durch soziale und kommunikative Segregation und entbündelte Unbeziehbarkeit ihre Orientierungsfunktion, bleiben zur Selbststabilisierung nur die eigene Perspektive und deren Ansprüche übrig, basieren auch aktual proklamierte kollektive Identitäten sinnförmig auf individualisierten Beobachtungsverhältnissen. Insofern wäre Habermas oder auch Mouffe [vgl. Kap. 3.1.1] mit ihren Forderungen nach der (Re-)Konstituierung von Möglichkeiten kommunikativen Austausches im agonalen Raum aus psychischer Referenz zu konzedieren, dass auf individuell interaktioneller Ebene zumindest die Imagination eines Konsenses wie auch die Imagination einer Aufeinanderbezogenheit durch Zurverfügungstellung unterschiedlicher aber sich aufeinander beziehende Perspektiven als Voraussetzung der Imagination einer Solidarität unter Fremden [vgl. FN[70]] nicht von der Hand zu weisen ist, wie auch Ozwar in einer Fallstudie zur Erklärung der nationalsozialistischen Katastrophe aufzeigt: „Vielleicht hat die mangelnde Bereitschaft, sich mit den Interessen und Ansprüchen anderer Schichten und Milieus auseinanderzusetzen auch zu einer politischen Radikalisierung mancher Bürger beigetragen"[1151], denn nicht „auszuschließen ist auch, dass dieses schon in den zwanziger Jahren zu beobachtende Schweigen Ausdruck einer Indifferenz oder Gleichgültigkeit gegenüber Personen war, die aus politischen oder rassistischen Motiven bedrängt wurden. Vermutlich resultiert dieses Verhalten aus einem Empathiemangel, der seinerseits unmittelbar mit dem Segregationsverhalten zusammen hing."[1152] Dieses Segregationsverhalten ermöglichte individuell Zug um Zug (auch durch dadurch nur kommunikative Verstärkung erfahren und mit keiner

---

[1150] a.a.O.: S. 164

[1151] Owzar, Armin: „Reden ist Silber, Schweigen ist Gold". Konfliktmanagement im Alltag des wilhelminischen Obrigkeitsstaates. Konstanz 2006. S. 427

[1152] a.a.O.: S. 426

anderen Perspektive beliefert) die Inkontingentisierung der eigenen Perspektive und deren Radikalisierung[1153]: „In dem Moment, als auf beiden Seiten des politischen Spektrums die extremistischen Randgruppen verstärkten Zulauf verzeichneten und das mit einer Radikalisierung sowohl der Programmatik als auch der Taktik einherging, funktionierte das bisherige Kommunikationsverhalten nicht mehr, um der von links und rechts drohenden Eskalation vorzubeugen. Während sich mit Ausnahme der meisten Nationalsozialisten und einiger Deutschnationaler, ein Großteil der kommunikativ geschulten Funktions- und Mandatsträger über alle Lager hinweg zur Verständigung bereit zeigten, erwies sich die politische Basis als unfähig, die Meinungsverschiedenheiten mithilfe verbaler Taktik zu regulieren und auszutragen. Der habituell eingeübten und ideologisch legitimierten Ablehnung einer verbalen Auseinandersetzung, durch die sich sowohl die rechts- als auch die linksextreme Basis auszeichnete, antworteten die im katholischen und sozialdemokratischen Milieus Sozialisierten ihrerseits mit Gesprächsverweigerung."[1154] Diesen national- wie auch sozialrevolutionär gefärbten Massenbewegungen hielten die demokratischen Einrichtungen, wie bekannt, dann letztlich nicht stand[1155]. Dabei resultieren heutige Brüche im Rahmen der Beobachtung in der Sozialdimension nicht mehr nur aus entsprechendem Segregationsverhalten gesellschaftlicher Akteure, auch wenn ein prekärer sozialer Status als gesellschaftliche Sichtbarkeit bestimmte Beobachtungsmöglichkeiten als Härte der Unterscheidung [vgl. FN[443]] salientiert[1156]. Sachlich verschärft wird

---

[1153] im Gegensatz zur optimistischen Auffassung Luhmanns: Die differenzierte Form „Person" kann „eine individuelle Persönlichkeit anlernen, die in der Lage ist, zahlreiche ungelöste Konflikte und Probleme einer sehr komplexen Sozialordnung aufzufangen und durch innerpsychische Mechanismen wenn nicht zu lösen, so doch ins sozial Unschädliche abzuleiten. Ein gesellschaftlich ausdifferenziertes politisches System setzt einen zivilisierten Staatsbürger dieser Art voraus, dem zugemutet werden kann, bei Unzufriedenheit mit politischen Entscheidungen nicht Schaufenster einzuschlagen, sondern Verwaltungsgerichtsprozesse zu führen, nicht als Mob, sondern als Wähler aufzutreten – und das heißt immer: zu warten. Wie man aus Entwicklungsländern erfährt, ist diese Voraussetzung nicht ohne weiteres berechtigt. Ihre Erfüllung hängt von sehr langwierigen und sehr tiefgreifenden Prozessen psychischer Umrüstung ab." (Luhmann, Niklas (Hrsg.: Kieserling, André): Politische Soziologie. Frankfurt/Main 2010. S. 78)

[1154] Owzar, Armin: „Reden ist Silber, Schweigen ist Gold". Konfliktmanagement im Alltag des wilhelminischen Obrigkeitsstaates. Konstanz 2006. S. 425/426

[1155] zur gleichen Diagnose kommt Hannah Arendt, die diese Unfähigkeit des Austausches verschiedener Argumente und Standpunkte als „Weltlosigkeit" charakterisiert. Vgl. Meier, Matthias J. M.: Phänomene der Massengesellschaft nach Hannah Arendt. Frankfurt/Main 2002. S. 129ff

[1156] denn dieser bedeutet „nicht nur die Destabilisierung der Berufspositionen oder Lebenslagen der Einzelnen, sondern auch die Destabilisierung der relativen Positionen zwischen den sozialen Gruppen. Entsprechend wachsen die Animositäten zwischen den sozialen Gruppen. Die verunsicherten sozialen Gruppen werfen den Gewinnermilieus, den Politikern usw. eine unverhältnismäßige Bereicherung vor. Die Gewinner wiederum legitimieren sich, indem sie die anderen als leistungsunwillig etikettieren. Die von Staat und Gesellschaft angebotene System- und Sozialintegration nimmt ab, sodass die Milieus im Alltag immer mehr auf ihre eigenen „Bewältigungsstrategien" zurückgeworfen

dies durch die gesellschaftliche Ausdifferenzierung divergierender, nicht aufeinander beziehbarer inkompatibler Partialordnungen mit der durch je spezifische Grenzen realisierten gegenseitigen Unsichtbarkeit und der damit verbundenen Auflösung einheitlicher rekursiver Beobachtungsverhältnisse in der Sozialdimension, die so lange als relevant beobachtet werden konnte, als Politik wie auch Gesellschaft sich selbst dominant als politische und damit steuerbare Gesellschaft beschrieben und diese Beschreibung der operativen Reproduktion von Gesellschaft nicht so visibel widersprach [vgl. Kap. 3.1.1]. Die Unmöglichkeit vermeintlicher Selbstbestimmung der Prekärenz der eigenen Lage kann dabei als individuell systeminterne Antwort auf die fremdreferentielle Forderung von Selbstzurechnung (verbunden mit der Unbenennbarkeit konkreter sozialer Adressen der Zurechenbarkeit von Gründen für die eigene (als kontingent erfahrene) Lage), um Gegner (wieder) benennbar zu machen (und distinkte Asymmetrien im Rahmen eines sozialen Raumes der Mitgliedschaft (der selbst sachlich als Raum nicht mehr wahrnehmbar ist [vgl. Kap. 3.2]) zu implementieren) auf bestimmte beobachtbare oder unbestimmte (die in den Blickwinkel geraten) Andere projiziert werden und zu (verschärften) gruppenbezogenen Abgrenzungen führen[1157]. Dabei kann sich diese Abgrenzung auch auf den Staat (die vermeintliche Gesamtgesellschaft) selbst (da dieser semantisch immer noch die Illusion von Komplettpersonrelevanz aufrecht erhält, auf die so auch als Komplettperson reagiert werden kann) als identifizierbarer Gegner beziehen, die so gleichzeitig die Imagination kollektiver Lagen selbst wieder ermöglicht. Je gefährdeter das Eigene, das „übersieht, dass nicht das Fremde das eigentliche Problem darstellt, sondern das problematisch gewordene Eigene den Wunsch nach klaren, d.h. konturierten Verhältnissen weckt“[1158], in der Selbstwahrnehmung erscheint [vg. Kap. 2.2.3], kann diese Unterscheidung selbstverstärkend mit Konfliktpotential versehen werden, kann der Antwort auf erfahrene Ungleichwertigkeit im Rahmen sozialer Adressierungen (insb. in Interaktionskontexten [vgl. Kap. 2.3] auch durch direkte Gewalt Ausdruck verliehen werden, die Ein-

sind.“ (Vester, Michael: Von der Integration zur sozialen Destabilisierung: Das Sozialmodell der Bundesrepublik und seine Krise. In: Leggewie, Claus/Münch, Richard (Hrsg.): Politik im 21. Jahrhundert. Frankfurt/Main 2001. S. 92)

1157 wenn die Imaginationsmöglichkeit von Integration abnimmt, kann sich, neben dem scheinbar so plausiblen Schemas der Xenophobie (innerhalb dessen soziale Bewegungen der dritten Generation [vgl. FN 1042] ungeniert operieren) insb. die Anerkennung schwacher gesellschaftlicher Gruppen reduzieren. Animositäten sind leichter und individuell risikoloser in Form gruppenbezogener Aversionen als Fremdenfeindlichkeit, Antisemitismus, Islamophobie, Abwertung von Obdachlosen, Homosexuellen oder ähnlichen Gruppen zu richten und diese abzuwerten. Diese Neigung ist umso ausgeprägter, je größere Orientierungsunsicherheiten herrschen. Vgl. empirisch: Heitmeyer, Wilhelm: Deutsche Zustände. Folge 3. Frankfurt/Main 2005

1158 Reuter, Julia: Ordnungen des Anderen. Zum Problem des Eigenen in der Soziologie des Fremden. Bielefeld 2002. S. 237

deutigkeit durch (klare) Differenzen (wieder) ermöglichen soll. „Gewalt schafft eine Form von Eindeutigkeit, die die Last des riskanten Abwägens von Alternativen, den Zwang zur Reflexion widersprüchlicher Optionen suspendiert, also all das, was das Leben unter gegenwärtigen Bedingungen so anstrengend machen kann.“[1159] Hinter dieser gewaltförmigen Abwertung eines (kontingent) Anderen verbirgt sich eine Art Selbstaufwertung[1160] (als Reaktion individuellen Erlebens auf ausbleibende interaktionell individualisierte als auch systemspezifisch generalisierte soziale Anerkennung). Gerade wenn die moderne Welt nicht die „versprochene“ Selbsterfüllung mit sich bringt und vor dieser semantischen Folie aus psychischer Systemreferenz zur „Exklusion“ führt, kann das disloziierte Individuum der sozialen Orientierungslosigkeit als Reaktion auf die Kontingenz eigener Sinnlosigkeit in der Kontingenz moderner Gesellschaft sich einer Perspektive (als Weltbild der Sinnlimitierung) unterordnend eine Normalität kontingenzloser Unterscheidungen asymmetrischer Struktur in Form von Hierarchien und Zugehörigkeiten (also Ordnungen) entgegensetzen, die die eigene Fragmentierung intern stabilisiert. Funktional äquivalent zu individueller Gewalt als Distinktionsmittel, die „Orientierungspunkte in einer sozialen Welt, die „ziellos“ erscheint, in der alles möglich und doch nichts erreichbar ist“[1161] bietet, wie auch kollektiver „sinnloser Zerstörungswut“ [vgl. FN[1150]] eruptiver Gewalt ultimativer Sinnproduktion kann auch durch sinnlogische Referenz auf intrapsychisch als relevant stabilisierte Unterscheidungen durch „Zettel“ fremdreferentieller Sinnperspektiven Selbstreferenz externalisiert werden. Dieser Zwang der Selbststabilisierung wirkt sich individuell in geringerer sozialer Kohäsion aus, wie Bühl plastisch schildert: „Das schlicht individualistische Inklusionsprogramm jedenfalls, wonach eine gleichzeitige Steigerung von individueller Freiheit und sozialer Integration bewirkt werden sollte, hat sich als Illusion erwiesen. Das zeigen nicht nur die ethnischen und fundamentalistischen Ausbrüche am Rande von

[1159] Heiner Keupp: Bedrohte und befreite Identitäten in der Risikogesellschaft. In: Barkhaus, Annette/Mayer, Matthias/Roughley, Neil/Thürnau, Donatus: Identität Leiblichkeit Normativität. Neue Horizonte anthropologischen Denkens. Frankfurt/Main 1996. S. 391

[1160] damit soll weder: entsprechend kriminelles Verhalten oder jede Form von Gewalt entschuldigt, noch die unbestreitbare Selbstverantwortung der Betreffenden geleugnet werden. Aber als Reaktion auf soziale Adressierungsverhältnisse werden entsprechende Verhaltensweisen zumindest nachvollziehbar. Vgl. zur Relevanz von Anerkennung im Rahmen individueller Verarbeitung prekärer Inklusionsverhältnisse insb. durch Formen von Gewalt als Kompensation von Anerkennungsbeschädigung: Anhut, Reimund/Heitmeyer, Wilhelm: Desintegration, Anerkennungsbilanzen und die Rolle sozialer Vergleichsprozesse für unterschiedliche Verarbeitungsmuster. In: Preyer, Gerhard (Hrsg.): Neuer Mensch und kollektive Identität in der Kommunikationsgesellschaft. Wiesbaden 2009. S. 212-234

[1161] Tietze, Nikola: Ausgrenzung als Erfahrung. Islamisierung des Selbst als Sinnkonstruktion in der Prekarität. In: Bude, Heinz/Willisch, Andreas (Hrsg.): Das Problem der Exklusion. Ausgegrenzte, Entbehrliche, Überflüssige. Hamburg 2006. S. 166

Europa, im Nahen und Mittleren Osten, sondern auch die Zunahme der Gewaltbereitschaft Jugendlicher, die massenmediale Überschwemmung mit archaischen Archetypen und Horrorszenen, der Warenfetischismus, die multikulturelle Beliebigkeit und der rasche Wechsel von psychischen Moden und Ängsten in den Zentren der westlichen Zivilisation."[1162] Bühl versteht hier individuelle Freiheit als Wahlfreiheit [vgl. Kap. 2.1.1] und die Ermöglichung selbstbestimmter Wahl als normative Konstitutionsbedingung des Sozialen (was ja auch exakt so in den dominanten gesellschaftlichen Selbstbeschreibungen (gerade auch des Wirtschaftssystems) zum Ausdruck kommt[1163]) und verwechselt Semantik und Struktur. Diese (vermeintliche) Freiheit ist ja strukturell Folge mutualistischer funktionssystemspezifischer Adressierungen des „Menschen" als Bündelung differierender Adressierungszumutungen, die semantisch als Höchstrelevanz jedes Menschen und dessen Individualität als Selbstverwirklichung im Rahmen von Machbarkeit zum Ausdruck kommt[1164], die als Versprechen des Projektes der Moderne invisibilisieren ließ, dass „ganze Menschen" sozialstrukturell nicht adressierbar, also ansprechbar sind, dass es diese (als diese strukturell keinen Teil sozialer Systeme, sondern (nur) deren Umwelt [vgl. Kap. 1.2.4] darstellen) gar nicht mehr *gibt*; dass nur partielle und inkommensurable Inklusionsformen operativ reproduzierbar sowie soziale Systeme als sinnhafte Schließung spezieller Logiken keine Systeme individueller Selbsterfüllung, sondern der Reproduktion sozialer Funktionen sind. Die – funktionssystemspezifische – Strukturierung durch Exklusion oder Inklusion bezeichnet so „eine Konstitutions- und Selbstreflexionsebene des Systems ..., die nicht automatisch mit Selbstverwirklichungsmöglichkeiten ausgestattet ist."[1165] Im Gegensatz dazu geht es in individuellen Selbstbeschreibungen als „subjektiven Beschreibungen von Ausgrenzung als Antworten auf die objektive Dynamik einer prekären Lebenslage"[1166] um die *Teilnahmemöglichkeiten* an Gesellschaft. Unter diesem Blickwinkel – Exklusion als Ausdruck (zwar partial) sozialer Irrelevanz von Personen sowie Machbarkeit

[1162] Bühl, Walter L.: Das kollektive Unbewusste in der postmodernen Gesellschaft. Konstanz 2000. S. 18

[1163] um die je funktionsspezifische Selbstreproduktion durch Produktion und Aufrechterhaltung von individueller Adressierungsfähigkeit durch Erwartungen zu gewährleisten

[1164] und auch Preyer entkommt dieser Problematik nicht, wenn er Gesellschaft als durch Mitgliedschaftsrollen konstituiert charakterisiert, durch die Personen in das Gesellschaftssystem inkludiert werden. Selbstredend erfolgt die strukturelle Kopplung zwischen sozialen und psychischen System überwiegend über deren Rollen, nur führt diese Konzeption letztlich immer noch den Gedanken der „Einheit" und des „Aufgehobenseins" mit sich

[1165] Stichweh, Rudolf: Zur Theorie der politischen Inklusion. In: Ders.: Inklusion und Exklusion. Studien zur Gesellschaftstheorie. Bielefeld 2005. S. 72

[1166] Tietze, Nikola: Ausgrenzung als Erfahrung. Islamisierung des Selbst als Sinnkonstruktion in der Prekarität. In: Bude, Heinz/Willisch, Andreas (Hrsg.): Das Problem der Exklusion. Ausgegrenzte, Entbehrliche, Überflüssige. Hamburg 2006. S. 158

als eine durch die Differenzstruktur von Gesellschaft nicht gedeckte aber gerade dies invisibilisierende Illusion – werden die von Bühl geschilderten Folgen (teils explosiver Art) als individuelle Handlungsreaktionen dieser „strukturell Überflüssigen“[1167] verstehbar. Dieser Bedarf an Sinn und Stabilisierung durch vermeintliche Wiedereindeutigkeit von Unhinterfragbarkeiten „beginnt mit Überdruss an sich selbst, am eigenen Leben. Die Religionssoziologie kann zeigen, dass hierfür Menschen in als unpassend empfundenen Lagen besonders empfänglich sind: Außenseiter, blockierte Aufsteiger, frustrierte Absteiger, Nochnichtfestgelegte wie vor allem Jugendliche, Personen in Notlagen und Krisen.“[1168] Der Unsicherheit eigenem Daseins durch Kontingenz der eigenen Zukunft kann durch Konversion zu soziale Komplexität radikal reduzierenden und mit Sinn versehenden Ideologien entkommen werden. Heute „lassen sich zwei Formen modernen Konvertierens ausmachen. … Es sind dies die Bekehrungen zu fundamentalistischen und zu weltanschaulich-lebensreformerische-esoterischen Bewegungen. Bei den Fundamentalismen ähnelt die Konversion dem bisher aufgezeigten Muster, führt indessen von der Freiheit zur Gebundenheit und vom Universalismus zum Partikularismus. Dagegen führt die Konversion zum „New Age“ und anderen modernistischen Religiositätsformen in ein lockeres Netzwerk mehr oder weniger Gleichgesinnter, jedoch nicht ganz mit dem von dem universalistischen Erlösreligionen verlangten Ernst, vielmehr experimentell und auf Widerruf.“[1169] Wenn auch die Konversion zu (esoterischen) Spielarten des „New Age“ die noch häufigere und harmlosere Variante darstellen dürfte, geht es in beiden Fällen darum, fremdreferentielle Sinnlieferanten selbstreferentiell zu übernehmen und dabei gerade diese Selbstreferenz zu invisibilisieren, die Verantwortung für die eigene Lebensführung zu externalisieren. „Bei aller Gegensätzlichkeit haben beide Konversionsformen das eine gemeinsam: Sie führen vor allem von etwas weg und weniger zu etwas hin.“[1170] Fundamentalismen wie religiöse Sinnperspektiven sind (nicht nur, aber gerade auch durch deren unter-

---

[1167] die – im Gegensatz zu den Marxschen Ausgebeuteten – funktional schlicht nicht mehr relevant sind: „Die neuen Formen von Verelendung werden nicht einmal als Reserve benötigt. Es kann sich nur darum handeln, die Gefahren zu kontrollieren, die von ihnen ausgehen, oder die humanitären Mindeststandards zu sichern, ohne die eine im Übrigen prosperierende Gesellschaft nicht guten Gewissens mit der eigenen *aisance* umgehen könnte.“ (Hahn, Alois: Theoretische Ansätze zu Inklusion und Exklusion. In: Annali di Sociologia. Soziologisches Jahrbuch 16, 2002/2003. Berlin 2006. S. 78)

[1168] Stagl, Justin: Zur Soziologie der Konversion. In: Drepper, Thomas/Göbel, Andreas/Nokielski, Hans (Hrsg.): Sozialer Wandel und kulturelle Innovation. Historische und systematische Perspektiven. Berlin 2005. S. 257

[1169] a.a.O.: S. 267

[1170] a.a.O.: S. 267

privilegierte Lebenslagen vielfach für Migranten) deshalb so anschlussfähig[1171], da „viele Menschen das Bedürfnis verspüren, ihrem Leben einen Sinn zu geben. Da die klassischen Bezugspunkte (Inklusion durch die Arbeit, Aufrechterhaltung von starken Bindungen an die Herkunftsgesellschaft) sich auflösten oder nicht mehr genügten, bot die Islamisierung oder Re-Islamisierung eine Antwort auf die Verbindung von sozialer Ungerechtigkeit und Erniedrigung durch den Rassismus, indem sie ein positives Identitätsangebot machte, das eine Aufwertung des Selbstgefühls und eine Hoffnung auf die Zukunft ermöglichte."[1172] Den individuell im Glauben an die Machbarkeit negativ empfundenen Formen partialer und prekärer sozialer Inklusion kann durch Konversion eine „positive" Identität der Anerkennung entgegengestellt; Realität umgedeutet werden. „Der Bruch mit der Gesellschaft, der über die soziale Ausgrenzung längst eine objektive Lebensbedingung geworden ist, wird im Nachhinein islamisiert. Die eigene Existenz kann dann entweder in der kritik- und distanzlosen Ausführung von Organisationsinteressen oder in einer utopischen Logik des „alles oder nichts" religiöser Praxis ihre ausschließliche Berechtigung finden. Eine solche Selbstauflösung in der religiösen Identifikation droht gerade dann, wenn jeder Zugang zu einer wie auch immer definierten Anerkennung im öffentlichen Raum verschlossen bleibt. Das Individuum ist in dieser Situation unfähig, die durch gesellschaftliche Prozesse auferlegte Negatividentität zu durchbrechen, und verlängert sie in seine Islamität hinein."[1173] Gewinnt dieses Refraiming[1174] beobachteter Nicht-Akzeptanz durch erlebte soziale Ausgrenzung in die eigene Islamisierung oder sonstige Fundamentalismen intern selbstverstärkenden Sinn, erlaubt so interne Anerkennung, eröffnet diese Unterscheidung muslimischer Selbstbeschreibung durch sich selbst als welt-eröffnende Unterscheidung „den Blick auf den (muslimischen und nicht muslimischen) Anderen"[1175], bringt die eigene Fundamentalität (sachlich) in eine Form mit der „westlichen" differenzierten Gesellschaft, und stellt (als relevante Adressen dieser Außenseite) sozial „über diese konfes-

---

[1171] auch, als sich Religion als Funktionssystem superinkludierend in der Imagination als „ganzer Mensch" zeigt. Vgl. Bohn, Cornelia: Inklusions- und Exklusionsfiguren. In: Annali di Sociologia. Soziologisches Jahrbuch 16, 2002/2003. Berlin 2006. S. 153

[1172] Wieviorka, Michel: Kulturelle Differenzen und kollektive Identitäten. Hamburg 2003. S. 37

[1173] Tietze, Nikola: Ausgrenzung als Erfahrung. Islamisierung des Selbst als Sinnkonstruktion in der Prekarität. In: Bude, Heinz/Willisch, Andreas (Hrsg.): Das Problem der Exklusion. Ausgegrenzte, Entbehrliche, Überflüssige. Hamburg 2006. S. 173

[1174] durch das man „die Perspektive auf die Lebensweise der Menschen jeweils nur um ein Geringes verschieben muss, von Glück zu Unglück oder von innen nach außen, um denselben Sachverhalt in einem anderen Licht zu sehen." (Baecker, Dirk: Das Relativitätsprinzip. In: Ders.: Studien zur nächsten Gesellschaft. Frankfurt/Main 2007. S. 219)

[1175] Tietze, Nikola: Ausgrenzung als Erfahrung. Islamisierung des Selbst als Sinnkonstruktion in der Prekarität. In: Bude, Heinz/Willisch, Andreas (Hrsg.): Das Problem der Exklusion. Ausgegrenzte, Entbehrliche, Überflüssige. Hamburg 2006. S. 167

sionelle Zuweisung eine Distinktion zu den Deutschen her. Entscheidend ist dabei, dass die Zugehörigkeit zum Islam ... eine Selbstbeschreibung gegen einen gesellschaftlich auferlegten, stigmatisierten Status ist."[1176] Strukturidentisch zu diesem religiösen Fundamentalismus „belegt die Renaissance nationalstaatlicher Gefühle und Kräfte nicht nur in Osteuropa weiterhin deren Orientierungsleistung in einem ansonsten eher bedeutungsknappen und sinnarmen Wochentag"[1177], die als scheinbar letzte verbleibende Sicherheit einer die Gesellschaft gleichsam von Außen [vgl. Kap. 1.5.3] durch eine bestimmte Unterscheidung als Ganzes beobachtende Perspektive „den Menschen vor dem „semantischen Bankrott" bewahrt."[1178] National verbrämter Fundamentalismus ist Ausdruck des Wunsches nach Rückkehr zu eindeutigen Erwartbarkeiten durch eine als zentral stilisierte Sinnperspektive inkontingenter Limitierungen zu einer „Welt erster Ordnung", in der ist, was es ist, die Welt nicht disloziv und disparat (un)geordnet erscheint, in der die Perspektiven des politischen oder eben auch religiösen Systems nicht durch die Perspektiven anderer Funktionssysteme „domestiziert" werden bzw. im Falle der religiösen Form die Welt sich nach *dieser* Perspektive empirisch schon gar nicht ordnet. Unter dieser Folie sind moderne Fundamentalismen (auch der Religiosität) kein Ausdruck der Reproduktion von Traditionen als überlieferte Sinnmuster, sondern als Gegenbewegung zur sich strukturierenden Vielfalt der Ungeordnetheit divergierender Ordnungen (sowohl hier wie dort in der Weltgesellschaft) kausal mit funktionaler Differenzierung verbunden, um wie für soziale Bewegungen das zu bieten, was der modernen Gesellschaft strukturell verwehrt bleiben muss: einen universalen, allumfassend gültigen Sinnzusammenhang des Sozialen sowie der ultimativen fremdreferentiellen Sinngeneration des Individuellen durch dieses Soziale, der sinnhaften Selbstversicherung im Rahmen einer nihilistisch erscheinenden Gesellschaft, die den Status als Mitglied konsequent zu verweigern droht, wie es sich auch in Castells Widerstandsidentitäten [vgl. FN[1007]] zeigt. In diesen fundamentalistisch kollektiven Identitätsfolien äußert sich ein absolutisierender Widerstand gegen die Sinndivergenz, Kontingenz und Sinnlosigkeit (als gesamtverbindliche Form [vgl. Kap. 1.3.1]) der Gesellschaft „angesichts einer Entwicklung, die weitgehend ungebremst und unkontrolliert voranzuschreiten scheint. Dazu kommt der dumpfe Verdacht, dass die Regierenden angesichts der wachsenden Macht von globalen wirtschaftlichen Akteuren und internationalen Finanzmärkten immer weniger in der Lage – oder vielleicht sogar immer weniger gewillt – sind, auf globale wirtschaftliche Ent-

[1176] a.a.O.: S. 169

[1177] Papcke, Sven: Gibt es eine postnationale Identität der Deutschen? In: Voigt, Rüdiger (Hrsg.): Der neue Nationalstaat. Baden-Baden 1998. S. 120

[1178] Reuter, Julia: Ordnungen des Anderen. Zum Problem des Eigenen in der Soziologie des Fremden. Bielefeld 2002. S. 234

wicklungen und ihre Auswirkungen auf die Gesellschaft und den Einzelnen kontrollierend einzuwirken oder sie zumindest abzufedern. Die Folge ist ein wachsendes Misstrauen gegenüber dem politischen Establishment – das durch immer neue Enthüllungen über Korruption, Amtsmissbrauch und Bereicherung auf allen politischen Ebenen sicherlich noch zusätzliche Nahrung empfängt – und den demokratischen Entscheidungsfindungsmechanismen sowie eine wachsende Sehnsucht nach einer starken politischen Instanz, die Entscheidungen rasch zu treffen und durchzusetzen weiß."[1179] So muss es nicht Wunder nehmen, „dass rechtpopulistische Parteien die größte Resonanz durchwegs gerade in den sozialen Schichten und Gruppen finden, deren Zukunftschancen objektiv besonders ungewiss sind oder die sich zumindest subjektiv am stärksten von globalen Entwicklungen, über die sie keine Kontrolle haben, bedroht fühlen."[1180] Durch die offenkundiger als früher zu beobachtende strukturelle Desintegrativität kann durch das Beobachtungsmuster „Nation" Kontingenz durch Orientierung an sowohl rechts- als auch linkspopulistischen Akteuren[1181] wieder limitiert und strukturiert werden[1182]. Um diesem – auch von ihnen selbst erzeugten – Beobachtungsmuster zu entsprechen, operieren populistische politische Akteure konsequent innerhalb dieser Beobachtungsform, die anschlussfähige Unterscheidungen eröffnet (auch intern zur Abgrenzung gegenüber nicht-extremen politischen Eliten), der Proklamation des hypothetischen Volkswillens *ganzer Menschen*: „Mit diesem Bezug auf das Volk, der durchaus vielschichtig sein kann (z.B. „das ganze Volk", „unser Volk", das „einfache Volk"), beschwört der populistische Diskurs bewusst das Bild einer Frontstellung zwischen der „schweigenden Mehrheit" der Bevölkerung und einer Minderheit, die partikularistische Interessen verfolgt."[1183] Jeder dieser Fundamentalismen zeichnet sich durch Ausschließlichkeit der eigenen Perspektive aus, lebt damit aber als kommunikativ paradoxe Form in einer sich multiperspektivisch ordnenden sozialen Welt latent damit, selbst als kontingent beobachtbar zu sein, was durch Stilisierung als Unhinterfragbarkeit scheinbarer Sinnevidenz (und intern durch Moralisierung der je entsprechenden Perspektive) gegen Beobachtungen zweiter Ordnung gleichsam

[1179] Betz, Hans-Georg: Rechtspopulismus und Ethnonationalismus: Erfolgsbedingungen und Zukunftschancen. In: Leggewie, Claus/Münch, Richard (Hrsg.): Politik im 21. Jahrhundert. Frankfurt/Main 2001. S. 129/130

[1180] a.a.O.: S. 130

[1181] die ja interessanterweise sich darin schließen

[1182] vgl. Bude, Heinz/Willisch, Andreas: Das Problem der Exklusion. In: Dies. (Hrsg.): Das Problem der Exklusion. Ausgegrenzte, Entbehrliche, Überflüssige. Hamburg 2006. S. 17

[1183] Betz, Hans-Georg: Rechtspopulismus und Ethnonationalismus: Erfolgsbedingungen und Zukunftschancen. In: Leggewie, Claus/Münch, Richard (Hrsg.): Politik im 21. Jahrhundert. Frankfurt/Main 2001. S. 124

abgeschottet und invisibilisiert werden muss[1184]. Bezogen auf aktuelle gesellschaftliche Entwicklungen ist zumindest nicht ausgeschlossen, dass sich die in multiperspektivisch differenzierte Strukturen eingeordnete und damit domestizierte Beobachtungsform „Nation“ als Form „inter pares“ der Unmöglichkeit gesamtgesellschaftlicher Rationalität als auch gesamtgesellschaftlicher Steuerung zur Wiedergewinnung dieser Steuerungsfähigkeit (wieder) in einen diese heterarchische Struktur transzendierenden Nationalismus verwandelt. Da dieser (politische) Fundamentalismus im alteuropäischen Sinne die Allgemeinheit in der Partikularität zu verwirklichen sucht, Religion letztlich aber nur als universale Perspektive ultimative Anschlussfähigkeit verspricht, „stellen religiöse Fundamentalismen auch noch die identitätsstiftende Rolle des Nationalstaats in Frage und beharren auf einer letztlich globalen Identität der Gemeinschaft der Rechtgläubigen.“[1185] Dabei kann ein individueller Ausdruck entsprechender Adressabilität kommunikative Plausibilität (durch Sichtbarkeit entsprechender Adressabilität) gewinnen und durch sich positiv bestätigende und dadurch selbstverstärkende Imagination gleicher Lage und Sichtbarkeit dieser Lage (als sozial reproduzierte Adressabilität) „eine solche ethnisierte, auf die individuelle Lebensführung ausgerichtete Religiosität in eine Islamisierung des gesamten Stadtteils übergehen und damit in eine kollektiv ausgerichtete Instrumentalisierung der Bezugnahme auf den Islam münden.“[1186] Dies hat in der Weltgesellschaft bereits „*state embedded religions* in *religion embedded states* verwandelt. Die dadurch neu gewonnene, anarchische Freiheit *der* Religionen entwickelt sich bereits bedrohlich auf Kosten der Freiheit *von* der Religion.“[1187] Und vielleicht ist es gar nicht so überraschend, dass Menschen mit Migrationshintergrund (denen sich politisch in der „Zielgesellschaft“ ohnehin wenig Möglichkeiten bieten) im Rahmen dieser Konversionen zur vermeintlichen Eindeutigkeit von Eigenem

---

[1184] in diese Richtung dürften auch Überlegungen zum fundamentalistischen Terrorismus anschlussfähig sein, können auch „negative und destruktive Verhaltensformen imitiert werden. Auch Chiffren der Selbstvernichtung, der Gewalt oder des Fundamentalismus stehen als Orientierungspunkte für Tendenzen oder Moden prinzipiell zur Verfügung. Gerade ihre Verwendung verspricht ultimative, um nicht zu sagen finale Unterscheidungspotentiale“ (Thiedeke, Udo: Stilisierung als Möglichkeit der Inklusion. In: Ders.: Medien, Kommunikation und Komplexität. Vorstudien zur Informationsgesellschaft. Wiesbaden 1997. S. 161). Gerade auch an der internen Auseinandersetzung politisch oder religiös fundamentalistischer Akteure entsprechender Bewegungen wird die Kontingenz auch des Fundamentalismus sichtbar, die dann Terror als ultimative Eindeutigkeit in den Raum des Möglichen geraten lässt

[1185] Willke, Helmut: Heterotopia: Studien zur Krisis der Ordnung moderner Gesellschaften. Frankfurt/Main 2003. S. 319

[1186] Tietze, Nikola: Ausgrenzung als Erfahrung. Islamisierung des Selbst als Sinnkonstruktion in der Prekarität. In: Bude, Heinz/Willisch, Andreas (Hrsg.): Das Problem der Exklusion. Ausgegrenzte, Entbehrliche, Überflüssige. Hamburg 2006. S. 167

[1187] Brunkhorst, Hauke: There will be Blood. Konstitutionalisierung ohne Demokratie? In: Ders. (Hrsg.): Demokratie in der Weltgesellschaft. Baden-Baden 2009. S. 115

und Fremdem tendenziell Zuflucht zur Perspektive des religiös geprägten Fundamentalismus nehmen und europäisch sozialisierte Menschen zum politischen Fundamentalismus neigen, da in unseren Breiten historisch [vgl. Kap. 1.4.3] die Autorität von Religion durch die Selbstautorisierung der Politik als Selbstgestaltung der Gesellschaft erschüttert und substituiert, die Form „Nation" semantisch wirkmächtig tradiert wurde und wird und damit als dominante soziale Selbstbeschreibungsfolie eine besondere Plausibilität und Anschlussfähigkeit aufweist. In beiden Fällen aber stellt die unbezeichnete Außenseite der Unterscheidung die Gesellschaftsstruktur an sich[1188] dar.

[1188] an deren Strukturen im operativen Lebensprozess trotzdem weiterhin parasitiert wird, auch wenn gerade diese negiert werden

Schluss

Gesellschaft als Konvolut autologischer Reproduktion divergent selbstkonstitutiver Ordnungen weltgesellschaftlicher Anschlussfähigkeit koinzidiert weder sachlich, zeitlich noch sozial die Verifizierung einer teleologisierbaren Einheitsimagination (Gesellschaft als ...) durch Engführung auf eine repräsentable Unterscheidung, vielmehr zeigt sich deren Kohärenz wie Kontinuität in der Disparität und Inkommensurabilität ihrer Funktionen und Kontexte. Durch die Eigenrationalität dieser Partiallogiken, die sich heute auch nicht mehr auf erwartbar teilsystemspezifische Realitäten beschränken, sondern sich sinnlogisch weiter unerwartbarer ausdifferenzieren und deren in den Virtualitäten und Netzwerken der Weltgesellschaft offensichtlicher und unversöhnlicher zu Tage tretenden Visibilität findet nun auch semantisch das „Projekt der Moderne" sein Ende. Die Imagination gesellschaftlicher Machbarkeit als *Bewegungsstil individueller Selbstentfaltung im Kontext anderer Selbstentfaltungen* [vgl. FN[17]], realisierbar durch kollektive Formen gesellschaftlicher Ansprech-, Sichtbar- und Anerkennbarkeit sowie individuelles Leistungsunvermögen substituierbare Staatsadressierungen gibt sich nun als Illusion zu erkennen. Das durch immer wieder neue Perspektiven der Selbstregelung „unvollendete Projekt" [vgl. FN[341]] europäisch-humanistischen Konnotationen entspringender individueller Selbstentfaltung im und durch den sich selbst durch dessen sich als Mitglieder von Gesellschaft imaginierende Individuen steuernden Raum des Sozialen durch immer wieder neue oder neu aktualisierbare Protestperspektiven als nie vollendbares Projekt zeigt sich nun in der Vollendung seiner Unmöglichkeit. Dabei lassen sich heute über die individuell als auch sozial aus spezifischen Ordnungsbündelungen wie auch Entbündelungen resultierenden nicht mehr überblickbaren Risiken (potentieller Folgen) weder durch kollektiv deliberativ interaktionellen Austausch (gerade auch nicht im Rahmen regressiv selbstbezüglicher virtueller Gesellschaft) zur Erzielung gesamtgesellschaftlicher Perspektiven noch durch Domestizierung divergierender Weltsichten als divergente (segregate je gegenseitig invisible Welten) Logiken in heterarchischen Kontexten und Situationen auf eine gemeinsame Sinnwelt als allgemeinverbindliches „tertium comparationis" [vgl. FN[713]] reduzieren, lässt exponentierte Komplexität dank jetztzeitiger Beschleunigung weltgesellschaftlicher Anschlussfähigkeit als unmittelbare Synchronität des Asynchronen Gesamtkontingenz aushaltende und in eigenerrechenbare Realität einarbeitende Reflexion sachlich immer weniger zu. „Mehr und mehr tendieren heute Risikolagen, wenn sie einmal wahrgenommen und kommuniziert werden, zur Politisierung. Das muss zu einer strukturellen Überlastung von Politik mit Problemen führen, die sie auf spezifisch politische Weise, das heißt: durch kollektiv bindende Entscheidungen, nicht lösen kann.“[1189]

Diese Überlastung ist auch Resultat an das politische System attribuierbaren je sachlich inkonvertierbaren Protestes individuell vermeintlich zunehmender Verweigerung der gesellschaftlichen Teilsysteme zur gemeinwohlverträglichen Steuerung der Gesellschaft als ineinanderfallende Befriedung (und damit insbesondere durch Politik als vermeintlich asymmetrische Repräsentation im Rahmen der beobachtbaren Dominanz entsprechend gesellschaftlicher (politischer) Selbstbeschreibungen) im Sinne dieser Menschen beizutragen, die sich in ihren Selbstbeschreibungen – aus individueller Perspektive nachvollziehbar – als relevant und „telos“ dieser Versöhnung generieren und entsprechend im Rahmen gesellschaftlicher Reproduktion erfahrene Nichtrelevanz in Form von Kompensationsansprüchen an das politische System adressieren. Wie die heute (nicht nur aber nun auch) in unserer Region sich artikulierenden Proteste und aufflammenden Revolten „ganzer Menschen“ zeigen, richtet sich dieser Protest gegen die offensichtlich sichtbarere Fundamentaldifferenz zwischen Semantik und Struktur von Gesellschaft, um das Projekt individueller Selbstentfaltung, durch das diese Differenz bislang verborgen werden konnte, weiterhin nicht nur semantisch aufrechtzuerhalten. Die heutigen gesellschaftsstrukturellen Faktizitäten zerreißen den Vorhang dieser Invisibilisierung der Unmöglichkeit sozialer Integration von „Menschen“ als Tradierung der Differenzierungsform der Strata und damit der sozialen Adressierungsmöglichkeit dieser „Menschen“: „Man muss hier ein verändertes Mensch-Verständnis voraussetzen, das um 1800 unter Titeln wie Freiheit, Selbständigkeit, Individuum und Welt, Kunst, Liebe zwar formuliert worden ist, von dem aber niemand sicher weiß, ob es aushaltbar ist und für wen.“[1190] Gesellschaftstheoretisch prekär – und für das hier zu behandelnde Thema relevant – ist dies allerdings insofern, als individuelle Unprognostizierbarkeiten durch entsprechend relationäre Beobachtungen zu einer kommunikativ reproduzierbaren und reproduzierten Erfahrung werden, die, massenmedial kommuniziert, gesellschaftliche Sichtbarkeit annehmen, Fremdwahrnehmungen als soziale Wahrscheinlichkeiten beeinflussen und so soziale Erwartungsunsicherheiten verstärken kann. Kollektive Schemen als politisierbare Formen verlieren aber im Rahmen individualisierter dislozierter Adressierungen der mutalistischen Eingebundenheit in divergente Kontexte ihre Plausibilität, außer wenn

[1189] Luhmann, Niklas: Umweltrisiko und Politik. In: Ders. (Hrsg.: Hellmann, Kai-Uwe): Protest. Systemtheorie und soziale Bewegungen. Frankfurt/Main 1996. S. 173
[1190] Luhmann, Niklas: Politische Theorie im Wohlfahrtsstaat. München/Wien 1981. S. 122

sozial ein (sachlich nicht mehr verifizierbarer) Gegner (nun der Staat, gegen den als „ganzer Mensch“ durch „eine“ Perspektive zu kämpfen ist, wenn dieser seiner Rolle im Projekt der Machbarkeit vermeintlich nicht mehr gerecht wird) identifizierbar wird. Funktionssysteme als sachlich spezifisch multiperspektivisch operative Reproduktion strukturieren sich indifferent gegenüber „Menschen“, indem sie „nur“ auf Personen referieren, ist und bleibt „der Mensch“ als Einheit der Komplettperson sozialstrukturell nicht adressierbar. Dies spiegelt sich auch in den hier dargelegten unterschiedlichen Formen kollektiver Identität: Während die explizite Form der Selbstbehauptung auf die gesellschaftliche Semantik des individuell Präferierten reagiert, und darauf ausbleibende gesellschaftliche Reaktionen als Exklusion beschreibt, steht die implizite Form als sozialer Habitus als identitär beobachtbare individuelle Reaktionen auf soziale Adressierungsverhältnisse in direktem Verhältnis zur Gesellschaftsstruktur. Die Anerkenntnis dieser Nichtadressierbarkeit ist nun im Sinne eines nicht-kommuniziert-werden-dürfens unkommunikabel, muss latent gehalten werden, da diesem „Menschen“ semantisch kommunikative Höchstrelevanz zukommt. Dabei zeigt die Reproduktion funktional strukturierter Kommunikation unter den Bedingungen von Weltgesellschaft immer unübersehbarer, dass adressierbare psychische Systeme als einzelne Exemplare der Gattung „Mensch“ nicht relevant sind, Gesellschaft kein sozial bewohnbarer Ort „kollektiver Integration“ im Kontext Differenter, aber potentiell als Gleiche konstruierbarer „Mitglieder“ ist, sondern aus selbstreproduktiver Kommunikation divergenter Ordnungen besteht. Dies ist selbstredend eine Faktizität, bei der sich vordergründig der Gedanke des gesamten europäischen Humanismus in seinem Grabe umdrehen müsste; eine Faktizität allerdings, die exakt dessem Gedanken entspringt: Der Freiheit des menschlichen Individuums; eine Freiheit, die sich in unterschiedlichen sozialen Handlungskontexten als individuelle Handlungsvollzüge jeweiliger Wechselwirkung mit Handlungsvollzügen Anderer als sich entfaltende divergierende Logiken der Einschränkung kontingent möglicher Formen exemplifiziert (die dann als Emergat entsprechend sinndimensionierter Schließung in der Zeitdimension als Logiken selbstkonstitutiv Sinn generieren und konstituieren und damit individuelle Anschlussfähigkeit strukturieren) und reproduziert und dann ihrerseits als Freiheit individuelle Lebensvollzüge determiniert. Soziale Systeme sind so mitnichten ein externer Faktor individueller Reproduktion (als gleichsam externe Determination der Verunmöglichung individueller Lebensentwürfe), sondern exakt der – Interaktionssituationen überdauernde und damit erst erwartbare – Kontext, in dem sich individuelle Selbstentfaltung im Rahmen anderer Selbstentfaltungen gegenseitig einschränkend und damit gleichzeitig durch Erwartungsbildung ermöglichend als soziale Ordnung entfalten kann – reproduziert durch Kommunikation und damit gleichsam alteuropäisch: „vom Menschen gemacht“, denn wem anderen als Menschen als extrasoziale Realität des Gesellschaftssystems könnte Kommunikation zugerechnet werden, auch wenn diese dann auf die kommunikativ selbstkonstitutive Sinnproduktion und -reproduktion nur noch beschränkt Einfluss erwirken. Freiheit als höchstes Gut der europäischen Aufklärung ist sozial sachlich die Einschränkung durch sinnspezifische Limitierungen, die – um eben je spezifisch frei sein zu können, sich von anderen Limitierungen „befreien" und sich auf sich selbst gründen und individuell die Freiheit, sich im Rahmen dieser Freiheiten zu reproduzieren. Dabei haben diese Befreiten diese ihre Freiheit und deren Folgen zu tragen: „Wir wollten Gerechtigkeit und bekamen den Rechtsstaat!"[1191] Semantisch aber entspringt aus dieser Freiheit die apodiktische Gleichheit der Menschen, eine Gleichheit, die zu Ansprüchen umformuliert ungleiche gesellschaftsstrukturelle Adressierungen und deren Folgen kompensieren soll.

Durch die Erwartbarkeit sachlich asymmetrisierender (im Sinne spezifischer Realitätserzeugung) funktionssystemspezifischer Adressierungen erhalten diese im Gegensatz zu sozial asymmetrisierenden Interaktionsbedingungen einen „humanen Anstrich" [vgl. FN[736]] mit der individuellen Konsequenz je spezifischer adressierungsverarbeitender Realitätsentfaltung wie Selbstverortung als „Individualisierung von Weltbeobachtungsverhältnissen" [vgl. FN[1147]], denn die Frage bleibt: Was wäre die Alternative? Eine Welt (wieder) erster Ordnung, die sich unter modernen Bedingungen als unaufhebbar divergente Welten unversöhnlich gegenüberstehen; Alternativen, die als unterschiedlichste Fundamentalismen ihre (Wieder)Auferstehung feiern. Gerade soziale Asymmetrisierungen als Formen dieser Alternativen erweisen sich durch den heute beobachtbaren irreversiblen und unhintergehbaren sozialen Pluralismus differenziertester Formen von Fremdheit sowie der Diffusion dieser Formen als nicht realitätenadäquat, ist „Ordnung" durch eindeutige Asymmetrisierungsformen in der Sozialdimension nicht mehr konstruier-, Homogenität nicht mehr voraussetz- und erzielbar. Über die Anerkenntnis je spezifischer Differentialität und damit der operativen Unmöglichkeit eines wie auch immer gearteten Steuerungsanspruches der Gesellschaft hinaus fallen sozialdimensionierte Sinnlogiken der Subordination unter ein (alteuropäisches) Allgemeine gleichsam in sich selbst zusammen, was für die politische Perspektive der Gesellschaft selbstredend prekär zu werden scheint, als sich damit auch deren Konstitutivität, das Volk als selbsterzeugte fremdreferentielle Externalisierung operativer Selbstreproduktion problematisch wird, denn das „größere Problem könnte es sein, unter diesen Bedingungen immer noch die politischen Formen der Demokratie und des Verfassungsstaates zu

[1191] so ein Ausspruch von Bärbel Bohley, einer ehemaligen DDR-Bürgerrechtsaktivistin zur Aufarbeitung des DDR-Unrechts durch deutsche Gerichte

halten und zu erneuern."[1192] Die heute den weltgesellschaftlichen Veränderungen geschuldeten alternierenden Beobachtungsperspektiven führen zunehmend zur Brüchigkeit der Stilisierung des staatlichen Leviathans als unhinterfragbare Ordnungsinstanz komplementär zur Auflösung dessen (vertragstheoretischer) Gründbarkeit auf einen Demos als kollektive Identität „sittlicher Einheit" der Selbstbegründung [vgl. Kap. 1.4.2], marginalisieren das geistig-philosophische Fundament politischer Weltkonstitution der Moderne und erzwingen einen Blick auf die durch dieses Fundament „verhüllten" Invisibilisierungen, so dass „mit der graduellen Auflösung nationalstaatlicher Territorialität eine entscheidende Verankerung der Sozialstaatsidee den Boden unter den Füßen verliert. Wie solle sich eine der kapitalistischen Logik entgegenstemmende Binnenmoral kollektiver Solidarität halten können, wenn nicht mehr klar ist, wie das Kollektiv definiert ist und wen es umfasst."[1193] Dadurch gerät demokratische Selbstgestaltung als soziale Kohäsionsform „unter Druck, weil auch die Demokratie als Ordnungsmodell der Politik streng auf territorial delimitierbare Kollektive zugeschnitten ist. Werden die Grenzen solcher Kollektive unscharf oder lösen sie sich gar in atopische, virtuell vernetzte Gemeinschaften auf, die sich an jedem beliebigen Ort der Erde in konkreten Kommunikationen oder Aktionen materialisieren können, dann müssen alternative Kriterien für die Konstituierung von Kollektiven entwickelt werden, die sich eine demokratische Ordnung geben und im Rahmen dieser Ordnung für sich Recht setzen wollen."[1194] Wie diese alternativen Kriterien auszusehen vermögen, ob die bisherige Imagination kollektivitätsorientierter Selbstsetzung von Ordnung im Rahmen semantischer Neufassungen von Kollektiven (als Präzendenzfall hierfür steht wohl das Projekt der europäischen Integration) weiter (selbst)stabilisierend reproduzierbar oder im Rahmen der Akzeptation von Heterarchie, Dekongruenz und Dekohärenz die konstitutiven Kriterien für politische Legitimation auf eine veränderte Basis zu stellen sind, was rechtlich (da politiksystementspringend) wohl noch am einfachsten, politisch (da bindungsnotwendig) schon schwieriger (von der Frage der Anschlussfähigkeit auf der Ebene individueller Bewusstseine abgesehen) realisierbar wäre (und viele der derzeitig konstitutiven Elemente politikwissenschaftlicher Beobachtungen wie Souveränität, nationales Selbstbestimmungsrecht oder auch politische Partizipation kontingent setzen würde) ist derzeit eine noch unbeantwortbare Frage. Wie oft, dürfte sich die diesbezügliche Entwicklung schlicht durch Reproduktion kommunikativer Versuche eines „trial and error" der Anschlussfähigkeit entspre-

[1192] Luhmann, Niklas: Umweltrisiko und Politik. In: Ders. (Hrsg.: Hellmann, Kai-Uwe): Protest. Systemtheorie und soziale Bewegungen. Frankfurt/Main 1996. S. 174

[1193] Willke, Helmut: Heterotopia: Studien zur Krisis der Ordnung moderner Gesellschaften. Frankfurt/Main 2003. S. 153/154

[1194] a.a.O.: S. 141/142

chender Perspektiven irgendwo zwischen diesen beiden Polen einpendeln und gerade aus der Uneindeutigkeit der Beantwortbarkeit (wie sowohl die politikintern und rechtlich codierten als auch gesellschaftlichen Auseinandersetzungen im Rahmen notwendiger und umzusetzender Veränderungen des Staatsbürgerrechts sowie der Frage der Vereinbarkeit der Übertragung politischer Hoheitsrechte auf europäische Institutionen mit den nationalstaatlichen Verfassungen zeigen[1195]) ihre Stabilität (wieder-)finden. Zu beobachten ist allerdings bereits eine (allerdings aus heutiger Perspektive verfassungsrechtlich „heikle") zunehmend eigenrationelle Schließung im Sinne eines sich innersystemisch orientierenden internationalisierenden politischen Systems (mit der damit einhergehenden Problematik, dass international gültig durchsetzbare Regelungen auf die unterschiedlichen und teils konträren nationalen Interessenslagen jeweilig staatlicher Entscheider Rücksicht zu nehmen haben), das sich von der „Bindung" an das jeweilige Kollektiv distanziert. Was weiter festgehalten werden kann, ist eine, den weltgesellschaftlichen Entwicklungen und neuen Beobachtungsperspektiven geschuldete (Zwangs-)Reflexion des politischen Systems, seine bisherig Legitimität verschaffende und Sicherheit verleihende Konzeption des Wohlfahrtsstaats im Sinne von Prosperität als auch sozialem Ausgleich zurückzunehmen.

Neben dieser (politischen) Problematik der sozialen Selbstkonstitution von Gesellschaft nötigt diese Unerwartbarkeit divergierender sozialer Kontexte auch individuell zur Selbstbeobachtung von durch kollektiven Schemata eröffnenden Unterscheidungen, um durch das Aufbrechen jeweilig asymmetrisierender Unterscheidungen diese selbst kontingent zu setzen, um das „tertium non datur" jeweiligen Kontextes „durch eine radikale Vervielfältigung"[1196] von Unterscheidungsmöglichkeiten und damit Perspektiven- und Möglichkeitsvervielfältigung kommunikativ reproduzierbarer Sinnwelten zu resymmetrisieren. Da allerdings die Infragestellung des je konstituierenden Blickes und dessen je spezifischer Realität durch diskursive Dekonstruktionen im Rahmen gesellschaftlicher Interaktion wie auch die funktionsadäquate Anerkenntnis partieller komplettpersonnegierender Inklusionsadressierungen zur Korrosion damit einhergehend konstruierbarer Ordnung führt, weisen Resymmetrisierungen sowohl in psychischer als auch sozialer Systemreferenz eine erhebliche Schwierigkeit auf: die Zunahme von Unordnung durch Destruktion sozialer Limitierungen, Kontingenzerfahrung, die sich nicht auf „gesellschaftsverbindliche" Erwartungen gründen lässt, entsprechende Erwartungsmöglichkeiten damit abnehmen und exponiert unübersichtlichere Beobachtungsverhältnisse, durch die und in denen alles möglich und

---

[1195] vgl. das Urteil des Bundesverfassungsgerichts zum Vertrag von Lissabon (BVerfG, Urteil des 2. Senats vom 30. Juni 2009, Az. 2 BvE 2/08), das einer (noch) weitergehenden europäischen Integration die Hürde als auch verfassungsmäßige Möglichkeit einer Volksabstimmung entgegenstellte

[1196] Butler, Judith: Das Unbehagen der Geschlechter. Frankfurt/Main 1990. S. 217

daher immer auch „anders möglich“ [vgl. FN[1147]] ist. Das „stahlharte Gehäuse der Zugehörigkeit“ [vgl. FN[445]] ermöglicht Dekonstruktion nur durch erhöhte Reflexionsleistungen, da psychisch interne wie externe Identitätskonstruktionen im zeitlichen Bewusstseinsprozess eigener Lebensreproduktion sozusagen als „Normalreproduktionsform“ ständig hinterfragt werden müssten, eine Hinterfragung, die kommunikativ die Gefahr „haltloser Kontingenz“ [vgl. FN[683]] mit sich führt, Sicherheiten in Frage stellt und Kommunikation immer wieder an den Rand des Zusammenbruches drängt, wenn die vertraut selbsttragenden Welten konstituierender Sinnhorizonte ins Wanken kommen oder unvertraute Sinnwelten vertraut werden müssen. Daher scheint es unwahrscheinlich, dass Dekonstruktion als Entessentialisierungsform zur alltäglichen Reproduktionspraxis wird, obwohl die Struktur heutiger Gesellschaft, sollte die Möglichkeit individueller Karriere im Rahmen der Adressabilitätspotentialität sozialer Systeme aufrechterhalten werden, zu entsprechender Ambiguitätstoleranz schon fast zwingt, die individuell als Lernprozesse durch Exposition von (und damit rekonfigurative Umweltadaption an) immer neuer Hinterfragbarkeitserfahrungen erwerbbar wäre: „In immer neuen Grenzüberschreitungen und –verlagerungen baut sich Identität auf, weshalb der wichtigste Motor kultureller wie individueller Entwicklung die fortgesetzte Auseinandersetzung mit dem Fremden ist – als Neugier, Ausdehnung, Aneignung, Wandel und Entwicklung in einem offenen Prozess.“[1197] Angesichts der reproduzierten Dominanz von Essentialität und Salienz ethnischer, kultureller, religiöser und nationaler Zugehörigkeiten bedroht diese gegenteilige Beweisführung für einen „humaneren“ sozialen Umgang vordergründig die Möglichkeit von Sozialität durch Infragestellung grundsätzlich scheinender Erwartbarkeiten. Genau dies aber muss nicht nur, sondern kann auch [vgl. FN[1153]] individuell erlernt werden, da durch funktionale Differenzierung in der Alltagskommunikation die Freiheitsgrade entstehen, die eine Evolution von symbolischen Deutungsmustern und spezifischen Unterscheidungen in der Gesellschaft gegen die Gesellschaft ermöglichen; Freiheitsgrade, Erwartungsenttäuschungen nicht retrograd einem sozialdimensioniert Schuldigen für jeweilige Adressierungsformen oder Nichtadressierungen zuzurechnen, sondern nach sachdimensioniert kognitiv verarbeitbaren Irritationen zu untersuchen, denn die „Wahl des einen oder anderen Standpunktes ist insofern von besonderer Bedeutung, als viel davon abhängt, wie jeder einzelne persönlich auf diese Veränderung eingeht. Tatsächlich kann unsere mentale Einstellung darüber entscheiden,

[1197] Assmann, Aleida: Die Gleichzeitigkeit des Ungleichzeitigen. Nationale Diskurse zwischen Ethnisierung und Universalisierung. In: Bielefeld, Ulrich/Engel, Gisela (Hrsg.): Bilder der Nation. Kulturelle und politische Konstruktionen des Nationalen am Beginn der europäischen Moderne. Hamburg 1998. S. 391

ob wir Teil der Lösung oder Teil des Problems sein werden."[1198] Dies setzt allerdings entsprechende Distanz zur Unhinterfragbarkeit auch eigener Identitätskonstruktion als selbstreflektive Sicherheitsverbürgung der Unsicherheit eigener Dekohärenz voraus [vgl. Kap. 2.2.3]. Von Habermas bleibt dabei sicher richtig, dass „Menschen" nur durch Kommunikation und kommunikative Berücksichtigung mit funktionalem Geschehen zu versöhnen sind, als es einen – wie immer auch imaginierten und rudimentären – Konsens der Verständigung, des „Wissens" übereinander als interne Berücksichtigung und Verarbeitung auch „fremder" Perspektiven braucht, um in vielschichtig ge- wie auch entbündelten sozialen Kontexten leben zu können. Dies macht Kommunikation (die heute ja auch in vervielfältigster Form adressiert) vervielfacht notwendig, so dass insbesondere dem System der Massenmedien unter Berufung auf den alteuropäischen Auftrag der „Aufklärung" entsprechende Sichtbarmachung zukäme, nur unter der realistischen Prämisse, dass es „Wahrheit" wie „Eindeutigkeit" als Unhinterfragbarkeiten nicht (mehr) gibt, sondern der Anerkenntnis der Aufklärung über die Perspektiven jeweiliger Blicke wie deren jeweilige Kongruenzen als auch Dekongruenzen, durch die sich in der Anschließbarkeit diskursiver Anweisungen Eigenes wie Fremdes als Eigenes und Fremdes des fremden Eigenen und eigenem Fremden erweist.

Dabei richtet sich individueller Protest absolutierter Perspektiven je eigener Konstitution aus unterschiedlichsten Gründen (denen daher sozial auch keine universale Rechtfertigung verliehen werden kann) in unserer differenzierten modernen Gesellschaft gerade auch moralisch codiert zunehmend gegen deren Struktur funktionaler Differenzierung und die individuellen Risiken deren Folgen als solche, dem diese als Einheitslosigkeit unterschiedlicher Realitäten strukturell nichts entgegenzusetzen hat, darauf außer in Form je systemspezifischer Nichtbezeichnung partialer Exklusion nicht antworten kann, ein Proteststurm, der nur unter der Folie der Imagination des politischen Systems als eine repräsentierende Steuerungsinstanz einer politischen Gesellschaft „ganzer Menschen" Sinn macht. Dabei setzt die Annahme von Repräsentation eine geordnete hierarchische Gesellschaftsstruktur sowie gesamtgesellschaftliche Rationalität voraus, ist also im Rahmen einer funktional differenzierten Gesellschaft nicht mehr aufrechterhaltbar. Ob dies für das politische System wie für die Gesellschaft der Welt als Gesellschaft unterschiedlichster Sinnkonstitutionen aushaltbar und in diese Sinnkonstitutionen einarbeit- und befriedbar bleibt, oder dieser verabsolutierte Sinn rechtzufertigender Gründe (wieder) zur Sinnlosigkeit der Welt führt, erscheint heute als – zumindest – nicht sicher.

[1198] Kerckhove, Derrick de: Jenseits des Globalen Dorfes. Infragestellen der Öffentlichkeit. In: Maresch, Rudolf (Hrsg.): Medien und Öffentlichkeit. Positionierungen. Symptome. Simulationsbrüche. München 1996. S. 136

Literaturverzeichnis

(auf die Angabe tagespolitischer Literatur, die im Rahmen der Fußnoten angeführt wurde, wurde hier verzichtet)

Abromeit, Heidrun: Gesellschaften ohne Alternativen. Zur Zukunftsunfähigkeit kapitalistischer Demokratien. In: Brunkhorst, Hauke (Hrsg.): Demokratie in der Weltgesellschaft. Baden-Baden 2009

Abromeit, Heidrun/Schmidt, Thomas: Grenzprobleme der Demokratie: konzeptionelle Überlegungen. In: Kohler-Koch, Beate (Hrsg.): Regieren in entgrenzten Räumen. Opladen/Wiesbaden 1998

Adorno, Theodor W.: Gesammelte Schriften. Band 9.2. Frankfurt/Main 1986

Anderson, Benedict: Die Erfindung der Nation. Zur Karriere eines folgenreiches Konzeptes. Frankfurt/Main 1996[2]

Anhut, Reimund/Heitmeyer, Wilhelm: Desintegration, Anerkennungsbilanzen und die Rolle sozialer Vergleichsprozesse für unterschiedliche Verarbeitungsmuster. In: Preyer, Gerhard (Hrsg.): Neuer Mensch und kollektive Identität in der Kommunikationsgesellschaft. Wiesbaden 2009

Appadurai, Arjun: Globale ethnische Räume. In: Beck, Ulrich (Hrsg.): Perspektiven der Weltgesellschaft. Frankfurt/Main 1998

Arendt, Hannah: Vita activa. München 1996[8]

Arendt, Hannah: Über die Revolution. München 1994[4]

Arendt, Hannah (Hrsg.: Ludz, Ursula): Menschen in finsteren Zeiten. München 1989[2]

Ariely, Dan: Denken hilft zwar, nützt aber nichts. Warum wir immer wieder unvernünftige Entscheidungen treffen. München 2008

Aristoteles: Politik. Stuttgart 1989

Assmann, Aleida: Die Gleichzeitigkeit des Ungleichzeitigen. Nationale Diskurse zwischen Ethnisierung und Universalisierung. In: Bielefeld, Ulrich/Engel, Gisela (Hrsg.): Bilder der Nation. Kulturelle und politische Konstruktionen des Nationalen am Beginn der europäischen Moderne. Hamburg 1998

Assmann, Jan: Das kulturelle Gedächtnis. Schrift, Erinnerung und politische Identität in frühen Hochkulturen. München 1999

Ayaß Ruth: Interaktion ohne Gegenüber? In: Jäckel, Michael/Mai, Manfred (Hrsg.): Online-Vergesellschaftung? Mediensoziologische Perspektiven auf neue Kommunikationstechnologien. Wiesbaden 2005

Bader, Veit Michael: Rassismus, Ethnizität, Bürgerschaft. Soziologische und philosophische Überlegungen. Münster 1995

Baecker, Dirk: Studien zur nächsten Gesellschaft. Frankfurt/Main 2007

Baecker, Dirk: Oszillierende Öffentlichkeiten. In: Maresch, Rudolf (Hrsg.): Medien und Öffentlichkeit. Positionierungen. Symptome. Simulationsbrüche. München 1996
Baecker, Dirk: Einleitung. In: Ders. (Hrsg.): Probleme der Form. Frankfurt/Main 1993
Baruzzi, Arno: Die Zukunft der Freiheit. Darmstadt 1993
Bateson, Gregory: Ökologie des Geistes. Frankfurt/Main 1994
Bauman, Zygmunt: Postmoderne Ethik, Hamburg 1995
Bauman, Zygmunt: Moderne und Ambivalenz. In: Bielefeld, Ulrich (Hrsg.): Das Eigene und das Fremde: neuer Rassismus in der alten Welt. Hamburg 1992[2]
Beck, Ulrich/Grande, Edgar: Das kosmopolitische Europa. Gesellschaft und Politik in der Zweiten Moderne. Frankfurt/Main 2004
Beck, Ulrich (Hrsg.): Kinder der Freiheit. Frankfurt/Main 1997[2]
Beck, Ulrich: Was ist Globalisierung? Frankfurt/Main 1997[3]
Beck, Ulrich: Die Erfindung des Politischen. Frankfurt/Main 1993
Beck, Ulrich: Risikogesellschaft. Auf dem Weg in eine andere Moderne. Frankfurt/Main 1986
Beher, Stefan/Hilgert, Christian/Mämecke, Thorben: Netz-Werke. Funktionale Differenzierung, Selbstdarstellung und Beziehungspflege auf Social Networking Platforms. In: Bommes, Michael/Tacke, Veronika: Netzwerke in der funktional differenzierten Gesellschaft. Wiesbaden 2011
Bendix, Reinhard: Strukturgeschichtliche Voraussetzungen der nationalen und kulturellen Identität in der Neuzeit. In: Giesen, Bernhard (Hrsg.): Nationale und kulturelle Identität. Studien zur Entwicklung des kollektiven Bewusstseins in der Neuzeit. Frankfurt/Main 1991
Benz, Arthur: Postparlamentarische Demokratie und kooperativer Staat. In: Leggewie, Claus/Münch, Richard (Hrsg.): Politik im 21. Jahrhundert. Frankfurt/Main 2001
Benz, Arthur: Ansatzpunkte für ein europäisches Demokratiekonzept. In: Kohler-Koch, Beate (Hrsg.): Regieren in entgrenzten Räumen. Opladen/Wiesbaden 1998
Benz, Arthur: Kooperativer Staat? Gesellschaftliche Einflussnahme auf staatliche Steuerung. In: Klein, Ansgar/Schmalz-Bruhns, Rainer (Hrsg.): Politische Beteiligung und Bürgerengagement in Deutschland. Bonn 1997
Berger, Johannes: Was behauptet die Marxsche Klassentheorie – und was ist davon haltbar? In: Giegel, Hans-Joachim (Hrsg.): Konflikt in modernen Gesellschaften. Frankfurt/Main 1998
Berghoff, Peter: „Volk“ und „Nation“ als Schlüsselsymbole moderner politischer Religion. In: Jureit, Ulrike (Hrsg.): Politische Kollektive. Die Konstruktion nationaler, rassischer und ethnischer Gemeinschaften. Münster 2001
Berghoff, Peter: Der Tod des politischen Kollektivs. Politische Religion und das Sterben und Töten für Volk, Nation und Rasse. Berlin 1997
Bergsdorf, Wolfgang: Die Wissensgesellschaft und ihr Ethikbedarf. In: Rauscher, Anton (Hrsg.): Nationale und kulturelle Identität im Zeitalter der Globalisierung. Berlin 2006
Bergsdorf, Wolfgang: Im Spannungsverhältnis zwischen Wissenschaft und Öffentlichkeit: die Informationsgesellschaft und ihr wachsender Ethikbedarf. In: Musikforum. Jahrgang 38, Heft 96. Mainz 2002

Berg-Schlosser, Dirk/Stammen, Theo: Einführung in die Politikwissenschaft. München 1995[6]

Betz, Hans-Georg: Rechtspopulismus und Ethnonationalismus: Erfolgsbedingungen und Zukunftschancen. In: Leggewie, Claus/Münch, Richard (Hrsg.): Politik im 21. Jahrhundert. Frankfurt/Main 2001

Beyme, Klaus von: Nationale Identität: Wieviel innere Geschlossenheit braucht der Nationalstaat? In: Voigt, Rüdiger (Hrsg.): Der neue Nationalstaat. Baden-Baden 1998

Bielefeld, Ulrich: Ethnizität und Gewalt. Kollektive Leidenschaft und die Existentialisierung von Ethnizität und Gewalt. In: Jureit, Ulrike (Hrsg.): Politische Kollektive. Die Konstruktion nationaler, rassischer und ethnischer Gemeinschaften. Münster 2001

Bielefeld, Ulrich: Das Eigene und das Fremde: neuer Rassismus in der alten Welt. Hamburg 1992[2]

Bodin, Jean (Hrsg.: Mayer-Tasch, Peter Cornelius): Sechs Bücher über den Staat. München 1981

Böhnke, Petra: Marginalisierung und Verunsicherung. Ein empirischer Beitrag zur Exklusionsdebatte. In: Bude, Heinz/Willisch, Andreas (Hrsg.): Das Problem der Exklusion. Ausgegrenzte, Entbehrliche, Überflüssige. Hamburg 2006

Bohn, Cornelia: Inklusion, Exklusion und die Person. Konstanz 2006

Bohn, Cornelia: Inklusions- und Exklusionsfiguren. In: Annali di Sociologia. Soziologisches Jahrbuch 16, 2002/2003. Berlin 2006

Bohn, Cornelia/Hahn, Alois: Selbstbeschreibung und Selbstthematisierung: Facetten der Identität in der modernen Gesellschaft. In: Willems, Herbert/Hahn, Alois (Hrsg.): Identität und Moderne. Frankfurt/Main 1999

Bommes, Michael/Tacke, Veronika: Netzwerke in der funktional differenzierten Gesellschaft. Wiesbaden 2011

Bommes, Michael/Tacke, Veronika: Netzwerke in der *Gesellschaft der Gesellschaft*. Funktionen und Folgen einer doppelten Begriffsverwendung. In: Soziale Systeme. Zeitschrift für soziologische Theorie. Jahrgang 13, Heft 1 + 2. Stuttgart 2007

Bonacker, Thorsten: Die Gemeinschaft der Entscheider. Zur symbolischen Integration im politischen System. In: Hellmann, Kai-Uwe/Fischer, Karsten/Bluhm, Harald (Hrsg.): Das System der Politik. Niklas Luhmanns politische Theorie. Wiesbaden 2003

Bonacker, Thorsten: Die Ironie des Protestes. Zur Rationalität von Protestbewegungen. In: Bonacker, Thorsten/Brodocz, André/Noetzel, Thomas (Hrsg.): Die Ironie der Politik. Über die Konstruktion politischer Wirklichkeiten. Frankfurt/Main 2003

Boroditsky, Lera: Wie prägt die Sprache unser Denken? In: Brockman, Max (Hrsg.): Die Zukunftsmacher. Die Nobelpreisträger von morgen verraten, worüber sie forschen. Frankfurt/Main 2010

Bourdieu, Pierre: Das Elend der Welt. Zeugnisse und Diagnosen alltäglichen Leidens an der Gesellschaft. Konstanz 1997

Bourdieu, Pierre: Die feinen Unterschiede. Kritik der gesellschaftlichen Urteilskraft. Frankfurt/Main 1987

Bourdieu, Pierre: Entwurf einer Theorie der Praxis auf der ethnologischen Grundlage der kabylischen Gesellschaft. Frankfurt/Main 1976

Braungart, Wolfgang: Irgendwie dazwischen. Authentizität, Medialität, Ästhetizität; ein kurzer Kommentar. In: Frevert, Ute/Braungart, Wolfgang (Hrsg.): Sprachen des Politischen. Medien und Medialität in der Geschichte. Göttingen 2004

Brie, Michael: Die PDS – Strategiebildung im Spannungsfeld von gesellschaftlichen Konfliktlinien und politischer Identität. Berlin 2000

Brill, Andreas: Paradoxe Kommunikation im Netz: zwischen virtueller Gemeinschaft, Cyberspace und virtuellen Gruppen. In: Thiedeke, Udo: Virtuelle Gruppen. Charakteristika und Problemdimensionen. Wiesbaden 2003[2]

Brodocz, André: Das politische System und seine strukturellen Kopplungen. In: Hellmann, Kai-Uwe/Fischer, Karsten/Bluhm, Harald (Hrsg.): Das System der Politik. Niklas Luhmanns politische Theorie. Wiesbaden 2003

Brodocz, André: Über die Rechtfertigung der Demokratie und die Ironie ihrer Unmöglichkeit. In: Bonacker, Thorsten/Brodocz, André/Noetzel, Thomas (Hrsg.): Die Ironie der Politik. Über die Konstruktion politischer Wirklichkeiten. Frankfurt/Main 2003

Bronfen, Elisabeth: Die Vorführung der Hysterie. In: Assmann, Aleida/Friese, Heidrun (Hrsg.): Identitäten. Erinnerung, Geschichte, Identität 3. Frankfurt/Main 1998

Brunkhorst, Hauke: There will be Blood. Konstitutionalisierung ohne Demokratie? In: Ders. (Hrsg.): Demokratie in der Weltgesellschaft. Baden-Baden 2009

Bucher, Hans-Jürgen: Die Medienrealität des Politischen. Zur Inszenierung der Politik im Fernsehen. In: Frevert, Ute/Braungart, Wolfgang (Hrsg.): Sprachen des Politischen. Medien und Medialität in der Geschichte. Göttingen 2004

Buckel, Sonja/Wissel, Jens: Entgrenzung der europäischen Migrationskontrolle – Zur Produktion ex-territorialer Rechtsverhältnisse. In: Brunkhorst, Hauke (Hrsg.): Demokratie in der Weltgesellschaft. Baden-Baden 2009

Bude, Heinz/Willisch, Andreas: Das Problem der Exklusion. In: Dies. (Hrsg.): Das Problem der Exklusion. Ausgegrenzte, Entbehrliche, Überflüssige. Hamburg 2006

Bude, Heinz: Konstruktionen des sozialen Konflikts. In: Giegel, Hans-Joachim (Hrsg.): Konflikt in modernen Gesellschaften. Frankfurt/Main 1998

Bühl, Walter L.: Das kollektive Unbewusste in der postmodernen Gesellschaft. Konstanz 2000

Burzan, Nicole/Schimank, Uwe: Inklusionsprofile – Überlegungen zu einer differenzierungstheoretischen „Sozialstrukturanalyse“. In: Schwinn, Thomas (Hrsg.): Differenzierung und soziale Ungleichheit. Die zwei Soziologien und ihre Verknüpfung. Frankfurt/Main 2004

Busch, Thomas: Literatur zwischen den Kulturen. In: Müller, Eva (Hrsg.): Entweder-Und-Oder. Vom Umgang mit Mehrfachidentitäten und kultureller Vielfalt. Wien 2000

Bußmann, Klaus/Schilling, Heinz (Hrsg.): 1648. Krieg und Frieden in Europa. Politik, Religion, Recht und Gesellschaft. Textband 1 zur 26. Europaratsausstellung Münster/Osnabrück 24.10.1998 – 17.01.1999

Butler, Judith: Das Unbehagen der Geschlechter. Frankfurt/Main 1990

Castells, Manuel: Die Macht der Identität. Teil 2 der Trilogie. Das Informationszeitalter. Opladen 2002

Christakis, Nicolas A./Fowler, James H.: Connected! Die Macht sozialer Netzwerke und warum Glück ansteckend ist. Frankfurt/Main 2010

Cohen, Daniel: Fehldiagnose Globalisierung. Die Neuverteilung des Wohlstands nach der dritten industriellen Revolution. Frankfurt/New York 1997

Connell, Robert W.: Der gemachte Mann. Konstruktion und Krise von Männlichkeiten. Opladen 1999

Conzen, Peter: Erik H. Erikson. Leben und Werk. Stuttgart, Berlin, Köln 1996

Dann, Otto: Begriffe und Typen des Nationalen in der frühen Neuzeit. In: Giesen, Bernhard (Hrsg.): Nationale und kulturelle Identität. Studien zur Entwicklung des kollektiven Bewusstseins in der Neuzeit. Frankfurt/Main 1991

Degele, Nina: Differenzierung und Ungleichheit. Eine geschlechtertheoretische Perspektive. In: Schwinn, Thomas (Hrsg.): Differenzierung und soziale Ungleichheit. Die zwei Soziologien und ihre Verknüpfung. Frankfurt/Main 2004

Deutsch, Karl W.: Der Nationalismus und seine Alternativen. München 1972

Donati, Pierpaolo: Welche soziale Inklusion? „Lib/lab´sches Neo-Panopticon" und sozietale Staatsbürgerschaft: zwei verschiedene sozialpolitische Strategien. In: Annali di Sociologia. Soziologisches Jahrbuch 16, 2002/2003. Berlin 2006

Düttmann, Alexander Garcia: Odd Moves. Ironisch politische Streifzüge. In: Bonacker, Thorsten/Brodocz, André/Noetzel, Thomas (Hrsg.): Die Ironie der Politik. Über die Konstruktion politischer Wirklichkeiten. Frankfurt/Main 2003

Durkheim, Emile: Über soziale Arbeitsteilung. Studie über die Organisation höherer Gesellschaften. Frankfurt/Main 1988[2]

Ehlers, Joachim: Das westliche Europa. Die Deutschen und das europäische Mittelalter. München 2004

Ehlers, Joachim: Mittelalterliche Voraussetzungen für nationale Identität in der Neuzeit. In: Giesen, Bernhard (Hrsg.): Nationale und kulturelle Identität. Studien zur Entwicklung des kollektiven Bewusstseins in der Neuzeit. Frankfurt/Main 1991

Eickelpasch, Rolf/Rademacher, Claudia: Identität. Bielefeld 2004

Eisenstadt, Shmuel Noah: Die Antinomien der Moderne. Die jakobinischen Grundzüge der Moderne und des Fundamentalismus. Heterodoxien, Utopismus und Jakobinismus in der Konstitution fundamentalistischer Bewegungen. Frankfurt/Main 1998

Eisenstadt, Shmuel Noah: Barbarei und Moderne. In: Miller, Max/Soeffner, Hans-Georg (Hrsg.): Modernität und Barbarei. Soziologische Zeitdiagnose am Ende des 20. Jahrhunderts. Frankfurt/Main 1996

Eisenstadt, Shmuel Noah: Die Konstruktion nationaler Identitäten in vergleichender Perspektive. In: Giesen, Bernhard (Hrsg.): Nationale und kulturelle Identität. Studien zur Entwicklung des kollektiven Bewusstseins in der Neuzeit. Frankfurt/Main 1991

Elias, Norbert: Über den Prozess der Zivilisation. Soziogenetische und psychogenetische Untersuchungen. Zwei Bände. Frankfurt/Main 1997

Elias, Norbert (Hrsg.: Schröter, Michael): Die Gesellschaft der Individuen. Frankfurt/Main 1987

Ellrich, Lutz: Cyber-Zeit. Bemerkungen zur Veränderungen des Zeitbegriffs durch die Computertechnik. In: Funken, Christiane/Löw, Martina (Hrsg.): Raum – Zeit – Medialität. Interdisziplinäre Studien zu neuen Kommunikationstechnologien. Opladen 2003

Emcke, Carolin: Kollektive Identitäten. Sozialphilosophische Grundlagen. Frankfurt/Main 2000

Engel, Gisela: Einleitung: In: Bielefeld, Ulrich/Engel, Gisela (Hrsg.): Bilder der Nation. Kulturelle und politische Konstruktionen des Nationalen am Beginn der europäischen Moderne. Hamburg 1998

Engelhard, Johann/Hein, Silvia: Globale Unternehmungen. In: Leggewie, Claus/Münch, Richard (Hrsg.): Politik im 21. Jahrhundert. Frankfurt/Main 2001

Epiktet: Handbüchlein der Moral. Stuttgart 2008

Esposito, Elena: Soziales Vergessen. Formen und Medien des Gedächtnisses der Gesellschaft. Frankfurt/Main 2002

Esposito, Elena: Der Computer als Medium und Maschine. In: Zeitschrift für Soziologie. Jahrgang 22, Heft 5. Oktober. Stuttgart 1993

Esposito, Elena: Zwei-Seiten-Formen in der Sprache. In: Baecker, Dirk (Hrsg.): Probleme der Form. Frankfurt/Main 1993

Farzin, Sina: Inklusion/Exklusion. Entwicklungen und Probleme einer systemtheoretischen Unterscheidung. Bielefeld 2006

Fetscher, Iring: Rousseaus Politische Philosophie. Zur Geschichte des demokratischen Freiheitsbegriffs. Neuwied 1960

Fijalkowski, Jürgen: Die neuen Minderheiten und das Multikulturalitätsproblem. In: Voigt, Rüdiger (Hrsg.): Der neue Nationalstaat. Baden-Baden 1998

Fink, Gonthier-Louis: Das Bild des Nachbarvolkes im Spiegel der deutschen und der französischen Hochaufklärung (1750-1789). In: Giesen, Bernhard (Hrsg.): Nationale und kulturelle Identität. Studien zur Entwicklung des kollektiven Bewusstseins in der Neuzeit. Frankfurt/Main 1991

Foerster, Heinz von/Pörksen, Bernhard: Wahrheit ist die Erfindung eines Lügners. Gespräche für Skeptiker. Heidelberg 2008[8]

Foerster, Heinz von: KybernEthik. Berlin 1993

Foerster, Heinz von: (Hrsg.: Schmidt, Siegfried J.) Wissen und Gewissen. Versuch einer Brücke. Frankfurt/Main 1993

Fuchs, Martin: Erkenntnispraxis und die Repräsentation von Differenz. In: Assmann, Aleida/Friese, Heidrun (Hrsg.): Identitäten. Erinnerung, Geschichte, Identität 3. Frankfurt/Main 1998

Fuchs, Peter: Die Psyche. Studien zur Innenwelt der Außenwelt der Innenwelt. Weilerswist 2005

Fuchs, Peter: Wie man die Welt am Einheitshaken aufhängen kann – Magische Beobachtungen in der Moderne am Beispiel der Frühromantik und der Systemtheorie. In: Drepper, Thomas/Göbel, Andreas/Nokielski, Hans (Hrsg.): Sozialer Wandel und kulturelle Innovation. Historische und systematische Perspektiven. Berlin 2005

Fuchs, Peter: Moderne Identität – im Blick auf das europäische Mittelalter. In: Willems, Herbert/Hahn, Alois (Hrsg.): Identität und Moderne. Frankfurt/Main 1999

Fuchs, Peter/Göbel, Andreas: Der Mensch – das Medium der Gesellschaft? Frankfurt/Main 1994

Fuchs, Peter: Moderne Kommunikation. Zur Theorie des operativen Displacements. Frankfurt/Main 1993

Fuchs, Peter: Die Erreichbarkeit der Gesellschaft. Zur Konstruktion und Imagination gesellschaftlicher Einheit. Frankfurt/Main 1992

Fuchs, Peter: Kommunikation mit Computern? Zur Korrektur einer Fragestellung. In: Sociologia Internationalis. 29. Band, Heft 2. Berlin 1991
Fukujama, Francis: Das Ende der Geschichte. Wo stehen wir? München 1992
Geary, Patrick J.: Europäische Völker im frühen Mittelalter. Zur Legende vom Werden der Nationen. Frankfurt/Main 2002
Gellner, Ernest: Nationalismus und Moderne. Berlin 1991
Gephart, Werner/Saurwein, Karl-Heinz (Hrsg.): Gebrochene Identitäten. Zur Kontroverse um kollektive Identitäten in Deutschland, Israel, Südafrika, Europa und im Identitätskampf der Kulturen. Opladen 1999
Gerhards, Jürgen: Das Öffentlichkeitsdefizit der EU im Horizont normativer Öffentlichkeitstheorien. In: Kaelble, Hartmut/Kirsch, Martin/Schmidt-Gernig, Alexander (Hrsg.): Transnationale Öffentlichkeiten und Identitäten im 20. Jahrhundert. Frankfurt/New York 2002
Gerhards, Jürgen: Neue Konfliktlinien in der Mobilisierung öffentlicher Meinung. Opladen 1993
Giddens, Anthony: Konsequenzen der Moderne. Frankfurt/Main 1995
Giegel, Hans-Joachim: Gleichheit und Ungleichheit in funktional differenzierten Gesellschaften. In: Schwinn, Thomas (Hrsg.): Differenzierung und soziale Ungleichheit. Die zwei Soziologien und ihre Verknüpfung. Frankfurt/Main 2004
Giegel, Hans-Joachim (Hrsg.): Konflikt in modernen Gesellschaften. Frankfurt/Main 1998
Giesen, Bernhard: Europäische Identität und transnationale Öffentlichkeit. Eine historische Perspektive. In: Kaelble, Hartmut/Kirsch, Martin/Schmidt-Gernig, Alexander (Hrsg.): Transnationale Öffentlichkeiten und Identitäten im 20. Jahrhundert. Frankfurt/New York 2002
Giesen, Bernhard: Identität und Versachlichung: unterschiedliche Theorieperspektiven auf kollektive Identität. In: Willems, Herbert/Hahn, Alois (Hrsg.): Identität und Moderne. Frankfurt/Main 1999
Giesen, Bernhard: Kollektive Identität. Die Intellektuellen und die Nation 2. Frankfurt/Main 1999
Giesen, Bernhard: Einleitung. In: Ders. (Hrsg.): Nationale und kulturelle Identität. Studien zur Entwicklung des kollektiven Bewusstseins in der Neuzeit. Frankfurt/Main 1991
Giesen, Bernhard/Junge, Kay: Vom Patriotismus zum Nationalismus. Zur Evolution der „Deutschen Kulturnation". In: Giesen, Bernhard (Hrsg.): Nationale und kulturelle Identität. Studien zur Entwicklung des kollektiven Bewusstseins in der Neuzeit. Frankfurt/Main 1991
Giesing, Benedikt: Kulturelle Identität als strategischer Kompass? Soziologische Anmerkungen zu Samuel P. Huntingtons „clash of civilizations". In: Gephart, Werner/Saurwein, Karl-Heinz (Hrsg.): Gebrochene Identitäten. Zur Kontroverse um kollektive Identitäten in Deutschland, Israel, Südafrika, Europa und im Identitätskampf der Kulturen. Opladen 1999
Goltermann, Svenja: Identität und Habitus. Konzepte zur Analyse von „Nation" und „nationalem Bewusstsein". In: Jureit, Ulrike (Hrsg.): Politische Kollektive. Die Konstruktion nationaler, rassischer und ethnischer Gemeinschaften. Münster 2001

Grabes, Herbert: England oder die Königin? Öffentlicher Meinungsstreit und nationale Identität unter Mary Tudor. In: Giesen, Bernhard (Hrsg.): Nationale und kulturelle Identität. Studien zur Entwicklung des kollektiven Bewusstseins in der Neuzeit. Frankfurt/Main 1991

Greven, Michael Th.: Die politische Gesellschaft. Kontingenz und Dezision als Probleme des Regierens und der Demokratie. Opladen 1999

Groh, Arnold: Identitätswandel. Globalisierung und kulturelle Induktionen. In: Kimminich, Eva (Hrsg.): Kulturelle Identität. Konstruktionen und Krisen. Frankfurt/Main 2003

Groß, Martin/Wegener, Bernd: Institutionen, Schließung und soziale Ungleichheit. In: Schwinn, Thomas (Hrsg.): Differenzierung und soziale Ungleichheit. Die zwei Soziologien und ihre Verknüpfung. Frankfurt/Main 2004

Gurjewitsch, Aaron J.: Das Weltbild des mittelalterlichen Menschen. München 1997

Habermas, Jürgen: Ach, Europa. Kleine politische Schriften XI. Frankfurt/Main 2008

Habermas, Jürgen: Die Einbeziehung des Anderen. Studien zur politischen Theorie. Frankfurt/Main 1999

Habermas, Jürgen: Die postnationale Konstellation. Politische Essays. Frankfurt/Main 1998

Habermas, Jürgen: Faktizität und Geltung. Beiträge zur Diskurstheorie des Rechts und des demokratischen Rechtsstaats. Frankfurt/Main 1998

Habermas, Jürgen: Theorie des kommunikativen Handelns. Frankfurt/Main 1995

Habermas, Jürgen: Die Moderne – ein unvollendetes Projekt. Philosophisch-politische Aufsätze. Leipzig 1994[3]

Habermas, Jürgen: Strukturwandel der Öffentlichkeit. Untersuchungen zu einer Kategorie der bürgerlichen Gesellschaft. Frankfurt/Main 1990

Habermas, Jürgen: Zur Rekonstruktion des historischen Materialismus. Frankfurt/Main 1990[5]

Habermas, Jürgen: Der philosophische Diskurs der Moderne. Zwölf Vorlesungen. Frankfurt/Main 1985

Hahn, Alois: Theoretische Ansätze zu Inklusion und Exklusion. In: Annali di Sociologia. Soziologisches Jahrbuch 16, 2002/2003. Berlin 2006

Hahn, Alois: Partizipative Identitäten. In: Münkler, Herfried (Hrsg.): Furcht und Faszination. Facetten der Fremdheit. Berlin 1997

Hahn, Alois: Die soziale Konstruktion des Fremden. In: Sprondel, Walter M. (Hrsg.): Die Objektivität der Ordnungen und ihre kommunikative Konstruktion. Frankfurt/Main 1994

Hahn, Alois: Identität und Nation in Europa. In: Berliner Journal für Soziologie 3, Heft 2. Berlin 1993

Hahn, Alois/Kapp, Volker (Hrsg.): Selbstthematisierung und Selbstzeugnis: Bekenntnis und Geständnis. Frankfurt/Main 1987

Halbwachs, Maurice: Das kollektive Gedächtnis. Frankfurt/Main. 1985

Halfmann, Jost: Der moderne Nationalstaat als Lösung und Problem der Inklusion in das politische System. In: Hellmann, Kai-Uwe/Schmalz-Bruhns, Rainer (Hrsg.): Theorie der Politik. Niklas Luhmanns politische Soziologie. Frankfurt/Main 2002

Harrington, James: The Commonwealth of Oceana. Cambridge 1977

Heckmann, Friedrich: Ethnos, Demos und Nation, oder: Woher stammt die Intoleranz des Nationalstaats gegenüber ethnischen Minderheiten. In: Bielefeld Ulrich (Hrsg.): Das Eigene und das Fremde: neuer Rassismus in der alten Welt. Hamburg 1992²
Hegel, Georg Wilhelm Friedrich: Grundlinien der Philosophie des Rechts. Werke 7. Frankfurt/Main 2000⁶
Hegel, Georg Wilhelm Friedrich: Vorlesungen über die Philosophie der Geschichte. Werke Band 12. Frankfurt/Main 1986
Heinrich, Georg: Das Ende der Multikulturalität. Multikulturalität, Multiidentitäten und gesellschaftliche Evolution. In: Müller, Eva (Hrsg.): Entweder-Und-Oder. Vom Umgang mit Mehrfachidentitäten und kultureller Vielfalt. Wien 2000
Heintz, Bettina: Gemeinschaft ohne Nähe? Virtuelle Gruppen und reale Netze. In: Thiedeke, Udo: Virtuelle Gruppen. Charakteristika und Problemdimensionen. Wiesbaden 2003²
Heintz, Bettina: Soziale und funktionale Differenzierung. Überlegungen zu einer Interaktionstheorie der Weltgesellschaft. In: Soziale Systeme. Zeitschrift für soziologische Theorie. Jahrgang 13, Heft 1 + 2. Stuttgart 2007
Heinze, Rolf G.: Modernisierung durch oder gegen die organisierten Interessen? Zur Reformfähigkeit des korporatistischen deutschen Sozialmodells. In: Drepper, Thomas/Göbel, Andreas/Nokielski, Hans (Hrsg.): Sozialer Wandel und kulturelle Innovation. Historische und systematische Perspektiven. Berlin 2005
Heitmeyer, Wilhelm: Deutsche Zustände. Folge 3. Frankfurt/Main 2005
Hellmann, Kai-Uwe/Fischer, Karsten/Bluhm, Harald (Hrsg.): Das System der Politik. Niklas Luhmanns politische Theorie. Wiesbaden 2003
Hellmann, Kai-Uwe: Einleitung. In: Luhmann, Niklas (Hrsg.: Hellmann, Kai-Uwe): Protest. Systemtheorie und soziale Bewegungen. Frankfurt/Main 1996
Helm, Carsten/Simonis, Udo E.: Verteilungsgerechtigkeit in der Internationalen Umweltpolitik. Theoretische Fundierung und exemplarische Formulierung. In: Leggewie, Claus/Münch, Richard (Hrsg.): Politik im 21. Jahrhundert. Frankfurt/Main 2001
Hirschauer, Stefan: Dekonstruktion und Rekonstruktion: Plädoyer für die Erforschung des Bekannten. In: Pasero, Ursula/Braun, Friederike (Hrsg.): Konstruktion von Geschlecht. Pfaffenweiler 1996
Hitzler, Ronald: Der unberechenbare Bürger. Über einige Konsequenzen der Emanzipation der Untertanen. In: Beck, Ulrich (Hrsg.): Kinder der Freiheit. Frankfurt/Main 1997²
Hobbes, Thomas: Leviathan. 2 Volumes. Bristol 2003
Hoffmann, Lutz: Das „Volk". Zur ideologischen Struktur eines unvermeidbaren Begriffs. In: Zeitschrift für Soziologie. Jahrgang 20, Heft 3. Juni. Stuttgart 1991
Holz, Klaus: Politik und Staat. Differenztheoretische Probleme in Niklas Luhmanns Theorie des politischen Systems. In: Hellmann, Kai-Uwe/Fischer, Karsten/Bluhm, Harald (Hrsg.): Das System der Politik. Niklas Luhmanns politische Theorie. Wiesbaden 2003
Holzer, Boris: Netzwerke und Systeme. Zum Verhältnis von Vernetzung und Differenzierung. In: Stegbauer, Christian (Hrsg.): Netzwerkanalyse und Netzwerktheorie. Ein neues Paradigma in den Sozialwissenschaften. Wiesbaden 2010²

Hondrich, Karl Otto: Geteilte Gefühle. In: Preyer, Gerhard (Hrsg.): Neuer Mensch und kollektive Identität in der Kommunikationsgesellschaft. Wiesbaden 2009

Imhof, Kurt: Öffentlichkeit und Identität. In: Kaelble, Hartmut/Kirsch, Martin/Schmidt-Gernig, Alexander (Hrsg.): Transnationale Öffentlichkeiten und Identitäten im 20. Jahrhundert. Frankfurt/New York 2002

Jäger, Ludwig: Sprache als Medium politischer Kommunikation. Anmerkungen zur Transkriptivität kultureller und politischer Semantik. In: Frevert, Ute/Braungart, Wolfgang (Hrsg.): Sprachen des Politischen. Medien und Medialität in der Geschichte. Göttingen 2004

Japp, Klaus P.: Zur Bedeutung von Vertrauensnetzwerken für die Ausdifferenzierung politischer Kommunikation. In: Bommes, Michael/Tacke, Veronika: Netzwerke in der funktional differenzierten Gesellschaft. Wiesbaden 2011

Japp, Klaus P.: Politische Akteure. In: Soziale Systeme. Zeitschrift für soziologische Theorie. Jahrgang 12, Heft 2. Stuttgart 2006

Japp, Klaus P.: Die Form des Protests in den neuen sozialen Bewegungen. In: Baecker, Dirk (Hrsg.): Probleme der Form. Frankfurt/Main 1993

Jaspers, Karl: Die Schuldfrage. Von der politischen Haftung Deutschlands. München 1996[2]

Jellinek, Georg: Die Lehre von den Staatenverbindungen. Wien 1882

Jureit, Ulrike (Hrsg.): Politische Kollektive. Die Konstruktion nationaler, rassischer und ethnischer Gemeinschaften. Münster 2001

Kaelble, Hartmut/Kirsch, Martin/Schmidt-Gernig, Alexander (Hrsg.): Transnationale Öffentlichkeiten und Identitäten im 20. Jahrhundert. Frankfurt/New York 2002

Kant, Immanuel: Beantwortung der Frage: Was ist Aufklärung? Stuttgart 1974

Kant, Immanuel: Die Metaphysik der Sitten. Werkausgabe Band VIII. Frankfurt/Main 1977

Karafillidis, Athanasios: Wie die Netzwerktheorie zur Bestimmung sozialer Grenzen beitragen kann. In: Häußling, Roger (Hrsg.): Grenzen von Netzwerken. Wiesbaden 2009

Kastner, Fatima: Trojanische Pferde. Universalistische Normen und globaler Wahrheits- und Versöhnungsdiskurs. Zur Evolution der Weltgesellschaft. In: Brunkhorst, Hauke (Hrsg.): Demokratie in der Weltgesellschaft. Baden-Baden 2009

Kerckhove, Derrick de: Jenseits des Globalen Dorfes. Infragestellen der Öffentlichkeit. In: Maresch, Rudolf (Hrsg.): Medien und Öffentlichkeit. Positionierungen. Symptome. Simulationsbrüche. München 1996

Keupp, Heiner: Bedrohte und befreite Identitäten in der Risikogesellschaft. In: Barkhaus, Annette/Mayer, Matthias/Roughley, Neil/Thürnau, Donatus: Identität Leiblichkeit Normativität. Neue Horizonte anthropologischen Denkens. Frankfurt/Main 1996

Klages, Helmut: Herausforderungen im Globalisierungsschub – das Individuum als Verantwortungs- und Risikoträger. In: Drepper, Thomas/Göbel, Andreas/Nokielski, Hans (Hrsg.): Sozialer Wandel und kulturelle Innovation. Historische und systematische Perspektiven. Berlin 2005

Kleger, Heinz: Wie ist Mehrfachidentität erlebbar? Deutschland zwischen Sub- und Transnationalität. In: Voigt, Rüdiger (Hrsg.): Der neue Nationalstaat. Baden-Baden 1998

Kneer, Georg. Nationalstaat, Migration und Minderheiten. Ein Beitrag zur Soziogenese von ethnischen Minoritäten. In: Nassehi, Armin (Hrsg.): Nation, Ethnie, Minderheit. Beiträge zur Aktualität ethnischer Konflikte. Köln, Weimar, Wien 1997

Kohli, Martin: Die Entstehung einer europäischen Identität: Konflikte und Potentiale. In: Kaelble, Hartmut/Kirsch, Martin/Schmidt-Gernig, Alexander (Hrsg.): Transnationale Öffentlichkeiten und Identitäten im 20. Jahrhundert. Frankfurt/New York 2002

Koschorke, Albrecht: Des Kaisers neue Kleider. Frankfurt/Main 2002

Kreische, Joachim: Die Ironie der politischen Kommunikation bei Luhmann und Habermas. In: Bonacker, Thorsten/Brodocz, André/Noetzel, Thomas (Hrsg.): Die Ironie der Politik. Über die Konstruktion politischer Wirklichkeiten. Frankfurt/Main 2003

Kronauer, Martin: „Exklusion“ als Kategorie einer kritischen Gesellschaftsanalyse. Vorschläge für eine anstehende Debatte. In: Bude, Heinz/Willisch, Andreas (Hrsg.): Das Problem der Exklusion. Ausgegrenzte, Entbehrliche, Überflüssige. Hamburg 2006

Kröplin, Eckard: Musik-Nation und Opern-Welt. Die Oper in unterschiedlichen nationalen Gesellschaften. In: Bermbach, Udo/Konold, Wulf: Der schöne Abglanz. Stationen der Operngeschichte. Berlin/Hamburg 1992

Kühn, Dieter: Ich Wolkenstein. Biographie. Frankfurt/Main 1996

Laclau, Ernest: Emanzipation und Differenz. Wien 2007

Ladeur, Karl-Heinz: Die Netzwerke des Rechts. In: Bommes, Michael/Tacke, Veronika: Netzwerke in der funktional differenzierten Gesellschaft. Wiesbaden 2011

Land, Rainer/Willisch, Andreas: Die Probleme mit der Integration. Das Konzept des „sekundären Integrationsmodus“. In: Bude, Heinz/Willisch, Andreas (Hrsg.): Das Problem der Exklusion. Ausgegrenzte, Entbehrliche, Überflüssige. Hamburg 2006

Lange, Stefan: Die politische Utopie der Gesellschaftssteuerung. In: Hellmann, Kai-Uwe/Schmalz-Bruhns, Rainer (Hrsg.): Theorie der Politik. Niklas Luhmanns politische Soziologie. Frankfurt/Main 2002

Leggewie, Claus: Das Erasmus-Programm. Gibt es eine transnationale Bürgergesellschaft? In: Leggewie, Claus/Münch, Richard (Hrsg.): Politik im 21. Jahrhundert. Frankfurt/Main 2001

Leibfried, Stefan: Nationale Wohlfahrtsstaaten, Europäische Integration und Globalisierung. Perspektiven für den westeuropäischen Wohlfahrtsstaat. In: Leggewie, Claus/Münch, Richard (Hrsg.): Politik im 21. Jahrhundert. Frankfurt/Main 2001

Leisering, Lutz: Desillusionierungen des modernen Fortschrittsglaubens. „Soziale Exklusion“ als gesellschaftliche Selbstbeschreibung und soziologisches Konzept. In: Schwinn, Thomas (Hrsg.): Differenzierung und soziale Ungleichheit. Die zwei Soziologien und ihre Verknüpfung. Frankfurt/Main 2004

Lessenich, Stephan (Hrsg.): Wohlfahrtsstaatliche Grundbegriffe. Historische und aktuelle Diskurse. Frankfurt/New York 2003

Lieber, Hans Joachim (Hrsg.): Politische Theorien von der Antike bis zur Gegenwart. München 1993^2

Locke, John: Zwei Abhandlungen über die Regierung. Frankfurt/Main 1977

Lübbe, Hermann: Politische Organisation in Modernisierungsprozessen. Verfassungspolitische Aspekte. In: Leggewie, Claus/Münch, Richard (Hrsg.): Politik im 21. Jahrhundert. Frankfurt/Main 2001

Luhmann, Niklas (Hrsg.: Kieserling, André): Politische Soziologie. Frankfurt/Main 2010

Luhmann, Niklas (Hrsg.: Kieserling, André): Die Politik der Gesellschaft. Frankfurt/Main 2002

Luhmann, Niklas: Gesellschaftsstruktur und Semantik. Studien zur Wissenssoziologie der modernen Gesellschaft. Band 3. Frankfurt/Main 1998[2]

Luhmann, Niklas: Der Staat des politischen Systems. In: Beck, Ulrich (Hrsg.): Perspektiven der Weltgesellschaft. Frankfurt/Main 1998

Luhmann, Niklas: Die Gesellschaft der Gesellschaft. Frankfurt/Main 1997

Luhmann, Niklas: Selbstreferentielle Systeme. In: Simon, Fritz B. (Hrsg.): Lebende Systeme. Wirklichkeitskonstruktionen in der systemischen Therapie. Frankfurt/Main 1997

Luhmann, Niklas (Hrsg.: Hellmann, Kai-Uwe): Protest. Systemtheorie und soziale Bewegungen. Frankfurt/Main 1996

Luhmann, Niklas: Jenseits von Barbarei. In: Miller, Max/Soeffner, Hans-Georg (Hrsg.): Modernität und Barbarei. Soziologische Zeitdiagnose am Ende des 20. Jahrhunderts. Frankfurt/Main 1996

Luhmann, Niklas: Die Realität der Massenmedien. Opladen 1996[2]

Luhmann, Niklas: Soziologische Aufklärung 6. Opladen 1995

Luhmann, Niklas: Gesellschaftsstruktur und Semantik. Studien zur Wissenssoziologie der modernen Gesellschaft. Band 4. Frankfurt/Main 1995

Luhmann, Niklas: Soziale Systeme. Grundriss einer allgemeinen Theorie. Frankfurt/Main 1994[4]

Luhmann, Niklas: Die Tücke des Subjekts und die Frage nach dem Menschen. In: Fuchs, Peter/Göbel, Andreas: Der Mensch – das Medium der Gesellschaft? Frankfurt/Main 1994

Luhmann, Niklas: Zeichen als Form. In: Baecker, Dirk (Hrsg.): Probleme der Form. Frankfurt/Main 1993

Luhmann, Niklas: Beobachtungen der Moderne. Opladen 1992

Luhmann, Niklas/Fuchs, Peter: Reden und Schweigen. Frankfurt/Main 1989

Luhmann, Niklas: Arbeitsteilung und Moral. Durkheims Theorie. In: Durkheim, Emile: Über soziale Arbeitsteilung. Studie über die Organisation höherer Gesellschaften. Frankfurt/Main 1988[2]

Luhmann, Niklas: Frauen, Männer und George Spencer Brown. In: Zeitschrift für Soziologie. Jahrgang 17, Heft 1. Februar. Stuttgart 1988

Luhmann, Niklas: Tautologie und Paradoxie in den Selbstbeschreibungen der modernen Gesellschaft. In: Zeitschrift für Soziologie. Jahrgang 16, Heft 3. Juni. Stuttgart 1987

Luhmann, Niklas: Soziologische Aufklärung 4. Beiträge zur funktionalen Differenzierung der Gesellschaft. Opladen 1987

Luhmann, Niklas: Soziale Differenzierung. Zur Geschichte einer Idee. Opladen 1985

Luhmann, Niklas: Anspruchsinflation im Krankheitssystem. Eine Stellungnahme aus gesellschaftstheoretischer Sicht. In: Herder-Dorneich, Phillip/Schuller, Alexander: Die Anspruchsspirale. Schicksal oder Systemdefekt. Stuttgart, Berlin, Köln, Mainz 1983

Luhmann, Niklas: Liebe als Passion. Zur Codierung von Intimität. Frankfurt/Main 1982

Luhmann, Niklas: Politische Theorie im Wohlfahrtsstaat. München/Wien 1981

Luhmann, Niklas: Soziologische Aufklärung 3. Soziales System, Gesellschaft, Organisation. Opladen 1981
Luhmann, Niklas: Gesellschaftsstruktur und Semantik. Studien zur Wissenssoziologie der modernen Gesellschaft. Band 2. Frankfurt/Main 1981
Luhmann, Niklas: Gesellschaftsstruktur und Semantik. Studien zur Wissenssoziologie der modernen Gesellschaft. Band 1. Frankfurt/Main 1980
Machiavelli, Niccolò: Lebens- und Regierungs-Maximen eines Fürsten (1714). Berlin 2006
Maresch, Rudolf (Hrsg.): Medien und Öffentlichkeit. Positionierungen. Symptome. Simulationsbrüche. München 1996
Marsilius von Padua: Der Verteidiger des Friedens. Darmstadt 1958
Martin, Hans-Peter/Schumann, Harald: Die Globalisierungsfalle. Reinbek 1996
Massey, Douglas S. (Hrsg.): Worlds in Motion. Oxford 1998
Mayer-Tasch, Peter Cornelius: Politische Theorie des Verfassungsstaates. München 1991
Mayntz, Renate/Scharpf, Fritz W. (Hrsg.): Gesellschaftliche Selbstregelung und politische Steuerung. Frankfurt/Main, New York 1995
Mead, George H. (Hrsg.: Morris, Charles W.): Geist, Identität und Gesellschaft aus der Sicht des Sozialbehaviorismus. Frankfurt/Main 1978[3]
Meier, Matthias J. M.: Phänomene der Massengesellschaft nach Hannah Arendt. Frankfurt/Main 2002
Mewes, Jan: Die räumlichen Grenzen persönlicher Netzwerke. In: Häußling, Roger (Hrsg.): Grenzen von Netzwerken. Wiesbaden 2009
Meyer, Thomas: Identitätspolitik. Vom Missbrauch kultureller Unterschiede. Frankfurt/Main 2002
Montaigne, Michel: (Hrsg.: Wuthenow, Ralph-Rainer): Essais. Frankfurt/Main, Leipzig 2001
Mouffe, Chantal: Über das Politische. Wider die kosmopolitische Illusion. Frankfurt/Main 2007
Müller, Sven Oliver: Die umstrittene Gemeinschaft. Nationalismus als Konfliktphänomen. In: Jureit, Ulrike (Hrsg.): Politische Kollektive. Die Konstruktion nationaler, rassischer und ethnischer Gemeinschaften. Münster 2001
Münch, Richard: Die neue Arbeitsgesellschaft. In: Leggewie, Claus/Münch, Richard (Hrsg.): Politik im 21. Jahrhundert. Frankfurt/Main 2001
Münch, Richard: Soziale Integration als dynamischer Prozess. Eine systemtheoretische Analyse. In: Giegel, Hans-Joachim (Hrsg.): Konflikt in modernen Gesellschaften. Frankfurt/Main 1998
Münkler, Stefan/Roesler, Alexander (Hrsg.): Mythos Internet. Frankfurt/Main 1997
Nassehi, Armin: Der soziologische Diskurs der Moderne. Frankfurt/Main 2006
Nassehi, Armin: Die paradoxe Einheit von Inklusion und Exklusion. Ein systemtheoretischer Blick auf die „Phänomene“. In: Bude, Heinz/Willisch, Andreas (Hrsg.): Das Problem der Exklusion. Ausgegrenzte, Entbehrliche, Überflüssige. Hamburg 2006
Nassehi, Armin: Inklusion, Exklusion, Ungleichheit. Eine kleine theoretische Skizze. In: Schwinn, Thomas (Hrsg.): Differenzierung und soziale Ungleichheit. Die zwei Soziologien und ihre Verknüpfung. Frankfurt/Main 2004

Nassehi, Armin: Sozialer Sinn. In: Nassehi, Armin/Nollmann, Gerd (Hrsg.): Bourdieu und Luhmann. Ein Theorienvergleich. Frankfurt/Main 2004

Nassehi, Armin: Geschlossenheit und Offenheit. Studien zur Theorie der modernen Gesellschaft. Frankfurt/Main 2003

Nassehi, Armin: „Zutritt verboten!“ Über die politische Formierung privater Räume und die Politik des Unpolitischen. In: Lamnek, Siegfried/Tinnefeld, Marie-Theres (Hrsg.): Privatheit, Garten und politische Kultur. Von kommunikativen Zwischenräumen. Opladen 2003

Nassehi, Armin: Inklusion. Von der Ansprechbarkeit zur Anspruchsberechtigung. In: Lessenich, Stephan (Hrsg): Wohlfahrtsstaatliche Grundbegriffe. Historische und aktuelle Diskurse. Frankfurt/New York 2003

Nassehi, Armin: Der Begriff des Politischen und die doppelte Normativität der „soziologischen“ Moderne. In: Nassehi, Armin/Schroer, Markus (Hrsg.): Der Begriff des Politischen. Baden-Baden 2003

Nassehi, Armin: Die Differenz der Kommunikation und die Kommunikation der Differenz. Über die kommunikationstheoretischen Grundlagen von Luhmanns Gesellschaftstheorie. In: Giegel, Hans-Joachim/Schimank, Uwe (Hrsg.): Beobachter der Moderne. Beiträge zu Niklas Luhmanns „Die Gesellschaft der Gesellschaft“. Frankfurt/Main 2003

Nassehi, Armin: Politik des Staates oder Politik der Gesellschaft. Kollektivität als Problemformel des Politischen. In: Hellmann, Kai-Uwe/Schmalz-Bruhns, Rainer (Hrsg.): Theorie der Politik. Niklas Luhmanns politische Soziologie. Frankfurt/Main 2002

Nassehi, Armin: Überraschte Identitäten. Über die kommunikative Formierung von Identitäten und Differenzen nebst einigen Bemerkungen zu theoretischen Kontexturen. In: Straub, Jürgen/Renn, Joachim (Hrsg.): Transitorische Identität. Der Prozesscharakter des modernen Selbst. Frankfurt/Main 2002

Nassehi, Armin: Masseträgheit und Teilchenbeschleunigung. Über die Paradoxie von Organisationen. München 2001. Ms

Nassehi Armin: Das Politische der politischen Gesellschaft. Soziologische Revue. Jahrgang 23. München, Oldenbourg 2000

Nassehi, Armin: Differenzierungsfolgen. Wiesbaden 1999

Nassehi, Armin (Hrsg.): Nation, Ethnie, Minderheit. Beiträge zur Aktualität ethnischer Konflikte. Köln, Weimar, Wien 1997

Nassehi, Armin: Keine Zeit für Utopien. Über das Verschwinden utopischer Gehalte aus modernen Zeitsemantiken. In: Nassehi, Armin/Eickelpasch, Rolf: Utopie und Moderne. Frankfurt/Main 1996

Nassehi Armin: Das Identische „ist“ das Nicht-Identische. Bemerkungen zu einer theoretischen Diskussion um Identität und Differenz. Zeitschrift für Soziologie. Jahrgang 22, Heft 6. Dezember. Stuttgart 1993

Nassehi, Armin/Richter, Dirk: Die Form „Nation“ und der Einschluss durch Ausschluss. Beobachtungen zur Fremdenfeindlichkeit in Deutschland. In: Sociologia Internationalis. 34. Band 1996, Heft 2. Berlin 1996

Nassehi, Armin: Die Zeit der Gesellschaft. Auf einem Weg zu einer soziologischen Theorie der Zeit. Opladen 1993

Neuberger, Christoph: Interaktivität, Interaktion, Internet. Eine Begriffsklärung. In: Publizistik. Jahrgang 52, Heft 1. Wiesbaden 2007

Niethammer, Lutz: Kollektive Identität. Heimliche Quellen einer unheimlichen Konjunktur. Reinbek 2000

Nokielski; Hans: Transnationale Ruhestandsmigration. In: Drepper, Thomas/Göbel, Andreas/Nokielski, Hans (Hrsg.): Sozialer Wandel und kulturelle Innovation. Historische und systematische Perspektiven. Berlin 2005

Nollmann, Gerd: Luhmann, Bourdieu und die Soziologie des Sinnverstehens. Zur Theorie und Empirie sozial geregelten Verstehens. In: Nassehi, Armin/Nollmann, Gerd (Hrsg.): Bourdieu und Luhmann. Ein Theorienvergleich. Frankfurt/Main 2004

Nollmann, Gerd/Strasser, Hermann: Soziale Ungleichheit und gesellschaftliche Differenzierung. In: Schwinn, Thomas (Hrsg.): Differenzierung und soziale Ungleichheit. Die zwei Soziologien und ihre Verknüpfung. Frankfurt/Main 2004

Oeter, Stefan: Die Europäische Union zwischen organisierter Verantwortungslosigkeit und föderaler Konkordanzdemokratie. In: Brunkhorst, Hauke (Hrsg.): Demokratie in der Weltgesellschaft. Baden-Baden 2009

Oswald, Ingrid: Neue Migrationsmuster. Flucht aus oder in „Überflüssigkeit"? In: Bude, Heinz/Willisch, Andreas (Hrsg.): Das Problem der Exklusion. Ausgegrenzte, Entbehrliche, Überflüssige. Hamburg 2006

Owzar, Armin: „Reden ist Silber, Schweigen ist Gold". Konfliktmanagement im Alltag des wilhelminischen Obrigkeitsstaates. Konstanz 2006

Papcke, Sven: Gibt es eine postnationale Identität der Deutschen? In: Voigt, Rüdiger (Hrsg.): Der neue Nationalstaat. Baden-Baden 1998

Parsons, Talcott: Gesellschaften. Evolutionäre und komparative Perspektiven. Frankfurt/Main 1975

Parsons, Talcott: The System of modern Societies. New Jersey 1971

Pasero, Ursula: Frauen und Männer im Fadenkreuz von Habitus und funktionaler Differenzierung. In: Nassehi, Armin/Nollmann, Gerd (Hrsg.): Bourdieu und Luhmann. Ein Theorienvergleich. Frankfurt/Main 2004

Pasero, Ursula/Braun, Friederike (Hrsg.): Konstruktion von Geschlecht. Pfaffenweiler 1996

Pasero, Ursula: Geschlechterforschung revisited: konstruktivistische und systemtheoretische Perspektiven. In: Wobbe, Theresa/Lindemann, Gesa (Hrsg.): Denkachsen. Zur theoretischen und institutionellen Rede vom Geschlecht. Frankfurt/Main 1994

Pelinka, Anton: Das Ende der Fiktion. Multikulturelle Idylle oder Akzeptanz der Mehrfachidentität? In: Müller, Eva (Hrsg.): Entweder-Und-Oder. Vom Umgang mit Mehrfachidentitäten und kultureller Vielfalt. Wien 2000

Peters, Bernhard (Hrsg.: Weßler, Hartmut): Der Sinn von Öffentlichkeit. Frankfurt/Main 2007

Peters, Bernhard: Die Integration moderner Gesellschaften. Frankfurt/Main 1993

Preyer, Gerhard: Soziologische Theorie der Gegenwartsgesellschaft 1. Mitgliedschaftstheoretische Untersuchungen. Wiesbaden 2006

Pico della Mirandola, Giovanni: Über die Würde des Menschen. Zürich 1996[4]

Platon: Nomoi (Gesetze). Buch I – III. Göttingen 1994; Buch IV – VII Göttingen 2003

Poster, Mark: Elektronische Identitäten und Demokratie. In: Münkler, Stefan/Roesler, Alexander (Hrsg.): Mythos Internet. Frankfurt/Main 1997

Radtke, Frank-Olaf: Lob der Gleich-Gültigkeit. Zur Konstruktion des Fremden im Diskurs des Multikulturalismus. In: Bielefeld, Ulrich (Hrsg.): Das Eigene und das Fremde: neuer Rassismus in der alten Welt. Hamburg 1992[2]

Ratzinger, Josef Kardinal: Werte in Zeiten des Umbruchs. Die Herausforderungen der Zukunft bestehen. Freiburg 2005

Reckwitz Andreas: Die Krise der Repräsentation und das reflexive Kontingenzbewusstsein. In: Bonacker, Thorsten/Brodocz, André/Noetzel, Thomas (Hrsg.): Die Ironie der Politik. Über die Konstruktion politischer Wirklichkeiten. Frankfurt/Main 2003

Reese-Schäfer, Walter: Parteien als politische Organisationen in Luhmanns Theorie des politischen Systems. In: Hellmann, Kai-Uwe/Schmalz-Bruhns, Rainer (Hrsg.): Theorie der Politik. Niklas Luhmanns politische Soziologie. Frankfurt/Main 2002

Rehberg, Karl-Siegbert: Die „gesichtslose" Masse und das „Ende der Persönlichkeit". In: Drepper, Thomas/Göbel, Andreas/Nokielski, Hans (Hrsg.): Sozialer Wandel und kulturelle Innovation. Historische und systematische Perspektiven. Berlin 2005

Renan, Ernest: Was ist eine Nation? Und andere politische Schriften. Wien/Bozen 1995

Renn, Joachim/Straub, Jürgen (Hrsg.): Transitorische Identität. Der Prozesscharakter des modernen Selbst. Frankfurt/Main 2002

Reuter, Julia: Ordnungen des Anderen. Zum Problem des Eigenen in der Soziologie des Fremden. Bielefeld 2002

Richter, Dirk: Nation: Systemtheoretische Beobachtungen am Beispiel des Kosovo-Konflikts. In: Jureit, Ulrike (Hrsg.): Politische Kollektive. Die Konstruktion nationaler, rassischer und ethnischer Gemeinschaften. Münster 2001

Richter, Dirk: Die zwei Seiten der Nation. Theoretische Betrachtungen und empirische Beispiele. In: Nassehi, Armin (Hrsg.): Nation, Ethnie, Minderheit. Beiträge zur Aktualität ethnischer Konflikte. Köln, Weimar, Wien 1997

Richter, Dirk: Nation als Form. Opladen 1996

Richter, Dirk: Teilsysteme, Statusunsicherheit, „Kern-Solidarität". Über Formen und Folgen gesellschaftlicher Differenzierung sowie rechte Wählervoten. In: Kommune. Jahrgang 10, Heft 5. Frankfurt/Main 1992

Richter, Emanuel: Kosmopolitischer Patriotismus? Die deutsche Nation im Prozess der Globalisierung. In: Voigt, Rüdiger (Hrsg.): Der neue Nationalstaat. Baden-Baden 1998

Rödel, Ulrich: Mediatisierte Öffentlichkeiten – Ist die Zivilgesellschaft noch zu retten? In: Maresch, Rudolf (Hrsg.): Medien und Öffentlichkeit. Positionierungen. Symptome. Simulationsbrüche. München 1996

Roth, Gerhard: Das Gehirn und seine Wirklichkeit. Kognitive Neurobiologie und ihre philosophischen Konsequenzen. Frankfurt/Main 1997

Rousseau, Jean-Jacques: Gesellschaftsvertrag. Stuttgart 1986

Rucht, Dieter: Transnationale Öffentlichkeiten und Identitäten in neuen sozialen Bewegungen. In: Kaelble, Hartmut/Kirsch, Martin/Schmidt-Gernig, Alexander (Hrsg.): Transnationale Öffentlichkeiten und Identitäten im 20. Jahrhundert. Frankfurt/New York 2002

Rucht, Dieter: Soziale Bewegungen als Signum demokratischer Bürgergesellschaft. In: Leggewie, Claus/Münch, Richard (Hrsg.): Politik im 21. Jahrhundert. Frankfurt/Main 2001
Runkehl, Jens/Schlobinski, Peter/Siever, Thorsten: Sprache und Kommunikation im Internet. Überblick und Analysen. Opladen 1998
Sassen, Saskia: Das Paradox des Nationalen. Territorium, Autorität und Rechte im globalen Zeitalter. Frankfurt/Main 2008
Sassen, Saskia: Machtbeben. Wohin führt die Globalisierung? Stuttgart/München 2000
Schilling, Heinz: Nationale Identität und Konfession in der europäischen Neuzeit. In: Giesen, Bernhard (Hrsg.): Nationale und kulturelle Identität. Studien zur Entwicklung des kollektiven Bewusstseins in der Neuzeit. Frankfurt/Main 1991
Schlenker-Fischer, Andrea: Demokratische Gemeinschaft trotz ethnischer Differenzen. Theorien, Institutionen und soziale Dynamiken. Wiesbaden 2009
Schmidt, Patrick: Wandelbare Traditionen – tradierter Wandel. Zünftische Erinnerungskulturen in der Frühen Neuzeit. Köln, Weimar, Wien 2009
Schmidt, Siegfried J.: Über die Fabrikationen von Identität. In: Kimminich, Eva (Hrsg.): Kulturelle Identität. Konstruktionen und Krisen. Frankfurt/Main 2003
Schmitt, Carl: Politische Theologie. Vier Kapitel zur Lehre von der Souveränität. Berlin 1985
Schmitt, Carl: Der Begriff des Politischen. Berlin 1963
Schneider, Wolfgang Ludwig/Kusche, Isabel: Parasitäre Netzwerke in Wissenschaft und Politik. In: Bommes, Michael/Tacke, Veronika: Netzwerke in der funktional differenzierten Gesellschaft. Wiesbaden 2011
Schroer, Markus: Fremde, wenn wir uns begegnen. Von der Universalisierung der Fremdheit und der Sehnsucht nach Gemeinschaft. In: Nassehi, Armin (Hrsg.): Nation, Ethnie, Minderheit. Beiträge zur Aktualität ethnischer Konflikte. Köln, Weimar, Wien 1997
Schwinn, Thomas (Hrsg.): Differenzierung und soziale Ungleichheit. Die zwei Soziologien und ihre Verknüpfung. Frankfurt/Main 2004
Sieyés, Emanuel de: Was ist der dritte Stand? Berlin 1924
Simmel, Georg: Soziologie. Untersuchungen über die Formen der Vergesellschaftung. Leipzig 1908
Simon, Fritz B.: Meine Psychose, mein Fahrrad und ich. Zur Selbstorganisation der Verrücktheit. Heidelberg 2009[12]
Simon, Fritz B.: Zur Systemtheorie der Emotionen. In: Soziale Systeme. Zeitschrift für soziologische Theorie. Jahrgang 10, Heft 1. Stuttgart 2004
Simon, Fritz B.: Tödliche Konflikte. Zur Selbstorganisation privater und öffentlicher Kriege. Heidelberg 2001
Sloterdijk, Peter: Der starke Grund, zusammen zu sein. Erinnerungen an die Erfindung des Volkes. Frankfurt/Main 1998
Solga, Heike: Ausbildungslose und die Radikalisierung ihrer sozialen Ausgrenzung. In: Bude, Heinz/Willisch, Andreas (Hrsg.): Das Problem der Exklusion. Ausgegrenzte, Entbehrliche, Überflüssige. Hamburg 2006
Spencer-Brown, George: Laws of Form. Gesetze der Form. Lübeck 1999[2]

Spindler, Susanne: Corpus Delicti. Männlichkeit, Rassismus und Kriminalisierung im Alltag jugendlicher Migranten. Münster 2006

Stagl, Justin: Zur Soziologie der Konversion. In: Drepper, Thomas/Göbel, Andreas/Nokielski, Hans (Hrsg.): Sozialer Wandel und kulturelle Innovation. Historische und systematische Perspektiven. Berlin 2005

Steingart, Gabor: Weltkrieg um Wohlstand. Wie Macht und Reichtum neu verteilt werden. München 2006

Stichweh, Rudolf: Inklusion und Exklusion. Studien zur Gesellschaftstheorie. Bielefeld 2005

Stichweh, Rudolf: Zum Verhältnis von Differenzierungstheorie und Ungleichheitsforschung. In: Schwinn, Thomas (Hrsg.): Differenzierung und soziale Ungleichheit. Die zwei Soziologien und ihre Verknüpfung. Frankfurt/Main 2004

Stichweh, Rudolf: Die Entstehung einer Weltöffentlichkeit. In: Kaelble, Hartmut/Kirsch, Martin/Schmidt-Gernig, Alexander (Hrsg.): Transnationale Öffentlichkeiten und Identitäten im 20. Jahrhundert. Frankfurt/New York 2002

Stichweh, Rudolf: Politik und Weltgesellschaft. In: Hellmann, Kai-Uwe/Schmalz-Bruhns, Rainer (Hrsg.): Theorie der Politik. Niklas Luhmanns politische Soziologie. Frankfurt/Main 2002

Stichweh, Rudolf: Differenz und Integration in der Weltgesellschaft. In: Giegel, Hans-Joachim (Hrsg.): Konflikt in modernen Gesellschaften. Frankfurt/Main 1998

Stierlin, Helm: Ich und die anderen. Psychotherapie in einer sich wandelnden Gesellschaft. Stuttgart 1994

Stölting, Erhard: Die Mühen der Toleranz. In: Müller, Eva (Hrsg.): Entweder-Und-Oder. Vom Umgang mit Mehrfachidentitäten und kultureller Vielfalt. Wien 2000

Straub, Jürgen: Personale und kollektive Identität. Zur Analyse eines theoretischen Begriffs. In: Assmann, Aleida/Friese, Heidrun (Hrsg.): Identitäten. Erinnerung, Geschichte, Identität 3. Frankfurt/Main 1998

Sutter Tilmann: Vergesellschaftung durch Medienkommunikation als Inklusionsprozess. In: Jäckel, Michael/Mai, Manfred (Hrsg.): Online-Vergesellschaftung? Mediensoziologische Perspektiven auf neue Kommunikationstechnologien. Wiesbaden 2005

Tacke, Veronika: Netzwerk und Adresse. In: Soziale Systeme. Zeitschrift für soziologische Theorie. Jahrgang 6, Heft 2. Stuttgart 2000

Tanner, Jakob: Nation, Kommunikation und Gedächtnis. Die Produktivkraft des Imaginären und die Aktualität Ernest Renans. In: Jureit, Ulrike (Hrsg.): Politische Kollektive. Die Konstruktion nationaler, rassischer und ethnischer Gemeinschaften. Münster 2001

Tessarolo, Mariselda: Sprache als Element der Inklusion und Exklusion. In: Annali di Sociologia. Soziologisches Jahrbuch 16, 2002/2003. Berlin 2006

von Thadden, Rudolf: Aufbau nationaler Identität. Deutschland und Frankreich im Vergleich. In: Giesen, Bernhard (Hrsg.): Nationale und kulturelle Identität. Studien zur Entwicklung des kollektiven Bewusstseins in der Neuzeit. Frankfurt/Main 1991

Thiedeke, Udo: Virtuelle Gruppen. Charakteristika und Problemdimensionen. Wiesbaden 2003[2]

Thiedeke, Udo: Medien, Kommunikation und Komplexität. Vorstudien zur Informationsgesellschaft. Wiesbaden 1997

Thomas von Aquin: Über die Herrschaft der Fürsten. Stuttgart 1975
Tietze, Nikola: Ausgrenzung als Erfahrung. Islamisierung des Selbst als Sinnkonstruktion in der Prekarität. In: Bude, Heinz/Willisch, Andreas (Hrsg.): Das Problem der Exklusion. Ausgegrenzte, Entbehrliche, Überflüssige. Hamburg 2006
Tönnies, Ferdinand: Gemeinschaft und Gesellschaft. Grundbegriffe der reinen Soziologie. Darmstadt 1972[3]
Toulmin, Stephen: Kosmopolis. Die unerkannten Aufgaben der Moderne. Frankfurt/Main 1994
Tschernokoshewa, Elka: Nachdenken über Zugehörigkeiten: Leben im Spagat. In: Müller, Eva (Hrsg.): Entweder-Und-Oder. Vom Umgang mit Mehrfachidentitäten und kultureller Vielfalt. Wien 2000
Uhlig, Claus: Nationale Geschichtsschreibung und kulturelle Identität: Das Beispiel der englischen Renaissance. In: Giesen, Bernhard (Hrsg.): Nationale und kulturelle Identität. Studien zur Entwicklung des kollektiven Bewusstseins in der Neuzeit. Frankfurt/Main 1991
Vester, Michael: Der Kampf um soziale Gerechtigkeit. Zumutungen und Bewältigungsstrategien in der Krise des deutschen Sozialmodells. In: Bude, Heinz/Willisch, Andreas (Hrsg.): Das Problem der Exklusion. Ausgegrenzte, Entbehrliche, Überflüssige. Hamburg 2006
Vester, Michael: Die Gesellschaft als mehrdimensionales Kräftefeld. In: Schwinn, Thomas (Hrsg.): Differenzierung und soziale Ungleichheit. Die zwei Soziologien und ihre Verknüpfung. Frankfurt/Main 2004
Vester, Michael: Von der Integration zur sozialen Destabilisierung: Das Sozialmodell der Bundesrepublik und seine Krise. In: Leggewie, Claus/Münch, Richard (Hrsg.): Politik im 21. Jahrhundert. Frankfurt/Main 2001
Vogel, Berthold: Soziale Verwundbarkeit und prekärer Wohlstand. Für ein verändertes Vokabular sozialer Ungleichheit. In: Bude, Heinz/Willisch, Andreas (Hrsg.): Das Problem der Exklusion. Ausgegrenzte, Entbehrliche, Überflüssige. Hamburg 2006
Wagner, Peter: Die Problematik der „Identität" und die Soziologie der Moderne. In: Straub, Jürgen/Renn, Joachim (Hrsg.): Transitorische Identität. Der Prozesscharakter moderner personaler Selbstverhältnisse. Frankfurt/Main 2002
Wagner, Peter: Fest-Stellungen. Beobachtungen zur sozialwissenschaftlichen Diskussion über Identität. In: Assmann, Aleida/Friese, Heidrun (Hrsg.): Identitäten. Erinnerung, Geschichte, Identität 3. Frankfurt/Main 1998
Wagner, Peter: Soziologie der Moderne. Frankfurt/Main, New York. 1995
Watzal, Ludwig (Hrsg.): Grundwissen Politik. Bonn 1993[2]
Watzlawick, Paul: Wirklichkeitsanpassung oder angepasste „Wirklichkeit"? Konstruktivismus und Psychotherapie. In: Gumin, Heinz/Meier, Heinrich (Hrsg.): Einführung in den Konstruktivismus. München 2005[8]
Watzlawick, Paul: Anleitung zum Unglücklichsein. München 1994[3]
Watzlawick, Paul: Die erfundene Wirklichkeit. München 1981
Weber, Max: Wirtschaft und Gesellschaft. Tübingen 1980[5]
Wehner, Josef: Interaktive Medien – Ende der Massenkommunikation? In: Zeitschrift für Soziologie. Jahrgang 26, Heft 2. April. Stuttgart 1997

Weisensee, Hanne: Demokratie, Staat und Gesellschaft in der Globalisierung. Baden-Baden 2005

Weiß, Anja: Unterschiede, die einen Unterschied machen. Klassenlagen in den Theorien von Pierre Bourdieu und Niklas Luhmann. In: Nassehi, Armin/Nollmann, Gerd (Hrsg.): Bourdieu und Luhmann. Ein Theorienvergleich. Frankfurt/Main 2004

Weizsäcker, Carl Christian von: Der kapitalistische Wachstumsprozess der Weltwirtschaft. In: Leggewie, Claus/Münch, Richard (Hrsg.): Politik im 21. Jahrhundert. Frankfurt/Main 2001

Werner, Melanie: Ich kündige als Mutter. Soziale Lebenslagen allein erziehender Sozialhilfeempfängerinnen in Trier-West. Lage 2003

Werron, Tobias: Versteckte Netze. Netzwerke im Licht der Unterscheidung öffentlich/geheim. In: Bommes, Michael/Tacke, Veronika: Netzwerke in der funktional differenzierten Gesellschaft. Wiesbaden 2011

Werron, Tobias: Publika. Zur Globalisierungsdynamik von Funktionssystemen. In: Soziale Systeme. Zeitschrift für soziologische Theorie. Jahrgang 13, Heft 1 + 2. Stuttgart 2007

Wieviorka, Michel: Kulturelle Differenzen und kollektive Identitäten. Hamburg 2003

Willems, Herbert/Hahn, Alois (Hrsg.): Identität und Moderne. Frankfurt/Main 1999

Willke, Helmut: Einführung in das systemische Wissensmanagement. Heidelberg 2004

Willke, Helmut: Heterotopia: Studien zur Krisis der Ordnung moderner Gesellschaften. Frankfurt/Main 2003

Willke, Helmut: Ironie des Staates. Grundlinien einer Staatstheorie polyzentrischer Gesellschaft. Frankfurt/Main 1996

Willke, Helmut: Kontingenz und Notwendigkeit des Staates. In: Baecker, Dirk (Hrsg.): Probleme der Form. Frankfurt/Main 1993

Wimmer, Hannes: Demokratie als Resultat politischer Evolution. In: Hellmann, Kai-Uwe/Schmalz-Bruhns, Rainer (Hrsg.): Theorie der Politik. Niklas Luhmanns politische Soziologie. Frankfurt/Main 2002

Wolf, Klaus Dieter (Hrsg.): Projekt Europa im Übergang? Probleme, Modelle und Strategien des Regierens in der Europäischen Union. Baden-Baden 1997

Zingerle, Arnold: Der Hypertext – kultursoziologisch betrachtet. In: Drepper, Thomas/Göbel, Andreas/Nokielski, Hans (Hrsg.): Sozialer Wandel und kulturelle Innovation. Historische und systematische Perspektiven. Berlin 2005

Zürn, Michael: Regieren im Zeitalter der Denationalisierung. In: Leggewie, Claus/Münch, Richard (Hrsg.): Politik im 21. Jahrhundert. Frankfurt/Main 2001

Zürn, Michael: Regieren jenseits des Nationalstaats. Globalisierung und Denationalisierung als Chance. Frankfurt/Main 1998

The manufacturer's authorised representative in the EU is Springer Nature Customer Service Centre GmbH, Europaplatz 3, 69115 Heidelberg, Germany. If you have any concerns regarding our products, please contact ProductSafety@springernature.com

Printed and bound by CPI Group (UK) Ltd, Croydon, CR0 4YY
27/04/2026
02097651-0001